I0125503

Mirada (de) uniforme

DIEGO GALEANO
GREGORIO KAMINSKY
(COORDINADORES)

Mirada (de) uniforme

Historia y crítica de la razón policial

teseo

UNIVERSIDAD NACIONAL RÍO NEGRO

Mirada (de) uniforme : Historia y crítica de la razón policial / coordinado por Gregorio Kaminsky y Diego Galeano. - 1a ed. - Buenos Aires : Teseo, 2011.
    450 p. ; 20x13 cm. - (Ensayo)

    ISBN 978-987-1354-78-8

    1. Sociología de la Cultura. I. Kaminsky, Gregorio, coord. II. Galeano, Diego, coord.
    CDD 306

© Universidad Nacional de Río Negro, 2011

teseo

© Editorial Teseo, 2011
Buenos Aires, Argentina

ISBN 978-987-1354-78-8
Editorial Teseo

Hecho el depósito que previene la ley 11.723

Para sugerencias o comentarios acerca del contenido de esta obra, escríbanos a: **info@editorialteseo.com**

www.editorialteseo.com

Índice

Introducción

Gregorio Kaminsky

El recuento de ilegalidad y desorden de las fuerzas policiales, desde los pícaros y vagabundos isabelinos a los disturbios de nuestras ciudades hoy en día, ha fascinado a los públicos modernos. Incluso, la historia de las policías ha podido ser fácilmente confundida con aventuras o historias de detectives, que comprendida en un entorno o encuadre efectivamente histórico y social. El arte y los media reúnen, como divertimento y escándalo, lo estrepitoso e inadmisible.

Desde hace relativamente poco, el estudio académico de las fuerzas de policía ha asumido un significado especial, al tiempo que la propia palabra "policía" ha transformado su taimada equivocidad: para unos son los guardianes de la ley convertidos en los enemigos del pueblo, para otros el último bastión de la sociedad asediada. La policía –lo sabemos– siempre ha sido y seguramente será una institución polémica, de consideración imprecisa, a la que muchos consideran como una especie de maquinaria con vida propia y un incontrolable deseo de acción. Sabemos, porque lo vemos, que puede llegar a ser un instrumento de poder por derecho propio cuando de una fuerza de mantenimiento de la paz se convierte en un instrumento de terror contra una parte de la población y apta para convertirse en un estado dentro del Estado, instrumento privilegiado para la ruptura de la legalidad y legitimidad, sirviendo como uno de los principales pilares de una dictadura.

Conocemos el caso de la policía argentina: una singularidad de trazos culturales militaristas e indeleble construcción corporativa, con gran poder de despliegue, control territorial y capacidad de impunidad, asociada al atributo de excepcionalidad adquirido a expensas de la sociedad. Sea por la reviviscencia del pasado, sea por la refuncionalización de sus cuadros, sea por un "acuartelamiento discursivo" del saber universitario, es incontestable que el devenir político-social de los últimos treinta años en el país relaciona a la policía con los sucesos más nefastos, y la asocia –en la larga duración– con la historia de las dictaduras.

Es difícil objetar, entre los déficits estructurales del dispositivo policial, la omisión generalizada de sus funciones formales, la inacción o elusión manifiesta de actos específicos, la desprotección territorial (las denominadas "zonas liberadas"), la asociación o colusión indiferenciada con lo ilícito, en escenarios abiertamente delictivos, que van de la complacencia a la arbitrariedad y de ésta a la coautoría, etc. Con este *habitus* institucional de omisión-elusión-colusión policial, más un alto grado de impunidad jurídico-política, se involucra el ocultamiento y clandestinización de sus prácticas específicas. Son variados los motivos que consuelan el estado de las cosas; el más complaciente es el que asienta su figura en la del "funcionario de la urgencia", como un actor convocado cuando el Estado se encuentra en situación de "apuro social" antes que como un agente más del conocimiento racional o intelectual de la sociedad.

Los dispositivos gubernamentales de seguridad y especialmente la policía sugieren transitar por donde se está custodiado, ante una siempre incierta inminencia del atentado, y desaconsejan circular por la *polis*. Mientras tanto, funciona un tipo de incursión policial centrífuga que supone el rodeo de lo enredado, una teleología estatal de la evacuación, del eventual traslado de los "atrapados sin salida" de su propia territorialidad.

Han llegado, al parecer, tiempos de mayor reflexión acerca de la institución policial. Acontecen estudios más o menos generales sobre seguridad como capítulo cognoscitivo, poblados por amalgamas teóricas contenciosas en sus puntos ideológicos de partida, superposiciones disciplinarias no menos polémicas, metodologías aún reductivas y tendencialmente simplificadoras y, en su evidencia ostensible, técnicas fuertemente instrumentales, estadísticas, digámoslo: "encuestolátricas".

Este libro intenta eludir algunas de esas derivas de los nuevos estudios policiales, haciendo lugar a una serie de aproximaciones desde históricas hasta filosóficas. Clive Emsley discute la conformación de tres modelos europeos de organización policial durante el siglo XIX: el francés, el inglés y el prusiano. El autor interpela estos modelos en términos de tipos-ideales weberianos, construcciones de un paradigma de reforma policial en relación con la delimitación con las fuerzas militares, el vínculo con los poderes públicos y con la sociedad civil.

La existencia del "modelo europeo" y sus etiquetas nacionales, no implica que los Estados de ese continente hayan moldeado sus policías a imagen y semejanza del instrumento o esquema que llevaba su nombre. La literatura historiográfica sobre la policía –dentro de la cual Emsley ocupa un lugar preponderante– ha destacado al menos dos aspectos que cuestionan la idea de un modelo unánimemente aceptado en un país, así como también la idea de la importación / implementación en otros contextos territoriales.

En primer lugar, diversos trabajos han intentado mostrar cómo la traducción de modelos de policía involucra un proceso de adaptaciones y ajustes, que no está exento de las

amalgamas equívocas de las diversas tradiciones locales. La
circulación de modelos policiales dentro de Europa ha sido
estudiada en distintos contextos de recepción. Un ejemplo
de ello es el capítulo de Chiara Lucrezio Monticelli, que
analiza el nacimiento de una policía moderna en Roma, a
comienzos del siglo XIX. La construcción de una burocracia policial para el Estado Pontificio fue un proceso marcado por una apropiación selectiva de ciertos elementos
provenientes del paradigma francés, mezclados con otros
propios del modelo eclesiástico. Desde los últimos años
del siglo XVIII, la ocupación napoleónica en Roma inauguró un momento decisivo para la circulación de modelos
burocráticos, intercambio de ideas y proyectos de reforma.
Entre ellos estuvo la construcción del primer Departamento
General de Policía de los Estados Pontificios, instalado en
1816 durante la Restauración. Sin embargo, esa traslación de
saberes policiales no significó –según la autora– una simple
imposición del modelo imperial de policía y la destrucción
total de las tradiciones preexistentes. El nuevo cuerpo de
policía, centralizado y con otros rasgos típicos del modelo
francés, se entrelazó con los aparatos de control eclesiásticos
provenientes del Concilio de Trento, basados en la actividad
de los tribunales episcopales, el control territorial de las parroquias y las visitas pastorales dentro de las comunidades.

En segundo lugar, investigadores franceses e ingleses
han resaltado que ni siquiera en los propios países que
otorgan nombre a los modelos, existió algo así como una
hegemonía incuestionable. El propio Emsley ha mostrado
en qué medida el modelo del *Bobby* forjado en la Inglaterra
victoriana fue un mito, con importantes consecuencias
para la dogmática de las fuerzas policiales de buena parte
del mundo.[1]

---

[1]   Emsley, Clive, *The English Police: a Political and Social History*, Harlow
       and London, Longman, 1996.

En el mismo sentido, el capítulo de Jean-Marc Berlière ofrece un análisis de aquel "modelo francés" paradójicamente inventado por los ingleses a finales del siglo XVIII, como un espejo invertido de lo que ellos consideraban su modelo ideal de policía anglosajón. A partir de ese legado simbólico de una institución asociada a la policía política, secreta, despótica, el autor se interroga acerca de las condiciones históricas de constitución de una "policía republicana" en Francia.

Lo cierto es que, en esta masa de circulaciones internacionales de "modelos de policía", América Latina supo leer, interpretar, transformar y modelar sus propias instituciones de seguridad. En su capítulo, Marcos Bretas estudia el caso de los policías en Río de Janeiro en el período imperial. A partir del análisis documental muestra una doble condición de los agentes policiales: ellos se encargaban del mantenimiento de un orden generalmente definido por miembros de las elites urbanas, cuando en realidad ellos mismos procedían de los extractos más pobres de la sociedad: "Reclutados en las capas sociales que preferentemente tendrían que controlar", escribe el autor, "podían muchas veces solidarizarse con sus objetos, incluso en detrimento de la tarea que debían ejecutar."

Este tipo de imbricaciones atentaba contra los proyectos de construcción de policías que las elites imaginaban herramientas de disciplinamiento de la sociedad. En Argentina, Brasil o México, los gobiernos no dudaron en traducir proyectos policiales reconocidamente franceses, como la policía política y secreta; aquella vinculada al nombre de Vidocq, policía de orígenes sospechosos, lindantes con la criminalidad, o aquella otra que resuena cuando se menciona a Fouché: el policía como espía al servicio de un gobierno despótico. Pero existió un sostenido interés por otra deriva francesa: la policía científica.

El capítulo de Speckman Guerra trata sobre lo que fue
-sin dudas- el gran artefacto discutido en policías de los
más diversos países, es decir, el método de identificación
de personas que presentó Alphonse Bertillon, el sistema
antropométrico, primero a la policía de París y poco tiempo
después a casi todo el mundo occidental. El *bertillonage* fue
implementado, discutido y resistido en muchas ciudades
latinoamericanas, desde Buenos Aires hasta México, que
es el caso aquí estudiado.

Por su parte, Osvaldo Barreneche incursiona en un
territorio absolutamente inexplorado por la literatura académica argentina: la historia de la policía de la Provincia
de Buenos Aires. Denominada coloquialmente "la bonaerense", esta institución nació en 1880 a partir de un
desmembramiento con la policía de la ciudad de Buenos
Aires. El autor da cuenta de la trama organizativa de una
policía hasta cierto punto "nueva", que en sus reinvenciones
siempre atiende el control de la seguridad pública de la
provincia y la disciplina interna de la propia fuerza. Esta
policía con una fuerte impronta localista fue conocida a
través del mote de "brava" en la primera mitad del siglo XX,
mientras durante la segunda mitad trocó su nombre por el
de policía "dura", celosa de las jerarquías, que tuvo mucho
que ver con las capacidades operativas del terrorismo de
Estado. Sin abandonar del todo su fama de brava y dura,
luego devino en la "maldita policía".

Las cúpulas policiales siempre intentaron morigerar
la mala fama de sus instituciones cerrando filas en torno
de algo que llamaron la "familia policial". Esa idea ocupó
siempre un lugar preponderante en el corazón de la cultura policial argentina, y fue constitutiva de lo que algunos
autores han llamado el "modelo tradicional" de policía,
que habría imperado en América Latina desde tiempos
que parecen tan remotos como enigmáticos.

Ese modelo autoritario, centralizador y supuestamente "alejado de la comunidad", fue señalado como una suerte de fuerza subrepticia que carcomía a las nuevas democracias latinoamericanas por dentro y prolongaba la herencia fatal de las dictaduras. Frente a esa policía tradicional se erigía la promesa de una policía "de proximidad" o "comunitaria", paradigma que a veces recupera la mítica figura del vigilante de la esquina. Diego Galeano incursiona en esa cultura policial, al examinar otro de sus personajes protagónicos: el "caído en cumplimiento del deber". El culto a los muertos aparece como un rito fundamental que galvaniza la figura del héroe policial, el modelo a seguir para los vigilantes profanos.

Se dice que "inseguridad" es uno de los términos más apropiados para caracterizar los tiempos en los que vivimos: incluso la guerra contra el terror, afirma Neocleous, es pura y simplemente una guerra por seguridad. La palabra "seguridad", que proviene del latín *securitas-securus*, deriva a su vez de *sine cura*: estar a salvo, libre de cuidados, referido tanto a personas como a cosas. Una interpelación más crítica revela un núcleo más profundo, relacionado con el hecho de que la seguridad ha sido históricamente la base del ejercicio estatal de los poderes en general y, especialmente, el de policía.

El liberalismo promueve la oposición entre el "Estado de policía" y el "Estado de derecho" (*Rechtstaat* y *Polizeistaat*), aunque mientras uno aparece esencialmente estatista, el otro parece ser el modo posible de gobernar, bajo el cual las personas viven como sujetos en igualdad ante la ley y libres para perseguir su libertad y felicidad.

La teoría y la práctica de los poderes de policía, en el viejo sentido del término, continuaron aún bien entrado el siglo XIX, operando en consonancia con prácticas liberales más recientes. Parte de la solución del liberalismo al

problema del orden social fue la gestión de la ley: el orden
devino imperio de la ley. El mito del constitucionalismo
liberal involucraba cierto enfrentamiento entre Estado de
derecho y Estado de policía; y el aparato obsesivo de lo
"bien ordenado" del Estado de policía debió ser reemplazado por un Estado de seguridad fundado en un sistema
de derechos, que protegía al ciudadano de la excesiva
interferencia estatal, concretamente: el "poder de policía".

   ¿De qué manera usan los policías su poder discrecional, obedecen a códigos no escritos que dan forma a una
cultura ya sea nacional, local o profesional? Guillermina
Seri estudia la discrecionalidad policial y define un terreno
de disputa entre leyes escritas y no escritas, que resulta
en cada caso de una decisión, un acto de gobierno como
un ejercicio de poder soberano. Los juicios discrecionales
implicados en las prácticas policiales aparecen como una
fuente de poder soberano que reabre momentáneamente
el estado de excepción.

   Salvatore Palidda hace uso de la etnografía social para
entender a la policía como una de las muchas instituciones
sociales que tratan de contribuir a la política, sinónimo
de un estado de anhelo entre orden y desorden, eternos
basculantes entre éxito y fracaso, más allá de las normas,
o junto con ellas. Paolo Napoli argumenta que a través de
la policía se puede advertir la esencia del derecho, incluso
sus golpes de excepción, sin olvidar que la historia de la
policía pone en valor el carácter imperceptible de lo instituido como "normal".

   El paradigma de disciplinamiento, mediado a través
de Max Weber, es influyente en el dominio de los estudios
histórico-jurídicos, describe el buen orden de la sociedad
como un proceso entre la institución política a la que se
dirige y las conductas humanas tomadas como blanco de
los dispositivos jurídicos. Napoli muestra que la ligazón
entre policía y disciplina social aparece como problemática:

la mayor dificultad práctica reside en la posibilidad de conciliar la actividad disciplinaria, fragmentada entre diversas instituciones, con un poder de policía centrado en dos nociones totalizantes, la población y el territorio. En lugar de relacionar una improbable disciplina de las conductas a las medidas de policía, el estudio propone, a partir de dos casos de medidas policiales de los siglos XVII y XIX, interrogantes acerca del tipo de realidad concernida por los dispositivos jurídicos. Abandonando una actitud cientificista de cara a las normas jurídicas, considera a las reglas del derecho no como "hipótesis" que fracasan dentro del terreno de la acción social, sino como "ficciones" que abren un orden de referencia simbólica, constitutivas de la situación estratégica en el interior de la cual actúa la gente.

Junto con el higienismo y la estadística social, dice Pedro Fraile, la "ciencia de policía" opera como un precedente firme de las reflexiones acerca de lo urbano que se desarrollaron desde diferentes ámbitos durante el siglo XIX, y que se remontan al siglo XVI como saber específico sobre la gestión de la ciudad. El vínculo entre la policía y la disciplina social resulta, entonces, problemático: la dificultad práctica importante radica en la imposibilidad de conciliar la actividad disciplinaria, en la división entre las diversas instituciones, con un poder totalizador dirigido por la policía ante la población y el territorio.

Hélène L'Huillet muestra que la policía, en tanto tal, no proscribe ni prescribe: la policía reglamenta, no la cosa misma sino el uso de la cosa, y así su praxis parece referirse al modelo de la domesticidad. El individuo moderno –dice la autora– es un individuo "policializado" (*policé*), la marca instituida del espíritu del derecho.

La policía aparece como una institución abocada a la micropolítica de lo ínfimo, a los restos que abandona la política, al modo de un anatomista del detalle. El libro se cierra con un capítulo sobre policía, política y filosofía.

Desde el título se intuye un posicionamiento polémico que propone situar a la policía como un tema primordial de la filosofía política. Se trata de una propuesta que recupera un viejo reclamo de Walter Benjamin, rescatado más recientemente por Giorgio Agamben. Abrir perspectivas y trazar un horizonte de búsqueda: de eso se trata cuando hablamos de una crítica de la razón policial.

Se trata también de pensar a la policía como una subjetividad social en tránsito, un punto a mitad de camino entre el gobierno y la sociedad, residente del Estado e inmigrante del incumplimiento político, sujeto-objeto del discurso de los medios escritos y visuales, de las iniciativas educativas y de la peligrosidad inherente que exige un cierto perspectivismo de la proximidad. Esta es su gloria y también es su horror. Que todo es peligroso: mientras se hace del peligro el objeto propio de la reflexión, entonces, y en tanto estudio de la peligrosidad de lo real, ¿es una temeridad académica examinar su carácter ontológico y proponer una historia crítica, una crítica histórica, de la razón policial?

PRIMERA PARTE

HISTORIA SOCIAL DE LA POLICÍA

Capítulo 1
Los modelos de policía en el siglo XIX

Clive Emsley

Los ingleses victorianos estaban orgullosos de su policía y elogiaban al modelo británico, civil, prudente, libre de corrupción, superior al modelo generalizado como europeo, militar, arbitrario, político, secreto. En suma, la suya era "la mejor policía del mundo".[2] Fue sin embargo Charles Reith, a mediados del siglo XX, quien mejor encapsuló lo que sigue siendo la visión tradicional del desarrollo policial en Gran Bretaña.[3] Siguiendo las afirmaciones de los reformadores de la policía del siglo XIX, Reith, al igual que Edwin Chadwick, creía que el sistema prepolicial de vigilantes parroquiales y serenos era ineficiente e incapaz de lidiar con los crecientes problemas de aumento de la delincuencia y el desorden que, según él consideraba, habían aparecido a finales del siglo XVIII y principios del XIX, junto con el exponencial crecimiento urbano e industrialización. Pero afortunadamente, un grupo de reformadores con visión

---

[2] Véase, por ejemplo: Pike, L. O., *A History of Crime in England*, London, Smith, Elder and Co., 1873-1876, vol. 2, pp. 457 y 461. Y para otros comentarios acerca de la superioridad de la policía inglesa en el cambio de siglo, véase Emsley, Clive, "The English Bobby: an indulgent tradition", en R. Porter (ed.), *Myths of the English*, Oxford, Polity Press, 1992.

[3] Véanse los libros de Charles Reith, *The Police Idea*, Oxford, Oxford University Press, 1938; *Police Principles and the Problem of War*, Oxford, Oxford University Press, 1940; *British Police and the Democratic Ideal*, Oxford, Oxford University Press, 1943; *A Short History of Police*, Oxford, Oxford University Press, 1948; *The Blind Eye of History*, London, Faber, 1952.

de futuro, incluyendo a Chadwick, llegó con la solución: la policía moderna.

Establecida por primera vez en Londres en 1829, la "idea de policía" mostró rápidamente su valor, fue adoptada en todo el país y considerada como un modelo en otros lugares. La lógica y simplicidad de la explicación de Reith da cuenta de su longevidad. Y sigue siendo útil como eje de críticas en los juicios académicos sobre el desarrollo de la policía, aunque algunos, después de haber matizado su interpretación, describan sus conclusiones como neo-reithianas.[4] La versión sin matices sigue siendo desplegada por la propia policía cuando se remite a su historia, en particular en la forma de historiografías oficiales.[5]

Mientras la importancia de la *Metropolitan Police* era explícita en el trabajo de Reith, la superioridad del modelo británico estaba generalmente implícita. De todos modos, en *The Blind Eye of History* hizo una diferenciación entre dos tipos de policía:

> La *kin police* o sistema policial anglosajón y el denomina-
> do *gendarmerie*, o sistema policial totalitario despótico.
> El primero representa, básicamente, a la fuerza ejercida
> indirectamente por la gente, desde abajo hacia arriba. El
> segundo representa la fuerza ejercida por la autoridad, de
> arriba hacia abajo.[6]

La *kin police* era democrática; las gendarmerías no. Por lo tanto, era "innecesario mirar más allá de este hecho para explicar el relativo fracaso de la democracia fuera de

---

4   Reiner, Robert, *The Politics of the Police*, Brighton, Wheatsheaf, 1985, p. 47.
5   Un buen ejemplo es Ascoli, David, *The Queen's Peace: The Origins and Development of the Metropolitan Police, 1829-1979*, London, Hamish Hamilton, 1979.
6   Reith, Charles, *The Blind Eye of History*, London, Faber, 1952, p. 20.

Gran Bretaña y los Estados Unidos".[7] Esto probablemente
nos dice más acerca de Reith, hijo de un médico victoriano,
un hombre que había tenido una plantación de té y caucho,
oficial del ejército indio, que sobre los sistemas policiales
en general. Quizá también destaca la suspicacia prolongada y la ignorancia de los asuntos europeos en la sociedad
británica, expresada como nadie por Arthur Daley, uno
de los personajes centrales de *Minder*, la popular serie de
televisión de los años 1980, un pícaro emprendedor para
quien Europa significaba "ajetreos con pistolas, alimentos
dudosos y bidés".[8]

Nunca ha habido dos modelos de policía claramente
delimitados, uno inglés –empleado tanto en el Imperio
Británico como en los Estados Unidos– y otro europeo. De
hecho, al menos hasta la década de 1960, sería difícil definir un modelo británico. Actualmente, en Francia e Italia
los apologistas que defienden la existencia de dos fuerzas
policiales de envergadura diferente, una militar y otra civil,
funcionando lado a lado (la *Gendarmería Nacional* y la
Policía Nacional para la primera, los *Carabinieri* y la *Polizia
di Stato* para la última), declaran confidencialmente que
ello es bueno para la democracia, ya que se equilibran unas
a otras y, en consecuencia, impiden cualquier intento por
parte de una facción para tomar el poder en un eventual
golpe de Estado.

La investigación comparada de David Bayley sobre el
desarrollo policial en Gran Bretaña, Francia, Alemania e
Italia se inicia desde una base empírica contemporánea,
de la policía tal como es (o más bien era en 1975), y luego
examina la forma en que llegó a ser en el presente. Bayley,

---

[7]   Ídem, p. 244. Sobre Reith véase Hjellemo, O., "A tribute to an unusual
       historian of police: Charles Edward Williams Reith (1886-1957)", en
       Police College Magazine, núm. 14, 1977, pp. 5-8.
[8]   Daley, Arthur, *Minder on the Orient Express*, Euston Films, 1986.

que se concentra en las diferencias significativas en los sistemas contemporáneos, señala que el período clave del desarrollo se inicia a finales del siglo XVII, aunque la atención se centre en el siglo XIX, pero subraya que los diversos sistemas policiales surgieron realmente en diferentes momentos.[9] Sugiere además que las características distintivas nacionales dentro de las diferentes fuerzas policiales se han mantenido increíblemente constantes a través de una multiplicidad de trastornos. Niega que el crecimiento del crimen, la industrialización, la población o la urbanización haya sido especialmente significativo en el desarrollo de estas policías; mucho más importante fue la transformación de la organización del poder político, las formas violentas de resistencia popular al gobierno, la erosión de las viejas bases sociales de la autoridad comunitaria, la creación de nueva legislación y las tareas de ordenamiento.

El libro de Bayley tiene mucho de estimulante y significativo, pero a veces también es tan general que no explica mucho en términos de desarrollo histórico específico. En particular, pese a que sugiere que las formas de actuación policial deben ser explicadas por las prácticas previas, nunca explora la longevidad de las viejas estructuras sociales y tradicionales de la policía y, en ocasiones, parece dar por supuesto un grado de organización nacional que, como veremos, no existía. Si bien toma nota de que los *Carabinieri* italianos se basaron en la *Gendarmerie* francesa, por lo general ignora la importancia del intercambio cultural, de los préstamos y posteriores remodelaciones de los modelos de policía, algo en lo que haremos hincapié a continuación.

---

[9]   Bayley, David, "The police and political development in Europe", en Charles Tilly (ed.), *The Formation of the National States in Western Europe*, Princeton, N. J., Princeton University Press, 1975.

En un libro posterior, Bayley desarrolla una importante y estimulante tipología de la policía contemporánea basada en dos dimensiones de análisis: la centralización del mando y la cantidad de centros de mando. Señala que estas dimensiones se confunden a menudo debido al uso impreciso de los conceptos de centralización y descentralización. "El punto es que la descentralización crea múltiples fuerzas, pero las fuerzas múltiples no están siempre descentralizadas". Así, por ejemplo, países como Francia e Italia, con múltiples policías de hecho, han centralizado el mando y se ejerce el control desde las ciudades capitales sobre los civiles y la policía paramilitar. El factor clave para explicar la centralización inicial fue la escala de la resistencia violenta a la afirmación de la autoridad y la consolidación del Estado. Junto con la naturaleza del gobierno, la estructura definitiva de la policía dependía de acuerdos políticos y tradiciones resultantes. Pero, al mismo tiempo, advierte que "las estructuras de supervisión de policía no deben interpretarse como un síntoma del carácter gubernamental, por lo tanto idénticas estructuras de mando pueden dar lugar a tipos muy diferentes de regímenes".[10]

Este ensayo seguirá un rumbo diferente al de Bayley: tenderá a ampliar algunas de sus conclusiones, sobre todo para demostrar el grado de negociación entre los Estados y otros actores sociales sobre el desarrollo de la policía durante el siglo XIX. Sin embargo, en lugar de trabajar nuevamente desde el presente, se centrará desde un comienzo en las instituciones policiales de dos Estados nacionales europeos durante el siglo XIX. Estos Estados, Gran Bretaña y Francia, son importantes en la historia del desarrollo de la policía. El primero porque los historiadores insistieron en que su policía era el hogar de la "nueva policía", y durante

---

[10]   Bayley, David, *Patterns of Policing. A Comparative International Analysis*, New Brunswick, N. J., Rutgers University Press, 1985, pp. 53 y 71.

el siglo XIX muchos liberales europeos, así como reformadores de la policía en los Estados Unidos, se inclinaron
–o al menos aspiraban– a seguir este modelo. El segundo,
debido a la precocidad en el desarrollo de sus instituciones
policiales, que emergen en el siglo XIX y, fuera del formato
moderno, hacia finales del siglo XVII. De este estudio inicial se sugiere que tres tipos distintos de policías pueden
ser percibidos en ambos Estados. Además, será sugerido
que estos tipos pueden encontrarse en otros lugares, que
su reconocimiento contribuye a nuestra comprensión del
crecimiento de los Estados en el siglo XIX, y que eso puede
extenderse a su autoridad interna.

En las Islas Británicas, a mediados del siglo XIX, había
tres modelos distintos de lo que podríamos llamar "policía
pública", en contraposición a la privada: el modelo de la
London Metropolitan Police, la policía provincial y la policía irlandesa.[11] La metropolitana, primera de las "nuevas
policías", fue dirigida por comisionados nombrados por el
gobierno central, que eran responsables ante el Secretario
del Interior. En Londres, durante la década de 1830, esta
dependencia del gobierno central fue muy resistida por
muchas autoridades locales. Se quejaban por estar obligados a financiar esa policía, sin tener derecho a voz en
su gestión y operaciones. Algunos inclusive señalaban que
con la nueva policía, las calles de su distrito estaban menos
vigiladas de lo que lo habían estado con los serenos. Tales
protestas disminuyeron a mediados de siglo, pero resur-
gieron durante los debates sobre la creación del *London*

---

[11] En gran medida, hago esta diferenciación entre policía pública y privada
para evitar la categoría adicional de la policía privada que en Inglaterra
podría oscilar entre los guardabosques en la hacienda de un caballero, y
los policías uniformados de las empresas ferroviarias, estos últimos no
muy distintos de la policía pública. Tal policía privada también se puede
encontrar en toda Europa del siglo XIX y de su tipología estructural se
podrán realizar comparaciones y contrastes.

County Council en la década de 1880 y nuevamente en el siglo XX.

En Gran Bretaña, para nutrir sus cuadros de oficiales, la policía provincial recurrió a menudo a la *Metropolitan Police*, pero algunos acudieron a otros lugares, en particular a Irlanda. También observaron los mecanismos de organización y comportamiento operacional del sistema metropolitano. Pero, a diferencia de la *Metropolitan Police*, la policía provincial, ya sea municipal o fuerzas del condado, era responsable ante el gobierno local. Había diferencias. Los comisarios distritales tenían mayor independencia para sus comités de policía que los alguaciles de los condados. Hasta bien entrado el siglo XX, en algunos lugares, la policía sigue siendo considerada como funcionarios municipales que llevan a cabo una variedad de funciones administrativas.

La policía municipal mostró tanta evolución en sus vínculos con las formas existentes de gobierno local, como lo hizo la revolución con las estructuras jerárquicas, los uniformes y el comportamiento operacional. El ejemplo de Londres ofreció un grado de uniformidad. La creación de la Real Inspección del Cuerpo de Policía en 1856, cuya eficacia dio lugar a aportes del tesoro nacional y al posterior aumento de expertos policiales en el Ministerio del Interior, quienes prefirieron saltear los comités de la policía civil y hablar directamente con los jefes o alguaciles, generaron, antes de la Primera Guerra Mundial, una mayor uniformidad y un alto grado de centralización. Para este último proceso contribuyó la forma en que muchos comités de policía comenzaron a dejar la gestión de la policía local en manos de su jefe o alguacil. Pero esto no impidió que los comités de policía, especialmente los de vigilancia urbana que por lo general se reunían cada semana y en algunos casos incluso con mayor frecuencia, lograran que sus policías llevaran uniforme verde en lugar de los azules

de costumbre, cobraran peajes, actuaran como voceros
municipales o auxiliares de morgue, u ocuparan cualquier
otra función de gobierno local.

Buena parte de la estrecha vinculación entre la policía
y el gobierno local fue resultado de la forma en que éste
había desarrollado y mantenido su independencia desde
la "Gloriosa Revolución" de 1688. Como magistrados, los
miembros de las elites locales recorrieron los condados y
municipios con escaso direccionamiento hacia el centro;
los parlamentarios y ministros sirvieron comúnmente como
magistrados de condado o, más avanzado el siglo XIX,
como dirigentes municipales. Por otra parte, mientras que
la maquinaria del gobierno local crujía bajo la presión de
los revolucionarios, las guerras napoleónicas y sus secuelas
turbulentas, los magistrados ingleses rara vez perdieron el
hilo y el desorden popular nunca puso en serio peligro la
estabilidad del Estado. En Irlanda, en cambio, mientras la
burguesía se veía a sí misma similar a sus primos ingleses,
claramente falló cuando se confrontó con el desorden a
finales del siglo XVIII y principios del XIX. No es de extrañar entonces que la actividad policial fuese arrancada de
sus manos por el gobierno central. A Dublín le dieron una
policía metropolitana similar a la de Londres, mientras
que a las provincias de Irlanda se les concedió una policía
paramilitar, el Cuerpo de Policía Irlandés (a partir de 1867,
Royal Irish Constabulary, Real Cuerpo de Policía Irlandés).
La RIC fue equipada con armas de fuego, localizada en
pequeños cuarteles en las principales carreteras y en las
principales ciudades, utilizada para imponerse frente a
los campesinos recalcitrantes. Sin embargo, aunque la
historia de Irlanda se ha escrito desde la perspectiva de la
hambruna, los desalojos, la guerra por la tierra y el desorden general, lo cierto es que hacia fines de siglo la RIC
resulta cada vez más aceptada por las comunidades a las

que sirve y estaba "domesticada" perdiendo gran parte de su lado militar.[12]

A mediados del siglo XIX, en Francia también había tres tipos diferentes de policía. En París, un prefecto nombrado por el gobierno dirigía a la policía de la ciudad. En muchos aspectos, esta policía era una institución mucho más antigua que la de Londres: el cargo de *Lieutenant Général*, precursor del prefecto, se había creado en 1667. Pero en otros aspectos surgía más o menos en la misma época: en 1829, el prefecto Luis Debelleyme estableció los *sergents de ville* como una patrulla civil para restablecer la confianza en la policía después de una serie de escándalos, y para ayudar a implantar su idea de una institución paternalista que garantizara "la seguridad de día y de noche, libre y fácil circulación del tráfico, limpieza de las calles públicas, supervisión y prevención contra cualquier causa de accidente, mantenimiento del orden en lugares públicos, investigación de los delitos y persecución de los delincuentes."[13]

---

[12] Se puede argumentar que ésta es una de las razones de su pobre desempeño en los problemas que acompañaron el final de la Primera Guerra Mundial. Véase Lowe, W. J. y Malcolm, E. L., "The domestication of the Royal Irish Constabulary, 1836-1922", en *Irish Economic and Social History*, 1992, XIX, pp. 27-48. Para los orígenes del RIC, comparados con el desarrollo policial en Inglaterra, ver Palmer (1989).

[13] Citado por Tulard, Jean, *París et son administration (1800-1830)*, París, Commission des Travaux Publics, 1976, pp. 436-437. Por su parte, Bayley afirma que, como resultado de la Fronda, Louis XIII y Richelieu llegaron a la conclusión de que la nobleza regional no se podía confiar a la autoridad del gobierno, por lo tanto los intendentes, más tarde con la asistencia de los tenientes generales de la policía, fueron designados por el rey para imponer el orden que París requería. Este parece ser uno de los casos en que Bayley no entiende el grado de desarrollo institucional alcanzado por el Estado. Sin embargo, y si bien no hay un estudio detallado de los tenientes generales de provincia bajo el antiguo régimen, los puestos eran venales y parece que a menudo eran adquiridos por los señores locales u otras autoridades. El monarca no pudo conseguir esas personas o entidades corporativas para imponer

Durante los años de la Revolución, una sucesión de leyes establecieron el cargo de *commissaire de police* en las ciudades con una población superior a 5.000 habitantes. Inicialmente el puesto era electivo, pero tras la reafirmación de la autoridad central en la época de Napoleón, el comisario comenzó a ser nombrado por el gobierno, elegido de una corta lista presentada por el prefecto del departamento. En muchos casos, por lo menos durante el primer tercio del siglo, los hombres de la lista fueron locales, a veces ex soldados, a veces hombres que buscaban una posición en el gobierno para una nueva etapa de su carrera en la burocracia estatal emergente. Sin embargo, conforme avanzaba el siglo estos hombres comenzaron a verse a sí mismos cada vez más como policías profesionales, con una carrera burocrática que progresaba en ciudades con desafíos cada vez mayores y con posibilidades de cerrarla como *commissaire central* de una gran ciudad con varios jóvenes comisarios subordinados.

El *Journal des commissaires de police,* publicado por primera vez en enero de 1853 con el apoyo del Ministro del Interior, proveía un compendio de legislación y también contenía artículos destinados a inculcar un sentido de misión y el valor de su rol. Pero los *commissaires* sólo proporcionaron una estructura de policía centralizada. Debajo de ellos estaban los inspectores, agentes de policía y *sergents de ville*, quienes durante gran parte del siglo dependían del municipio para su designación y remuneración. En el nombramiento de estos funcionarios, hubo una recurrente fricción entre la autoridad central y la local. La legislación de 1864 autorizó al prefecto del policía a nombrarlos por

---

el orden que se necesitaba. Los obispos locales compraron las oficinas en Beauvais, Reims y Saint-Malo, los tribunales los compraron en Blois y Troyes. Bayley, David, *Patterns of Policing, op. cit.,* 1985, p. 67. Véase Emsley, Clive, *Policing and its Context, 1750-1870,* London, Macmillan, 1983, p. 19.

recomendación del alcalde; la legislación de 1884 confirmó al alcalde como el jefe nominal de la policía y lo autorizó a nombrar personal con el acuerdo del prefecto. Podían existir conflictos entre el gobierno central y el local sobre la definición de los asuntos policiales, y esto a su vez podía acarrear dificultades cuando un *commissaire* recibía consejos y directrices desde París de un gobierno de color político muy diferente al del municipal. Sin embargo, al parecer en muchos lugares el municipio se retiró cada vez más de la participación directa en la administración de la policía, dejando las cuestiones a los comisarios.[14]

La legislación de 1791, que estableció por primera vez a estos comisarios, otorgó cierta uniformidad a las ciudades en las cuales, bajo el Antiguo Régimen, una multitud de diferentes individuos y corporaciones había sostenido las competencias de policía, a menudo con superposición de jurisdicciones. En el mismo año, la ley de policía rural autorizaba a las comunas locales, si así lo deseaban, a designar y pagar, bajo la supervisión del alcalde, una "guardia rural". En gran medida, la ley formalizó una práctica mucho más antigua de nombramiento de guardias rurales, especialmente en época de cosecha; la crisis de subsistencia de 1795 mostró la necesidad de nombrar obligatoriamente esos guardias, aunque muchos municipios parecen haberlo ignorado, entre otras cosas a causa de la reticencia a imponer un impuesto a la comunidad local para pagar a los hombres. Hubo una serie de propuestas para mejorar las guardias mediante el reclutamiento de viejos soldados, haciendo brigadas y convirtiéndolos en auxiliares de gendarmería. Durante el período napoleónico, ante la detención de desertores, reclutas refractarios y cazadores

---

[14] Vogel, Marie, *Les polices des villes entre local et national: l'administration des polices urbaines sous la IIIe République,* Doctorat de science politique, 3 vols., Université de Grenoble II, 1993. Especialmente el capítulo 2.

furtivos, algunos hombres se comportaron con valentía,
a menudo con riesgo para ellos mismos y sus familias.[15]

Sin embargo, los guardias por lo general han tenido
mala prensa, tildados como criaturas afines a los alcaldes
locales o los grandes terratenientes, demasiado susceptibles a la opinión de la comunidad. Cabe señalar que la
crítica hacia ellos parece haber desaparecido poco a poco
de los informes mensuales y anuales de la gendarmería,
a mediados del siglo XIX. Tal vez esto sea indicativo de
algún grado de mejoría, aunque todavía había comentarios adversos en algunas regiones: "El servicio de guardias
rurales es el único del departamento que deja mucho que
desear, debido a que hay muy pocos y la mayoría de éstos
son incapaces."[16]

La Gendarmería Nacional fue un cuerpo militar.
Reformada y reorganizada a partir de la policía militar
del Antiguo Régimen (la *Maréchaussée*), se compuso por ex
soldados regulares, generalmente suboficiales con certificados de buena conducta transferidos al cuerpo, al parecer
como una manera de continuar en la profesión elegida
dentro de su país natal. Una de las principales tareas de
la *Maréchaussée* había sido mantener los caminos seguros
para los viajeros y los vehículos de correo. La gendarmería continuó con esta función. Brigadas de seis hombres,
aunque a menudo reducidas a sólo cuatro o cinco por la
escasez o exigencias particulares, estaban estacionadas en
cuarteles en las ciudades y aldeas a lo largo de las carreteras

---

[15]   Acerca de los ataques a los *gardes*, ver d'Hauterive (1922-1964, II, núm.
        1378 y 1473, III, núm. 58,427 y 726), y para una discusión general de su
        desarrollo durante el período revolucionario y napoleónico, ver Woloch
        (1994, pp. 156-163).

[16]   *Service Historique de l'Armée de terre*, Vincennes, G8 180, *Rapport du
        préfet de l'Allier*, 9 de julio de 1859. Véase también Santucci, Marie-Renée,
        Délinquance et répression au XIXe siècle. L'exemple de l'Hérault, París,
        Économica, 1986, p. 23. Y Soulet, Jean-François, *Les Pyrénées au XIXe
        siècle*, 2 vols., Toulouse, Éché, 1987, p. 286.

principales. Asimismo, cuando fuera necesario, se esperaba que proporcionaran apoyo coercitivo para otros funcionarios estatales, para traer reclutas, proteger a los convoyes de municiones o impuestos, supervisar tropas en marcha, informar e investigar delitos.

Si se consideran en conjunto los ejemplos británico y francés, puede ser delineada una tipología general de tres tipos de policía pública. Las policías metropolitanas de Londres y París, ambas dirigidas por autoridades nombradas por el gobierno, independientes de las autoridades locales, pueden ser consideradas como una fuerza del Estado civil. El municipio y la policía de condados de Gran Bretaña, así como la policía urbana y la guardia rural en Francia, constituyen una policía civil municipal con hombres contratados a nivel local y en gran parte bajo control local aunque, en ambos países, este control poco a poco se puso en manos de "expertos". Es algo paradojal: a pesar de la reputación que en el siglo XIX tenía el Estado francés por su centralización y burocratización, parece que se quedó atrás del Estado británico tantas veces alabado por su política de *laissez-faire*, en la financiación centralizada y la inspección de esa policía civil municipal. La tercera variedad es la Gendarmería Nacional y el Real Cuerpo de Policía Irlandés, armados y equipados con soldados de cuarteles, bajo la responsabilidad de un ministerio del gobierno central; por lo cual se los puede etiquetar fácilmente como militares de Estado.

Civiles estatales, civiles municipales y militares de Estado son tipos ideales en el sentido weberiano. Cuando las diferentes fuerzas se ponen bajo el microscopio, las distinciones pueden ser decididamente borrosas. En la mayor parte de la policía civil del siglo XIX, por ejemplo, había elementos militares. La *London Metropolitan Police* puede haber tenido sombrero de copa y abrigos azules para que sus integrantes no parecieran soldados, pero la fuerza era rígidamente jerárquica y estrictamente reglamentada. Además, en la policía civil inglesa hay gran número de reclutas con experiencia militar, y algunos cargos de comisarios de policía, especialmente los que habían obtenido rango militar, fueron para ex soldados.[17] Los *gardiens de la paix*, patrulleros de la policía de París, nombrados en la segunda mitad del siglo XIX, pueden haber sido esencialmente civiles, y la reforma de Napoleón III intentó introducir una variedad de prácticas extraídas de la *London Bobby*, pero tres cuartas partes de las plazas estaban reservadas para antiguos soldados.[18] Los policías civiles municipales podían recibir una parte de su remuneración con fondos estatales y algunos, especialmente los guardias rurales, podían servir de policía privada, en el sentido de guardias y vigilantes para particulares, teniendo en cuenta los sistemas de clientelismo en los que fueron reclutados y en los que trabajaban. No obstante, civiles estatales, civiles municipales y militares de Estado representan tipologías lo suficientemente distintivas en las formas de cadenas de mando, en la responsabilidad de funcionamiento y en la forma en que los hombres eran reclutados, equipados y desplegados.

Ajustando el foco para mirar más allá, a través de la Europa del siglo XIX, se pueden ver en otros Estados a estos mismos tipos policiales en funcionamiento. En los Países Bajos, por ejemplo, existió la *Marechaussee Koninklije*, una policía militar de Estado, responsable principal de la

---

[17] Emsley, Clive, *The English Police: A Political and Social History*, London, Longman, 1996, pp. 193-197.

[18] La intención era estimular a los hombres a permanecer en el ejército después del período inicial del servicio militar obligatorio, por lo tanto, y aunque muchos expresaran sus reservas sobre la calidad de los hombres contratados, en las leyes de 1872, 1889 y 1905, los puestos civiles eran garantizados para los veteranos después de su servicio militar. Véase Berlière, Jean-Marc, *Le préfet Lépine. Vers la naissance de la police moderne*, París, Denoël, 1993, pp. 130-138.

policía del sur y este del país, que respondía principalmente al ministerio de guerra; el *Rijksveldwacht*, una policía civil de Estado, en el marco del Ministerio de Justicia; y la policía civil municipal en la forma de la *Gemeentepolitie* de las ciudades y la *Gemeenteveldwachtes* de los distritos rurales. Desde la independencia en 1830, Bélgica tenía una Gendarmería Nacional, una policía municipal regulada por los municipios y, poco a poco, se dedicó a desarrollar una fuerza de Estado civil.

En gran parte de la Europa continental, y en particular en la policía civil de Estado del centro y este, surgieron ideas en torno a lo que Marc Raeff ha denominado el "estado policial bien ordenado". Raeff parece sugerir que las ordenanzas aprobadas por los príncipes alemanes y rusos desde el siglo XVII, jugaron un papel clave en la configuración de sus actitudes. Sin embargo, una cosa es aprobar ordenanzas y otra muy distinta garantizar su aplicación. Durante la Ilustración, los Habsburgo, Hohenzollerns y Romanovs desarrollaron estructuras para aplicar las nociones de "buena policía", en una amplia definición del término, es decir, estructuras que proporcionaran un cierto grado de bienestar, seguridad, justicia y el buen funcionamiento de los mercados, junto con el mantenimiento del orden. También trataron de reprimir las amenazas contra el príncipe y mantener bajo vigilancia a aquellos individuos considerados como probables generadores de problemas. Bajo las órdenes del teniente general de policía de París, la institución proveyó un modelo, aunque estos desarrollos parecen más arraigados a las tradiciones alemanas que a cualquier modelo francés.[19]

---

[19]   Raeff, Marc, *The Well-Ordered Police State: Social and Institutional Change Through Law in the Germanies and Russia, 1600-1800,* New Haven, Yale University Press, 1983. Axtmann, Roland, "Police and the formation of the modern state. Legal and ideological assumptions on State capacity

La policía militar de Estado, sin embargo, estaba firme-
mente enraizada en ese modelo.[20] La expansión francesa en
toda Europa durante el período revolucionario y napoleónico trajo consigo el estilo policial de la *Gendarmerie*. Los
gendarmes vigilaban los ejércitos franceses en la marcha,
y cuando los franceses se establecían, ellos mostraban
su destreza en la lucha contra bandidos, la protección de
convoyes de impuestos y coches de correo, trayendo cons-
criptos. Durante estos años, príncipes como los de Baviera
y Württemberg, que durante gran parte de la primera década del siglo XIX estaban bajo la protección de Napoleón,
comenzaron a desarrollar la policía militar de Estado. Los
reformadores de Prusia, recuperados de las crisis de Jena
y el desmembramiento napoleónico, trataron de crear un
cuerpo similar como parte de la modernización estatal.
Con la caída de Napoleón, los príncipes restauraron los
territorios que habían sido parte de su imperio e igualmente recrearon gendarmerías, como Vittorio Emanuele I en
Piamonte y el cardenal Consalvi en los Estados Pontificios.

En cada caso había razones subyacentes un poco distintas, pero las policías militares de Estado eran vistas como
agentes que proporcionaban un medio eficaz de llevar
el orden estatal al campo y consolidar su pretensión de
ser el único depositario de la ley y el mantenimiento del
orden, de sustituir la autoridad tradicional del *seigneur* y
sus agentes y de proporcionar al gobierno central de ojos
y oídos, así como de una primera línea de defensa contra
el desorden rural. La primera oleada de las creaciones
de esta gendarmería llegó a los Estados que habían sido
parte del imperio napoleónico o fuertemente influidos

---

in the Austrian Lands of the Habsburg Empire, 1500-1800", en *German
History*, 1992, 10, pp. 39-61.

[20] Emsley, Clive, *Gendarmes and the State in Nineteenth Century Europe*,
Oxford, Clarendon Press, 1999.

por el norte y centro de Italia, los Países Bajos, las tierras
de la Confederación del Rin y Prusia. La segunda oleada
se produjo a raíz de graves trastornos revolucionarios, en
España en 1844 y en el Imperio Austríaco en 1849.

Bien entrado el siglo XIX, en la mayor parte de Europa
los municipios eran generalmente responsables de sus propios mecanismos policiales. En 1835, cuando el parlamento
británico aprobó la Ley de Corporaciones Municipales,
obligando a los nuevos ayuntamientos a establecer comités
de vigilancia que se harían responsables de las organizaciones policiales, se estaba siguiendo la tradición de dejar
esa responsabilidad en la esfera local. Del mismo modo,
las legislaciones de 1839 y 1840, al permitir la creación de
agentes de condado, dejaron las decisiones y la gestión de
gobierno al órgano reconocido de cada distrito, el sillón
de los magistrados del condado. Las primeras etapas de la
Revolución Francesa estuvieron muy marcadas por tentativas de devolver las competencias que se le atribuían a las
localidades: la gendarmería pudo haber sido "nacional", sin
embargo se encontraba inicialmente bajo la administración
de los departamentos. Los comisarios, como se señaló
anteriormente, fueron al comienzo elegidos, y según el
tipo de mecanismos policiales existentes debían quedar
en manos de la municipalidad.

Mientras que, una década después, la gendarmería y
los comisarios fueron puestos bajo el control del Estado, no
sucedió lo mismo con los agentes ordinarios de policía. Una
mirada más detallada de las matrices policiales en Italia y
Prusia mostraría cómo similares complejidades se pudieron desarrollar y continuar en otros sitios durante todo el
siglo XIX. Hasta la llegada de los ejércitos revolucionarios
franceses, a finales de la década de 1790, en los Estados
italianos la policía estaba en manos de hombres armados
(sbirri), generalmente considerados como ligeramente
mejores que los bandidos, a los que supuestamente éstos

debían combatir. De hecho, según el viajero francés Charles Dupaty, "los *sbirri* eran bandidos privilegiados que hacían la guerra a bandidos sin privilegios."[21]

Los franceses esparcieron su sistema de comisarios, guardias rurales y gendarmes en toda la península, e inclusive los Estados más reaccionarios, repuestos después de la caída de Napoleón, mantuvieron aspectos del sistema francés. El Piamonte fue el Estado que finalmente unificó a Italia, y aquí Vittorio Emanuele I, que restauró Turín en 1814, resolvió dar marcha atrás hacia el Antiguo Régimen y abolir todo lo que fuese francés. Sin embargo, poco después estableció los *Carabinieri Reali* que seguían el modelo de la gendarmería francesa. El Piamonte se enorgullecía de su poderío militar, por lo tanto la creación de una policía estatal militar por el régimen restaurado seguía las tradiciones del Antiguo Régimen, y allí, en 1791, hubo un experimento con un cuerpo antibandidos de tropas livianas.

En el despertar de las revoluciones de 1848, por el crecimiento de la ideología liberal entre los gobernantes de Piamonte, fue creada una fuerza civil estatal, esta vez mirando aparentemente hacia el nuevo modelo inglés. En 1852 el parlamento piamontés aprobó la Ley 1.404, que establecía la *Guardia di Pubblica Sicurezza* para las principales ciudades del reino. Esta legislación apareció junto a los crecientes temores sobre las "clases peligrosas" y la creencia, entre los liberales, sobre la necesidad de una alternativa a los *Carabinieri*, quienes parecían estar controlados por conservadores aristocráticos. Y esa alternativa se encontraba en una policía civil, según los lineamientos del *Bobby* inglés. Con el proceso de unificación de la década

---

[21] Las investigaciones que se ha llevado a cabo acerca de los *sbirri* no han hecho nada para refutar estas afirmaciones. Véase Hughes, Steven, "Fear and loathing in Bologna and Rome. The papal police in perspective", en *Journal of Social History,* 1987, 21, pp. 97-116.

de 1860, tanto los *Carabinieri* como la *Guardia di Pubblica Sicurezza* se extendieron por toda la península.

Infelizmente para ellos, la diferenciación de roles de ambas fuerzas nunca se clarificó y tendió a ocupar un segundo plano en relación con las glamorosas tropas de elite de los *Carabinieri,* cuyos honores de guerra incluyen algunos enfrentamientos clave en las guerras de unificación.[22] Durante la década de 1860, miembros del parlamento italiano profesaron admiración por el *Bobby* inglés, pero se resistían a dejar que la policía pasara del Estado a los municipios. La Comisión Parlamentaria que se reunió en 1861 para determinar si la fuerza debía o no extenderse al nuevo reino, llegó a la conclusión de que, desgraciadamente, los italianos no estaban aún preparados para asumir la responsabilidad de control de las mismas. Sin embargo, las ciudades italianas tenían una larga tradición de independencia y orgullo cívico. Durante las revoluciones de 1848, varios municipios habían probado con una policía civil basada en su propia percepción del modelo inglés, y con las libertades liberales de los primeros sesenta, lo intentaron nuevamente. Las grandes ciudades, especialmente en el norte, establecieron sus propias *Guardie Municipali*.

De nuevo, éstas son fuerzas que hasta ahora no han sido objeto de investigación académica detallada. Sin embargo, al menos en la década de 1880, las autoridades locales italianas parecen haber considerado la idea de tener sus propios guardias municipales y forestales, hombres locales dependientes del gobierno local, que consideraban una opción superior a la *Pubblica Sicurezza,* por su financiación insuficiente, la ausencia de fuerzas, el exceso de edad. Eran

---

[22]   Hughes, Steven, "Poliziotti, Carabinieri e Policemen: il *bobby* inglese nella polizia italiana", en *La Carta e la Storia,* 1996, 11, pp. 22-31.

menospreciados como *sbirri* y con frecuencia preferibles a los *Carabinieri*.[23]

Así como el Piamonte no era Italia, a pesar de haber desempeñado un papel central en la unificación, del mismo modo Prusia no era Alemania. En Prusia también existieron las mismas tres variedades de policía durante el siglo XIX, que se desarrollaron de manera distinta debido al contexto específico. La gendarmería fue creada en 1812 como parte de las reformas de modernización introducidas a raíz de los desastres de 1806 y 1807; pero las transformaciones legales y administrativas fueron fuertemente resistidas por los Junkers, que vieron en esos cambios una amenaza a su autoridad personal, en particular el concepto de *Herrschaft* que define su relación con los campesinos bajo su juris-dicción. Las reformas administrativas que constituyen el aspecto más importante del edicto de gendarmería de 1812, nunca fueron presentadas y, pese a que la gendarmería sobrevivió, quedó numéricamente muy reducida. En la primera mitad del siglo XIX, los gobernantes de Prusia consideraron que su primera línea de defensa contra el desorden grave era el ejército.[24]

---

[23]   Davis, J. A., *Conflict and Control. Law and Order in Ninetenth-Century Italy*, London, Macmillan, 1989, pp. 232-233 y 237-241. Jensen, Richard, "Police reform and social reform: Italy from the crisis of the1890s to the Giolittian era", en *Criminal Justice History*, 1989, 10, pp. 179-200.

[24]   Esta discusión aparece planteada en Kosselleck, R., *Preussen zwischen Reform und Revolution: Allgemeines Landrecht, Verwaltung und Sozial-bewegung von 1791 bis 1848*, Stuttgart, Ernst Klett, 1975; Funk, A., *Polizei und Rechtsstaat: Die Entwicklung des staatlichen Gewaltmonopols in Preussen 1848-1914*, Frankfurt, Campus, 1986. Lüdtke, A., *Police and State in Prussia, 1815-1850*, Cambridge, Cambridge University Press, 1989. Reinke, H., "Armed as if for a war: The state, the military and the professionalisation of the Prussian Police in Imperial Germany", en Emsley, C. y Weinberger, B. (eds.), *Policing Western Europe: Politics, Professionalism and Public Order, 1850-1940*, New York, Greenwood Press, 1991, pp. 55-73. Spencer, E. G., *Police and the Social Order in*

La policía civil estatal, similar al sistema de funcionamiento bajo el *Lieutenant General* en París, había empezado a desarrollarse a mediados del siglo XVIII. El *Städteordnung* de 1808 fue parte del programa de modernización de los reformadores "post Jena", e hizo previsiones para una representación popular en el gobierno de la ciudad y la elección de oficiales, pero también declaró que la policía era una prerrogativa de la Corona. Así, mientras que las policías municipales podían ser administradas por el Ayuntamiento, ellos actuaban como representantes del rey. Esto tendía a hacer que las elites urbanas fueran reacias a mejorar sus estructuras de vigilancia, ya que consideraban que estaban pagando por hombres que obedecían a una dirección central, y esto, como en Italia, animó a los liberales a mirar con interés los modelos alternativos que se estaban desarrollando en Gran Bretaña, a la vez civiles y municipales. Las revoluciones de 1848 vieron a los liberales prusianos, sobre todo en Berlín, realizar ensayos con los lineamientos de los *Bobby* británicos.

No obstante, la Ley de Policía de 1850, introducida en una atmósfera reaccionaria, intentó garantizar que la policía urbana siguiera dependiendo del Estado. Un director de policía iba a ser nombrado por el gobierno central para los municipios principales, pero todos los costos de sus hombres, sus edificios y equipamiento iban a ser sufragados por el municipio. Enfurecidos por tener que pagar por policías sobre las cuales no tendrían ningún control, los municipios llevaron el caso a los tribunales por las disposiciones financieras de la ley. Y ganaron. Los gobernantes del Estado prusiano llegaron a la conclusión de que no podían permitirse el lujo de pagar por la policía de todas las ciudades provinciales, tal como la de Berlín

---

German Cities. The Düsseldorf District 1848-1914, De Kalb, Northern Illinois University Press, 1992.

y, en consecuencia, decidieron la remoción de todos los directores policiales. El resultado fue que la policía civil de Estado devino nuevamente policía municipal.

La policía municipal (*Kommunale Ortspolizeibehörde*), surgida en los pueblos y ciudades prusianas durante los primeros años de la década de 1860, estaba técnicamente bajo la autoridad del Estado central ya que constitucionalmente, y en consonancia con la *Städteordnung* de 1808, ninguna autoridad policial fue traspasada a los gobiernos locales. En teoría, el gobierno en Berlín podría haber optado por intervenir en los asuntos municipales de la policía, pero en la práctica rara vez lo hizo, reconociendo que dicha acción podía provocar un debate constitucional y dificultades políticas con las grandes ciudades. Los municipios tomaron la mayor parte de las decisiones atendiendo a sus estructuras policiales y su organización, y dictaron ordenanzas de policía para la regulación de asuntos locales; pero había algunos inconvenientes. Los más graves eran los florecientes pueblos del turbulento "salvaje oeste" del Ruhr industrial. En la década inmediatamente anterior a la Primera Guerra Mundial, las virtudes del Estado civil policial, en oposición a las civiles municipales, comenzaron de nuevo a ser debatidas.

La Policía Real de Prusia (*Königliche Schutzmannschaft*) era considerada cada vez más preferible, parecía más disciplinada, sin el problema potencial de las ataduras locales, más capaz de mantener la vigilancia de las organizaciones políticas y de perseguir a los infractores fuera del distrito en el que servían. Todo ello era compartido tanto por los funcionarios en Berlín como por los respetables burgueses de Renania. Ahora los últimos *Heimat* ya se habían incorporado a Prusia hacía casi un siglo y, por diversas razones, los renanos fueron identificándose más con ese Estado. Igualmente importante para la relación de los costos de la Renania burguesa, la Real Policía resultaba más barata, ya

que era financiada por la tesorería del Estado en lugar de
las arcas locales; la ley de financiamiento de la policía de
1908 responsabilizó a la tesorería del Estado de dos tercios
de la financiación de la *Schtzmannschaften*, mientras el
restante tercio provino de los pueblos y ciudades donde
estaba establecida.[25] Los años inmediatamente anteriores
a la guerra fueron testigos de los movimientos de la Real
Policía hacia la cuenca del Ruhr y las cuencas mineras de
la Alta Silesia. Sin embargo, incluso allí, algunas policías
municipales locales seguían siendo responsables de la
supervisión de los mercados, de determinados oficios, de
las relaciones amos-siervos, de la asistencia escolar, de la
salud pública y de las calles.

La experiencia de Italia y Alemania sugiere que, incluso en territorios que fueron agresivamente unificados o
dominados por una estructura militarista y absolutista, el
desarrollo de la policía nunca fue simplemente dictado o
dominado desde el centro. Siempre ha habido negociación
entre el gobierno central y las localidades, desde ambos
lados existieron consideraciones de autonomía, así como
de los costos. Otros modelos se veían venir, tomados y re-
formados según las distintas perspectivas y percepciones
culturales. Sin embargo, probablemente es cierto que en
la Europa del siglo XIX el papel del Estado central en el
ámbito policial, como en muchas otras áreas, era cada vez
más significativo.

El Estado del siglo XIX fue cada vez más celoso de su
autoridad. Allí donde podía depender de las elites locales,
o donde no se distinguía de la elite nacional, compartía
acuerdos sobre la estructura constitucional y no había

---

[25]   La *Städteordnung* de 1808, la continuación de la Gendarmería prusiana
       después de 1820, y finalmente el despliegue de la Policía Real sugiere
       que la afirmación de Bayley que en Prusia "la policía se mantuvo des-
       centralizada" precisa alguna atenuación. Bayley, David, *Patterns of
       Policing, op. cit.*, 1985, p. 71.

serias amenazas a su legitimidad; allí entonces prospe-
raron las policías municipales civiles. Sin embargo, sería
erróneo deducir de ello que la creación de una policía civil
o militar de Estado depende únicamente de la voluntad
del gobierno más autoritario. En los comienzos del siglo,
el gobierno en Westminster supo imponer un sistema de
gendarmería al modo de la nobleza irlandesa. Ese gobierno
era fuerte, confiable, exitoso, pero para los estándares de la
época no era particularmente autoritario; mientras que los
señores irlandeses tenían un pobre historial en el ejercicio
de su autoridad y mantenimiento del orden, sin influencia
especial en el parlamento. En contraste, los reformistas en
Prusia estaban tratando de revivir un Estado débil con arcas
empobrecidas, y fueron incapaces de seguir adelante con
sus planes de una gendarmería y una reestructuración del
sistema legal en la forma en que habían esperado, porque se
enfrentaron a los retos de un articulado y poderoso señorío,
muy leal al rey, pero intensamente hostil hacia quienes le
parecían empecinados en destruir el modo de vida de la
nobleza y la relación con sus campesinos.

Por supuesto, los Estados del siglo XIX no existen en
un vacío individual, sino uno al lado del otro, observando
la evolución de los demás, a veces tratando de emular, a
veces tratando de evitar, la experiencia o la práctica de un
vecino. En el caso de la evolución de la policía, ellos tomaron
modelos prestados y les dieron forma según sus propias
necesidades, pero también vieron modelos diferentes que
variados contextos configuraron. Y si bien este texto se ha
esforzado en hacer hincapié en tres tipos de policía en el
siglo XIX, sería erróneo suponer que cada uno de estos tipos
existió en cada Estado. Los países escandinavos no emplean
la policía militar de Estado para tareas internas, con la
excepción de Dinamarca donde, en 1851, se estableció la
gendarmería en la sospechosa provincia de Schleswig, y
donde entre 1885 y 1894 un nervioso gobierno de derecha

le asignó a ese cuerpo el manejo policial de todo el país. No fue sino en otra isla, la de John Bull, y en el Imperio Británico, adonde el estilo de gendarmería policial fue desplegado como norma por el gobierno de Westminster.

Las sensibilidades inglesas eran tales que una policía abiertamente militar acaso nunca podría haber sido creada en la propia Inglaterra, incluso si el gobierno lo hubiera deseado. Por otra parte, el éxito de la gendarmería francesa iba de la mano del recelo ante todo lo francés, y los éxitos británicos en las guerras contra la Revolución y Napoleón probablemente fueron elementos importantes en la búsqueda de algo diferente a la hora de establecer la *Metropolitan Police*.[26] Al igual que los liberales de la Europa continental, los reformadores de las grandes ciudades de la costa este de los Estados Unidos también miraron hacia el modelo de la policía metropolitana inglesa, aunque el sistema de control era mucho más cercano al de los comités de vigilancia de distrito. Ahí también se sospechaba de los soldados en las calles. Además, la estructura federal y la ideología democrática de los Estados Unidos se oponían a la creación de una organización policial más importante dirigida desde Washington; era la ideología democrática, en particular, la que aseguraba el predominio de las diferentes variedades de policía civil municipal.

Los tres tipos ideales aquí descriptos están preocupados básicamente por la rendición de cuentas, el control y la forma, más que por la función. Por supuesto, sería posible

---

[26] En casos de emergencia, tales como los disturbios de Rebecca en Gales del Sur en 1839, o las huelgas en los años previos a la Primera Guerra Mundial, la policía inglesa podía ser respaldada por los soldados y actuar junto a ellos. Esto podría haber dado lugar a que se asemejara a una policía militar del Estado, sin embargo, siempre se mantuvo muy distinta y separada del ejército. Por otra parte, de manera similar, en Francia e Italia, los *gendarmes* o *carabinieri* que se enfrentan a huelgas u otras grandes manifestaciones populares podían ser secundados por soldados convencionales.

construir otra tipología basada en la función, que atravesaría los límites de los tipos aquí delineados. El detective de policía era por lo general civil, opuesto a los militares, la vigilancia política era una tarea de la policía estatal, tanto de los militares como de los civiles, en contraposición a los municipales. Además, el *savoir-faire* desarrollado por la policías en funciones específicas, probablemente habría hecho bien comprensible las tareas y prácticas de trabajo de un *Bulle,* por ejemplo, en los muelles de Hamburgo, y tal vez intercambiables con los de un policía en los muelles de Liverpool, y lo mismo con el patrullaje de un gendarme de Aveyron y un *Bobby* en el North Riding de Yorkshire.

Esto nos lleva a dos cuestiones importantes con las que deseo concluir, como sugerencias para la reflexión e investigaciones futuras. No fue sólo en el nivel del hombre de patrulla diaria que, durante el siglo XIX, la policía comenzó a desarrollar un tipo profesional de *savoir-faire*. Max Weber sugiere que el crecimiento de la burocracia puede llevar al profesional, en virtud de su rol, a tratar de ganar autonomía respecto de sus jefes políticos quienes, en comparación con el experto burocrático, parecen siempre más bien diletantes.[27] Esto puede ser importante en la exploración de la forma en que se reforzaron los vínculos entre el profesional de policía en los municipios y los burócratas de Estado, al menos en Gran Bretaña y Francia, a finales del siglo XIX y principios del siglo XX. Pero si esto era así a nivel municipal, ¿no podrían existir algunos casos similares también a nivel estatal? El estudio de la policía del siglo XIX está bastante bien desarrollado, pero se carece de trabajos sobre el siglo XX, y la investigación de la autonomía a nivel de altos funcionarios de policía y burócratas del Estado podría ser un tema de agenda.

---

[27]   Weber, Max, *Economy and Society. An Outline of Interpretive Sociology,* New York, Bedminster Press, 1968, vol. 3, p. 991.

En segundo lugar, si las tipologías en los niveles de control, forma y funciones fueron similares, hay una necesidad de explorar las raíces del comportamiento policial y la percepción de ese mismo accionar tanto en el contexto nacional como en un plano comparado. Los policías de la Inglaterra victoriana usaron la violencia, a veces en forma indiscriminada y excesiva, pero por medio de los comentaristas, tanto ingleses como europeos, no fueron vistos tan violentos como los *cops* estadounidenses, los *flics* franceses, o los *Bulles* alemanes.[28] Probablemente haya habido algo de esto, pero se necesita explorar más allá de las afirmaciones. Y, además, pueden haberlo sido no tanto por factores estructurales de la policía inglesa, sino más bien por algo estructural en la sociedad inglesa misma que la hizo, en su conjunto, menos violenta.

---

[28] Emsley, Clive, "The thump of wood on a swede turnip. Police violence in nineteenth-century England", en *Criminal Justice History,* 1985, VI, pp. 125-149.

Capítulo 2
La invención de una policía "republicana" en la Francia de la Tercera República

Jean-Marc Berlière

Vinculada de manera indisoluble por sus orígenes a la monarquía absolutista de Napoleón y a la dictadura, la policía francesa tiene una negra imagen que le debe mucho a las fantasías e ideas recibidas. Percibida como un instrumento esencialmente político, al servicio de la arbitrariedad, la *french policing* se opuso al "modelo británico" de la *new police* proclamada por Robert Peel en 1829, una policía de total bonhomía y virtud cívica, y ante todo consciente de los derechos y libertades de los ciudadanos. Esta imagen, como se sabe, es un estereotipo.[29] No hay más verdad de un lado del Canal de la Mancha que del otro. El hecho es que, como todas estas representaciones, se ha convertido finalmente en una "realidad histórica" alejada de la realidad "objetiva" por la que transitan los historiadores.

Desde 1870, poniendo entre paréntesis al gobierno de Vichy (1940-1944), Francia no ha conocido más que regímenes democráticos. Planteada la obligación de inventar una policía, de las prácticas que concilian el orden y la libertad, la seguridad pública, la defensa del régimen, los principios y los ideales heredados de 1789, los republicanos que bajo los regímenes anteriores criticaron a

---

[29] Emsley, Clive, *Policing and its Context, 1750-1870*, London, Mc Millan, 1983; Emsley, Clive, *The English Police: A Political and Social History*, London / New York, Longman, 1996; Levy, René, "Qui détient le pouvoir de police?", en J.-M. Berlière y D. Peschanski (dir.), *Pouvoirs et police au XXe siècle*, Bruxelle, Complexe, 1997, pp. 19-28.

menudo la acción liberticida de las fuerzas del orden, han debido, sin una real reflexión, inventar un dominio profundamente marcado por el legado napoleónico, y complejo por la aparición de nuevos desafíos –especialmente electorales– y de actores esenciales: la prensa y la opinión pública.[30]

La práctica del poder se orientó rápidamente a convencer a los nuevos líderes de que la policía que ellos percibían esencialmente como un instrumento liberticida, al servicio de los regímenes autoritarios, también tiene un papel que desempeñar en una democracia: participar en la defensa de un régimen frágil, especialmente en la defensa de la libertad, en contra de sus propios excesos.

Frente a los ataques a los que una frágil república fue constantemente sometida por los extremos –izquierda y derecha– antirrepublicanos, los gobiernos, uno tras otro, rápidamente olvidaron sus propias declaraciones hechas desde la oposición. La historia de las relaciones entre los republicanos y la policía es la de un dramático realismo hacia la conversión y el orden. ¿Lograron cumplir, de este modo, con la "ley de leyes", la Declaración de los Derechos del Hombre y del Ciudadano, cuando sostiene que "instituida en beneficio de todos" la "fuerza pública" debe tener como misión primordial garantizar los "naturales e inalienables derechos del hombre": la libertad, la propiedad, la seguridad y la resistencia a la opresión?

Si bien las diversas fuerzas políticas que se sucedieron, favorecidas por la alternancia democrática, descubrieron la utilidad de un instrumento al que sin embargo habían criticado e incluso denigrado antes de su llegada al poder, el mundo policial supo cómo disfrutar –en su

---

[30]   Para un ejemplo de peso, tanto de uno como del otro: Berlière, Jean-Marc, *Le Crime de Soleilland. Les journalistes et l'assassin*, París, Tallandier, 2004.

superior interés– de las libertades y los mecanismos democráticos.[31]

Esta aculturación recíproca, la lealtad de la institución a un régimen que ayudó a defender durante las diversas crisis por las que atravesó, ¿es suficiente para atribuir a la Tercera República la invención de un "policía republicana"? Su organización, sus misiones, el uso que se ha hecho, las prácticas, los métodos aplicados, ¿respetan los principios que sustentan y honran la democracia? Interrogado de otro modo: ¿han sabido los gobernantes y los responsables policiales concebir y construir un "modelo republicano" que las anteriores repúblicas apenas habían tenido tiempo de imaginar, y menos aun de aplicar?

En primer lugar, ¿qué es una "policía republicana"? Por delicadeza, la pregunta parece convocar a una respuesta simple. Se considerará como "republicana" una policía que respete simultáneamente dos criterios esenciales: el primero es la lealtad; el segundo la fidelidad respecto al régimen y a los gobiernos que resulten de elecciones, especialmente cuando éstos lleven al poder fuerzas o partidos políticos mirados hasta entonces con desconfianza y sospecha, como será el caso de la victoria del Frente Popular en 1936. Asimismo, esta policía no sólo debe actuar en conformidad con el imperio del Estado de derecho, sino también con los ideales y principios de los derechos humanos que le imponen estar al servicio de la libertad y de todos los ciudadanos.

Para ser claros, tales prescripciones no son menos difíciles de aplicar y respetar en las tareas cotidianas y las misiones que incumben a la policía: el mantenimiento del

---

[31]   Berlière, Jean-Marc, "Quand un métayer veut être bien gardé, il nourrit ses chiens. La difficile naissance du syndicalisme policier : Problèmes et ambiguités", *Le Mouvement social*, n° 164, jul-septiembre 1993, pp.25-51; Berges, M., *Le syndicalisme policier en France (1880-1940)*, París, L'Harmattan, 1995.

orden y la tranquilidad pública, la defensa de la propiedad y la seguridad, la búsqueda de los autores de crímenes y delitos contra personas y bienes, la defensa del régimen político contra los facciosos. Los revolucionarios de 1789 habían creído encontrar la solución de la elección –inspirada en la joven democracia americana– de los comisarios de policía y la "municipalización" de los poderes policiales. Si bien el principio electivo fue rápidamente abandonado, todos los sucesivos regímenes políticos del siglo XIX –incluidos los dos imperios de Napoleón I y Napoleón III– han conservado en las municipalidades los derechos de policía; es cierto que fueron concedidos sin grandes riesgos a los intendentes ahora nombrados y revocados por el gobierno central. Las cosas se tornaron más delicadas cuando la República remitió al sufragio universal, a la designación de las municipalidades y de los intendentes (1881).

La policía, entre el principio municipal y las tentaciones centralizadoras

¿Quién debe dirigir a la policía, a quiénes pertenecen los poderes policiales? A estas cuestiones fundamentales y recurrentes, la Tercera República respondió claramente con la ley municipal de 1884, la cual afirma, en línea directa con la legislación de 1789-1790, que el derecho de policía es municipal y que –por lo tanto– el jefe natural es el intendente. Esta afirmación no disimula algunas ambigüedades, se ve además afectada por algunas excepciones (las más notables son las de París y Lyon) y deja filtrar ciertos remordimientos que se tradujeron en la "estatización" de las policías de un cierto número de ciudades a partir de 1908.[32]

---

[32]   Sobre esta cuestión, Cf. Berlière, Jean-Marc, "Les pouvoirs de police: attributs du pouvoir municipal ou de l'Etat?", Actes du colloque "Jaurès

Desde la Revolución, una ciudad que llega a los 5.000 habitantes debe dotarse de una policía pagada por el presupuesto municipal, reclutada y dirigida por el intendente. Este "principio municipal" explica una organización singular en un país de fuerte reputación centralista, que realmente ve coexistir una constelación de policías municipales dispares en medios y en cantidad de agentes, limitadas estrictamente al territorio de la ciudad, mientras el Estado nacional, a través del Ministerio del Interior, no ejecuta por sí mismo más que una seguridad general mediante agentes policiales esqueléticos, lo que conduce a hablar de un "estado mayor sin tropas" o "ejército de cortaplumas".

"¿Esta es nuestra policía? Un cuerpo sin cohesión, sin jerarquía, sin un verdadero jefe, que en el fondo no es más que un agregado de pequeños grupos autónomos, actuando en un círculo restringido, sin solidaridad, casi con el odio del vecino".[33] Este sistema es vivamente criticado por magistrados y policías que deploran la heterogeneidad,[34] las jurisdicciones territoriales demasiado limitadas y sin derechos, la ausencia de lazos orgánicos entre las policías desarmadas frente a la criminalidad moderna, e ineficaces en la época del ferrocarril y el automóvil. Además, policías conducidas principalmente por intendentes celosos con el mantenimiento de su autonomía.

---

et l'Etat", en *Jean Jaurès Cahiers trimestriels*, 1999, n° 149. Las ciudades estatizadas fueron Marsella (1908), Toulon y La Seyne (1918), Niza (1920), las ciudades de Alsacia y Lorena (1923), y los departamentos de Seine & Oise y Seine & Marne (1936).

[33] Strauss, A., *Des autorités investies d'attributions de police*, 1898, p. 133.

[34] En realidad, la situación de estas policías municipales era muy variable y las críticas en su contra se justificaban esencialmente por el juego político que representaba su dirección, así como las dinámicas corporativas y profesionales que subyacían a la cuestión de su estatuto. Las debilidades y abusos que caracterizaban a algunas de ellas no escatimaron policías "estatizadas" como las de Marsella o Niza.

Lamentando la pérdida de un importante poder, tal vez confiado en manos de opositores políticos, el Estado republicano no podía de todos modos mostrarse más centralizador que los regímenes personales o monárquicos que lo habían precedido.[35] Esto explica por qué, aun utilizando los medios de control que les dejaba la legislación, los gobiernos siquiera se atrevieron a considerar una política de estatización radical que podría enfrentarse con los obstáculos consecuentes, entre los cuales no es menor el costo financiero de una lucha obstinada contra los cargos electos municipales y los intendentes de las grandes ciudades.[36] Esto explica también una prudente política de estatización, realizada poco a poco, desde 1908 a 1940, siempre a petición de los municipios. Esta política fue largamente sostenida por las organizaciones policiales profesionales que denunciaban "el arcaísmo de una polvareda de policías locales"[37] y veían en la estatización ventajas técnicas evidentes: la unificación y centralización de cientos de policías diferentes, la armonización de los efectivos, de los recursos materiales y financieros más importantes; pero también reales progresos en el plano corporativo: autonomía frente a la autoridad paternalista de los intendentes, mejores salarios, formación y reclutamientos profesionales, mejora de las pensiones...

Si la Tercera República no se atrevió a cuestionar el principio municipal de la policía, es porque se cuidó de

---

[35]   Incluso si no se toman riesgos, porque los alcaldes y los municipios eran nombrados y controlados directamente por el gobierno.

[36]   Por lo tanto, fue el gobierno de Vichy el que procedió, en abril de 1941, a la estatización de las policías de las ciudades con más de 10.000 habitantes, para la gran satisfacción del mundo policial que hacía una reivindicación corporativa central desde el comienzo del siglo XX. Una reforma a la que ni la Liberación ni la IV República volvieron.

[37]   Expresión de Marcel Sicot, responsable del sindicato de los comisarios de policía antes de la guerra, en *Servitude et grandeur policière. 40 ans à la sûreté*, París, Les productions de París, 1959.

no tocar una herencia napoleónica contradictoria con los principios de 1789: la Prefectura de Policía. Por razones esencialmente políticas –mantener a la población de una ciudad que había dejado de imponer su voluntad sobre Francia–, Napoleón Bonaparte dotó a la capital de un gobierno basado en la *Lieutenance Générale de Police* creada por Luis XIV, capaz de contrabalancear el inquietante poder del ministerio general de la policía.[38] Si esto no ha sobrevivido a los avatares políticos del siglo XIX, todos los regímenes que se sucedieron desde 1800 mantuvieron este verdadero Estado dentro del Estado que es la Prefectura de Policía.[39] Situación paradojal: no sólo París tiene más policías que todas las demás ciudades, sino que la policía de una sola ciudad es más poderosa que la dirección de la *Sûreté Générale* del Ministerio del Interior, de la que debería depender. Esta división, este desequilibrio y disparidad de medios entre dos administraciones cuya historia y competencia lleva más al enfrentamiento que a la colaboración, ya preocupaba al director de la *Sûreté* en 1880: "Así como la policía comanda a muchos funcionarios experimentados y dispone de un presupuesto considerable, la Dirección de la *Sûreté*, como si este servicio no fuera más que un accesorio, tiene un personal poco numeroso, mal distribuido y de mediocres capacidades."[40]

El epílogo trágico del "escándalo Stavisky" demostró una vez más los peligros engendrados por esta situación. Fue un escándalo financiero de comienzos de los años

---

[38] Sobre esta cuestión, véase Berlière, Jean-Marc, "Un modèle napoléonien de police ?", en J.-J. Clère y J.-L. Halpérin (dir.), *Ordre et désordre dans le système napoléonien*, París, La Mémoire du Droit, 2003, pp. 177-186.

[39] Sobre la Prefectura de Policía, su organización y sus poderes bajo la Tercera República, véase Berlière, Jean-Marc, *Le Préfet Lépine, la naissance de la police moderne*, París, Denoël, 1993.

[40] Cazelles, Emile-Honoré. Informe al Ministro del Interior fechado el 30 de junio de 1880, AN, F7 12 708.

1930 que implicó a un cierto número de personalidades
políticas que habían protegido a Alexandre Stavisky, un
estafador de alto vuelo. El descubrimiento del estafador,
ya suicidado, desencadenó la reacción contra "un régimen
podrido", y se encuentra en los orígenes directos de una
agitación que provocó disturbios el 6 de febrero de 1934
en París. En medio de ese levantamiento, las revelaciones
de una comisión de investigación mostraban cómo había
sido la estafa, así como el peso de la justicia, suscitando
sus poderosas protecciones, lo que contribuyó a las di-
visiones y las particiones existentes entre las diferentes
policías.[41] Así fueron surgiendo las condiciones favorables
para una profunda reforma, facilitada por la sustitución
del todopoderoso prefecto de policía, Jean Chiappe, pese
a las inquietudes por sus devociones y amistades fascistas.
Se decidió desarrollar una Dirección General "netamente
esquelética respecto de la tarea que le fue encomendada",
cuya indigencia contrastaba con el poder de aquella "casa
magníficamente dotada" que era la Prefectura de Policía.[42]

Pero este intento, que suponía un debilitamiento relativo de la Prefectura de Policía, tropezó con un poderoso
grupo de interés. Después de haber nombrado a un prefecto,
conocido por sus amistades radicales y masónicas (Roger
Langeron), en marzo de 1934, nada afectó a la policía parisina. De este modo, lo esencial de la reforma de abril de
1934 se resumió en transformar una *Sûreté Générale* en
una *Sûreté Nationale*, que incrementó su poder gracias a la
reorganización y multiplicación de direcciones, aumento

[41]   Jankowski, Paul, *Cette vilaine affaire Stavisky. Histoire d'un scandale
politique*, París, Fayard, 2000.
[42]   Informe del Inspector General de la administración Plytas ordenado
por el Comandante del *affaire* Stavisky, citado por Goyard, Claude,
"L'enquête sur le rôle de la sûreté générale dans l'affaire Stavisky", en
Aubert *et al.*, *L'Etat et sa police en France: 1789-1914*, Genève, Droz,
1979, pp. 177-206.

de oficinas y modernización de los servicios. La policía
-que incluso el gobierno de Vichy renunció a reformar-
permaneció en toda su potencia y singularidad.

Al servicio de la defensa republicana

La importancia de la policía en la historia política de
Francia durante el siglo XIX es un dato real, desde el 18
Brumario, el golpe de Estado que hizo Napoleón Bonaparte
con el apoyo de Fouché, hasta el espionaje de las misiones políticas de los *commissaires cantonaux* del Segundo
Imperio, a través de la participación de los comisarios
de policía de la ciudad de París, en el golpe de Estado
del futuro Napoleón III (2 de diciembre de 1851). Si en el
momento de su arribo a la actividad, en septiembre de
1870, los republicanos pudieron considerar brevemente la
supresión de los servicios políticos en apariencia inútiles,
este ingenuo optimismo duró muy poco.

La existencia de servicios políticos en la democracia no
era evidente. La noción misma de "policía política" puede
parecer incongruente en un sistema basado en el sufragio
universal y en las libertades públicas. No obstante el legado
asumido sin entusiasmo, inclusive por la izquierda, la justificación generalmente invocada fue que las armas eran
necesarias para que los gobiernos republicanos defendieran
un sistema sometido a la hostilidad de los opositores que
no se resignan a la derrota y desesperaban por voltear-
lo.[43] Esta resistencia fue acompañada por una reflexión
sobre la naturaleza y misión de una policía política que,

---

[43]   Confrontado con el activismo de las ligas de extrema derecha y el com-
       plot de la *Cagoule* (su verdadero nombre era OSARN, *Organisation
       secrète d'action révolutionnaire et nationale*), el 28 de abril de 1937 el
       gobierno del Frente Popular establece un decreto creando una Dirección
       de Información General y de policía administrativa para la Seguridad

esencialmente, poco podía diferir de las de los regímenes autoritarios, que habían usado la provocación y las falsas conspiraciones como formidables especialidades. Para distinguir a la "policía política republicana" de sus prede-cesoras, se dijo que había cambiado su naturaleza, medios, métodos y objetivos. La policía de "ataque" a lo Fouché, había cedido a una policía de "simple observación" del *renseignement général* (expresión que aparece oficialmente a principios de siglo), una policía responsable "de informar al gobierno" en la administración de sus asuntos.

Contrariamente a lo que imaginaba la opinión pública, es decir, que lo que "hacen estos servicios es sobre todo introducir ideas extrañas y misterio donde no hay más que claridad y sentido común", su rol era necesariamente "muy restringido" debido a las libertades civiles, según decía el Director de Investigaciones de la Prefectura de Policía a principios del siglo XX, y se limitaba a "vigilar a los que tratan de provocar desórdenes". Sin embargo, en tanto los mitos tienen una vida duradera, la policía política de la Tercera República fue –y sigue siendo– el tema de ilusiones y fantasías que tienen su origen en una serie de casos oscuros, y muchos dicen que reconocen la marca de un *Tcheka* en manos ocultas de la Francmasonería.[44] Acusada de manio-bras maquiavélicas y de ser la ejecutora de las obras bajas del gobierno –los suicidios de Syveton, el tesorero de la Liga de la Patria francesa, y de Almereyda, redactor del *Bonnet Rouge*– la policía política republicana realiza su función sistemáticamente sospechada y denunciada en todos los asuntos turbios, las muertes sospechosas de entreguerras: Philippe Daudet, Stavisky, el consejero Prince.[45]

Nacional, lo que demuestra la importancia que la policía otorgaba a la información política.

[44] Allard, Paul, *L'Anarchie de la pólice*, París, Calmann-Lévy, 1934, p. 23.

[45] Se leen, desde esta perspectiva, los delirios que expresan la mayoría de las obras de Léon Daudet, el director del diario de extrema derecha

Hay que tener en cuenta que, aun cuando los grupos y partidos hostiles a la democracia denunciaban incansablemente, con mucha ingenuidad o mala fe, los "crímenes y el trabajo sucio" de la policía "republicana" o "fascista" ("el ala *pisoteante* y asesina de la masonería"), sus artimañas y la libertad que habían disfrutado, inclusive hasta el punto de llamar a la revuelta para subvertir el régimen, incluso el asesinato de sus dirigentes,[46] todo ello demuestra lo absurdo de las críticas que la abrumaban y de los poderes que se invisten a sí mismos, por no hablar de los crímenes por los que se los acusa.

Bajo la República, las brigadas "políticas" dieron paso al *Renseignements généraux*. Más que un truco o un eufemismo, era un símbolo y una ambición: dar a la democracia los medios para conocer lo que traman y complotan sus adversarios. Sin embargo, se debe tener cuidado en no caer en un evangelismo beato. Los servicios políticos de la Tercera República han existido. Sus oficiales eran profesionales que conocían su trabajo y habían adquirido un fino saber acerca de los grupos y partidos más amenazadores para el régimen. El balance no parece discutible: con varios éxitos, una marcha variable, entusiasmo, determinación a veces desigual, pero con una cierta profesionalidad, la Policía de Seguridad, a pesar de las críticas legítimas o la desconfianza instintiva, desempeñó a menudo un papel decisivo en la defensa de la república. A pesar de las

---

nacional y realista, por ejemplo: *L'Action Française*: *Le Palais de pólice*, París, éditions du Capitole, 1931; *La police politique: ses moyens, ses crimes*, París, Denoël & Steele, 1934; y *Magistrats et policiers*, París, Grasset, 1935.

[46] Louis Ducloux, viejo director de la Policía Judicial de Seguridad, revocado por el gobierno de Vichy, puesto en cuestión por la *Action française* durante los *affaires* Philippe Daudet, Stavisky, Prince... hace un análisis sin concesiones de las responsabilidades de estos "criminales de la pluma" en *Du chantage à la trahison. Crimes de plume et crimes de sang*, París, Gallimard, 1955.

esperanzas reconocidas, como ha sido demostrado después
del caso Dreyfus, junto a la eficacia de la policía, una lealtad
y fidelidad a la república explica la amargura, la hostilidad
irreductible y la apasionada denuncia expresada en su
contra por los opositores que vieron el "último bastión",
"el barro y la sangre" de un régimen "podrido".

¿Mantenimiento del orden republicano o mantenimiento republicano del orden?

Lo hemos dicho, es tanto en los métodos y las prácticas
que aplica como en su misión de defensa del régimen que
debemos buscar la realidad o el fracaso de una "policía
republicana". Si esta tarea parece difícil en el ámbito político, es francamente exasperante cuando se trata de las
misiones de mantenimiento del orden.

La puesta a punto de un mantenimiento del orden
que rompiera definitivamente con las prácticas y tradiciones sangrientas y asesinas del siglo XIX preocupaba a
los poderes públicos desde los años 1890. Ni la república,
ni los elegidos, ni el ejército salieron engrandecidos de
dramas como el que se produjo en Fourmies el 1 de mayo
de 1891, con nueve muertos, o como en aquellos que regularmente acompañaron a la represión de las huelgas
y los movimientos sociales (las represiones de huelgas,
conflictos y manifestaciones, por parte de la Armada o de
la Gendarmería, suman más de veinticinco víctimas entre
1900 y 1914).

La República tuvo que romper con las tácticas inadap-
tadas, las lógicas poco acordes a la imagen que quería dar
de sí misma y esta paradoja que representa una democracia
que se basa en sus ciudadanos. Para esto, era necesario
inventar un mantenimiento del orden más respetuoso de
la vida humana, menos brutal, menos sangriento; pero

respetuoso también de los derechos y libertades democráticas que –lógicamente– vendrían a completar las "libertades republicanas". En este dominio, equiparando
el derecho a manifestarse y el derecho a la represión de
los disturbios, el legislador es desde hace largo tiempo
reacio a reconocer la libertad de manifestación.[47] Por eso
la calle sigue siendo el dominio del orden más que el de
la libertad. Del mismo modo, la defensa de las personas y
de los bienes a menudo se confunde con la defensa de los
propietarios. En nombre de la defensa del orden público,
de la defensa de la propiedad, de la defensa de la libertad
de trabajo, las huelgas –legales, pero teñidas de ilegitimi-
dad– dieron sistemáticamente lugar a un impresionante
despliegue de fuerzas del orden que a veces degeneraron
en derramamientos de sangre.

Fue en París, bajo la férula del Prefecto de Policía Louis
Lépine, donde aparecieron las primeras innovaciones en
términos de mantenimiento del orden y los primeros signos
de una moderación que explican la ausencia de muertes
entre los manifestantes desde 1893 a 1919. En esta "edad
de las masas", como se conoce al pasaje del siglo XIX al XX,
a fin de dispersar a los agrupamientos y manifestaciones,
Lépine puso en práctica todo un repertorio para dislocar
y encuadrar las procesiones callejeras, utilizando medios
legales (advertencias), fuerzas especializadas, tácticas in-
novadoras y uso de mangueras de incendio.[48] Sus reformas
asombran por su modernidad y demuestran un nuevo
deseo de preservar la vida humana, especialmente cuando
se compara con lo que ocurre en el resto de Francia.

---

[47]   Acerca de todas estas cuestiones, pueden consultarse los trabajos de
        Danielle Tartakowsky, fundamentalmente su tesis: *Les manifestations de
        rue en France, 1918-1968*, editados por las publicaciones de la Sorbonne
        en 1998.
[48]   Berlière, Jean-Marc, *Le préfet Lépine, aux origines de la police moderne*,
        París, Denoël, 1993, pp. 161-209.

La segunda etapa bien identificable de este proceso de "civilización relativa" de las tareas de mantenimiento del orden, corresponde a la creación, en la década de 1920 y en el seno de la Gendarmería, de una fuerza especializada (la Guardia republicana móvil) y de un repertorio fundado sobre una psicología elemental de las multitudes: siempre dejar una puerta de salida a los manifestantes, graduar las respuestas, adoptar un gestualidad que agreda antes a los sentidos que a los cuerpos, evitar en la medida de lo posible el contacto directo entre los manifestantes y las fuerzas del orden. Todo el arte de la conservación republicana del orden reside en la capacidad de temporalización y de retención de las fuerzas policiales (la autotensión), un entrenamiento adecuado que se procura desarrollar. De cara a los "ciudadanos en cólera" o "temporalmente fuera de lugar", profesionales formados y entrenados hacen uso de la intimidación, pero tratan de evitar a toda costa los contactos cuerpo a cuerpo que no pueden más que entorpecer. Estas prácticas, en línea con la evolución de las libertades republicanas y la evolución de las sensibilidades, pretenden contener, canalizar, cortar, dispersar multitudes y manifestaciones.

Sin embargo, ellas no constituyen una garantía absoluta de la ausencia de violencia, como lo demuestra un cierto número de trágicos acontecimientos, sino que explican una "tendencia de moderación" que corresponde a la lenta integración del derecho de manifestación a las libertades republicanas, en mucho menos mortíferas operaciones de mantenimiento del orden en provincia, en la que la Guardia republicana móvil tiene el monopolio, y que contrasta con los acontecimientos parisinos: el saldo sangriento de los acontecimientos de febrero de 1934, y de los disturbios y enfrentamientos de Clichy en marzo de 1937, demuestran que el legado de Lépine se perdió de vista en la Prefectura de Policía y que aún queda mucho por hacer en un dominio donde la policía entraña una reputación espantosa, a menudo merecida hasta a los años 1968-1970.[49]

¿La única policía que una democracia puede admitir?

¿Construir un "modelo republicano" de policía que se distinga de sus predecesores por los métodos en conformidad con los principios que sustentan la democracia? La tarea, lo hemos dicho, puede parecer difícil o incluso desesperada en los dominios del mantenimiento del orden y de la policía política, sin embargo la policía judicial, la policía de los crímenes y delitos, auxiliar de la justicia, encargada de la defensa de los ciudadanos, de aportarles seguridad, parecía la indicada para encarnar el modelo del "modelo" y ofrecer un escaparate con todos los atractivos con que más se beneficiaron de la popularidad del "sabueso", confirmada a principios de siglo por el éxito de la *novela de detectives*. Esto es lo que comprendió Clemenceau, inesperado Ministro del Interior, quien dio la bienvenida en 1906 a la policía judicial como "la única policía que una democracia puede admitir".[50] Es esto lo que explica las reformas y las importantes transformaciones que se han conocido en los comienzos de la Tercera República.

---

[49]   J.-M. Berlière, "Du maintien de l'ordre républicain au maintien républicain de l'ordre ? Réflexions sur la violence", *Genèses,* n° 12, mayo de 1993, pp. 6-29; *Le Monde des polices en France XIXe-XXe Siècles*, Bruxelles, Complexe, 1996, pp. 115-132 ; P. Bruneteaux, *Maintenir l'ordre*, París, Presses de sciences politiques, 1996 ; D. Tartakowsky, *Les manifestations de rue en France, 1918-1968*, París, Publications de la Sorbonne, 1998; S. Kitson, "The Police and the Clichy Massacre" en R. Bessel, C. Emsley (edit.), *Patterns of Provocation*, Berghahn Books, New York, Oxford, 2000, pp. 29-40.

[50]   Discurso pronunciado por Draguignan el 14 de octubre de 1906, citado en la *Revue Pénitentiaire*, 1906, p. 1.133.

Estos son, en primer lugar, los nuevos métodos iniciados en parte por Bertillon. Ellos forman las bases de la "policía técnica y científica", que por un tiempo permitió acariciar el sueño de una policía judicial infalible y "propia", es decir, liberada de sus prácticas "negras": el uso de indicadores, la necesidad de la confesión y los métodos utilizados para obtenerlas. Pero esta policía ha aparecido como dramáticamente insuficiente e inadaptada en el contexto de psicosis de principios del siglo XX. Aun cuando los ciudadanos, alarmados por una prensa ansiógena que puso la "sangre en la frente", están convencidos de que nunca ha habido tantos delitos y delincuentes, en las afueras de París y algunas raras ciudades grandes no hay policía judicial organizada. Un cuasi desierto policial comienza en las fortificaciones de la capital. La multiplicación, la división, la limitación de todas estas diferentes policías yuxtapuestas, muchas de las cuales asoman a la indigencia, engendran problemas de eficacia, de impotencia, de rivalidad, unánimemente denunciados. Su ausencia de movilidad y de coordinación, no corresponde a la situación creada por el desarrollo de los ferrocarriles y del automóvil. Frente a una delincuencia de nuevo tipo –móvil, exógena, utilizando los últimos aporte de la técnica–, frente a lo que se siente como un "aumento sin precedentes de la criminalidad" acentuada entonces por la crisis de la gendarmería encargada de la seguridad de las rutas y el campo,[51] los magistrados, los parlamentarios, los policías, ruegan por la creación de una policía judicial moderna.

Largamente diferida, ésta vivió su día en 1907 bajo la forma de las *Brigadas móviles regionales de policía judicial,* que presentaban una triple originalidad: movilidad,

---

[51]   J.-M. Berlière, "La gendarmerie en question au début du XXe siècle", en J. N. Luc (dir.), *Gendarmerie, état et société au XIXe siècle,* París, Publications de la Sorbonne, 2002, pp. 101-116.

jurisdicción extendida con derecho a perseguir por todo el país, y sobre todo estricta especialización judicial. Aplicada únicamente por los jueces, éstas escapan a los prefectos y a "cualquier investigación administrativa" –incluida la política– que estaba estrictamente prohibida.[52] Creación de Clemenceau y de su Director de Seguridad General – Célestin Hennion, el mismo a quien debemos el concepto de policía de "información general"– las Brigadas móviles fueron unánimemente elogiadas desde su creación, como el símbolo de la modernidad en materia policial y el arquetipo de una policía democrática. Estas "brigadas del tigre", tal como se las debía nombrar en los años 1930,[53] se inscriben desde su nacimiento en un contexto pasional y un proceso de manipulación / mistificación propios al desarrollo de los mitos y leyendas que los asuntos criminales en los que estuvieron involucrados han ayudado a desarrollar, pero la realidad desmintió algo. La mítica imagen de una policía únicamente dedicada a la lucha del bien contra el mal, purificada de toda colusión con la política, debería ser revisada.[54] Una de las primeras misiones de los "*mobilards*" fue en realidad el control y el fichaje de estos "nómadas" que constituyeron una de las psicosis de una Francia todavía mayoritariamente rural. Luego, durante la guerra de 1914,

---

[52]   La policía móvil tiene *"por misión exclusiva secundar a la autoridad judicial en la represión de los crímenes y delitos del derecho común [...], las investigaciones tienen carácter administrativo y sobre todo un carácter político les es rigusosamente prohibido."* Circulares del 4 de abril de 1908 de la Guardia de los Sceaux y del Ministro del Interior, jefe de gobierno, agregados a los procuradores generales y a los prefectos, *Journal Officiel* (partie réglementaire) del 5 de abril de 1908.

[53]   Debido al apodo dado afectuosamente a Clemenceau durante la guerra de 1914-1918.

[54]   Cf Jean-Marc Berlière, "Les brigades du Tigre ou la seule police qu'une démocratie puisse avouer: retour sur un mythe", en Baruch, M.-O. y Duclert, V. (dir.), *Serviteurs de l'Etat. Une histoire politique de l'administration française 1875-1945*, París, La Découverte, 2000, pp. 311-323.

las tareas de contraespionaje y de seguridad los llevan a
identificar a los cabecillas de los motines de 1917. Pero
son principalmente las investigaciones consagradas a los
actos terroristas de los años 1930 relacionados o subven-
cionados por los Oustachis, la OVRA, la Gestapo, las que
llevan a la policía a cruzar la frontera mal definida entre
los asuntos del derecho común y los asuntos políticos. Ahí
se encuentra, sin duda, una de las claves de la implica-
ción de algunos de ellos en la represión política llevada a
cabo bajo la Ocupación contra una resistencia asimilada
al terrorismo:[55] lo que no deja de cuestionar la realidad de
la conversión "republicana" de una policía que se la pasa
en su gran mayoría sin emoción al servicio de un régimen
reaccionario y antirrepublicano.[56]

Policía y república: ¿una aculturación exitosa?

Puesta en la obligación de inventar una práctica que
combinara el orden de las calles, la seguridad de los ciudadanos, la defensa del régimen con los principios y los ideales heredados de 1789: ¿la Tercera República los alcanzó?

---

[55]   Este es el caso especialmente de numerosos policías que se habían ilus-
       trado durante la lucha contra un complot de extrema derecha, armada
       y financiada por la Italia fascista, que pretendía voltear la República (la
       Cagoule), y que, sea por la voluntad de "liquidar" su pasado ante los
       nuevos gobiernos, sea por ceguera sobre los sentidos de su deber, sea
       por ambición personal, han puesto sus reales cualidades personales
       al servicio de la represión de las cruzadas antinacionales en las cuales
       ellos han hecho maravillas (Cf algunos ejemplos en J.-M. Berlière, *Les
       Policiers français sous l'occupation*, París, Tempus, 2009.
[56]   Acerca de estos temas, Cf. J.-M. Berlière, "The Shipwreck of a Republi-
       can Model", en Cyril Fijnaut (edit.), *The Impact of WW2 on policing in
       North-West Europe*, Leuven University Press, 2004, pp. 21-41. Y "Vichy
       France: Police forces and Policemen (1940-1944)", en Pieter Spierenburg,
       Eric J. Johnson y Clive Emsley (edit.), *Social Control in Modern Europe,
       1800-2000*, Columbus, Ohio State University Press, 2004, pp. 300-317.

Se pueden, evidentemente, destacar las insuficiencias, desviaciones, los abusos y graves errores que marcan las acciones de esta policía "republicana", las contradicciones que surgen regularmente entre los principios reclamados y afirmados y las prácticas reales, pero es más interesante notar que entre policía y república, la aculturación parece haber sido recíproca. Si las distintas fuerzas políticas que han ejercido sucesivamente el poder han sabido apreciar rápidamente el valor de un instrumento que ellas han tratado de mejorar, las crisis políticas, la inestabilidad gubernamental, las alternancias democráticas han enseñado poco a poco a la policía, con oportunismo, una forma de neutralidad, y con ella, una toma de distancia con respecto a la política. La llegada de los asuntos de la coalición del Frente Popular, sin duda, ha representado un punto culminante dentro de este proceso.

En esta autonomización creciente, tendremos cuidado de no olvidar el rol y el peso surgido de una profesionalización –desde los años 1880– con los cuidados del reclutamiento, de la formación, del contenido de los oficios policiales. Debido a que toda policía está puesta en escena en la política, porque toda policía participa de la percepción que se tiene del poder, la imagen de la policía afecta a la del régimen y el gobierno. Ningún régimen puede ser más sensible que una democracia parlamentaria en la que cada error, debilidad, impericia, torpeza, incapacidad de la policía se imputa a cargo del gobierno y de los funcionarios electos.

Es porque, como lo declara Célestin Hennion inaugurando la escuela práctica profesional de la Prefectura de policía en 1913, "el interés que comprende la democracia exige elevar el nivel de la policía en lugar de bajarlo". Es por ello que la formación profesional fue tomada como una necesidad política, al mismo tiempo que ella constituía una demanda principal de los policías, justamente porque permitiendo una toma de distancia y una autonomía con respecto al poder político, ellos parecían tener garantizadas una perennidad y una independencia del poder político ligadas con conocimientos técnicos específicos que los volvían preciosos, si no irremplazables.

Tocamos una de las explicaciones de la actitud y la ceguera de un personal que, después de haber atravesado innumerables crisis y cambios políticos de la difunta república, va a servir mayoritariamente, sin excesivo ánimo, al régimen de Vichy. La llegada al poder de los enemigos de la república, no obstante muy críticos con respecto a un policía "republicana" que ha llevado una vida dura antes de la guerra, no causa el rechazo masivo que se podría esperar en un mundo policial seducido, contrariamente, por el discurso de los músculos y el culto afirmado del nuevo régimen para el orden y la autoridad. La cultura de la obediencia, el cuidado por la lealtad con respecto al poder legal, una neutralidad profesional reivindicada sin cesar, la sumisión a la Ley –cualquiera que ella sea–, la voluntad de no abandonar el terreno represivo a los ocupantes o a "los policías ocasionales" que amenazan con un monopolio socavado por la concurrencia de las oficinas parapoliciales, un verdadero cuidado por garantizar un mínimo de legalidad formal, una voluntad de controlar y ejercer la represión, sin hablar de los intereses personales, la perspectiva de promociones desatendidas, explican un "naufragio" que relativiza la aculturación policía / república y la realidad de esta "policía republicana", de la que hemos evocado su difícil construcción.

Capítulo 3

La policía moderna en Roma: entre la matriz francesa y el modelo eclesiástico

Chiara Lucrezio Monticelli

La circulación de modelos de policía en Europa, intensificada por la expansión revolucionaria de Francia, alcanzó también un área "periférica" como la del Estado Pontificio.[57] A la difusión de ideas y discursos iniciada durante el siglo XVIII, en un momento de apogeo y crisis de la policía "clásica" y de origen del nuevo tipo de policía "moderna" –según el paradigma propuesto por Paolo Napoli–,[58] se añadió la movilidad de los hombres. Luego de los debates y las reformas revolucionarias, el proyecto imperial de Napoleón tuvo una significativa recaída inclusive en lo que concierne al envío del personal empleado en los aparatos administrativos de los países anexados y en los Estados satélite. Así, el intercambio de textos, memorias y correspondencias, se sumó a la experiencia de funcionarios y administradores llamados a operar en el campo: la circulación de las técnicas de policía se mezclaba con las prácticas de gobierno, poniendo en comparación modelos organizativos concretos aplicados en los distintos segmentos del Imperio.[59]

---

[57] Para una revisión reciente en el ámbito francés, véase: Denis, V. (dir.), "Histoire des savoirs policiers in Europe (XVIIIe-XXe siècle)", *Revue d'Histoire des Sciences Humaines* (dossier complet), 19, 2008.

[58] P. Napoli, *Naissance de la police moderne. Pouvoir, normes, société*, París, La Découverte, 2003.

[59] Cfr. V. Milliot (dir. par), *Les mémoires policiers (1750-1850). Écriture et pratiques policières du Siècle des Lumières au Second Empire*, Rennes,

En este contexto, paralelamente a lo que sucedía en otros estados italianos, fueron importadas a los dominios pontificios las primeras formas de policía estatal y centralizada, estableciendo los antecedentes a partir de los cuales se crearía la policía pontificia en 1816.[60] Antes de la llegada de los franceses, en el Estado Pontificio sólo había habido un tibio intento, en los años noventa del siglo XVIII, para efectuar un reordenamiento de las facultades relativas al orden público, asignadas hasta ese momento a una multiplicidad de magistraturas, en línea con las costumbres del antiguo régimen.[61] Este proyecto de reforma promovido por las jerarquías pontificias, habría posteriormente naufragado frente a la alarma que despertó el avance de las tropas francesas.[62] La experiencia republicana que le siguió, breve pero cargada de significados y consecuencias, también reorientaría sustancialmente el rumbo de la in-

---

Presses Universitaires des Rennes, 2006 ; y J. M. Berlière; C. Denys; D. Kalifa y V. Milliot (dir. par), *Métiers de police. Être policier en Europe, XVIIIe-XXe siécle*, Rennes, Presses Universitaires de Rennes, 2008.

[60]   *Notificación del 23 de octubre de 1816: Organización de la policía*, en *Raccolta delle leggi e disposizioni di pubblica amministrazione dello Stato pontificio*, vol. V, Stamperia della RCA, Roma, 1834, pp. 665-671. Sobre la policía pontificia, particularmente en Bolonia: cfr. S. C. Hughes, *Crime, Disorder and the Risorgimento. The politics of policing in Bologna*, Cambridge, Cambridge University Press, 1994. Sobre los aspectos institucionales y legislativos: cfr. M. Calzolari y E. Grantaliano, *La legislazione di polizia dello Stato pontificio da Pio VII a Gregorio XVI*, en S. Vinciguerra (comp.), *I Regolamenti penali di papa Gregorio XVI per lo Stato pontificio (1832)*, Padova, Cedam, 1998, pp. CCXXXVI-CCXLVIII, y M. Calzolari, *Il cardinale Ercole Consalvi e la riorganizzazione delle forze di polizia nello Stato pontificio*, en L. Cajani (comp.), "Criminalità e polizia nello Stato Pontificio (1770-1820)", *Archivi e culture*, 1998, pp. 133-168.

[61]   Cfr. L. Londei, "Apparati di polizia e ordine pubblico a Roma nella seconda metà del Settecento: una crisi e una svolta", Cajani, "Criminalità e polizia nello Stato Pontificio", *op. cit.*, pp. 133-168.

[62]   Sobre el aspecto específico de la gestión del orden público en el período republicano ver M. Formica, "Vigilanza urbana e ordine pubblico a Roma (1798-1799)", en *Roma moderna e contemporanea*, 2, 1, 1994, pp. 31-53.

tervención reformadora en el transcurso del breve período
de la primera restauración, cuando Pío VII Chiaramonti y
el Secretario de Estado, Ercole Consalvi, con la promulgación de la Constitución *Post Diuturnas*, delinearon una
estructura más orgánica de las fuerzas de policía.[63] Pero la
rápida sucesión de los acontecimientos, además de cierta
veleidad en los propios objetivos declarados, habrían dejado
ampliamente desatendidos tales dictámenes. En cambio,
fue con la llegada de la dominación napoleónica que se
retomó, con formas y lenguajes diferentes, el proceso de
introducción y consolidación del modelo administrativo
francés y, con éste, de una organización más precisa del
aparato policial.[64]

A la caída del Imperio, se obtuvo por obra del cardenal
Consalvi un éxito considerable –aunque esencialmente
simbólico-religioso– en la mesa del Congreso de Viena:
entonces los tiempos parecieron maduros para volver a
pensar el conjunto del sistema de policía en el Estado
Pontificio recientemente restaurado. Con las reformas
administrativas que caracterizaron el inicio de la segunda
restauración, orientadas a asimilar algunas innovaciones
anteriormente implantadas por los franceses, el Estado de
la Iglesia instituyó una Dirección General de Policía con
competencias legislativas, operativas y organizativas, las

---

[63] Copia de la Constitución en el Archivo de Estado de Roma (AER), *Co-
llezione Bandi*, vol. 142. Más en general, sobre las direcciones legislativas
de la I Restauración: cfr. D. Cecchi, *L'amministrazione pontificia nella
1° Restaurazione (1800-1809)*, Macerata, Tipografia maceratese, 1975,
y M. Calzolari y E. Grantaliano, *Lo Stato pontificio tra Rivoluzione e
Restaurazione: istituzioni e archivi (1798-1870)*, Roma, Archivio di Stato
di Roma - Scuola di Archivistica, paleografia e diplomatica, 2003, pp.
33-43.
[64] L. Topi, "La polizia napoleonica Roma: organizzazione, controllo e
repressione", en L. Cajani, "Criminalità e polizia...", *op. cit.*, pp. 67-100.

mismas que el debate historiográfico de los últimos años ha definido convencionalmente como "policías modernas".[65]

La periodización de estos acontecimientos deja en claro la función catalizadora de las ocupaciones francesas en la definición de un sistema de policía inédito en el Estado Pontificio. No obstante, el proceso de gestación de este organismo institucional no puede ser únicamente reconducido a una transposición lineal del modelo de policía francés a los territorios que progresivamente entraban en su esfera de influencia. En cambio, resulta más útil evaluar en qué medida, sobre la base de una imposición unitaria de marca francesa, se activaron específicas formas de adaptación y reelaboración a nivel local. Más aun si se considera la cuestión todavía abierta acerca de los salientes rasgos de aculturación, asimilación o integración que caracterizaron la dominación napoleónica en Europa y en Italia en particular.[66] Otras pistas en esta dirección problemática, son aquellas aportadas por los estudios que han

---

[65]   Cfr. Napoli, *Naissance de la police moderne, op. cit.*, además del clásico M. Foucault, *Surveiller et punir. Naissance de la prison*, París, Gallimard, 1975. En un plano más estrictamente historiográfico, consultar el reciente balance de V. Milliot, *Histoire des polices: l'ouverture d'un moment historiographique*, en C. Denys y V. Milliot (dir. par), "Espaces policiers", *Revue d'Histoire Moderne et Contemporaine* (dossier completo), 54-2, 2007, pp. 162-177; cfr. también la contribución de M. Stolleis y K. Härter, *Policey im Europa, der frühen neuzeit*, Frankfurt am Main, Vittorio Klostermann, 1996, y L. Antonielli, *La polizia in Italia e in Europa: punto sugli studi e prospettive di ricerca*, Rubbettino, Soveria Mannelli, 2006. Como punto de referencia de los estudios anglosajones ver C. Emsley, *The English Police: a Political and Social History*, London, Longman, 1991.

[66]   Cfr. las perspectivas contrapuestas en S. J. Woolf, *Napoléon et la conquête de l'Europe*, París, Flammarion, 1990, y M. Broers, *The Napoleonic Empire in Italy, 1796-1814. Cultural Imperialism in a European Context?*, New York, Basingstoke, 2005. Una síntesis del debate, con particular atención en los aspectos institucionales, en L. Antonielli, "L'Italia di Napoleone: tra imposizione e assimilazione di modelli istituzionali", en M. Bellabarba; B. Mazohl; E. Stauber y M. Verga, *Gli imperi dopo l'Impero nell'Europa del XIX secolo*, Bologna, Il Mulino, 2009, pp. 409-431.

investigado los complejos mecanismos de exportación de los sistemas de policía hacia las posesiones coloniales, que a menudo ponen de relieve el alto grado de autonomía y originalidad respecto a las directrices impuestas desde el centro hacia la periferia.[67]

En esta perspectiva, el nacimiento de la policía pontificia se caracterizó por la permanencia, junto con las nuevas instituciones de matriz francesa, de una red de policía eclesiástica, es decir, de aquel sistema constituido a partir del Concilio de Trento y basado esencialmente en un entramado de actividades jurisdiccionales de los tribunales episcopales, visitas pastorales y funciones policiales ejercidas por los párrocos en el territorio. Por lo tanto, lo que aconteció no fue una simple asimilación del dispositivo de control impuesto por los ocupantes sino que, al contrario, las condiciones y las tradiciones locales terminaron por modificar profundamente el prototipo francés.

La singular superposición de la nueva policía con las antiguas estructuras eclesiásticas fue determinada principalmente por las características políticas, sociales y económicas del Estado Pontificio, aún fuertemente ligadas a las estructuras del antiguo régimen y a la naturaleza semiteocrática del gobierno. La amalgama de poder espiritual y temporal, encarnada en la figura del soberano-pontífice, provocaba en efecto una inevitable convivencia entre los aparatos propiamente estatales y los organismos institucionales más directamente vinculados a la Iglesia. Nudo, éste, que se mantuvo indisoluble inclusive en el

---

[67]   Cfr. D. M. Anderson y D. Killingray, *Policing the Empire. Government, Authority and Control, 1830–1940*, Manchester-New York, Manchester University Press, 1991, en particular la noción de *cross-fertilization* propuesta por G. Sinclair y C. A. Williams, "'Home and Away': The Cross-Fertilisation between 'Colonial' and 'British' Policing", 1921-85, en *The Journal of Imperial and Commonwealth History*, 35, 2, 2007, pp. 221-238.

ochocientos, ya en la última fase de la vida de este Estado.[68]
Estas singularidades pontificias fueron objeto de una profunda revisión por parte de aquella historiografía orientada
a redimensionar el carácter excepcional de esta realidad
institucional.[69]

Pero si la revisión hecha por el paradigma excepciona-
lista ya ha tomado solidez en lo que concierne a los procesos
de *state-building* y centralización que se desarrollaron en
los comienzos de la edad moderna, no puede reducirse la
interpretación de la Restauración a una mera inmovilidad
y a una inexorable declinación destinada a culminar con
su disolución por obra del movimiento del resurgimiento
y el logro de la unificación italiana. Al contrario, parece
más convincente colocar el Estado Pontificio dentro de la
compleja transición posrevolucionaria que caracterizó los
Estados preunitarios italianos, atendiendo las sugerencias
de la reciente historiografía que propuso una relectura no
teleológica de la historia de los mismos, con el propósito
de evaluar los aspectos específicos de continuidad y discontinuidad en relación con el pasado.[70] La importancia

---

[68]   M. Caravale y A. Caracciolo, *Lo Stato pontificio da Martino V a Pio IX*,
en *Storia d'Italia*, Torino, UTET, 1978.

[69]   Cfr. sobre todo P. Prodi, *Il sovrano pontefice*, Bologna, Il Mulino, 1982.
Para una síntesis del debate historiográfico que se ha ido desarrollando
ver M. A. Visceglia, "Burocrazia, mobilità sociale e patronage alla corte
di Roma tra Cinque e Seicento. Alcuni aspetti del recente dibattito sto-
riografico", en *Roma moderna e contemporanea*, III, 1995, 1, pp. 11-55,
y M. Caffiero, "Religione, politica e disciplinamento a Roma. Riflessioni
in margine ad un volume recente", en *Roma moderna e contemporanea*,
V/1, 1997, pp. 495-505.

[70]   Cfr. P. Macry (comp.), *Quando crolla lo Stato. Studi sull'Italia preunitaria*,
Napoli, Liguori, 2003, y M. Meriggi, "Gli Antichi Stati crollano", en A. Banti
y P. Ginsborg (comp.), "Il Risorgimento", en *Storia d'Italia*, Annali 22,
Torino, Einaudi, 2008, pp. 541-566. En particular sobre el Estado Pontificio, cfr. G. Nenci (comp.), "Nobili e borghesi nel tramonto dello Stato
Pontificio", *Roma Moderna e Contemporanea* (número monográfico),
1, XVI, 2008.

de esta inversión de perspectiva encuentra un ejemplo emblemático en el estudio de la policía pontificia, dado que son justamente algunos de sus elementos de retrazo y marginalidad los que abren un punto de observación inédito desde el cual mirar el proceso más general de formación de las policías en el ochocientos.

Para entender la formación de la policía pontificia es preciso tener en cuenta la ambivalencia entre los procesos de homologación y los elementos de originalidad que marcaron su origen. Una primera constatación puede verse en la penetración de la singular configuración francesa de la policía (en el ámbito de las revueltas político-institucionales de finales de siglo XVIII y principios del XIX) que une el Estado Pontificio con los acontecimientos de muchos Estados italianos y europeos. Esto demuestra un grado de permeabilidad e intercambio más acentuado de lo que podríamos suponer. Otro factor, este sí muy peculiar, es la permanencia, o mejor dicho, el verdadero fortalecimiento, de las estructuras de control tridentinas, sometidas a una dura crítica y progresivamente desmanteladas en el resto de los países católicos a partir de las reformas del siglo XVIII. Es a través de esta particular convivencia entre instituciones de distinta naturaleza que es posible resaltar las sinergias y los conflictos que determinaron el lento pasaje en el ejercicio del control de los organismos eclesiásticos a la nueva policía estatal. Este proceso no constituyó la característica principal del Estado Pontificio, pero tuvo aquí su más evidente expresión. La difícil e inconclusa secularización del aparato de gobierno pontificio, que condicionó fuertemente el neurálgico sector de la policía, constituye pues una suerte de lupa para observar un fenómeno de características y extensión más amplias.

La cuestión que se plantea aquí es la siguiente: además de la evidente influencia francesa, común a muchas otras áreas europeas y extraeuropeas, ¿en cuánto contribuyeron

los métodos y los instrumentos de la policía eclesiástica de origen tridentina a la definición de las tareas de la
policía pontificia? Asimismo, este interrogante adquiere
relevancia de cara a los abundantes estudios acerca de los
aparatos eclesiásticos que surgieron en el transcurso de la
Contrarreforma y que pusieron en evidencia el alto grado
de centralización de sus funciones de vigilancia y represión,
definiendo de esta manera un antecedente casi único en
el fragmentado panorama de los poderes de policía del
antiguo régimen.[71]

En realidad, el proceso de transferencia de algunas
tareas, principalmente de control moral, que hasta ese
momento eran monopolio exclusivo de las estructuras
eclesiásticas, a los nuevos aparatos de policía, ya ha sido
indicado como un aspecto central por distintos autores,
en particular en los análisis puntales de Elena Brambilla y
Alessandra Contini, relativos a los casos lombardo y tosca-
no, respectivamente.[72] Las observaciones hechas por estos
estudios constituyen fecundas advertencias metodológicas
en relación a la necesidad de dar mayor consideración
al importante nexo entre las policías eclesiásticas y las
laicas. Lamentablemente, la coincidencia temporal entre
la supresión de los tribunales eclesiásticos y la creación
de nuevos aparatos policiales ha imposibilitado la comparación sistemática entre las fuentes en los contextos
examinados. Es justamente esta constatación de un límite

---

[71] En particular, cfr. A. Prosperi, *Tribunali della coscienza. Inquisitori,
confessori, missionari*, Torino, Einaudi, 1996, y E. Brambilla, *La giustizia intollerante. Inquisizione e tribunali confesionali in Europa (secoli
IV-XVIII)*, Roma, Carocci, 2006. Para el Estado Pontificio cfr. I. Fosi, *La
giustizia del papa. Sudditi e tribunali nello Stato pontificio in età moderna*, Roma-Bari, Laterza, 2007.
[72] Cfr. Brambilla, *La giustizia intollerante, op. cit.*, pp. 235-238, y A. Contini,
*Corpi, genere e punibilità negli ordinamenti di polizia del tardo Settecento
a Firenze*, en N. M. Filippini; T. Plebani y A. Scattigno, *Corpi e storia*,
Roma, Viella, 2002, pp. 39-67.

de archivo lo que hace que la anomalía propia del Estado
Pontificio sea un caso de estudio de interés más general. En
otras palabras, la condición de convivencia de organismos
policiales eclesiásticos y seculares, indeleble dada la particular naturaleza del Estado (con la cautela que requiere el
uso de la distinción eclesiástico / secular en el específico
contexto pontificio), permite proceder a un cruce de fuentes
que puede tener un valor paradigmático, al menos desde
el punto de vista conceptual.

Si el fondo problemático sobre el cual se dibuja el
nacimiento de las policías modernas está constituido por
los procesos de construcción y secularización del Estado
administrativo del setecientos y ochocientos, es en el más
circunscrito ámbito urbano donde puede medirse concretamente el impacto de las reformas, dado el nexo, no sólo
semántico, que ata a la policía a la dimensión de la *polis*.
Es el contexto urbano –y en particular en el romano con su
pesada herencia simbólica y religiosa– el que se transforma
en terreno privilegiado de experimentación del nuevo modelo de policía destinado a extenderse a todo el territorio
estatal, aun con las diferencias propias de la aplicación de
medidas en la ciudad y en el campo.[73]

Circunscribiendo la mirada a la capital pontificia,[74] la
exploración de los archivos de policía y de los archivos del
Vaticano de Roma (magistratura designada para la coordi-

---

[73]   Una lectura interesante de la relación entre Ciudad y Estado a través de la
       articulación del la policía en Francia se encuentra en J. Merriman, *Police
       stories. Building the French State, 1815-1851*, Oxford, Oxford University
       Press, 2006.

[74]   Sobre el período de la Restauración en Roma cfr. F. Bartoccini, *Roma
       nell'Ottocento*, Bologna, Cappelli, 1985; Ph. Boutry, "Traditions et trahi-
       sons. Le retour de Pie VII à Rome (19 mars-24 mai 1814)", en Y. M. Bercè
       (dir. par), *La fin de l'Europe napoléonienne. 1814 la vacance du puvoir*,
       París, Veyrier, 1990, pp. 203-218, y Id., "La Restaurazione (1814-1848)", en
       G. Ciucci (comp.), *Storia di Roma dall'antichità ad oggi. Roma moderna*,
       Roma-Bari, Laterza, 2002, pp. 371-415.

nación de las actividades de las parroquias ciudadanas)[75] nos muestra una realidad compuesta por superposiciones que no se limitan únicamente –como podría suponerse– a la esfera de la moral, sino que están extendidas a una multiplicidad de objetos de interés policial. Si bien las fuentes normativas abarcan sólo episódicamente la cuestión de tal coexistencia, la intersección se torna evidente en el plano intermedio de las relaciones entre las instituciones, y aun más en el ejercicio práctico de las respectivas funciones y en su legitimación por parte de la población.

Inmediatamente después de la Restauración, fue necesario redefinir de manera urgente los límites político-administrativos internos de la ciudad, desfigurados por los cambios aportados por los gobiernos franceses a raíz de la formación de las secciones y de las circunscripciones urbanas. El reconocimiento de aquella prioridad, que tenía como objetivo el control y el gobierno del territorio ciudadano, no tuvo una repuesta unívoca: la implementación de las presidencias regionales de policía (que en general abarcaban los catorce antiguos barrios romanos) y la reforma de las circunscripciones parroquiales de 1824 (que provocó la abrogación de 37 parroquias reduciéndolas a un total de 54), terminaron por dibujar dos redes superpuestas en la geografía urbana.[76]

Dentro de esta doble definición del espacio, aunque cada organismo declarara perseguir distintas finalidades, las autoridades eclesiásticas y policiales se encontraron

---

[75] D. Rocciolo (comp.), *Della giurisdittione e prerogative del Vicario di Roma. Opera del canonico Nicolò Antonio Cuggiò segretario del Tribunale di sua Eminenza,* Roma, Carocci, 2004, y Id., "Il Vicariato di Roma tra Rivoluzione e seconda Restaurazione (1798–1814)", en Ph. Boutry; F. Pitocco; C. M. Travaglini, *Roma negli anni di influenza e dominio francese,* Roma, Edizioni scientifiche italiane, 2000, pp. 159-173.

[76] ASR, *Bullarium romanum continuatio,* Tom. XVI, Costituzione *Super universam,* 1° novembre 1824.

entrelazadas en el ejercicio de muchas de sus funciones de vigilancia de la seguridad, de la población y del territorio.[77] Los primeros problemas surgieron con los registros poblacionales, que durante todo el antiguo régimen habían sido asignados a la administración de los sacramentos de los párrocos.[78] Las inscripciones parroquiales de bautismos, matrimonios y muertes, y los relevamientos periódicos efectuados a través de los *Status animarum* (redactados en ocasión de las confesiones de Pascua), habían constituido el principal medio de registro y censo de la población en el transcurso de los siglos anteriores.[79] En la época napoleónica, el intento de desplazar en Italia este sistema religioso de registro poblacional para implementar el Estado civil francés constituyó una difícil faena, que provocó un cambio radical en lo que Marco Meriggi oportunamente ha definido como *"cittadinanza di carta"* (ciudadanía de papel), subrayando de esta manera la relación entre estos certificados y la correspondiente atribución de derechos y deberes.[80]

---

[77] Aquí se hace referencia a M. Foucault, *Sécurité, Territoire, Population. Course au Collège de France 1977-1978*, París, Seuil-Gallimard, 2004

[78] Cfr. J. Bossy, *Dalla comunità all'individuo. Per una storia sociale dei sacramenti dell'Europa moderna*, Torino, Einaudi, 1998, y E. Brambilla, "Battesimo e diritti civili dalla Riforma protestante al giuseppinismo", en *Rivista storica italiana*, CIX, 1997, pp. 602-627.

[79] Sobre las funciones civiles y represivas, además de las religiosas, de los párrocos cfr. L. Allegra, "Il parroco: un mediatore tra alta e bassa cultura", en C. Vivanti (comp.), *Storia d'Italia, Intellettuali e potere*, Annali 4, Torino, Einaudi, 1986, pp. 897-947; y G. Miccoli, "'Vescovo e re del suo popolo'". La figura del prete curato tra modello tridentino e risposta controrivoluzionaria", en G. Chittolini y G. Miccoli (comp.), *Storia d'Italia. La Chiesa e il potere politico dal Medioevo all'età contemporanea*, Annali 9, Torino, Einaudi, 1986, pp. 883-928.

[80] M. Meriggi, "La cittadinanza di carta", en *Storica*, VI, 16, 2000, pp. 107-120. Para el caso milanés cfr. O. Faron, *La ville des destins croisès. Recerches sur la société milanaise du XX siécle*, Roma, Ecole française de Rome, 1997. Sobre la implantación del Estado civil en la misma Francia prerre-

Dentro de la peculiar realidad pontificia, donde las estructuras eclesiásticas continuaban conservando una función esencial y prácticamente indiscutida en el registro de la población, la laicidad del registro poblacional constituyó un desafío crucial para los componentes de las Consulta Extraordinaria de los Estados Romanos, llamada a gestionar la delicada fase de transición que precedería la anexión directa de los territorios del Papa al Imperio.[81] Como escribía el prefecto De Tournon al barón de Gérando, responsable de los asuntos internos, el único modo para "evitar tener que recurrir a los curas, es hacer un censo", pero teniendo en consideración el hecho de que esta operación, "difícil en la misma Francia, será más ventajosa en este país, donde las delimitaciones de las comunas no han sido todavía enteramente determinadas." [82]

Dentro de un cuadro institucional aún incierto, el objetivo de desautorizar a los párrocos de sus tradicionales funciones y de legitimar a los nuevos oficiales del Estado civil, terminó por demandar, sobre todo en la capital, el involucramiento de las mismas autoridades de policía: para hacer respetar la obligación de registro de los recién nacidos por parte de las familias, se decidió en primera instancia ejercer presión sobre las parteras, a través de los funcionarios locales de policía. El Ministro de Justicia y Policía, Del Pozzo, aprobaba en estos términos la propuesta realizada por el Director del Policía Olivetti:

---

volucionaria, cfr. V. Denis, *Une histoire de l'identitè. France, 1715-1815*, Seyssel, Champ Vallon, 2008, pp. 335 y siguientes.

[81]   Cfr. C. Nardi, *Napoleone a Roma. La politica della Consulta romana*, Roma, École française de Rome, 1989, y Ph. Boutry; F. Pitocco; C. M. Travaglini, *Roma negli anni di influenza e dominio francese*, Roma, Edizioni scientifiche italiane, 2000, además del clásico volumen de L. Madelin, *La Rome de Napoleon. La domination française à Rome de 1800 à 1814*, París, 1927.

[82]   Archives Nationales de France, F1e/93, donde se conserva la correspondencia entre el prefecto De Tournon y el ministro De Gerando.

El proyecto que usted me ha comunicado es sin dudas el más eficaz para obtener la presentación de los recién nacidos ante el oficial del Estado Civil. La medida propuesta de hacer llegar, a través del Director General de Policía, esta obligación a las parteras, es también el único medio indirecto para ejecutarlo sin chocar contra la disposición del Código de Napoleón. Yo soy pues del parecer que sin demandar ninguna orden de la Consulta para esto, se pueda comunicar el supradicho proyecto al Director General de policía para ser puesto en ejecución por esta misma.[83]

Eludiendo los procedimientos formales, la cuestión se resolvía por medio de la aplicación de una simple "medida de policía", una de las formas características de la intervención policial.[84] Las dificultades continuaron, aunque en la dirección contraria, en el momento del retorno de la clase dirigente pontificia, que se vio obligada a echar mano nuevamente sobre estas cuestiones que habían sufrido sustanciales modificaciones en los años inmediatamente anteriores. Pero de nuevo la respuesta fue doble: paralelamente al restablecimiento de las funciones civiles de los curas se constituyó una oficina específica de policía estadística, en línea con las anteriores intervenciones francesas.[85] De este modo, a la redacción de los registros

---

[83]   "Il progetto da lei comunicatomi è senza fatto il più efficace onde ottenere la presentazione de' neonati all'officiale dello Stato Civile. La misura proposta di far ingiungere dal Direttore Generale di polizia quest'obbligo alle levatrici, è altresì il solo mezzo indiretto di farlo eseguire senza urtare colla disposizione del Codice di Napoleone. Io sono perciò di pensare che senza provocare alcun ordine della Consulta a questo riguardo possa comunicarsi il suddivisato progetto al Direttore generale di polizia per farlo mettere in esecuzione in linea di polizia". Ivi, F1e/100.

[84]   Cfr. P. Napoli, "Misura di polizia. Una prospettiva storico concettuale in età moderna", en *Quaderni storici* 131/2, 2009, al cual agradezco por haberme hecho partícipe de sus reflexiones antes de que el texto fuera entregado a la imprenta.

[85]   Cfr. los titulares de las materias de policía de 1820 y de 1834 publicados en M. Calzolari y E. Grantaliano (a cura di), *La Direzione generale di polizia dello Stato pontificio: archivio del protocollo ordinario (1816-*

parroquiales se le sumaron las prácticas de relevamiento de la policía, que mezclaban los modos de recolección de datos propios de los "estados de las almas" con las nuevas técnicas estadísticas. Al mismo tiempo, en la fase inicial de la organización del censo, los policías fueron obligados a seguir recurriendo a los párrocos como únicos detentores de los registros poblacionales relativos a las comunidades locales, aunque esto provocara conflictos en la definición de competencias para las distintas autoridades en juego.[86]

Vinculado con el registro del "sedentarismo" de la población, había también uno acerca de su "movilidad", configurando entre ambos los dos puntos cardinales en torno a los cuales se estructuraba un nuevo sistema de control social. No obstante pueda atribuirse a la policía la efectiva "invención" de un complejo mecanismo de emisión y escrutinio de los pasaportes, perfeccionado a través de los distintos reglamentos promulgados en esos años, los párrocos también empezaron a prestar atención al problema de los desplazamientos de la población y a la identificación de los individuos.[87]

Los lugares de recepción y sociabilidad donde se encontraban los extranjeros y los residentes se convirtieron en el eslabón central de la cadena de vigilancia. Éstos levantaban alarma y sospecha por parte de la policía, ocupada en mantener el orden público en los barrios, y también

---

1870), *I Inventario dei registri*, Roma, Archivio di Stato di Roma, 1997, pp. 20-23.

[86] Cfr. por ejemplo ASR, *Miscellanea statistica*, b. 54, *Riservata vertenza fra i Parrochi e di Presidenti (1842)*.

[87] Para una síntesis de los recientes estudios sobre el tema de la identificación personal, inclusive en relación con la movilidad de la población, ver J. Caplan y J. Torpey (comp.), *Documenting Individual Identity: The Development of State Practices in Modern World*, Princeton, Princeton University Press, 2001, y G. Noiriel (dir. par), *L'Identification. Genèse d'un travail d'État*, París, Belin, 2007.

de los párrocos que eran tutores de la comunidad local.[88]
Tanto la Dirección General de Policía como el Vicariato
de Roma promulgaron disposiciones para que hosteleros,
mesoneros y albergadores compilaran diariamente una
nómina de los forasteros que llegaban a la ciudad, bajo
la amenaza de agrias sanciones.[89] La duplicación de la
carga de trabajo para los administradores de actividades
comerciales suscitó varias protestas, originadas por la falta
de una regulación orgánica sobre esta cuestión. La misma
Secretaría de Estado, devenida a esta altura en el principal
organismo del gobierno pontificio, fue convocada para
buscarle una solución a las reivindicaciones, lo cual testimonia acerca de la dificultosa búsqueda de un equilibrio
en el terreno institucional.[90]

Para la vigilancia interna, en cambio, los habitantes
de Roma fueron obligados a presentar un certificado de
"buena conducta", suministrado por el propio párroco, con
el objetivo de recibir un pasaporte por parte de la oficina
de policía.[91] En este caso, no se verificaban vacilaciones o
conflictos, más bien se delineaba una forma de sinergia
entre las estructuras eclesiásticas y la nueva policía que
absorbía entre sus obligaciones una particular atención

---

[88] Cfr. V. Milliot, "La sourveillance des migrants et des lieux d'accueil à París
      du XVI siècle aux années 1830", en D. Roche (dir. par), *La Ville promise.
      Mobilitè et accueil à París (fin XVII-début XIX siècle)*, París, Fayard, 2000,
      pp. 21-76.

[89] Sobre los procedimientos de control y entrega de pasaportes en el Estado
      Pontificio, me permito remitir a C. Lucrezio Monticelli, "L'invenzione dei
      passaporti': polizia e burocrazia del Grand Tour nella Roma del primo
      Ottocento", en M. Formica (a cura di), *Roma e la campagna romana nel
      Grand Tour. Atti del Convegno Interdisciplinare (Monte Porzio Catone,
      Roma 17-18 maggio 2008)*, Roma-Bari, Laterza, 2009, pp. 273-293.

[90] Cfr. en particular el Archivo Secreto del Vaticano, *Segreteria di Stato*,
      1816, rubrica 158, fasc. 1.

[91] Notificación del 5 de noviembre de 1832, *Disposizioni concernenti il
      rilascio dei passaporti, e l'assegna dei forestieri*, in *Collezione di pubbliche
      disposizioni, op. cit.*, pp. 623-624.

hacia las costumbres de los súbditos. La evaluación de moralidad, presente en el documento de identidad, se introducía en las prácticas burocráticas de la policía y, aunque no hubiera una explicitación formal y detallada de las características morales que hacían posible identificar a los portadores, se convertía de hecho en el supuesto y la condición para la entrega.

Finalmente, otro campo de aplicación de este doble nivel de control pasaba por el manejo de las cuestiones sociales relacionadas con el vagabundeo y el pauperismo. Este sector sufrió una profunda reorganización en el curso de la Restauración pontificia, momento en el cual se experimentó un sistema centralizado de vigilancia bajo la guía de una "Comisión de los subsidios".[92] La distinción –de larga data– entre quienes reunían o no las condiciones para recibir asistencia dependía de diversos tipos de medidas de policía. De esta manera, iniciaba una abundante producción de documentos con la finalidad de demostrar y evaluar en el tiempo la condición de indigencia de los individuos: certificados de pobreza, libretas de trabajo, pasaportes y visas para limitar el vagabundeo, se volvían los instrumentos privilegiados para vigilar e identificar las categorías peligrosas.[93]

Entonces, a partir de estos primeros resultados de investigación, surge de los entrecruzamientos institucionales una realidad muy compleja, vinculada en primer lugar con la insuficiencia organizativa de la policía pontificia. Pero

---

[92]   Sobre la asistencia a los pobres en Roma a principios del ochocientos, una fuente rica, si bien demasiado apologética, es la de C. L. Morichini, *Degli Istituti di carità per la sussistenza e l'educazione dei poveri e dei prigionieri in Roma. Libri tre,* Stabilimento tipografico camerale, 1870, en particular la página 258 y siguientes sobre la institución de la Comisión.

[93]   Cfr. G. Bolis, *La polizia e le classi pericolose della società,* Bologna, Zanichelli, 1871, y el más general L. Chevalier, *Classes laborieuses et classes dangereuses à París pendant la première moitié du XIXe siécle,* París, Plan, 1978.

el propio hecho de abarcar cuestiones tan variadas y no directamente relacionadas con el control moral, demuestra una coincidencia de intereses más amplia entre las autoridades religiosas y las policiales. Al mismo tiempo, esta superposición, que en el Estado Pontificio adquirió un carácter muy fuerte, parece indicarnos una pista para explorar otros contextos donde se dieron formas más marcadas de secularización en los siglos XVIII y XIX. Es probablemente labrando el terreno concreto de la continuidad en el ejercicio de algunas funciones, primero eclesiásticas y luego de las policías modernas, que podría superarse en parte el problema del entrelazamiento contextual de las fuentes producidas por estas instituciones. Atendiendo a las recomendaciones metodológicas de la actual historiografía sobre las policías, es preciso desplazar el foco del estatuto de las funciones, desde la cuestión del *qué es* hacia la cuestión del *qué hace*, para devolverle mayor espesor diacrónico a la fuerte discontinuidad que representa el nacimiento de las nuevas policías.

CAPÍTULO 4
LA POLICÍA DE LA CAPITAL DEL IMPERIO BRASILERO

Marcos L. Bretas

Es probable que pocos tengan la historia de su formación como país tan atada al desarrollo de la justicia criminal
como en el caso brasilero. Desde el propio período monárquico, la historia del Brasil independiente se elaboraba en
torno a la formación de instituciones y organismos de la
justicia criminal, considerados símbolos o campos de lucha
para la constitución de la nueva nación, lugar privilegiado
de disputa entre las tradiciones del absolutismo portugués
y las nuevas ideas de un liberalismo en plena expansión. En
el marco de la historia política más tradicional, la creación
de los códigos penales y procesales, así como su reforma,
representaban el triunfo de la reacción conservadora, permitiendo así la consolidación del Imperio.[94]

Desde este punto de vista, parece sorprendente que
las instituciones policiales hayan recibido apenas una li-
gera atención, apuntando –en la versión liberal de Tavares
Bastos– hacia la derrota de los proyectos liberales y la
implementación de un régimen centralizador. En la versión liberal, el impulso de libertad trajo a Brasil lo más

---

[94] Parece interesante confrontar el caso brasilero con la experiencia europea,
en la cual la Revolución Francesa involucra instituciones jurídicas de
origen anglosajón pero conserva y exporta el sistema policial generado
por el absolutismo y representado por la *gendarmerie*. Incluso Inglaterra
–bastión de la resistencia a todo lo que viene de Francia o del despotismo– se rinde ante la necesidad de constituir una fuerza policial. Emsley,
Clive, *Policing and its context, 1750-1870*, London, Macmillan, 1983.

moderno de las prácticas de justicia europeas, como el juicio por jurados, el *habeas corpus*, y el juez de paz electo, para luego ceder ante el avasallador impulso de centralización, representado en la práctica por el reemplazo de esas instituciones por jueces y policías designados por el poder central.[95] La propia forma legal otorgada al sistema policial de las provincias corrió el eje de la autoridad del papel de conservación del orden y represión del delito, para incluirlo en una red de favores distribuidos por el Estado, que tendría como contrapartida un papel como garante de resultados positivos en las disputas electorales. Siguiendo esa línea se establece una larga tradición intelectual –todavía muy presente– que enfatiza las formas jurídicas y ve en la reforma y en la liberalización del aparato legal y judicial el camino de reformas para la consolidación de un régimen democrático en Brasil. La historia institucional y política del Estado brasilero produjo ya importantes trabajos sobre la formación de esa armazón legal y, luego, sobre la estructuración de un grupo profesional de magistrados y diplomados capaces de ejercer las funciones de producción de justicia, al mismo tiempo en que se legitimaban como administradores del Estado en su totalidad.[96]

---

[95] Además de la policía, la única institución estatal que experimentó un proceso semejante fueron las fuerzas armadas, en las que el experimento liberal configuró una Guardia Nacional que tampoco resistió al reformismo centralizador. Uricoechea, Fernando, *O minotauro imperial. A burocratização do Estado patrimonial brasileiro no século XIX*, Rio de Janeiro, Difel, 1978.

[96] Véanse los tratamientos diversos de este mismo tema en Adorno, Sérgio, *Os aprendizes do poder. O bacharelismo liberal na política brasileira*, Rio de Janeiro, Paz e Terra, 1988. De Carvalho, José Murilo, *A construção da ordem. A elite política imperial*, Brasília, Universidade de Brasília, 1981. Venâncio Filho, Alberto, *Das arcadas ao bacharelismo; 150 anos de ensino jurídico no Brasil*, São Paulo, Perspectiva, 1977. Faoro, Raimundo, *Os donos do poder: formação do patronato político brasileiro*, Porto Alegre, Globo, 1958

Otro camino para hacer la historia de la consolidación del Brasil independiente toma como eje central la constitución de mecanismos de dominación y represión. Las necesidades del naciente Estado tuvieron poco que ver con exóticos ideales liberales: las elites se concentraron en las tareas inmediatas de mantener obedientes y ordenadas a las masas oprimidas de esclavos y hombres libres pobres. También por ese camino las instituciones de justicia criminal merecen un papel central en la definición de las formas del Estado brasilero y, aunque a menudo sean objeto de atención pasajera, son más reconocidas como instrumento de control que como una pieza del sistema cuyo montaje exigiría una operación de cierta complejidad.[97]

El objeto de este trabajo se sitúa en la confluencia de esas dos líneas, proponiendo mostrar quiénes eran los policías militares en la ciudad de Río de Janeiro del siglo XIX. Su identificación es fundamental para la ampliación de nuestra visión sobre los componentes del aparato estatal –suponiendo que la policía sea parte de ese Estado, lo que a veces parece ser ignorado por una parte de la historiografía–, presentando funcionarios de nivel más bajo que los magistrados y diplomados normalmente estudiados y permitiendo conocer un poco de aquello que podría llamarse la historia social del Estado brasilero.

Su presencia nos permite prestar atención a la exigüidad del grupo profesional que controlaba ese Estado, forzado a convivir con agentes reclutados en el marco de relaciones locales de poder y mucho menos calificados, sea en el ejercicio de sus funciones de control sobre la corte, sea en la menos conocida –y a la vez aun más

---

[97] En esa perspectiva se sitúan los trabajos herederos del modelo mundo del orden / mundo del desorden: Cândido, Antônio, *O discurso e a cidade*, São Paulo, Duas Cidades, 1998. Holloway, Thomas H., *Policing Rio de Janeiro. Repression and resistance in a 19th century city*, Stanford, Stanford University Press, 1993.

importante– expansión de la esfera de acción estatal sobre el interior brasilero. Al mismo tiempo, el estudio de los policías nos obliga a reflexionar sobre la ambigüedad de su propia condición: agentes de la dominación estatal, eran muchas veces víctimas del reclutamiento forzado y participantes cotidianos de los habituales dramas de la vida de los hombres libres y pobres. El alistamiento en el cuerpo militar no significaba un cambio de estatus y el inmediato alejamiento de su condición anterior de hijos, hermanos, amigos o amantes; al contrario, el ejercicio de la actividad policial jamás confirió atributos positivos en la sociedad brasilera, y los policías convivían con los mismos problemas de otros grupos de trabajadores, y tal vez con algunos más.

La construcción de los agentes encargados del control social todavía no ha recibido la debida atención en la ciencia social brasilera. Reclutados en las capas sociales que preferentemente tendrían que controlar, policías y agentes semejantes podían muchas veces solidarizarse con sus objetos, incluso en detrimento de la tarea que debían ejecutar. Ese problema atravesó la formación de todas las fuerzas policiales del siglo XIX.

Es bien sabido que la imposición de nuevas normas de comportamiento no se hizo sin una serie de percances. La policía inglesa –paradigma de la noción de fuerza policial moderna– adoptaba como medida básica la dura disciplina militar y con un número enorme de demisiones enfrentaba la resistencia de los policías a ajustarse al modelo de trabajador padrón, sobrio y morigerado.[98] Todo tipo de esfuerzos apuntaban a aislar al policía de sus

---

[98] Steedman, Carolyn, *Policing the Victorian community. The formation of English police forces*, Londres, Routledge & Keegan Paul, 1984. Emsley, Clive, *The English police: a political and social history*, Hemel Hempstead, Harvester Wheatsheaf, 1991.

partes, controlando sus lugares de residencia, investigando
las candidatas a esposas de los policías, prohibiendo la
frecuentación de bares y la contracción de deudas. Aun así,
la disminución del número de demisiones que se perciben
en el último cuarto del siglo XIX indica, al mismo tiempo,
la conformidad a la norma y el desarrollo de modos de
adecuarlas para que fueran toleradas.[99] La relación entre
los policías y los trabajadores, que se reveló explosiva y
marcada por dificultades en la fase de implementación de
las fuerzas, fue poco a poco estabilizándose, en la medida
en que los propios administradores de la policía fueron
percibiendo determinados límites de acción, reduciendo la
injerencia policial sobre los "malos hábitos" de la población
trabajadora y estableciendo normas de convivencia con
el juego y la prostitución que evitaban la confrontación
permanente.[100]

Problemas semejantes pueden encontrarse en la constitución de la fuerza policial de Buenos Aires.[101] Contando
con policías reclutados a partir de recomendaciones políticas –a diferencia del reclutamiento forzado más visible en
la fuerza carioca–, también los administradores policiales
de la ciudad y el público en general tenían mucho para
reclamar. Los niveles de destitución eran extremadamente
elevados y relacionados con los mismos tipos de proble-

---

[99]   Klein, Joannemarie, *Invisible working-class men: police constables in
       Manchester, Birmingham and Liverpool 1900-1939*, Rice University, PhD
       thesis, 1992.
[100] Dixon, David, *From prohibition to regulation. Bookmaking, anti-gambling,
       and the law*, Oxford, Clarendon Press, 1991. Petrow, Stefan, *Policing mo-
       rals. The metropolitan police and the home office 1870-1914*, Cambridge,
       Cambridge University Press, 1994. Storch, Robert D., "The plague of the
       blue locusts: police reform and popular resistance in Northern England
       1840-1857", *International Review of Social History*, XX, 1975.
[101] Gayol, Sandra, "Entre lo deseable y lo posible. Perfil de la policía de
       Buenos Aires en la segunda mitad del siglo XIX", *Estudios Sociales*, 6
       (10), 1996.

mas; el pedido de despido del vigilante Saverio Elias podría decir algo común a muchas fuerzas policiales del siglo XIX: "Es completamente inútil como agente de seguridad [...] no tiene maneras ni inteligencia, falta con frecuencia, se embriaga, no habla el idioma y ni siquiera conoce los detalles de su sección."[102]

Sobre las fuentes

Nuestro conocimiento sobre la identidad de los policías de la ciudad de Río de Janeiro del siglo XIX –e incluso del siglo XX– es muy limitado. Hacia 1900 la documentación sobreviviente no preserva registros del personal, ofreciendo apenas informaciones fragmentadas. Lo que aquí intentaremos es recuperar datos a partir de informes sobre la fuerza policial, legajos y peticiones presentadas al comando de la policía o al emperador, en las cuales los policías o sus familiares exponen sus problemas y construyen la historia que los justifica. En esa documentación se elaboran narrativas que apuntan a obtener determinados fines: perdón por una deserción o licencia para incumplir con el período de reclutamiento. Para obtener éxito, debían ofrecer un mínimo de coherencia en la explicación de la demanda y, en lo posible, manipular valores apreciados por aquellos que recibirían la petición. Por eso, ocasiones especiales como aniversarios y casamientos en la familia real eran aprovechadas para introducir pedidos, y el lenguaje parece siempre enfatizar los elogios a la benevolencia y la sabiduría de los señores del poder.

Era un universo de hombres simples, oriundos de los estratos libres y pobres de la sociedad, con la excepción de algún esclavo fugado buscando protección y mejores

---

[102]   Citado en Gayol, *op. cit.*, p. 127.

condiciones de trabajo en las filas de la fuerza pública. No demostraban mucha instrucción, y sus historias, como veremos más adelante, hablaban de pequeños roces, familias extensas y trabajos muchas veces ligados al servicio estatal, en condiciones tales que cabe preguntarse si serían mucho mejores que la policía. Tal vez por eso sea tan importante rescatar las formas de entrada y salida de la profesión policial.

La policía en el Imperio

La formación de lo que luego sería conocida como "policía militar" tiene origen en la llegada de la familia real a Brasil en 1808. Adaptando instituciones ya experimentadas en Lisboa, el príncipe regente crea en Río de Janeiro una Intendencia General de Policía, órgano administrativo con poderes judiciales y encargado de un amplio abanico de tareas en la administración de la ciudad. En cuanto la Intendencia no disponía de personal para hacer valer sus determinaciones, fue establecida la División Militar de la Guardia Real de Policía, cuerpo estructurado a semejanza del Ejército, pero teniendo como principal función atender las órdenes del intendente en la conservación del orden público.

De esa Guardia Real original derivaron las instituciones policiales uniformadas de formato militar que aún hoy tienen a cargo la policía urbana en Río de Janeiro. A excepción de un breve lapso en 1831, cuando el Ministro de Justicia (Diogo Antônio Feijó) extinguió el cuerpo policial que se había rebelado contra el gobierno, esta institución ha sido una constante en la historia de la ciudad. Los cuadros originales habían sido formados en la tradición patrimonial portuguesa, con hombres de mayor poder adquisitivo que obtenían el privilegio de comandar un cuerpo policial,

ofreciendo como contrapartida la manutención de sus
reclutas. El intendente Paulo Fernandes Viana, en su ren-
dimiento de cuentas, mencionaba su acción para obtener
fondos para el mantenimiento de la Guardia Real, probablemente a través de donaciones de grandes propietarios.[103]

No está claro cuándo esa práctica fue alterada, pero en
la década de 1830 ya se percibe un reclutamiento compuesto
por voluntarios, o no, que firmaban un contrato por dos
años renovables.[104] Si las condiciones de trabajo no eran
para nada buenas, una ventaja posible era el ascenso en
la carrera. El alistamiento se hacía en el nivel más bajo, y
el policía podía obtener promociones hasta los puestos
superiores, en un modelo de carrera poco usual para las
modernas concepciones del ejército, pero presentado siempre como una de las características básicas, e indicador de
calidad, de la policía inglesa. Incluso los comandantes de
las compañías podían ser originarios del cuerpo de oficiales del ejército.[105] El futuro Duque de Caixas, que dirigió la
policía por un largo período en la década de 1830, trataba
de dejar en claro que la posibilidad de promoción tenía un
papel de incentivo para el policía, al sugerir la promoción
del sargento Antonio da Silva Freire: "Es una creación del
cuerpo y dentro de él goza de una buena opinión, siendo

---

[103] Desde el momento de la creación de la Guardia, el ministro Conde de
Linhares informaba al intendente que él podría encargarse del arma-
mento pero que el uniforme y remonta deberían ser fornecidos por
la Intendencia. Oficio del 10 de mayo de 1809, Archivo Histórico del
Ejército, Río de Janeiro.

[104] Más tarde el contrato de reclutamiento fue ampliado a tres años.

[105] En la organización que Feijó le dio en 1831, había cuatro compañías de
infantería, dos de caballería, y dos compañías auxiliares. Las compañías
auxiliares eran comandadas exclusivamente por oficiales del ejército
y se agregaban los reclutas que presentaban problemas disciplinares,
que quedaban subsumidos a un control más riguroso. El recluta que
no mantuviera un comportamiento adecuado en esa compañía sería
transferido al ejército, y a veces cambiado por un nuevo recluta.

los oficiales quienes me dieron las mejores informaciones al respecto; y por eso creo que el servicio lucrará mucho con su ascenso, por la esperanza que depositan sobre él sus compañeros".[106] Su opinión sería acatada y Silva Freire continuaría su carrera en la policía, pudiendo servir como ejemplo de una trayectoria exitosa: habiéndose alistado el 11 de noviembre de 1831, fue promovido a sargento segundo el 1° de febrero de 1832 y a teniente el 10 de julio, como solicitó Caixas. Alcanzaría el puesto de capitán el 17 de diciembre de 1839, apareciendo todavía en los cuadros de la policía en 1852.[107] Es importante percibir que pocos serían quienes conseguirían hacer carrera y especialmente ascender a oficiales; entre los ocho capitanes registrados en 1845, cuatro venían de las filas del cuerpo y cuatro del ejército.

Una ley del 28 de septiembre de 1853 concedió a los policías el derecho a la jubilación, lo que motivó una serie de pedidos que nos permiten acompañar las carreras de esos oficiales exitosos; la imagen de lo que parece constituir un éxito a veces es perturbadora. El 22 de diciembre de 1864 se retiró en el puesto de mayor, con ingresos como capitán, Albino José Marques. Habiendo entrado al cuerpo en enero de 1832, a los dieciocho años, llegado de la Provincia de Río de Janeiro, Marques caminó más despacio que Silva Freire. Pasó a cabo en 1837, a furriel y segundo sargento en 1839, a alférez en 1842, teniente en 1855 y capitán en 1859. Al pedir retiro presentaba –a los 50

---

[106] Propuesta hecha por Luiz Alves de Lima e Silva para ocupar las vacantes de oficiales en 6 de julio de 1832. Archivo Nacional, Rio de Janeiro, Legajo IJ6 179. En la misma propuesta indicaba para el comando de la tercera Compañía de Infantería al capitán João Nepomuceno Castrioto, "muy hábil en su oficio y bravo; tengo pleno conocimiento de él, pues trabajó cerca de mí desde que era un niño."

[107] Relación de antigüedad y conducta de los oficiales y oficiales inferiores del CMP de la Corte, 14 de julio de 1845. Archivo Nacional, Río de Janeiro, Legajos IJ6 179 y IJ6 235.

años– un cuadro de hepatogastrocistitis y laringitis crónica, además de sospechas de idiotez, que hasta entonces no habían sido un obstáculo para su carrera. La junta médica respondió: "[Presenta] una inteligencia limitada, que bajo la influencia de afecciones morales, bien puede distraerlo de sus deberes, no sufre de todos modos de idiotez".[108] Al año siguiente se jubilaba al capitán Hilario Mariano da Silva, de 51 años, viudo, con seis hijos y una nefritis crónica, sin hablar de su legajo repleto de licencias médicas. En 1869 le tocó al capitán José Alfonso de Castro, de 41 años, y policía desde 1846. Sometido a tres exámenes médicos, se le detectó sífilis terciaria y tuberculosis incipiente, bronquitis crónica y reumatismo. Fue liberado luego del diagnóstico de tuberculosis pulmonar, enfermedad bastante común en las capas populares del período, pero especialmente notable entre los policías. Portador de un legajo lleno de puniciones por indisciplinas, el capitán podía enorgullecerse de su bravura en la Guerra del Paraguay, que le había valido el grado de Caballero de la Orden de la Rosa, por servicios en los combates del 16 y 18 de julio de 1866.

Inclusive dejando de lado el sufrimiento ocasionado por la campaña del Paraguay, en la cual el batallón de voluntarios de la policía militar participó activamente, es significativa la cantidad de problemas físicos y mentales de sus oficiales, más allá del gran número de puniciones, que no parecen haber impedido el desenvolvimiento de la carrera.[109] Silvino Joaquim da Costa, retirado a causa de una "hernia inguinal doble considerable" adquirida en Tuiuti, tenía detenciones y bajas del puesto por "dormir estando

---

[108]   Archivo Nacional, Río de Janeiro, Legajo IJ6 235.
[109]   Uno de los problemas difíciles de tratar es el envejecimiento de la población carioca en el siglo XIX. Esos oficiales, la mayoría cercanos a los 50 años, presentaban molestias que parecían ser consideradas normales para su franja etaria. En 1874, Francisco Pereira Antunes, de 59 años, fue considerado incapaz por las molestias y *la edad*.

de ronda", "por golpear a un soldado", "por presentar en la
parada el soldado faltas en su uniforme" y otras. De todos
modos, llegó a capitán, siendo promovido poco después
de la punición.[110]

Ese cuadro de enfermedades y envejecimiento, quizá precoz, generaba también una cuestión vinculada al
aprovechamiento de los policías con problemas. Antes
de la legislación sobre retiros de 1853 el problema era
aun más delicado. En el listado de oficiales y subalternos
elaborado en 1845, el sargento primero más antiguo era
Domingo dos Santos, que con catorce años de servicio
merecía la siguiente observación: "Ya está muy cansado
para el servicio militar por ser bastante viejo y apenas fi-
nalice el plazo por el que fue alistado será dimitido".[111] En
marzo de 1847, el comandante Muniz Tavares consultaba
al ministro sobre el destino de los reclutas mutilados que
continuaban prestando servicio, por no existir planes de
retiro o internación en el Asilo de Inválidos del Ejército.
Francisco de Sousa Ferreira, de 44 años y cuatro en la
policía, continuaba en el servicio a pesar de padecer de
"elefantiasis general y gran carnosidad en los escrotos, los
cuales se encuentran en un enorme volumen"; Florencio
Antônio Cruz, 34 años y dos de servicio, herido en el brazo
derecho por una coz; José Antônio de Oliveira, 22 años,
acuchillado por desertor; y Antônio Inácio Brasil, 19 años
y dos de servicio, a quien tuvieron que amputarle la pierna
a raíz de una caída del caballo.[112] Era una situación difícil
para esos hombres, obligados a mantenerse en el empleo

[110] Un patrón semejante de puniciones no consideradas a la hora de la
promoción fue encontrada en São Paulo durante el período republicano
por Souza, 1998.
[111] Lo mismo ocurría con el teniente Antônio Peixoto da Silveira: "Suponiendo que no prestará más servicios por el miserable estado de salud
en el que se encuentra."
[112] Archivo Nacional, Río de Janeiro, Legajo IJ6 179.

en condiciones precarias, y era también difícil para la fuerza policial, puesto que la capacidad de acción de algunos policías era, forzosamente, muy limitada.

El número de policías encargados de la vigilancia de la ciudad osciló durante el período, para aumentar al final del Imperio. Pero debe ser destacado que en ningún momento fue posible completar las vacantes que existían. Siempre parecía haber una fuerte resistencia a adoptar la profesión policial y, aun cuando eso acontecía, la deserción o la dispensa del alistamiento eran opciones cuando algo mejor aparecía. Durante buena parte del Imperio, el número de policías era apenas superior a la mitad de lo previsto. En junio de 1832, la nómina completa del cuerpo militar era de 635 hombres, pero solamente había 361 policías empleados. En mayo de 1845, la nómina debía ser de 698 hombres, aunque sólo había 413.[113] El jefe de policía Alexandre Joaquim de Siqueira, en 1853, propuso resolver el problema aumentando el número de "pedestres" – policías civiles– de 34 a 80, utilizando para eso los recursos del cuerpo de permanentes:

> Siquiera nosotros podemos albergar la esperanza de elevar el Cuerpo de Permanentes a su estado completo, y por consiguiente absorber el crédito por él notado, porque la experiencia de largos años ha demostrado su imposibilidad, resultante no sólo de la repugnancia que tiene el pueblo brasilero hacia el servicio de las armas sino también del escaso incentivo que ofrece la ley a los soldados del Cuerpo de Permanentes, cuyo trabajo ímprobo y disciplina severísima no son compensados por ventajas correspondientes.[114]

Algunas reformas implementadas en los años 1850, como la jubilación remunerada, parecen haber mejorado

---

[113]   Ídem.
[114]   Archivo Nacional, Río de Janeiro, Legajo IJ6 216, día 15 de octubre de 1853.

la condición policial, aproximando el número de efectivos a lo previsto por ley. Esa situación perduraría hasta el final del Imperio, cuando un aumento en el número de vacantes provocaría nuevamente una diferencia significativa. Esas mejoras deben haber tenido impacto también en el reclutamiento y las aspiraciones de carrera de los policías, aun cuando la mala calidad de la tropa fuese una queja constante. Una de las prácticas que va haciéndose cada vez más evidente con el avance del siglo es el reclutamiento de extranjeros, que componían casi el 20% de la fuerza, y cuya presencia en los informes nos permite también advertir la rapidez con que se alteraba el plantel. Tomando como ejemplo el movimiento a mediados del año 1882, podemos observar que en abril había 504 policías (para una previsión de 560). Entre éstos había 86 extranjeros, siendo 52 portugueses, 14 españoles, 6 alemanes, 7 suizos, 5 franceses y 2 italianos. En los meses siguientes el plantel oscilaba, para llegar al mínimo en septiembre con 494 policías. El número de españoles y alemanes permanece estable, pero los otros muestran variaciones significativas, si dejamos de lado la posibilidad de que las estadísticas sean incorrectas. El número de portugueses sube a 54 en mayo y a 61 en junio, aunque el plantel haya disminuido, lo que indica que si entraron 7 nuevos policías, al menos 8 dejaron la fuerza. En septiembre el número vuelve a caer hasta 58. El número de suizos se reduce a 4 en junio, volviendo a 7 al mes siguiente, volviendo a 4 en septiembre; los franceses pasan de 7 en agosto a 6 en septiembre. De la misma forma los italianos suben a 4 en mayo, pasando a 2 en agosto y a 3 en septiembre. Estos pocos datos parecen evidenciar que los extranjeros entraban y salían de la fuerza rápidamente, y es probable que lo mismo sea válido para los brasileros.[115]

---

[115] Archivo Nacional, Río de Janeiro, Legajo IJ6 245. Algunos análisis que abarcan períodos mayores confirman y refuerzan nuestro argumento.

La opción por el servicio policial, voluntaria o no, parece presentar una serie de dificultades, que llevaba a desistir a muchos nuevos policías.

Los policías

Dos son los problemas que deberíamos tener en cuenta: cómo alguien se convertía en policía y, lo que quizás es más difícil, cómo dejaba de serlo. Si se presta atención a la petición que el soldado Ricardo José presentó ante el emperador, la situación era impresionante:

> Habiendo ido el suplicante, Imperial Señor, al poblado de Munin, Distrito de Maranhão, por asuntos propios, allí fue repentinamente reclutado y remitido a esta Corte [Rio de Janeiro], y llegado aquí fue enviado a Praia Vermelha, adonde por ser bien conocida la incapacidad física del suplicante para servir en la primera línea, fue destinado al Cuerpo Permanente; es por eso Imperial Señor que este suplicante que carga con una familia constante de no menos de seis hijo, y entre éstos cuatro doncellas, dos de las cuales le fueron arrancadas súbitamente, sin al menos concederle volver para abrazarlas, y su tierna esposa espera ahora recibir algún alivio de la Munificente Mano de VMI [Vuestra Majestad Imperial] que con certeza dará atención a una familia violada por la falta de su jefe y aún más siendo el suplicante atacado de hemoptisis, y teniendo fracturados dos pechos, queda a la espera.

El pedido de Ricardo José forma parte de un conjunto de solicitudes despachadas por el comandante del cuerpo, Polidoro Quintanilha Jordão, en 1842. Esos documentos permiten una aproximación, aunque tentativa, al universo del reclutamiento policial en el período. No hay otros

---

Un año antes, en abril de 1881, había apenas un español alistado, así como dos paraguayos, que saldrían durante el año.

casos, como el de Ricardo, en que los reclutados vengan de tan lejos, siendo normalmente recogidos de las calles de la propia ciudad. Esa excepción parece originarse en el destino de la primera línea, la cual consiguió evadir por su condición física –dando crédito al texto de la petición– más que sufrida. La preferencia era por jóvenes robustos encontrados en las calles; al menos según las peticiones, el reclamo por el reclutamiento forzado es constante, aunque haya sido sistemáticamente negado por la policía, que reafirmaba que el alistamiento era voluntario. Más de una vez, esa voluntariedad tal vez se explique por el deseo de evadir el servicio militar: aquellos que no se alistaran "voluntariamente" en la fuerza policial tendrían el destino involuntario de los cuerpos de primera línea, pudiendo dejar la ciudad y siendo sometidos a condiciones de estricta disciplina y pagas aun inferiores. Ese parece haber sido el motivo para negar el pedido de exención del tiempo de servicio hecho por Felipe José da Silva, que iba a servir en la Marina, pero tuvo el privilegio de quedarse en el cuerpo policial.[116] De la misma forma, los policías indisciplinados, luego de haber sido verificados como incorregibles en las compañías auxiliares, podían terminar siendo encaminados a los cuerpos del Ejército.[117]

Atrapados por las redes del servicio policial, forzados por contrato a servir por períodos de reclutamiento que variaban de uno a tres años, comenzaba para muchos la lucha por escapar, ya sea en forma oficial, a través de una exención o substitución, ya sea informalmente, a través de la deserción. El número de deserciones no parece ser pequeño, aunque no siempre sea el caso de alguien que

[116] Archivo Nacional, Río de Janeiro, Legajo IJ6 180, día 16 de febrero de 1849.
[117] En julio de 1859 la policía envió ocho hombres al Ejército, esperando que el mismo número le sea cedido. Archivo de la Policía Militar, Río de Janeiro, 1859.

realmente pretendía dejar el servicio. Los oficios recibidos por el comandante de la policía en el año 1859 registran información sobre el envío de 29 procesos por deserción, lo que debería significar algo así como el 5% de la fuerza. Se encuentran casos de primera, segunda y tercera deserción, lo que acarreaba penas cada vez mayores, después de los 30 días de prisión de la primera vez. Esas puniciones no eran contadas en el plazo de reclutamiento, lo que acababa prolongando su permanencia en los cuadros, contra la voluntad de los desertores. João Anastácio pidió su demisión el 21 de septiembre de 1842, alegando haber terminado su período y tener que sustentar a su madre de 70 años. El comando informa que se alistó el 20 de julio de 1840 y desertó el 21 de mayo de 1841, siendo apresado cuatro días después y condenado a tres meses. Volvió a alistarse "voluntariamente" el 8 de diciembre de 1841 desertando nuevamente el 6 de enero de 1842, presentándose 23 días después y quedando preso por tres meses más. Aun si el tiempo de prisión fuese descontado –lo que era una práctica frecuente aunque no constara en los reglamentos– todavía no habría cumplido su plazo.[118]

Es exactamente en las deserciones y en los reclutamientos involuntarios donde encontramos diversos pedidos de perdón, especialmente en fechas de festejo de la familia imperial. La policía intentó impedirlo, prohibiendo que los policías encaminaran pedidos a la corona sin pasar antes por la jerarquía; el resultado fue que el ministerio comenzó a recibirlos enviados por madres y otros familiares de los policías, a quienes no podía impedirse el acceso a la magnificencia imperial.

Buena parte de esas peticiones hablaba de un reclutamiento involuntario e indiscriminado. En mayo de 1849 la policía decidió excluir a Benjamin Teodoro Neto, quien

---

[118]   Archivo Nacional, Río de Janeiro, Legajo IJ6 179.

había sido reclutado dos meses antes, luego de percibir que el nuevo recluta era idiota, certificado por examen médico. Quienes mejor chance tenían de escapar eran aquellos que podían invocar impedimentos consagrados en los reglamentos, como sustentar a la familia, especialmente a las madres viudas, o probar no tener la edad mínima de 17 años. Tal fue el caso de la solicitud de Benigna Custodia da Encarnação, que tuvo reclutado a su hijo José João Evangelista. Este muchacho de 16 años –lo que por sí solo no permitiría su alistamiento– fue recogido en Jacarapaguá (localidad ubicada a unos 20 kilómetros al oeste de la ciudad de Río de Janeiro) y recluido en la prisión del cuartel, donde "pidió voluntariamente ingresar a la policía". José João sustentaba –según la solicitud– no sólo a su madre sino también a tres hermanas menores, trabajando como cajero en una taberna. Es poco probable que hubiera conseguido salir si no fuese por la edad. En un caso semejante la policía intentó mantener al sastre Luiz Antônio Gonzaga. Reclamado por su madre, el comandante informaba que había llegado un mes antes, "pidiendo con insistencia" alistarse. En cuando al pedido, el comandante estaba de acuerdo en que los hijos únicos de madres viudas estuvieran exentos de reclutamiento, pero aun así intentaba argumentar que el pedido no estaba suficientemente probado. No obstante, el ministro prefirió liberar a Luiz Antônio.[119]

En la década de 1830, la tendencia era a resistir los permisos de exenciones, independientemente de los motivos presentados. Interrogado sobre el pedido del clarín Custodio Francisco Guimarães, Caixas opinaba que "siendo tan pequeño el espacio de un año por el cual se alistan a todos los reclutas [...] considero que no debe concederse al suplicante lo que requiere, por el mal ejemplo que

---

[119]   Archivo Nacional, Río de Janeiro, Legajo IJ6 179, día 12 de diciembre de 1842.

de ello resultaría para los otros reclutas".[120] Los policías
a quienes se les concedía la licencia debían informar su
destino, permitiendo un acompañamiento de lo que les
acontecía. Salían por motivos de salud, para ocupar otros
empleos públicos –Joaquim José dos Santos pasó a ser escribiente de la Armada, comenzando a residir en la fragata
Emperatriz–, para dedicarse a trabajos agrícolas, como
Felicino José Teixeira, que tenía "labor en el ingenio denominado Fonseca", o por mal comportamiento, como José
Maciel de Sousa Caldas, quien "dimitido por su conducta
irregular" fue a residir en la casa del escribiente del juez
de paz del Sacramento, sugiriendo las redes de solidaridad
de los pequeños empleados del Estado.

Quien no disponía de medios para cuestionar el reclutamiento dependía de circunstancias posteriores para
intentar escapar, pero la única chance de atención al pedido –lo que se torna más común a partir de la década
de 1840– parecía ser cuando el policía podía ofrecer un
sustituto. Las diferentes explicaciones ofrecidas podían
hasta ser aceptadas, pero de hecho la exención sólo era
otorgada bajo la condición de presentar reemplazante.
Incluso los desertores podían someterse a esa condición:
los hermanos portugueses Antônio Francisco y José Antônio
Ribeiro fueron reclutados el 18 de noviembre de 1841 –no es
mencionado si fue voluntariamente– y desertaron al día siguiente, siendo encontrados trabajando en las Caballerizas
Imperiales. Un año después, el comandante informaba que
podrían ser suplantados si presentaban sustitutos exentos
del servicio de la primera línea y que aceptaran alistarse
por dos años. No podía ser por un año, como pedían los
hermanos, porque la policía temía reclutar portugueses
que en seguida desertaran y tuvieran facilidad para dejar el
país. Encontrar un sustituto posibilitaba incluso salidas sin

---

[120]   Archivo Nacional, Río de Janeiro, Legajo IJ6 179, día 24 de mayo de 1842.

motivos aparentes; el soldado Bernardo Teixeira de Farias,
20 días después de alistarse, explicaba que, "habiéndosele
ofrecido actualmente medios para poder negociar y promover mayores intereses", quería dejar la policía y ofrecer
sustituto, lo cual fue aceptado. Por otro lado, a Manuel
Amancio le rechazaron el sustituto por haber servido antes en la policía y no haber tenido un buen desempeño.
Su exención fue entonces condicionada a presentar otro
candidato.[121]

Los pedidos parecen atenerse a los cambios en la situación del policía, casi siempre vinculados a lo que ocurría
en la familia, mientras que las razones de aceptación dan
cuenta de la racionalidad de la fuerza policial. Manuel
Francisco Martins, súbdito portugués, fue reclutado en marzo de 1849 y renovado en marzo de 1851, dejando a la mujer
y a los hijos en la Isla del Pico (ubicada en el Archipiélago
de Azores, perteneciente a Portugal). En febrero de 1852
ofrecía sustituto porque necesitaba volver a atender sus
negocios familiares.[122] Gregorio Francisco Ribeiro poseía
una familia numerosa y heredó de su madre una propiedad
en Mangaratiba; el comandante declaró aceptar un sustituto –siempre que estuviera exento de la primera línea– por
tener aquel policía una débil constitución física. Joaquim
José da Cunha necesitaba auxiliar a un hermano enfermo
que residía en Isla Grande, y su pedido sería atendido
porque no demostraba un buen desempeño en la policía.

Las razones de salud también revelan la racionalidad
administrativa, en un momento en que no había –como
indicamos– ninguna protección legal al policía enfermo.
El sargento Fernando Álvares da Cunha pedía seis meses
de licencia con vencimiento para tratar una tuberculosis,

---

[121] Archivo Nacional, Río de Janeiro, Legajo IJ6 852, día 19 de agosto de
       1852.
[122] Archivo Nacional, Río de Janeiro, Legajo IJ6 852.

pero recibe apenas dos, en un informe de despacho que indica que "había pocas esperanzas de cura". Un poco más complejo era el caso de Manuel Sanches do Vale, que pedía exención por estar escupiendo sangre. Así lo relataba el comandante:

> El suplicante no merece ninguna consideración por su mal desempeño. Vino a reclutarse voluntariamente en este cuerpo el 25 de este año [1841] y fue alistado por un año. Por haber cometido graves faltas en repetidas ocasiones, mandé a pasarlo a la Cía. Adida, y enviado a la Provincia de Minas, volvió de allí preso por intentar desertar, y fue ya castigado corporalmente dos veces, único medio por el cual ha mejorado su desempeño. Es muy robusto, y no muestra sufrir molestia, entretanto escupe sangre todas las veces que quiere, y juzgo que fue de ese modo que engañosamente obtuvo la baja del servicio del Ejército. Terminado el período de reclutamiento tendrá el suplicante demisión, y juzgo que así se evita el precedente de ser dispensado del tiempo que le falta.

El pedido fue negado; las chances de evitar el servicio estaban, antes que nada, vinculadas a la racionalidad disciplinar del comando. Aun así, algunos policías conseguían evitarlo, ya sea por sustitución, ya sea por no realistarse al final de su período. Eso no significaba que a veces no buscaran retornar. Eso acontecía con cierta frecuencia en los escalones medios de la fuerza; no fueron pocos los casos de sargentos que se alejaban –posiblemente por no ver mayores perspectivas de ascenso para luego pedir por su retorno.

El antes citado capitán José Alfonso de Castro se retiró de su puesto de sargento en julio de 1852, para volver en junio del año siguiente; por su parte, Martinho José Gomes se retiró en agosto de 1848, después de quince años de servicio. Pasó varios años fuera de la policía, empleado como enfermero en el hospital del ejército, y pidió volver en junio de 1853. En este caso se enfrentó con un problema, que era la escasez de lugares como sargento u oficial. El comandante sugirió que fuera incorporado hasta que estuviera disponible una vacante como sargento efectivo. Esas vacantes podían incluso ser disputadas: a Lázaro Pires de Araujo, alférez honorario del Ejército por su participación en la campaña del Paraguay, le fue negado su primer pedido de incorporación en la policía por no haber vacantes como alférez. Cuando supo que se habían abierto tres lugares, solicitó nuevamente su incorporación, pero el comandante no podía aceptarla porque había ya otros nombres recomendados.[123] Tales casos parecen indicar que aquellos que alcanzaban un cierto éxito en la policía podrían considerar sus perspectivas mejores que en el mercado de trabajo externo. A pesar de que los cabos y sargentos estuvieran también sujetos a una dura disciplina, eso parecía ser compensado por la seguridad del empleo, una situación distinta a la que se experimentaba en otras actividades.

Conclusión

Los indicios ofrecidos por los datos dispersos en las fuentes, respecto de la composición de la fuerza policial carioca a mediados del siglo XIX, sugieren una serie de cuestiones. Era un personal en gran parte conducido involuntariamente a formar parte de una pieza clave del Estado, y que buscaba las más diversas oportunidades de evitarlo. La resistencia popular a la profesión militar continuó prevaleciendo, más allá de que la garantía de beneficios y otras medidas administrativas como la aceptación de extranjeros puedan haber reducido el problema del reclutamiento e

---

[123]   Archivo Nacional, Río de Janeiro, Legajo IJ6 852.

incluso asegurado una mayor estabilidad de los cuadros al final de este siglo. La calidad del personal, entretanto, nunca parece haber sido buena, lo que acarreaba la proliferación de quejas externas y de puniciones, recurso utilizado para mantener la disciplina interna. Es claro que los castigos eran aplicados por infracciones internas, agresiones a otros policías, y no por violencias cometidas en servicio contra la población, que por otras fuentes podemos percibir como usuales. Las afirmaciones sobre la necesidad de tratar bien al público y de no emplear una violencia innecesaria, quedaban todo el tiempo en el nivel de las declaraciones de comando, pero tenían pocos efectos concretos.[124] Cuando se enfrentaban a las quejas de la población relativas a los abusos cometidos por policías, los comandantes preferían proteger a su personal, haciendo investigaciones que nunca terminaban comprobando nada.[125]

Incluso el cuadro de oficiales promovidos desde las propias filas indica las deficiencias del personal reclutado. Esto sugiere un problema de gestión de la fuerza, que sólo refuerza la existencia de dificultades para hacer valer las normas en la cotidianeidad del trabajo policial; aquellos que debían supervisar, si es que eran mejores que los otros, aun así dejaban mucho que desear. Aun tratándose del ejercicio del control sobre la corte, el corazón del Imperio, estamos a mucha distancia de la elite de letrados que se dedicaba a construir el sistema legal que esos policías eran encargados de aplicar en el día a día.

De la misma manera en que la disciplina distanciaba a la fuerza policial de los proyectos de orden elaborados

---

[124]   En los comienzos de la fuerza policial, en la década de 1830, el ministro Feijó resaltó en diversas oportunidades su obligación de obedecer las normas legales en el ejercicio de sus tareas. La propia reiteración de tales advertencias puede ser tomada como un indicador de que eran ignoradas.

[125]   Holloway, *op. cit.*

por los cuadros políticos de la elite estatal, su ejercicio de
dominación cotidiana de la sociedad giraba en torno a la
distribución del arbitrio por los desprotegidos, algo que
quizá se hacía en nombre de agendas propias de los policías más que en directrices efectivas. La inclusión de los
policías entre los cuadros del control, hecha por las elites,
estaba entonces vinculada a acuerdos personales y a la
búsqueda de recompensas, dependiendo de favores, y no
de alguna forma de autoridad en el ámbito personal de la
institución estatal. Así como era posible alistar *capoeiras*
en las disputas políticas, también era preciso alistar a los
policías, y así no parece extraño que al final del Imperio
los dos ejércitos urbanos hayan comenzado a confundirse.

Si podemos continuar pensando que la construcción
del aparato estatal en el siglo XIX implicó la elaboración de
un sistema represivo como uno de sus puntos principales,
una observación parece extremadamente necesaria y ser-
virá para problematizar los modelos más aceptados sobre
la construcción del Estado nacional brasilero. Al enfrentar
las dificultades de reclutamiento y disciplina de los agentes
locales del Estado, los gestores políticos tuvieron que hacer
concesiones para volver efectivo el funcionamiento de ese
Estado, por medio del cual se incorporaban elementos
de favoritismo que comprometían cualquier proyecto de
implantación de una racionalidad estatal moderna.

Capítulo 5

En la inmensa urbe y el laberinto de los archivos: la identificación de criminales en la ciudad de México [126]

Elisa Speckman Guerra

Tengo el gusto de presentar a mis lectores a M. Bertillon, el hombre que ha dominado de tal suerte las particularidades de la anatomía humana y que ha organizado con tal método sus observaciones, que el preso que pasa por las medidas y señalamientos inventados por él, deja rastro eterno en la policía. Pueden borrarse los lunares, comprimirse el pecho, teñirse el cabello, sacarse los dientes, llenarse de cicatrices el cuerpo, disimular su estatura. Todo será inútil. En cualquier parte del mundo, donde haya una prensa de imprimir y hombres que sepan leer, podrá publicarse su hoja antropométrica y en el acto será reconocido.

El Monitor Republicano, 26 de octubre de 1895.

La policía francesa debía comprobar la identidad de los individuos que ingresaban a la comisaría, pues si eran reincidentes el juez les impondría una mayor condena por el delito cometido. Los sospechosos lo sabían y solían proporcionar un nombre falso.[127] Para cambiar de persona-

---

[126] Una primera versión de este trabajo fue publicada en México, en el año 2001, en la revista *Historia y grafía* (vol. IX, núm. 17, pp. 99-129) con el título "La identificación de criminales y los sistemas ideados por Alphonse Bertillon: discursos y prácticas (Ciudad de México 1895-1913)". Se trata de una versión diferente, pues la actual incluye información de archivo y de prensa que no había sido utilizada, presenta una estructura diversa, abarca aspectos que no habían sido tratados y se formulan nuevos planteamientos e interrogantes.

[127] Arboux, "La antropometría aplicada a los reincidentes", Tr. E. P. Jr., en *El Foro*, año XIII, vol. XXIV (núm. 109) y XXV (núm. 1), 20 de junio y 1º de julio de 1885, p. 435.

lidad –según apunta Alain Corbin– les bastaba conocer la
fecha y el lugar de nacimiento del camarada cuya identidad
habían decidido usurpar, sólo el improbable encuentro con
un testigo podría frustrar su subterfugio.[128] Efectivamente,
gendarmes y jueces carecían de herramientas para descubrir si los detenidos mentían: el paso por el sistema judicial
ya no dejaba marcas en el cuerpo, pues el tatuaje de los
criminales y las penas de mutilación se habían prohibido;
no existían documentos de identidad que debieran portar
y mostrar; la ciudad de París tenía más de dos millones
de habitantes y las posibilidades de que un gendarme
los conociera era mínima; en la prefectura se registraban
hasta 250 entradas diarias por lo que si ya habían estado
ahí tampoco era probable que un gendarme los recordara;
y dado que las gavetas conservaban más de 100.000 expedientes era imposible buscar su fotografía para averiguar
si habían sido procesados bajo otro nombre.[129]

Por ende, la megalópolis garantizaba el anonimato y los
antecedentes criminales quedaban ocultos en el laberinto
de los archivos. Para evitarlo, los ingeniosos gendarmes
recurrían a una serie de estrategias: cuando recibían a un
sospechoso fingían conocerlo con el fin de que diera su
verdadero nombre; escribían el nombre proporcionado a la
cabeza de un expediente delictivo tan grueso que, de haber
inventado un alias, el detenido estaría ansioso por recuperar
su propio historial; se hacían pasar por criminales e ingresaban a las celdas para buscar amistades y confesiones, o bien,
se paseaban con el indiciado por la calle o sitios populosos
con la esperanza de que alguien lo saludara.

---

[128] Corbin, Alain, "Entre bastidores", en Philippe Aries y Georges Duby, *De
la revolución francesa a la Primera Guerra Mundial*, Historia de la Vida
Privada, tomo IV, Madrid, Taurus, 1989, p. 436.

[129] Arboux, "La antropometría aplicada a los reincidentes", *op. cit.*, p. 435.
Ver también las quejas de Bertillon en Sekula, Allan, "The Body and the
Archive", en *October*, núm. 9, 1986, p. 26.

La policía mexicana tenía los mismos problemas que la francesa y enfrentaba los mismos retos. La ciudad de México estaba en plena expansión: si para 1880 la habitaban cerca de 250.000 personas, en 1910 la cifra había aumentado a casi medio millón.[130] En forma proporcional se incrementó el contingente de sospechosos: según la Dirección de Estadística en 1893 fueron arrestados 29.336 hombres y mujeres, según el *Boletín Mensual de Estadística* en 1901 fueron 244.102.[131] La diferencia es tan marcada que resulta difícilmente creíble. Podría pensarse en un sesgo de las fuentes o en diferentes criterios de captura, y necesariamente habría que partir de la frecuente reincidencia (pues los mismos individuos tendrían sucesivas entradas por faltas leves) o de la injustificada detención de sospechosos (pues, según la misma fuente, sólo uno de cada diez arrestados era procesado). Pero, aun así, queda claro que la comisaría, ubicada en una gran urbe, recibía a gran cantidad de sospechosos, acumulaba expedientes y no tenía recursos para identificar a los reincidentes. De ahí que los gendarmes se interesaran por las soluciones practicadas en el extranjero y que las estrategias de sus colegas de París fueran publicadas en *El Foro,* la más prestigiada revista jurídica de la capital.

Sin duda se trataba de estratagemas ingeniosas, pero a todas vistas azarosas e impropias de policías técnicas o modernas que, acordes con la época, debieran satisfacer las demandas de racionalidad y método, fueran capaces de responder a las expectativas y los temores que experimentaban los citadinos, y mucho más, a las exigencias de regímenes comprometidos con el orden y la eficiente administración.

---

[130]   *Estadísticas sociales del Porfiriato,* México, Dirección General de Estadística de la Secretaría de Economía, 1956, p. 9.

[131]   *Anuario Estadístico de la República Mexicana,* año 1893, núm. 1; y *Boletín Mensual de Estadística del DF,* año I, núm. 1-12, enero-diciembre de 1901.

Los gendarmes parisinos vieron premiado su ingenio y resueltos sus apremios gracias a Alphonse Bertillon (hijo de un reconocido médico y antropólogo, Louis-Adolphe Bertillon), quien a principios de la década de 1880 propuso conjuntar el retrato hablado o la filiación (que perfeccionó), la fotografía, y una serie de mediciones óseas o antropométricas para contar con un registro completo del criminal y, lo más importante, propuso utilizar las medidas óseas para archivar los expedientes y localizarlos con facilidad. Menos de diez años después un médico mexicano, Ignacio Fernández Ortigosa, viajó a París para conocer el método. Regresó sumamente entusiasmado y logró que, en 1895, se fundara en la cárcel General o de Belem el primer laboratorio de antropometría.

En este capítulo presentaré los recursos con que contaban los policías mexicanos a mediados del siglo XIX y la necesidad de un sistema eficaz de identificación, el sistema Bertillon y las circunstancias de su adopción, la experiencia de los gabinetes antropométricos y los debates en torno al método, la paulatina sustitución de la fotografía y la antropometría como base del registro y resguardo, y la progresiva ampliación de los grupos sometidos a control. Todo ello en un contexto de crecimiento urbano, aumento de la criminalidad real e imaginada, migración y, en los últimos años, preguerra y espionaje. Para ello recurriré al Archivo Histórico del Distrito Federal, inserciones en revistas especializadas y prensa de la época.

Recursos y problemas de la policía decimonónica

Las primeras disposiciones del México independiente exigían que los documentos policiales y judiciales incluyeran la media filiación del procesado, es decir, descripción de estatura, pelo, cejas, frente, ojos, nariz, barba, boca y

señas particulares.[132] Se confiaba que, con ello, se facili-
taría la captura de los prófugos o la identificación de los
reincidentes.[133] La confianza aumentó a partir de 1855
cuando se sumó una fotografía de frente y perfil.[134] México
estaba a la vanguardia mundial, naciones como Francia e
Inglaterra habían adoptado este recurso pocos años antes,
al comenzar la década de 1840.[135]

Sin embargo, pronto la esperanza se desvaneció. En
1872 la Junta de Vigilancia de Cárceles calificó a los retratos
como "punto menos que inútiles", pues eran de tan mala
calidad que difícilmente permitían reconocer a los reos.[136]
La preocupación por la calidad no era nueva, ni terminó
ahí. Tres años antes, con el fin de mejorar las imágenes se
había contratado a un fotógrafo profesional, y ocho años
después, en 1880, se instalaron en la cárcel de Belem y
en la Municipal los primeros estudios fotográficos.[137] Su

---

[132] Providencia del 20 de agosto de 1835 y Providencia de la Secretaría de
Justicia. Requisitos que han de contener los testimonios que los tribunales remiten al Supremo Gobierno de condenas de reos, 9 de marzo
de 1836.

[133] Circular del Ministerio de Justicia, 11 de enero de 1842.

[134] Reglamento expedido por el Ministerio de Gobernación para asegurar
la identidad de los reos en 1855; Reglamento para el gobierno interior
económico de las cárceles de esta corte de 1864; Reglamento para el
gobierno interior de las cárceles de 1869; y Decreto de 26 de octubre
de1880.

[135] Para el uso policial y carcelario de la fotografía en Europa, véase Lalvani,
Suren, *Photography, Vision an the Production of Modern Bodies*, New
York, State University of New York Press, 1996; Sekula, "The Body and
the Archive", *op. cit.*; Smith, Shawn Michelle, *Gender, Race and Class in
Visual Culture*, New Jersey, Princeton University Press, 1999; Tagg, John,
The Burden of Representation. Essays on Photographies and Histories,
Minneapolis, University of Minnesota Press, 1988.

[136] Primer informe de la Junta de Vigilancia de Cárceles, 31 de diciembre
de 1872.

[137] Reglamento para el gobierno interior de las cárceles de 1869. Para la
instalación de los estudios véase Casanova, Rosa y Debroise, Olivier,
"Fotógrafo de cárceles. Usos de la fotografía en las cárceles de la ciudad
de México en el siglo XIX", en *Nexos*, vol. I, núm. 119, 1987, p. 17. Para

manejo se encargó a particulares, como puede constatarse en los sucesivos contratos que, desde 1892, se firmaron con Hilario de Olaguíbel, quien a cambio de 115 pesos y más tarde de 200 pesos mensuales aceptó retratar a los detenidos de frente y de perfil, "cuidando de que dichos retratos tengan perfecto parecido á fin de que pueda identificarse la persona que representen".[138] Además de superar problemas técnicos, el fotógrafo debía evitar las argucias de los sospechosos, quienes acostumbraban hacer muecas o contraer los músculos de la cara para que su imagen se deformara.[139]

Sin embargo, éste no era el problema principal. Los datos generales y la fotografía se incluían en un expediente que se archivaba alfabéticamente y que, como ya se dijo, resultaba imposible de localizar si, en un nuevo ingreso a la comisaría, el detenido proporcionaba un nombre falso.

Las debilidades de estas prácticas fueron atinadamente sintetizadas por Adolfo Díaz Rugama. En su presentación al Ayuntamiento, sostuvo que los datos aportados por los detenidos generalmente eran falsos, pues estaban interesados en "desviar la acción de la justicia". Afirmó que las filiaciones eran "vagas, poco precisas, mal definidas" y lo atribuyó a la ausencia de cartabones o puntos de referencia

---

otro trabajo sobre fotografía carcelaria véase Mraz, John, "Ver y controlar: la fotografía carcelaria", en *La Jornada Semanal*, noviembre de 1992, pp. 32-36.

[138]   "Contrato celebrado con D. Hilario de Olaguíbel para hacer los retratos de los reos en la Cárcel de Belem, en *Memoria del Ayuntamiento*, 1893, pp. 303-304; Prórroga del contrato por un año más, 26 de mayo de 1893, en *Memoria del Ayuntamiento*, 1893, pp. 114-115; Renovación del contrato de Olaguíbel, 28 de mayo de 1894, en *Memoria del Ayuntamiento*, 1895, pp. 125-126; y Contrato con D. Hilario de Olaguíbel para el servicio fotográfico de la Cárcel Municipal, 1º de junio de 1896, en *Memoria del Ayuntamiento*, 1896, pp. 276-277.

[139]   Cervera Aguilar, Roberto, "Sistema de identificación", en *Criminalia*, año XXIII, 1995, p. 242; y Casanova y Debroise, "Fotógrafo de cárceles", *op. cit.*, p. 21.

y comparación, así como al hecho de que se trataba de "apreciaciones puramente personales y hechas por distintos individuos", pues no había un encargado especial de los registros; como resultado, una misma filiación podía describir a varios procesados. Manuel F. de la Hoz coincidió con esta conclusión:

> El crimen recluta la inmensa mayoría de sus corifeos en las clases bajas de nuestro pueblo, que perteneciente a la raza indígena, se compone de individuos que tienen los signos característicos de un tipo siempre uniforme y muy poco variado. La identificación actual de los criminales de esa clase, tal como hoy se realiza, es nula, porque la filiación y hasta el retrato de un procesado, pueden convenir y en realidad convienen a muchos.[140]

Por último, consideró Díaz Rugama que las fotografías hubieran podido constituir "un precioso elemento de identificación" si, contrariamente a lo que se hacía, se tomaran siempre bajo las mismas condiciones de luz y se colocara al reo en la misma posición. Para, por último, referirse al problema central:

> Si a esto se agrega que la base de la identificación descansa en el nombre del acusado, pues este nombre sirve para rotular el expediente en el cual se colocan "generales" "filiación" y "retrato", se comprende que basta que un reo declare tener un nombre distinto del que dijo tener en su anterior entrada a la cárcel para que logre ocultar sus antecedentes y extraviar la acción de la justicia. Además entre los criminales hay nombres que gozan de gran popularidad y que se encuentran repetidos muchísimas veces, dando lugar a que se vuelva más difícil la identificación y a que se cometan lamentables injusticias.[141]

---

[140] De la Hoz, Manuel F., "Carta dirigida a Ignacio Fernández Ortigosa", en *Anuario de Legislación y Jurisprudencia*, Sección de estudios de derecho, año VIII, 1891, p. 71.

[141] Memoria sobre la identificación científica de los reos, escrita por el señor doctor Ignacio Fernández Ortigosa, dedicada al señor general Porfirio

A falta de un efectivo método de clasificación de expedientes, la fotografía sólo resultaba útil si se conocía el nombre del criminal.[142] Por ejemplo, si un reo se fugaba de la cárcel su retrato se extraía del archivo y se difundía entre la población.[143] También se utilizó con el fin de alertar a la comunidad sobre el peligro de conocidos criminales: la *Gaceta* y más tarde el *Boletín de Policía* publicaron datos e imágenes de ladrones y timadores que estaban a punto de salir de la cárcel. Con ello mostraban su falta de confianza en la capacidad de regeneración de los criminales y se acercaban a una postura determinista, propia de la escuela positivista. Yendo más lejos, podemos pensar que con esta práctica no sólo apostaban por la reincidencia sino también la propiciaban, pues al exponer a los ex presidiarios a la vigilancia y la desconfianza de la comunidad quizás obstaculizaban su reintegración.

En fin, si bien la fotografía pudo ayudar a la captura de los prófugos o de criminales cuya identidad se conocía y, difícilmente también a prevenir la reincidencia, por sí sola no ayudó a identificar a los reincidentes. Por ende, los jueces contaban con pocos recursos para conocer la

---

Díaz y presentada al ayuntamiento por el señor ingeniero Adolfo Díaz Rugama, AHDF, Fondo ayuntamiento, Sección Cárceles en General, Exp. 1.019, vol. 504.

[142] Otros elementos de identificación presentaban el mismo problema, es decir, eran de utilidad sólo si se contaba con el expediente del reincidente. Es el caso de las cicatrices o los tatuajes. José Martínez sostuvo que podrían ser un elemento de gran ayuda para corroborar si se trataba de un mismo individuo, pues no se podían borrar fácilmente y de hacerlo quedaba huella pero, para ello, se necesitaba la descripción que serviría como punto de comparación. Martínez, José, *Breves consideraciones sobre las que puede dar lugar el tatuaje en medicina legal*, Prueba escrita para el examen general de medicina, cirugía y obstetricia-Escuela de Medicina, México, Imprenta Militar Mirador de la Alameda, 1901.

[143] Por ejemplo, para recapturar a "Chucho el Roto" en 1882 se distribuyeron trescientas copias de su retrato. (Casanova y Debroise, "Fotógrafo de cárceles", *op. cit.*, p. 21).

identidad de los sospechosos y los procesados podían
burlarse de la justicia; en otras palabras, el Estado no tenía
control sobre la sociedad y sus miembros.

La primera necesidad era, entonces, asegurar la efectividad del Estado y del sistema policial y judicial. Porfirio
Díaz tomó el poder en 1876 en medio de un extendido
anhelo de paz, pues muchos sectores de la sociedad lo
veían como el único hombre capaz de terminar con décadas de guerra civil y enfrentamientos entre facciones y
regiones. De ahí que asumiera el lema "orden y progreso"
y lo tomara como meta principal de su gobierno. Si garantizar la seguridad de los caminos era una prioridad para
la movilización de población y mercancías, garantizar el
orden de la capital y contar con una adecuada política de
prevención o de control serviría como ejemplo de lo que
podía lograrse en el resto del país.

Por tanto, era importante erradicar la delincuencia.
Lo óptimo hubiera sido prevenirla. La mayoría de los médicos, abogados o criminólogos que durante el porfiriato
escribieron sobre la criminalidad simpatizaron con las
premisas de la escuela de antropología criminal, que inter-
pretaba a la delincuencia como resultado de anomalías en
el organismo del transgresor;[144] y Francisco Martínez Baca
y Manuel Vergara se abocaron a la tarea de identificar estas
anormalidades o, lo que es lo mismo, los rasgos que caracterizaban a los delincuentes mexicanos.[145] Si las premisas

---

[144]   Ver Buffington, Robert, *Criminal and Citizen in Modern Mexico*, Nebraska, University of Nebraska Press, 2000, pp. 38-63; Piccato, Pablo,
"La construcción de una perspectiva científica: miradas porfirianas a
la criminalidad", en *Historia Mexicana*, vol. XLVII, núm. 185, 1997, pp.
133-183; Speckman Guerra, Elisa, *Crimen y castigo. Legislación penal,
interpretaciones de la criminalidad y administración de justicia (1871
- 1910)*, El Colegio de México-Instituto de Investigaciones Históricas
UNAM, 2001; Urías Horcasitas, *Indígena y criminal, op. cit.*, pp. 145-166.
[145]   Martínez Baca, Francisco; Vergara, Manuel, *Estudios de antropología
criminal*, Puebla, Imprenta de Benjamín Lara, 1892.

de la escuela de antropología criminal se hubieran llevado
hasta sus últimas consecuencias hubieran tenido efectos
en la política de prevención: tras localizar los rasgos físicos
que caracterizaban a los criminales hubiera sido posible
ubicarlos antes de que delinquieran. Así se sugiere en un
texto de Rafael Zayas Enríquez: "[La clase criminal] es una
casta inferior, y la fisonomía de sus miembros se manifiesta
tan claramente, que los empleados de la policía pueden ir
a recogerlos en medio de una reunión numerosa, ya en la
iglesia, ya en el mercado."[146]

Sin embargo, la mayor parte de los miembros de la
escuela de antropología criminal evitaron estos extremos
y hablaron más bien de características orgánicas que pre-
disponían al crimen, pero coincidieron en que éste sólo se
cometía cuando concurrían otros factores. La posibilidad
de identificar a los criminales antes de que delinquieran no
tuvo ni eco ni aplicación práctica, como tampoco lo tuvieron
otras soluciones en torno a la prevención o al castigo que
podrían haberse derivado de una interpretación tajante y
simplificada de las premisas de la antropología criminal.
Sin embargo, sí se vigiló a inocentes que se consideraban
peligrosos. La tarea se confió a la policía. Afirmó Andrés
Díaz Millán:

> Aunque estamos convencidos de que nada sirven las fuerzas
> externas preventivas para reprimir las fuerzas internas de la
> voluntad y de las pasiones si éstas no están contenidas por
> la educación, siempre consideramos muy útil la institución
> de la policía, que es muchas veces el único freno para los
> seres que no tienen ni creencias ni moralidad, ni intereses
> ni educación.[147]

---

[146] De Zayas Enríquez, Rafael, "Fisiología del crimen", en *El Foro*, año XIX,
vol. XXXVII, núm. 121-130, 132-133, 135-137 y 165-166, julio 3, 4, 7-11,
14-16, 18, 21, 23-25 de 1891, p. 132.

[147] Díaz Millán, Andrés, "La criminalidad y los medios de combatirla", en
Anuario de Legislación y Jurisprudencia, Sección de Jurisprudencia y

Los reglamentos encargaban a los gendarmes vigilar a los "sospechosos" y registrar sus nombres y domicilios. Para determinar quiénes debían merecer esta distinción los policías podían acudir al manual, que exigía especial vigilancia sobre los migrantes, los viajeros, los que frecuentaban pulquerías o prostíbulos, las "personas con reputación sospechosa o notoriamente mala" y los reos en libertad preparatoria.[148] Podemos pensar que para elegir a los sospechosos contaban también con sus propios recursos, o más bien con sus propios prejuicios, y que en la práctica se guiaban por la apariencia física o el vestuario; por tanto, si bien se había rechazado el etiquetamiento de los individuos con base en su estructura ósea o en las características de su rostro, de nuevo nos encontramos con la ecuación: apariencia = tendencia a la criminalidad.

Retomando, se presentó la tentación de localizar al criminal o al criminal potencial antes de que delinquieran, pues así se evitaría la delincuencia, pero las técnicas para hacerlo se basaban en un determinismo a raja tabla o resultaban poco confiables y difícilmente aplicables en el marco de una legislación liberal (aun cuando durante el régimen porfirista se violaran algunas de sus premisas). Así, el esfuerzo se centró en el registro de los criminales con el fin de vigilar a los expresidiarios e identificar a prófugos y reincidentes.

El objetivo, según Andrés Díaz Millán, sólo se conseguiría con una policía mejor paga, seleccionada y formada.[149] En otras palabras, con una "policía científica". Los

---

estudios de derecho, año VI, 1889, p. 31.

[148] Reglamento de la policía de la ciudad de México, 1872; Reglamento al que deberán sujetarse los comisarios de policía, 1874, Art. 3; Reglamento de comisarios de policía, 1878, Cap. III; y Reglamento de las obligaciones del gendarme, 1897.

[149] Díaz Millán, "La criminalidad y los medios de disminuirla", *op. cit.*, p. 31.

simpatizantes del positivismo creían que las premisas y el método de las ciencias naturales se podían y debían aplicar al conocimiento de la sociedad, pues sólo así podrían conocerse los factores que propiciaban los problemas sociales y encontrarles solución. Hablaron de una "política científica", basada en el descubrimiento y coordinación de las leyes que regían la vida social, y de una "policía científica", que en la lucha contra los criminales debía emplear "métodos de indagación fundados en la observación y el experimento" y dejar de hacerlo de forma empírica.[150] En otras palabras, un cuerpo que aplicara los adelantos de la ciencia y la tecnología a la captura y registro de los criminales para ponerlos al alcance de los Tribunales de Justicia y garantizar que los jueces pudieran "proclamar el castigo a partir de los hechos reconstituidos".[151]

El esfuerzo por modernizar a la policía fue compartido por diversas naciones, que se afanaron por incorporar los métodos ideados por los franceses y los ingleses. México no fue la excepción. En la tarea destacó Carlos Roumagnac, reportero de nota roja, autor de una trilogía sobre los criminales en México, traductor o autor de manuales para funcionarios de la policía judicial o alumnos de la escuela policial y director de *El Boletín de Policía* (donde publicó los avances de la policía científica, entre ellos, los adelantos en las técnicas de identificación).[152]

---

[150] Ésta es la definición aportada por Constancio Bernaldo de Quirós en un artículo publicado en la *Revista de Legislación y Jurisprudencia* de Madrid y reproducido en el *Diario de Jurisprudencia*. Bernaldo de Quirós, Constancio, "Los nuevos procedimientos de la policía judicial científica", en *Diario de Jurisprudencia*, vol. XVI, Nums. 89 - 97, 1909, p. 712.

[151] De Benito, Enrique, *Policía judicial científica. Manual para magistrados, jueces, abogados, peritos, agentes de policía y estudiantes de derecho*, Madrid, Hijos de Reus, 1915 (Manuales de Reus XXV), pp. 14-16.

[152] *Compendio de instrucción judicial para el uso de los funcionarios de la policía judicial* (el texto se reprodujo en *Boletín de Policía*, vol. II, núm.

Por tanto, la eficacia policial se vinculó con la reducción de la criminalidad. Como ejemplo, en 1877, José Diego Fernández sostuvo que la criminalidad aumentaba porque los delincuentes sabían que difícilmente serían aprehendidos y que de serlo podían engañar a la autoridad.[153] También se la vinculó con el cumplimiento de la ley y la efectividad del sistema judicial. En 1871 se expidió en el Distrito Federal el primer código penal y en 1880 el primer procesal. Acordes con la constitución de 1857, apostaban por la "exacta" aplicación de la ley o por el estricto apego de los jueces a la legislación. Todo ello en pos de la igualdad jurídica, que exigía la igualdad en la justicia o que exigía que, por un mismo delito, todo delincuente recibiera la misma pena. De ahí la necesidad de llegar a la verdad, o a la verdadera reconstrucción del delito, sus circunstancias y las del criminal. Y, como parte de esta verdad, la certeza sobre el historial del delincuente.[154] Tanto los simpatizantes de la escuela liberal como de la positivista de derecho penal –entre ellos los adscritos a la antropología criminal–, consideraron que un reincidente debía recibir una pena mayor que un delincuente que violara la ley por primera ocasión. Esta convicción se plasmó en la legislación: la pena de prisión o la multa podían aumentar hasta en dos terceras partes cuando se trataba de un reincidente, además, los reincidentes –junto con contados delincuentes– podían

---

9, 27 de febrero de 1910, p. 133; núm. 10, 6 de marzo de 1910, p. 149; núm. 11, 13 de marzo de 1910, pp. 165-166; y núm. 12, 20 de marzo de 1910, p. 181) y *Elementos de policía científica*.

[153] Fernández, José Diego, "Criminalidad en México", en *El Foro*, año V, tomo II, núm. 30, 11 de agosto de 1877, p. 117.

[154] La preocupación por la reincidencia se observa de forma muy clara en artículos como el de Medina y Ormachea, Antonio de, "La reincidencia", en *El Foro*, año XIX, vol. XXXVII, Nums. 221 y 222, 25 y 26 de noviembre de 1891; Macedo, Miguel, *La criminalidad en México. Medios de combatirla*, México, Secretaría de Fomento, 1897; o Diez Barroso, Francisco, *La Reincidencia en los diversos tipos de criminales*, México, Tipografía de J.I. Muñoz, 1908.

ser enviados a las Islas Marías.[155] Si un juez desconocía los antecedentes penales del procesado dejaba de aumentar la condena o de aplicar el castigo contemplado por la ley y, con ello, faltaba a la legalidad y a la igualdad, principios esenciales del orden jurídico.

Y más aun. La identificación era necesaria para adoptar y aplicar la condena condicional, la libertad provisional y la libertad preparatoria. El promotor de la primera fue Miguel Macedo. En su opinión, las cárceles no eran más que escuelas del crimen, por lo que no todos debían ir a ellas. Siguiendo la clasificación de Enrico Ferri, sostuvo que sólo los delincuentes natos debían ser condenados por su primer delito, mientras que la condena a los delincuentes pasionales y los ocasionales no debía aplicarse a menos que cometieran otro crimen. Estaba seguro de que "el temor de una pena no aplicada pero que puede aplicarse" serviría como "poderoso estímulo para retraerse de nuevos delitos". Sin embargo, admitió que para aplicar este método sería necesario contar con un buen sistema para la identificación de criminales o, lo que es lo mismo, era necesario poder estar seguros de que al juzgar a alguien se podría localizar su historial criminal, pues de lo contrario sería imposible saber si el procesado contaba con una condena condicional.[156] El mismo problema se presentaba en la aplicación de la libertad provisional (que se otorgaba cuando el delincuente obraba en defensa legítima o, fianza mediante, si el delito cometido no merecía una pena mayor) o preparatoria (que se aplicaba cuando el reo estaba por concluir su condena).[157]

---

[155] Código Penal de 1871, Artículo 217; y Adiciones al código penal para el Distrito y Territorios Federales, junio 20 de 1908.

[156] Macedo, Miguel, "Las condenas o penas condicionales", en *Anuario de Legislación y Jurisprudencia*, Sección de estudios de derecho, año VIII, 1891, p. 398.

[157] Código Penal de 1871, Arts. 74-76 y 98-105; Ley reglamentaria sobre libertad preparatoria, 1871; Código de procedimientos penales de 1880

Por otro lado, era necesario atender a las exigencias y los temores de la sociedad. A un mayor ritmo que la delincuencia real crecía el temor a la delincuencia o la presencia de la criminalidad en obras, folletos y artículos especializados, periódicos amarillistas, pliegos y hojas volantes. Esto pudo ser consecuencia, símbolo o reflejo, de miedos o temores en torno a la amoralidad, la modernidad o el crecimiento urbano. En la angustia por la criminalidad pudo depositarse el miedo al desorden social y al fin de la paz porfiriana, temor latente entre los mexicanos pues muchos habían vivido los años de guerra civil y habían padecido la inestabilidad política. Además, la delincuencia parecía confirmar la peligrosidad de los grupos trabajadores: el desarrollo económico de tipo capitalista generaba una profunda desigualdad en la distribución de la riqueza y que los obreros recibían salarios que no les alcanzaban siquiera para subsistir, de ahí el temor a que éstos se rebelaran o atentaran contra los bienes de los sectores privilegiados.[158] Asimismo, la trasgresión pudo ser vista como resultado del ingreso de la mujer en el trabajo fabril y en los servicios, y en general, de la apertura hacia el extranjero y la llegada de mercancías, personas, publicaciones, ideas y modas, acompañadas del debilitamiento de los mecanismos tradicionales de control, como la Iglesia, la familia e incluso la propia comunidad, pues el crecimiento de la urbe dificultaba tanto la vigilancia como la coacción sobre sus miembros.[159]

(Arts. 258-271) y de 1894 (Arts. 430-469); y Ley reglamentaria de la libertad preparatoria y de la retención, 1897.

[158] Es la idea que propuso Chevalier, Louis, *Laboring Classes and Dangerous Classes in París During the First Half of the Nineteenth Century*, Traducción de Frank Jellinek, New York, Howard Fertig, 1973.

[159] Para la vinculación entre ateísmo, amoralidad y delincuencia ver revistas como *El Mensajero del Sagrado Corazón de Jesús*, entre otras inserciones: "El éxito feliz de la presente crisis" (año III, núm. 64, agosto de 1877, p. 422); "Venga a nos tu reino" (año III, núm. 46, noviembre de 1877, p. 303);

Finalmente, en la gran ciudad la gente no podía conocer a sus conciudadanos, no podía saber en quién confiar y en quién desconfiar. En palabras de Alain Corbin:

> El control del individuo se les impone a las autoridades tanto más cuanto que, en el seno del espacio público, el anonimato va a ir sustituyendo paulatinamente a las relaciones de conocimiento interpersonal. La muchedumbre cada vez más densa y silenciosa que llena las calles pierde una parte de su teatralidad; se transforma en un agregado de personas absortas en el pensamiento de sus intereses privados. Se comprende así que tengan que afinarse los procedimientos de identificación y se imponga el control social.[160]

En este esfuerzo de control –siguiendo con el autor– se inscribieron el registro civil o los censos, dirigidos a la población en general, como también los registros de grupos considerados como especialmente amenazantes: los obreros, los sirvientes, y por supuesto, las prostitutas y los criminales.

El método Bertillon y su adopción en México

Adoptando el sistema ilustrado por Bertillon en Francia –nación cerebro de la humanidad, portaestandarte del movimiento abrumador de la ciencia en el mundo– llegaremos a

---

"Poderoso medio de regeneración" (año IV, núm. 1, enero de 1878); "La solución necesaria de las cuestiones sociales" (Segunda serie, año VIII, vol. XIV, núm. 16, agosto de 1894, p. 63), o "Paseo de Don Bosco con los presos de Turín" (Segunda serie, año XII, vol. XXXIV, núm. 23, julio-diciembre de 1898, p. 119). Para la preocupación por la amoralidad y la anarquía en trabajos recientes, véase Showalter, Elaine, *Sexual Anarchy. Gender and Culture at the Fin de Siecle*, New York, Penguin Books, 1990; Wiener, Martin J., *Reconstructing the Criminal. Culture, Law and Policy in England 1830-1914*, Cambridge, Cambridge University Press, 1990; Zehr, Howard, *Crime and the Development of Modern Society*, London, Croom Helm, 1976.

[160] Corbin, Alian, "Entre bastidores", *op. cit.*, p. 435.

frustrar el empeño, que siempre tiene el criminal, de engañar
a la justicia, ocultando sus antecedentes y su vida anterior,
ya cambiando de nombre, como Proteo de formas, ya des-
figurándose el rostro y, ya por último, fraguando esa serie
de engaños y de falsedades que son la desesperación de
los jueces y el refugio a que acuden los criminales, que en
su inmensa mayoría tienen el estigma moral de la mentira.
Manuel F. de la Hoz.[161]

A principios de la década de 1880 Alphonse Bertillon
propuso un método de identificación que, en realidad,
conjuntaba varios métodos. En primer lugar, con el fin de
uniformar y evitar errores, sistematizó las técnicas para
realizar el retrato hablado o la filiación y la fotografía de
los delincuentes. Además ideó el sistema de medición antropométrica y un método de clasificación a partir de los
resultados obtenidos en las mediciones de los huesos.[162]

Se practicaba tras la captura del sospechoso y su
principal objetivo era identificar a los reincidentes. Se
empezaba por un "retrato hablado". Las partes del cuerpo
debían describirse según tres cualidades: dimensión, color o forma. Para la primera se utilizaban los términos y
abreviaturas pequeño (p), mediano (m), y grande (g). En
cuanto al color, se consideraba el de ojos, cabello y piel, y
se proponían categorías, por ejemplo, el cabello podía ser
rubio (albino, claro, medio), castaño (claro, medio, oscuro,

---

[161]   Hoz, "Carta dirigida a Ignacio Fernández Ortigosa", *op. cit.*, p. 70.
[162]   Para el método véanse Fernández Ortigosa, Ignacio, *Identificación
        científica de los reos*, México, Imprenta del Sagrado Corazón de Jesús,
        1892; Roumagnac, Carlos, *Elementos de policía científica. Obra de texto
        para la escuela científica de policía de México*, México, Editorial Andrés
        Botas e Hijo, 1923, pp. 199-208; y la serie intitulada "Identificación de
        criminales", en *Boletín de Policía*, vol. I, núm. 1, 12 de septiembre de
        1909, pp. 11-12; núm. 2, 19 de septiembre de 1909, p. 13-15; núm. 3, 26
        de septiembre de 1909, p. 11; núm. 4, 3 de octubre de 1909, pp. 13-15;
        núm. 5, 10 de octubre de 1909, pp. 14-15; y núm. 6, 17 de octubre de
        1909, pp. 14-15.

negro), rojo (vivo, rubio, castaño), o gris.[163] Más detallada
era la descripción de la forma, pues para cada parte del
cuerpo se brindaban indicaciones precisas. Por ejemplo,
el perfil de la frente podía ser mediano, vertical, oblicuo o
huyente, además de contar con particularidades como la
foseta frontal, colocada en medio de la frente y encima de
la nariz, las gibas frontales, los senos frontales o el perfil
curvo. Por último, se tomaba nota de las marcas y cicatrices
corporales.[164]

Después se tomaban una serie de medidas óseas, partiendo de la premisa de que éstas permanecían estables a
partir de los veinte años de edad. De la cabeza se medían
la longitud (diámetro anteroposterior) y anchura (diámetro
transversal); longitud y anchura de la oreja derecha; de los
miembros la longitud del pie izquierdo, la longitud de los
dedos medio y anular de la mano izquierda, y la longitud
del codo (desde el codo hasta la punta de la mano extendida); del cuerpo la talla (altura del hombre de pie), braza
(longitud de los brazos en cruz de uno a otro extremo de
las manos extendidas) y busto (altura del hombre sentado). Para evitar errores debían seguirse una serie de pasos.
Como ejemplo consignamos las instrucciones para medir
la longitud y anchura de la cabeza:

> El instrumento que se emplea para esta operación es un
> *compás de espesores*, dividido en centímetros y milímetros.
> El largo de la cabeza se obtiene apoyando una de las ramas
> del compás en la raíz, y la otra en la parte posterior y más

---

[163]   *Boletín de Policía*, vol. I, núm. 2, 19 de septiembre de 1909, p. 15.
[164]   Para la elaboración del "retrato hablado" *Boletín de Policía*, vol. I, núm.
        9, 7 de noviembre de 1909, p. 7; núm. 10, 14 de noviembre de 1909, p.
        6; núm. 11, 21 de noviembre de 1909, p. 6; núm. 12, 28 de noviembre
        de 1909, p. 6; núm. 13, 5 de diciembre de 1909, p. 5; núm. 14, 12 de
        diciembre de 1909, p. 6; núm. 15, 19 de diciembre de 1909, p. 6; y núm.
        16, 26 de diciembre de 1909, p. 6. También Cervera Aguilar, "Sistema
        de clasificación", *op. cit.*, pp. 247-258; o Roumagnac, Carlos, *Elementos
        de policía científica, op. cit.*, pp. 208-235.

profunda del cráneo. El ancho se toma con el mismo compás, buscando siempre aquella parte que dé el máximo de abertura. Estas dos medidas deben comprobarse, para lo cual, después de la primera medición, se fijan las ramas del compás por medio de un tornillo de que está provisto, y se vuelve de nuevo a aplicar para ver si sus puntas tocan en los extremos más salientes de ambas dimensiones o diámetros.[165]

A los encargados de realizar la medición se les recomendaba estudiar los movimientos que podían alterarla y que practicaban los delincuentes consumados.[166] La ficha signalética se complementaba con fotografías de frente y de perfil, y para obtenerlas también Bertillon propuso instrucciones, que se referían a los aparatos, las sillas de exposición o pose, la colocación del delincuente y el alumbrado.[167]

El sistema hubiera presentado los mismos problemas que los métodos anteriores de no ser por su complemento: un sistema de clasificación que descansaba en las medidas óseas. Con base en estadísticas se obtenían las medidas máximas, medias y mínimas de cada uno de los huesos. El expediente del individuo cuya medida de cabeza entraba dentro de los límites máximos iba a un casillero, el del que presentaba una dimensión mediana a otro y el de pequeña a un tercero. Dentro de cada casillero se efectuaba una nueva subdivisión según la anchura de la cabeza, y así sucesivamente según el resto de las medidas. Clara resulta la descripción del *Boletín de Policía*:

> La colección de fichas del servicio antropométrico necesita ser dividida en pequeños grupos, que se distribuyen en otros tantos cajoncitos de dimensiones adecuadas, colocadas en

---

[165] *Boletín de policía*, vol. I, núm. 1, 12 de septiembre de 1909, p. 12.

[166] *Boletín de policía*, vol. I, núm. 1, 12 de septiembre de 1909, p. 11. Para la descripción del sistema ver Locard, Edmond, *Manual de técnica policiaca*, Buenos Aires, José Montesó, 1963, pp. 401-404.

[167] Ver Locard, *Manual de técnica policiaca, op. cit.*, pp. 380-384.

una estantería. Para ello se forman primeramente tres grandes grupos con arreglo a lo largo de la cabeza, constituyendo: 1°, el de cabezas pequeñas; 2°, el de cabezas medianas, y 3°, el de cabezas grandes. Cada uno de estos grupos es dividido a su vez en tres con arreglo a lo ancho de la cabeza y siguiendo el mismo criterio [...] Estos nuevos grupos son divididos a su vez en tres con arreglo a la longitud del dedo medio y siempre sobre la base del pequeño, mediano y grande; y finalmente los veintisiete grupos divididos a la longitud del pie y después por la del codo, hasta conseguir grupos o subdivisiones de corto número de fichas.[168]

Para mostrar la utilidad basta un dato: para 1895 el archivo de París tenía 90.000 expedientes, para localizar el registro de un individuo bastaba acudir a 60.[169] De ahí que el sistema causara entusiasmo y fuera difundido en el Primer Congreso de Antropología Criminal (celebrado en Londres en 1882) y el Segundo Congreso Internacional Penitenciario (reunido en Roma en 1885). Y de ahí que diversas naciones, entre ellas México, se interesaran por su adopción.

El promotor fue Ignacio Fernández Ortigosa, quien en marzo de 1892 presentó al Ayuntamiento un reporte del método con el fin de gestionar su adopción.[170] Casi de inmediato se aceptó publicar la memoria, que tuvo

---

[168]   *Boletín de Policía*, 17 de octubre de 1909, p. 15.
[169]   "Alrededor del Mundo", en *El Monitor Republicano*, año XLV, núm. 257, 26 de octubre de 1895, p. 1.
[170]   El documento lleva por título Memoria sobre la identificación científica de los reos y se conserva en el AHDF, Fondo ayuntamiento, Sección Cárceles en General, Exp. 1.019, vol. 504. Se reimprimió en la Imprenta del Sagrado Corazón de Jesús, también en revistas bajo el título "Identificación de reos". Para las gestiones: "Suplíquese al Señor Síndico Segundo Regidor comisionado de Cárceles que se sirva dictaminar acerca de la conveniencia y posibilidad de adoptar en la Cárcel de Belem el procedimiento propuesto por el Señor Dr. Ignacio Fernández Ortigosa", Sala de Comisiones, 10 de marzo de 1892, AHDF, Fondo ayuntamiento, Sección Cárceles en General, Exp. 1.019, vol. 504.

una cálida acogida por parte del Procurador de Justicia (Agustín Borges), así como de Rafael Rebollar (Magistrado del Tribunal Superior de Justicia del Distrito Federal), algunos jueces penales y los miembros de la comisión de cárceles.[171] También obtuvo el favor de Miguel Macedo, quien se ofreció a colaborar en su reglamentación y aplicación.[172] Al manifestar su apoyo, se refirieron a las deficiencias de los sistemas de identificación, y si bien no hablaron del Estado y del control, sí se refirieron al problema de la reincidencia y a la necesidad de contar con eficientes sistemas policiales y judiciales. Agustín Verdugo calificó a la reincidencia como "circunstancia principalísima" y, según Rafael Rebollar, sólo uno de cada 300 reincidentes era castigado debidamente.[173] En este contexto, la Secretaría de Justicia consideró urgente adoptar "los métodos encaminados á recoger y conservar los antecedentes de los reos y obtener su identificación personal para hacer comprender al delincuente que la sociedad no le pierde de vista, le reconoce por donde quiera que se halle y castiga con creciente energía la frecuente violación de sus leyes."[174]

---

[171] "Publíquese la memoria", acuerdo de 11 marzo 1892, AHDF, Fondo ayuntamiento, Sección Cárceles en General, Exp. 1.019, vol. 504. Para la recepción las cartas dirigidas en 1891 a Fernández Ortigosa por Agustín Borges, Rafael Rebollar, Manuel de la Hoz y Agustín Verdugo. Borges, Agustín, "Carta dirigida a Ignacio Fernández Ortigosa", en *Anuario de Legislación y Jurisprudencia*, Sección de estudios de derecho, año VIII, 1891, pp. 65-67.

[172] Así lo sostiene Rafael Rebollar en la "Exposición de motivos del proyecto de reformas al *Código de procedimientos penales*".

[173] Verdugo, Agustín, "Carta dirigida a Ignacio Fernández Ortigosa", en *Anuario de Legislación y Jurisprudencia*, Sección de estudios de derecho, año VIII, 1891, p. 72; Rebollar, Rafael, "Carta dirigida a Ignacio Fernández Ortigosa", en *Anuario de Legislación y Jurisprudencia*, Sección de estudios de derecho, año VIII, 1891, pp. 65-67.

[174] Comunicación del 8 de agosto de 1892, AHDF, Fondo ayuntamiento, Sección Cárceles en General, Exp. 1.019, vol. 504.

Por otro lado, mencionaron el problema de la eficiencia. Según una nota tomada de *El Imparcial* de Madrid, cada preso que trataba de ocultar su personalidad permanecía en prisión cerca de cien días más de lo debido, siendo evidentes los ahorros que traería la identificación inmediata.[175] Este punto lo tocó Fernández Ortigosa, quien calificó al nuevo sistema de la siguiente manera:

> Un progreso esencialmente práctico y económico, de tiempo, de dinero y de injusticia: de tiempo, porque para terminar una investigación de identidad, bastan sólo algunos minutos; de dinero, porque se economiza el gasto que hacen los presos inocentes, que se consideran culpables por simples semejanzas con los verdaderos reos todo el tiempo que hoy se requiere para identificarlos; de injusticia, porque se disminuye considerablemente la posibilidad de los errores judiciales, que tantas víctimas ha causado.[176]

Tocó también el punto de la legalidad o el cumplimiento de la ley, pero desde otra perspectiva: ya no la necesidad de castigar a los reincidentes sino la necesidad de no retener a los inocentes, es decir, la perspectiva garantista. Coincidió con esta visión Rafael Rebollar, quien tras referirse al problema de la reincidencia, consideró aun más lamentable "el retardo en la terminación de los procesos, y algunas veces, aunque pocas, la injusticia por errores inevitables".[177] Con una amplia experiencia en el foro, Agustín Verdugo sostuvo que, sólo con la seguridad en la identificación, el juez podría dejar de actuar más allá de la probabilidad, situación que dejaba "siempre inquieto

---

[175]   "Alrededor del mundo", en *El Monitor Republicano*, Quinta época, año XLV, núm. 257, sábado 26 de octubre de 1895.

[176]   Memoria sobre la identificación científica de los reos..., p. 1, e "Identificación de criminales", pp. 34-35.

[177]   Rebollar, Rafael, "Carta dirigida a Ignacio Fernández Ortigosa", *op. cit.*, p. 68.

y vacilante su ánimo".[178] Y sin este enfoque, pero bajo la
preocupación de la legalidad, la comisión de cárceles hizo
énfasis en la necesidad de hacer cumplir las leyes penales,
por tanto, vieron al método Bertillon como complemento
del Código Penal y elemento necesario para "la perfecti-
bilidad del derecho penal".[179]

Sin embargo, debieron pasar más de dos años para que
la iniciativa de Fernández Ortigosa se consumara. Surgió
un problema de competencias y erarios. Los miembros del
Ayuntamiento consideraron que la identificación tocaba
al sistema judicial, mientras que las cárceles estaban al
cuidado del municipal. Concluyeron que sostener con
fondos municipales el servicio fotográfico era indebido,
pues no era obligación de la policía carcelaria.[180] Con esta
objeción apoyaron el proyecto y lo turnaron al Gobernador
del Distrito Federal, quien a su vez envió la iniciativa a la
Secretaría de Gobernación y a la de Justicia. Esta última se
sumó al proyecto, pero se negó a pagar los casi 9.000 pesos
de gastos (que incluían la instalación, egresos por un año y
sueldos anuales de los ocho empleados).[181] Finalmente el
Ayuntamiento cedió y pudo firmarse el acuerdo.[182] Faltaba la

---

[178]   Verdugo, Agustín, "Carta dirigida a Ignacio Fernández Ortigosa", *op. cit.*,
        p. 72.
[179]   Evaluación de la comisión de cárceles, 26 de julio de 1892, AHDF, Fondo
        ayuntamiento, Sección Cárceles en General, Exp. 1.019, vol. 504.
[180]   "Por el respetable conducto del C. Gobernador del Distrito, elévese
        al Ministerio de Gobernación el proyecto de identificación de reos
        presentado por el Sr. Dr. Ignacio Fernández Ortigosa con copia del
        presente dictamen a fin de que si esa Superioridad lo tiene a bien se
        sirva recomendar al Ministerio de Justicia el estudio del interesante
        proyecto y la necesidad de que se eleve a una ley formal", 26 de julio
        de 1892. Aprobación del cabildo, 26 de julio de 1892. AHDF, Fondo
        ayuntamiento, Sección Cárceles en General, Exp. 1.019, vol. 504.
[181]   Comunicación del 8 de agosto de 1892, AHDF, Fondo ayuntamiento,
        Sección Cárceles en General, Exp. 1.019, vol. 504.
[182]   Acuerdo en el que aprueban los trabajos emprendidos y las disposiciones
        dictadas para establecer el sistema de Bertillon relativa a la identificación

reforma legal que contemplaría la medición antropométrica y la sumaría a la filiación y la fotografía, que sólo se produjo a fines de 1894, con la promulgación del nuevo código de procedimientos penales, el segundo del Distrito Federal.[183]

En los talleres de la cárcel se fabricaron los muebles necesarios para el gabinete, los fondos necesarios los aportó la Junta de Vigilancia de Cárceles y la Alcaldía, y se destinó provisionalmente un pasillo anexo a la Sala de Médicos.[184] En estas condiciones, en septiembre de 1895 se inauguró el gabinete antropométrico de la cárcel de Belem.[185] Contrariamente a lo esperado la dirección no se le confió a Fernández Ortigosa sino al doctor Ignacio Ocampo, quien era el jefe de la sección médica. Asumió el cargo con gran entusiasmo. Según el informe, medía un promedio de dieciséis reos al día, por lo que en los primeros meses había ya documentado a 562 y, se esperaba, en los siguientes dos meses terminaría con todos los sentenciados.[186] Su labor trascendió y, para enero de 1896, *El Siglo Diez y Nueve*,

de los reos, AHDF, Fondo ayuntamiento, Sección Cárceles en General, Exp. 1.019, vol. 504.

[183] En el artículo 233 se disponía: tan luego como se haya dictado el auto de prisión preventiva contra alguna persona, se procederá para asegurar su identidad, a retratarla y a tomar sus medidas antropométricas conforme al procedimiento de Bertillon, cuando quede establecido este servicio. Lo mismo se observa en leyes posteriores. Por ejemplo, el Reglamento general de los establecimientos penales que entró en vigor en el año de 1900 incluía una sección dedicada al servicio de identificación antropométrica de la Cárcel General, que debía seguir el sistema Bertillon. O bien, al remitir a un reo a la penitenciaría de Lecumberri, el gobierno del Distrito Federal o la Alcaldía de la Cárcel General debían adjuntar "la signación antropométrica del reo con sus respectivas fotografías, si procediese de cárcel en que estuviere establecido ese sistema de identificación". (Reglamento de la penitenciaría de México, 1901, Art. 9).

[184] Acta del 4 de diciembre de 1894, AHDF, Fondo ayuntamiento, Sección Cárceles en General, Exp. 1.019, vol. 504.

[185] Roumagnac, *Elementos de policía científica, op. cit.*, p. 199.

[186] AHDF, Fondo ayuntamiento, Sección Cárceles en General, Exp. 1.019, vol. 504.

uno de los principales diarios de la ciudad, anunciaba que
para ese momento se habían realizado mediciones en 866
criminales.[187]

Con los años, el gabinete provisional recibió un sitio
adecuado, pues al norte de Belem se construyó un edificio
que debía albergar los salones de jurados, los tribunales, las
oficinas del Ministerio Público y el cuarto de identificación,
además del estudio fotográfico.[188] Aunque, en opinión de
un reportero veracruzano, no era suficientemente amplio
pues sostuvo: "El lugar en que se medía a los presos no era
más grande que un garitón".[189] Por otra parte, a Ocampo lo
relevaron los doctores Torres Torrija y Miguel Lasso de la
Vega, quienes tuvieron continuas dificultades de personal.[190]

En suma, el primer gabinete de antropometría se creó
en la cárcel de Belem, que era la principal de la capital.
Sin embargo, faltaba crearlos en las cárceles de las municipalidades, lo cual no se hizo.[191] Por otra parte, en 1900,

---

[187]   "Gabinete antropométrico en Belem", *El Siglo Diez y Nueve*, 17 de enero
        de 1896, p. 2.
[188]   "Los jurados serán en Belén", *La Patria*, 10 de julio de 1898, p. 3. Las
        fotografías siguieron encargándose a Hilario Olaguíbel hasta 1895, pero
        en ese año se cambió de contratista. *Memoria del Ayuntamiento*, 1896, p.
        159. Para algunas noticias del estudio "Gabinete fotográfico en Belem",
        La Patria, 24 de enero de 1899, p. 3
[189]   "Las cárceles de la metrópoli no deben ser focos de infección; sino
        lugares de reclusión", *La Opinión*, Veracruz, 13 de mayo de 1908, p. 1.
[190]   Las noticias sobre los directores aparecieron en "Nuevo socio", *El Tiem-
        po*, 5 de diciembre de 1908, p. 1; y "El doctor Torres Torija y su Tiempo",
        Gaceta Médica de México, 1º de noviembre de 1952, p. 56. Por otra
        parte, se publicaron algunas noticias sobre los empleados. En 1899 la
        demanda por aumento salarial por parte de los empleados del gabinete
        en Belem ("Piden mayor sueldo", *El Tiempo*, 14 octubre 1899, p. 3) o
        bien, constancias de colaboración por parte de los presos ("El Tribunal
        pleno", *La Patria*, 7 marzo 1897, p. 2).
[191]   Tampoco hubo laboratorio en otras cárceles, lo cual traía inconvenien-
        tes. Por ejemplo, los presos de San Juan de Ulúa veían retrasarse su
        libertad preparatoria pues para obtenerla su expediente debía incluir
        las medidas antropométricas y la cárcel carecía de un estudio. "Oficina
        antropométrica", *El Diario del Hogar*, 15 de diciembre de 1900, p. 3.

al fundarse la Penitenciaría de Lecumberri, se pensó en instalar ahí un gabinete, que sería manejado por Francisco Martínez Baca. Sin embargo, sólo serían medidos los reos que no pasaran por Belem, en teoría ninguno, pues era una cárcel para sentenciados (que habían esperado proceso en la vieja cárcel). Por ello, al parecer se cerró por algunos años.[192] Además, durante la Revolución se dispuso que dicho gabinete dependiera directamente del Departamento de Antropología Física del Museo Nacional de Arqueología, Historia y Etnología, donde se estaban haciendo mediciones con fines de estudio. Allí pasaron también la colección de cráneos.[193] Por otra parte, además de los laboratorios de Belem y Lecumberri, en 1908 se inauguró otro dentro de la Casa de Corrección para mujeres menores de edad situada en Coyoacán, en el que colaboraba Carlos Roumagnac.

Experiencias, debates y sustitución

El método tuvo múltiples apologistas, quienes hicieron gala de su sencillez, claridad e infalibilidad. Para Carlos Roumagnac las ventajas eran múltiples: "Sobre la fotografía el retrato hablado tiene la ventaja de la economía y de la simplificación del local y del material. Sobre el señalamiento común y corriente, su superioridad es tan aplastante que es inútil insistir en ella".[194] También lo eran para *El Boletín de Policía*. Respecto al sistema, suscribió:

---

[192]   León, Nicolás, "Historia de la antropología física en México", Reimpresión del artículo publicado originalmente en *American Journal of Physical Anthropology en 1919*, México, Instituto de Investigaciones Antropológicas, 1976, pp. 239-240.

[193]   "El gabinete antropométrico de la penitenciaría dependerá de Instrucción Pública", *El Pueblo*, 8 julio 1916, p. 3

[194]   Roumagnac, *Elementos de policía científica, op. cit.*, p. 227.

Esta clasificación (aparentemente tan complicada) es sumamente sencilla, gracias a ella es por todo extremo fácil
averiguar en el momento si el sujeto que se mide es realmente
la persona cuyo nombre dé, u otro que ya antes hubiera ya
sido detenido por distinta causa y trate de despistar a la justicia, buscando en el cajón correspondiente a sus medidas
la ficha o fichas que con ella pudiera tener semejanzas. [195]

La opinión se repitió de forma constante. Basta ver el
párrafo dedicado al retrato hablado:

> Lo dicho hasta ahora basta para comprender la facilidad con
> que se describe una frente, con que puede comunicarse y apren
> derse de memoria el señalamiento de ella, y sobre todo con que
> es posible diferenciar a unas de otras, pues sería excepcional
> que en una misma se reunieran todos los mismos caracteres.
> Si a ello se agrega el señalamiento de las otras partes del rostro,
> como lo iremos viendo en artículos siguientes, se percibirá la
> ventaja del procedimiento que es uno de los mejores títulos
> de gloria de su renombrado inventor, el profesor Bertillon.[196]

No parecía haber punto de crítica:

> Son tan diversos los datos que se aportan y de tal índole
> muchos de ellos, que el error es casi imposible, porque por
> grande que sea la identidad aparente de dos personas, no
> pueden coincidir en todos los minuciosos detalles y particu
> laridades de la ficha antropométrica. Descartada la confusión
> que pudiera dar lugar a lamentables errores judiciales, el
> ingenioso método de clasificación permite desenmascarar
> a los bribones que ya han tenido que ver con la justicia, y
> por consiguiente, con el servicio antropométrico. El siste
> ma está dando excelentes resultados y no cabe duda que
> constituye un verdadero progreso para la policía, un arma
> poderosa puesta en manos de la sociedad para defenderse
> mejor contra las huestes del crimen.[197]

---

[195]   *Boletín de Policía*, 17 de octubre de 1909, p. 15.
[196]   *Boletín de Policía*, vol. I, núm. 9, 7 de noviembre de 1909, p. 7.
[197]   "Identificación de criminales. Sistema antropométrico (Método Bertillón)", en *Boletín de Policía*, vol. I, núm. 5, 10 de octubre de 1909, p. 15.

La conclusión de *El Tiempo*, uno de los dos más importantes diarios católicos de la capital y, en general, uno de los más importantes de esta segunda época (pues a finales de siglo cerraron *El Monitor Republicano* y *El Siglo Diez y Nueve*) es contundente: "Tomar la filiación *al tanteo*, después que el individuo ha sido examinado en el gabinete antropométrico, es como si, después de retratar al preso por un maestro de la Academia de San Carlos, se le pide la caricatura que hace el fotógrafo en Belem." Por ello, concluyó que "la oficina de filiación, al lado de la antropométrica es como una flecha de los tarascos al lado de un fusil Mondragón."[198]

También se habló de las ventajas que el método traería al conocimiento de la población, pues algunos estudiosos utilizaron los gabinetes para analizar las diferencias y el grado evolutivo de las razas.[199] Y, por supuesto, de los beneficios que traería al conocimiento de los delincuentes y de las causas de la criminalidad, que los miembros de la escuela de antropología criminal ubicaban en el organismo del transgresor. Por tanto, la antropometría con fines de identificación corrió paralela a la antropometría con fines de estudio o a la medición de los delincuentes con el propósito de establecer tanto los orígenes de su conducta como las vías para corregirlo, ya que se creía que la detección de la anomalía podía ayudar a determinar el tratamiento adecuado al criminal –pues permitía establecer su tendencia a la delincuencia y de ahí su peligrosidad– e incluso poner fin a su conducta, como se hacía en los Estados Unidos a partir de cirugías.[200] En algunos casos, los

---

[198]   "Filiación", *El Tiempo*, 28 de marzo 1896, p. 1.
[199]   Ver León, "Historia de la antropología física", *op. cit.* Para trabajos contemporáneos ver Urías Horcasitas, *Indígena y criminal* y "Medir y civilizar", en *Ciencias*, núms. 60-61, 2000-2001, pp. 28-36.
[200]   Ver en *Gaceta de Policía*, "Trepanación de los criminales", año I, tomo I, núm. 24, 8 de abril de 1906, p. 4; "Cirugía contra el crimen", año I, tomo

gabinetes sirvieron primero al estudio criminológico que a la identificación. Es el caso del de la ciudad de Puebla, que se fundó en 1892 dirigido por Francisco Martínez Baca, pero que sólo diez años después se empleó para la identificación científica de los reos.[201] En otros casos fue al contrario y los gabinetes de identificación fueron aprovechados por los criminólogos.[202] Por ello, hombres como Antonio Martínez Baca y Agustín Verdugo postularon que el hospital era el laboratorio del médico, el manicomio del aliniesta y la penitenciaría el de los estudiosos del derecho penal.[203] O bien, Carlos Roumagnac se refirió a las cárceles como "minas inagotables", plenas de "tesoros y enseñanzas que algún día vendrán a colmar las lagunas de la antropología criminal".[204] Yendo más lejos, sostuvo Rafael Rebollar: "Si la antropología criminal y muchas teorías sociológicas modernas tardarán años para que sean aceptadas como verdades axiomáticas, y más aún para penetrar al campo de la legislación positiva, no sucede lo mismo con la antropometría aplicada a la identificación."[205]

En el mismo sentido suscribió Manuel F. de la Hoz:

I, núm. 32, 17 de junio 1906, p. 8; y "El terrible bandido Barbanegra", año II, tomo II, núm. 49, 21 de octubre de 1906, p. 12; y en *Boletín de Policía*, "¿El crimen es una enfermedad curable?", en vol. I, núm. 11, 14 de noviembre de 1909, p. 5.

[201] León, "Historia de la antropología física", *op. cit.*, p. 236.

[202] Así lo propone Rosa del Olmo para América Latina. Se crearon gabinetes de identificación en las principales ciudades: el primero fue el de Buenos Aires, Argentina, fundado en 1889. Los siguieron el de Lima, Perú (1892), Ouro Preto, Brasil (1893), Montevideo, Uruguay (1896), e Isla de Pinos, Cuba (1909). Del Olmo, Rosa, *América Latina y su criminología*, México, Siglo XXI, 1981, p. 145.

[203] Martínez Baca y Vergara, *Estudios de antropología criminal, op. cit.*, p. 10.

[204] Roumagnac, Carlos, *Los criminales en México: ensayo de psicología criminal*, México, Imprenta Fénix, 1904, p. 11

[205] Rebollar, "Carta dirigida a Ignacio Fernández Ortigosa", *op. cit.*, p. 68.

La antropología criminalística atraviesa por su período embrionario; tal vez se halle condenada a morir en esos limbos en que perecen tantos sueños, y en último análisis sí podemos decir que nuestra generación no la verá ascender a la trípode del legislador y del magistrado. No así la antropometría, que tiene ya adquirida su carta de ciudadanía, por derecho de conquista, en nuestro sistema penal.[206]

En suma, los miembros de la escuela de antropología criminal utilizaban el sistema propuesto por Bertillon, y los laboratorios o gabinetes instalados en las prisiones servían tanto para la identificación como para la investigación criminológica.[207]

Los elogios fueron, entonces, muchos. Pero también se presentaron resistencias, entre ellas, las de los presos. En las primeras semanas la mayoría se resistió a la medición, estaban convencidos de que los funcionarios buscaban reunir hombres de cierta complexión para consignarlos al ejército.[208] También se multiplicaron las críticas. Algunos cuestionaron la experiencia y la eficacia de los directores y, en general, de los medidores. En opinión de Nicolás León –uno de los máximos expositores de la antropología física–, el primer director del gabinete de Belem, el doctor Ocampo, desconocía las técnicas de la antropometría. Así describió la práctica en el gabinete:

> Guiándose solamente por la lectura de la obra de Bertillon [...] se hicieron las mediciones y observaciones correspondientes durante mucho tiempo, pues ninguno de los antropometristas posteriores, exceptuando al Dr. Martínez Baca,

[206] Hoz, "Carta dirigida a Ignacio Fernández Ortigosa", *op. cit.*, p. 70.
[207] Ver León, "Historia de la antropología física en México", *op. cit.*, pp. 235-240; Urías Horcasitas, "Medir y civilizar", *op. cit.*, p. 34; y Cruz Barrera, Nydia, "Indígenas y criminalidad en el porfiriato", en *Ciencias*, núms. 60-61, 2000-2001, p. 54, y Cruz Barrera, Nydia, *Las ciencias del hombre en el México decimonónico. La expansión del confinamiento*, México, Benemérita Universidad Autónoma de Puebla, 1999, pp. 73-82.
[208] *El Monitor Republicano*, 21 de noviembre de 1895, p. 2.

que por algunos meses estuvo al frente de este servicio, tenía enseñanza previa ni menos práctica de laboratorio. Frecuentes cambios en el personal de la Oficina han impedido que los empleados perfeccionen su labor, y se adiestren en la especialidad.[209]

Refriéndose al gabinete de la correccional de Coyoacán escribió:

El frecuente cambio de médicos es motivo para que el servicio resienta perjuicios en su exacto funcionamiento, y de seguro sobrevendrán faltas de exactitud en las mediciones, tanto más cuanto que la técnica, según ingenuamente me informó la Señora Sub-Directora, pasa allí de médico a médico, como por herencia o tradición, de lo cual es depositaria la escribiente.[210]

Años después, en 1923, Carlos Roumagnac sostuvo que un policía requería de un prolongado tiempo de capacitación para realizar un retrato o leer el hecho por un colega.[211] Quizá por falta de conocimiento, según apunta León, en el sistema de clasificación de fichas y en los datos que en ellas se recogían sólo se observaban partes del los sistemas de Bertillon.[212] Por su parte, Roumagnac afirmó que entre 1895 y aproximadamente 1906, si bien se elaboraban fichas signaléticas, éstas se archivaban alfabéticamente y, como resultado, "el sistema de identificación carecía de su valor, ya que seguía sujeto al nombre del individuo, variable según la voluntad de éste" y no a sus medidas, que resultan invariables.[213]

A la falta de capacitación del personal se sumaba, según León, la carencia de equipo: "Un solo juego de instrumentos, bastante usados, es la dotación del laboratorio; dos o

---

[209]   León, "Historia de la antropología física en México", *op. cit.*, p. 238.
[210]   *Ibídem*, p. 240.
[211]   Roumagnac, *Elementos de policía científica*, *op. cit.*, p. 227.
[212]   León, "Historia de la antropología física en México", *op. cit.*, p. 239.
[213]   Roumagnac, *Elementos de policía científica*, *op. cit.*, p. 199.

tres antropometristas no podrían cómoda y fácilmente trabajar a la vez y cualquiera accidente que inutilizara los instrumentos, paralizaría el trabajo."[214]

Por otra parte, hombres como Constancio Bernaldo de Quirós, pensaron que el procedimiento atentaba contra "la dignidad personal" de los sospechosos, sobre todo cuando se trataba de mujeres.[215] O de presos políticos. *El Tiempo* se quejó de la medición impuesta a tres periodistas (curiosamente, entre ellos Carlos Roumagnac), pues "el escritor que entra á la cárcel tiene que sujetarse a las pruebas a que son sometidos los asesinos y los ladrones."[216]

También se hicieron críticas desde la perspectiva de la higiene. El *Boletín de Policía* sostuvo que diariamente desfilaba por los gabinetes gran cantidad de detenidos, lo cual hacía imposible practicar escrupulosamente las reglas o desinfectar los instrumentos, y ello facilitaba la transmisión de enfermedades.[217]

Más importantes fueron los cuestionamientos a la eficacia del método. La primera aludía a la posibilidad de error en las mediciones.[218] La segunda se refería al carácter cambiante de las medidas e incluso de la apariencia de un individuo. Según el *Boletín de Policía*, el método sólo podía aplicarse en personas que hubieran adquirido su completo desarrollo:

> Fundado como lo está, en la medición de varias partes del cuerpo, y apoyándose en estas medidas la clasificación y distribución de las fichas signaléticas, claro está que si esas medidas se alteran por cualquier circunstancia, faltará la base

214 *Ibídem*, p. 239.
215 Bernaldo de Quirós, "Los nuevos procedimientos de la policía judicial científica", *op. cit.*, p. 736.
216 "Filiación", *El Tiempo*, 28 de marzo de 1896, p. 1.
217 *Boletín de Policía*, 17 de octubre de 1909, p. 15.
218 Al respecto, Bernaldo de Quirós, "Los nuevos procedimientos de la policía judicial científica", *op. cit.*, p. 736.

más importante para encontrarla tarjeta de identificación del individuo que a ella se somete. Y esto ocurrirá por fuerza cuando se trate de todos aquellos individuos menores de la edad en que se puede considerarse como terminado el crecimiento humano.[219]

Y, lo más grave, se habló de la posibilidad de alteración. En 1906 el periódico *El Imparcial* (junto con *El Tiempo* y *El País* el diario con mayor tiraje pero, a diferencia de ellos, claramente oficialista), difundió el descubrimiento hecho en Rochester por Leo Minges, quien "después de muchos años de estudio y de numerosos experimentos" había encontrado "la ley por medio de la cual puede hacerse crecer al ser humano". El hallazgo cuestionó la eficacia del método Bertillon. El administrador de la oficina de correos se ofreció como prueba. Se midió y su estatura era de cinco pies y dos pulgadas, tras emplear el remedio de Minges aumentó dos pulgadas. Según el diario, con esto echó a tierra la esperanza de identificación de criminales:

> Se sabía que un ladrón de cuerpo jorobado podía aprender a andar derecho, que a un bizco se le podían enderezar los ojos o que uno que tenía señales corporales de nacimiento podía hacérselas desaparecer. Pero cuando se supo que por medio de cierto procedimiento podía aumentarse la estatura de cualquier hombre sospechoso, los detectives que creían en el sistema de Bertillon quedaron confusos y sorprendidos.[220]

Los inconvenientes parecieron resolverse con la invención de un nuevo sistema de identificación: la dactiloscopia.

El método se basaba en el registro de los surcos papilares de las yemas de los dedos, cuya estructura es peculiar para cada individuo y permanece estable a lo largo de la

---

[219] *Boletín de Policía*, 2 de enero de 1910, p. 5.

[220] "¿Puede un criminal eludir la acción de la justicia por medio del maravilloso descubrimiento de una persona erudita de Rochester?", *El Imparcial*, 26 de mayo de 1906, p. 5.

vida. Inicialmente se utilizó como una especie de firma autógrafa o como medio para autentificar documentos. Fue en Bengala donde por vez primera, en 1858, la impresión de huellas digitales se aceptó con fines de identificación y, gracias a los esfuerzos de Francis Galton y Edward Henry, la policía inglesa empezó a utilizarlo en el año de 1901.[221] Al método inglés se sumó el de un argentino, Juan Vucetich, quien propuso un sistema que para muchos resultaba más simple: distinguió cuatro tipos de huellas arco (A ó 1), presilla interna (I ó 2), presilla externa (E ó 3), verticilo (V ó 4). Por ejemplo, las huellas tomaban la forma de "arco" cuando las líneas papilares no presentaban pequeños ángulos. Se tomaba una impresión de los cinco dedos de cada mano y se listaba el tipo al que correspondía cada dedo con el número preestablecido, excepto el pulgar para el cual se utilizaban letras, para obtener combinaciones como la siguiente: V 3242 – I 3343, que servían de base para la clasificación de los expedientes.[222]

La certeza no dependía del operador, por lo que según los especialistas, se trataba de un sistema con un margen mínimo de error; de acuerdo con la Academia de Ciencias de París, inferior a uno por 64 millones.[223] Además, las huellas no podían modificarse ni patológicamente ni por

---

[221]   Tagg, *The Burden of Representation, op. cit.*, p. 75; y Cervera Aguilar, "Sistema de identificación", *op. cit.*, pp. 242-243.

[222]   Para una descripción del sistema ver Bernaldo de Quirós, "Los nuevos procedimientos de la policía judicial científica", *op. cit.*, pp. 742-743; Cervera Aguilar, "Sistema de identificación", *op. cit.*, pp. 262-266; Locard, *Manual de técnica policiaca, op. cit.*, pp. 78-87; Roumagnac, *Elementos de policía científica, op. cit.*, pp. 235-240; y "El sistema dactiloscópico", en *Boletín de Policía*, vol. I, núm. 6, 17 de octubre de 1909, p. 4; vol. II, núm. 1, 2 de enero de 1910, pp. 5-6; núm. 2, 9 de enero de 1910, pp. 21-22; núm. 3, 16 de enero de 1910, p. 37; núm. 4, 23 de enero de 1910, p. 52; núm. 6, 6 de febrero de 1910, p. 85; núm. 7, 13 de febrero de 1910, p. 103; núm. 8, 20 de febrero de 1910, p. 119; y núm. 9, 27 de febrero de 1910, p.135.

[223]   *Boletín de Policía*, vol. II, núm. 1, 2 de enero de 1910, p. 5.

la voluntad del sujeto, pues no desaparecían ni con quemaduras ni con el frotamiento, nunca eran idénticas en dos individuos, y permanecían inmutables desde el cuarto mes de la vida intrauterina hasta la putrefacción del cadáver; así podía utilizarse para individuos de cualquier edad e inclusive para los muertos o los ausentes, es decir, utilizando las huellas dejadas en el lugar del crimen podía lograrse la aprehensión de los culpables.[224] El entusiasmo se nota en los calificativos, fue llamado la "solución perfecta", el medio de identificación "más seguro, más rápido y más sencillo", "más económico, el de más fácil difusión y el que mejor respeta las prerrogativas de la personalidad humana".[225]

América Latina lo acogió con éxito, también México buscó hacerlo en los primeros años del siglo XX.[226] En un primer momento las huellas se sumaban a la ficha signalética, pero las mediciones antropométricas se seguían tomando. De la convivencia dan cuenta diversas leyes y autores. En 1900, el reglamento de establecimientos penales exigió que las fichas de los reos incluyeran "la impresión de la yema de los dedos pulgar, índice y meñique de la mano izquierda".[227] En 1908, Roumagnac propuso que en la Casa de Corrección para menores mujeres, se practicara la dactilografía en lugar de la antropometría, pero se conservó la segunda.[228] En 1910, en el proyecto para construir un nuevo edificio para la Cárcel General, se seguía pensando

---

[224] Locard, *Manual de técnica policiaca*, pp. 33-34; Cervera Aguilar, "Sistema de identificación", p. 266; y Bernaldo de Quirós, "Los nuevos procedimientos de la policía científica", p. 775.

[225] Roumagnac, *Elementos de policía científica*, p. 235; y Bernaldo de Quirós, "Los nuevos procedimientos de la policía científica", pp. 775 y 736.

[226] Para 1963 se empleaba en Argentina, Bolivia, Brasil, Chile, Ecuador, México, Paraguay y Perú. (Locard, *Manual de técnica policiaca*, p. 78).

[227] Reglamento general de los establecimientos penales, 1900, Arts. 260 y 255.

[228] *Boletín de Policía*, vol. II, núm. 1, 2 de enero de 1910, p. 5; y Roumagnac, *Elementos de policía científica*, p. 235.

en un laboratorio de antropometría.[229] En 1920 se creó el gabinete de identificación en la Inspección de Policía del Distrito Federal y, a la medición antropométrica se sumó la dactilográfica. De ahí que la legislación de la primera mitad del siglo XX dejara abierto el uso de cualquier sistema. Por ejemplo, la "Ley orgánica del Poder Judicial de la Federación", expedida en 1908, se limitaba a señalar que tras dictarse el auto de formal prisión se deberían tomar "las precauciones que se estimen convenientes para asegurar la identificación".[230] O bien, en 1931, el Código de procedimientos penales se limitaba a la siguiente fórmula: "Dictado el auto de formal prisión, el juez ordenará que se identifique al preso por el sistema administrativamente adoptado para el caso".[231]

Resulta importante decir, sin embargo, que en los primeros años no sólo se conservaron las mediciones antropométricas sino que además los expedientes se clasificaban siguiendo el sistema Bertillon. Poco a poco la impresión de las huellas fue ganando terreno, lo cual también se observa en leyes y prácticas. El gabinete de antropometría de Belem se clausuró hacia 1913, pocos meses después sus archivos fueron destruidos. Sostiene Carlos Roumagnac que en 1919 la dactilografía era el sistema que se empleaba en el servicio de identificación de la Inspección General de Policía. Además, cambió el sistema de clasificación. Siguiendo con Roumagnac, en la segunda década del siglo XX, respetando lo que marcaba el código de procedimientos penales, las fichas seguían conteniendo fotografía, retrato hablado y mediciones antropométricas, pero se les añadía la huella digital y, a diferencia de principios de siglo, se

---

[229] Programa para la formación del proyecto de cárcel general en la ciudad de México", 17 de marzo de 1910.

[230] Ley Orgánica del Poder Judicial de la Federación de 1908, Art. 144.

[231] Código de procedimientos penales de 1931, Art. 298.

clasificaban según el método propuesto por Vucetich.[232] Y
se puede seguir. Si bien para 1941 la función esencial del
Laboratorio de Criminalística e Identificación era identificar a los delincuentes por medio de la fotografía y las
huellas digitales,[233] testimonios que datan de la segunda
mitad del siglo XX revelan que la antropometría no había
sido desplazada: el primero en 1952 y el segundo en 1963,
registran la utilización paralela de los tres sistemas: filiación
(fotografía, retrato hablado), huellas dactilares y medidas
antropométricas, aunque al parecer ya de las medidas
antropométricas sólo se tomaba la estatura, además de
la escala cromática y las señas particulares.[234] Asimismo,
el texto de 1963 reconoce que en algunos sitios las fichas
seguían clasificándose con base en la antropometría.[235]
Mayor pervivencia tuvo el retrato hablado tal y como lo
había sistematizado el policía francés, pues se le reconocía
como fundamental para identificar a delincuentes en la
vía pública.[236]

    Por tanto, los sistemas Bertillon no fueron despla-
zados de forma inmediata por la dactiloscopia, sino que

---

[232] Roumagnac, *Elementos de policía científica*, pp. 235 y 238.
[233] Reglamento de la policía preventiva del Distrito Federal, 1941, Art. 169.
También tuvo eco en los Estados. En el de México desde 1934 un oficial
de la Policía Urbana Municipal estaba comisionado para tomar huellas
digitales y en 1938 se creó el gabinete de identificación donde se utilizaba
el sistema dactiloscópico. Genel González, Genaro; Enrique Osorno
García; Alfonso Garduño Vélez, "El gabinete central de identificación
y criminalística del Estado de México", en *Criminalia*, año XXIII, 1952,
p. 759.
[234] Broainax, David L., Ramiro Agustín Beltrán Suárez, Antonio Martínez
Pérez y Carlos Luis Velado Quintanilla, "Estudio estadístico de 2000
impresiones dactilares", en *Criminalia*, año XXIII, 1952, pp. 719-724. De
la Cámara, Juan, "Proyecto para la organización de la Oficina Panamericana de Identificación", en *Criminalia*, año XI, 1943, p. 237.
[235] Locard, *Manual de técnica policiaca*, p. 379.
[236] Chabat, Carlos A., "Unificación de sistemas dactilares y fichas signaléticas de América", en *Criminalia*, año XIII, 1945, p. 66; y Cervera Aguilar,
"Sistemas de identificación", p. 266.

funcionaron de forma conjunta y desigual respecto al lugar, notándose más rápido los cambios en las capitales que en otras ciudades.

Reflexiones finales

La exigencia de un adecuado sistema para la identificación de criminales, atestigua y responde a diversos
factores: el crecimiento de las ciudades, el fortalecimiento
del Estado, el deseo de aplicar una política científica y de
modernizar a la policía, el afán de legalidad, el incremento
de la criminalidad real e imaginada, el prestigio de la ciencia y la antropología criminal. Eso explica que, a lo largo
de los siglos XIX y XX, se hayan buscado caminos para
ubicar a los prófugos y a los reincidentes. Sin embargo, en
cierta forma, la historia de los sistemas de identificación es
una historia de ensayo y error.[237] La filiación no resultaba
confiable, pues variaba según quien la hiciera y a lo largo
del tiempo cambiaba la apariencia de un individuo; las
fotografías eran de mala calidad y los delincuentes emplea-
ban tretas para deformar su imagen. Pero además, ambos
métodos resultaban inservibles sin un adecuado sistema
de clasificación. El sistema ideado por Alphonse Bertillon
se presentó como la gran esperanza; en 1895 se fundó en
Belem el primer gabinete mexicano, y en los años siguientes
se crearon laboratorios en otras instituciones del Distrito
Federal. No obstante, pronto se demostró que el método no

---

[237] Ver León, "Historia de la antropología física en México", *op. cit.*, p. 246;
Comas, Juan, "History of Physical Anthropology in Middle America", en
Handbook of American Indians, Austin, University of Texas Press, vol.
IX, 1970, p. 11; y Bautista Martínez, Josefina y Carmen María Pijoan
Aguade, *Craneometría de reos. Colección procedente del penal del D.F.,*
México, Instituto Nacional de Antropología e Historia, 1998 (Colección
Científica).

era tan certero como originalmente se pensó, pues además de faltar a la higiene y la dignidad, podían existir errores en las mediciones o alteraciones en las medidas con los cambios de edad o con los nuevos descubrimientos de la ciencia. La esperanza se desplazó a la dactiloscopia, que con el tiempo desplazaría a los métodos de identificación y clasificación Bertillon. A pesar de ello, algunas medidas antropométricas se tomaban todavía a mediados del siglo XX y en esa época se seguía admitiendo la validez y la importancia del retrato hablado, que seguramente perduró varias décadas más. Por tanto, habría que esperar hasta bien entrado el siglo XX para que se perfeccionara y se generalizara el uso de las huellas digitales.

Para entonces las exigencias de identificación se habían ampliado. Los modernos transportes habían acortado las distancias y era preciso identificar y localizar criminales más allá de las fronteras nacionales. En 1943 se proyectó la Oficina Panamericana de Identificación, que se encargaría de recibir y difundir el historial de personas detenidas en cualquiera de los 23 países americanos ya que, para evitar ser detenidos, los criminales operaban en diferentes naciones.[238] A partir de entonces las naciones americanas buscaron unificar sus sistemas de clasificación dactilar.[239]

No se trata solamente de una ampliación territorial, también de una multiplicación de los individuos sujetos a la identificación. El perfeccionamiento de las técnicas vino acompañado por la extensión de la vigilancia del Estado. Inicialmente la fotografía se utilizó para la identificación de reos, más tarde se generalizó a prostitutas (durante el Segundo Imperio, entre 1864 y 1867), sirvientes (en 1871), vagos (en 1872), cocheros (en 1881), enfermos mentales (a

---

[238] Cámara, "Proyecto para la unificación", *op. cit.*, p. 232.
[239] Chabat, "Unificación de sistemas dactilares", *op. cit.*, p. 65.

finales del porfiriato), y periodistas (en 1910).[240] Suscribe
Alain Corbin que en Europa, en vísperas de la Primera
Guerra Mundial, se impuso a los migrantes un "carné
antropométrico de identidad".[241] En la Segunda Guerra
Mundial, la Oficina Panamericana de Identificación se
propuso identificar a los espías.[242]

Nuevas necesidades en épocas cambiantes, nuevos
grupos que captaban la sospecha de la sociedad pero, lo más
importante, una ampliación que terminaría por abarcar a
toda la población. Afirma Pedro Trinidad Fernández: "Una
de las constantes que se ha mantenido desde el siglo pasado
hasta hoy ha sido el continuo aumento de la memoria del
Estado, de tal forma, que ha creado un entramado que le
permite identificar automáticamente a los individuos y sus
actos más relevantes."[243]

En un principio, como admite John Hoover, los ciudadanos se opusieron: "Sólo como resultado de una intensa
campaña ha logrado América popularizar la identificación
civil en todo su territorio, y debe aceptarse por todo ciudadano consciente como una prueba de su identidad y de
su buen comportamiento."[244]

Al parecer, a mediados de siglo, en lugar de que los tribunales debieran probar la culpabilidad de los sospechosos
ahora todo ciudadano debía dar prueba de su buen comportamiento. ¿Habían cambiado las premisas del derecho
clásico o liberal y, en lugar de la presunción de inocencia,

---

[240] Ver Casanova y Deboise, "Fotógrafo de Cárceles", *op. cit.*, p. 21.
[241] Corbin, "Entre bastidores", *op. cit.*, p. 436.
[242] *Ibídem*. La preocupación por la internacionalización de la identificación
        se nota en otros autores, ver por ejemplo Cervera Aguilat, "Sistemas de
        identificación", *op. cit.*, p. 266.
[243] Trinidad Fernández, Pedro, *La defensa de la sociedad. Cárcel y delin-
        cuencia en España (siglos XVIII-XX)*, Madrid, Alianza Editorial, 1991, p.
        285.
[244] Hoover, John Edgar, "La ciencia en la persecución del delito", en *Crimi-
        nalia*, año V, 1937, p. 536.

se partía de la presunción de culpabilidad? Quizá los liberales decimonónicos nunca imaginaron que la vigilancia
del Estado pudiera traspasar las fronteras de lo privado
y abarcar a todos los habitantes de una nación, pero esa
es la tendencia que se impuso en el mundo entero hacia
mediados del siglo XX y México no se mantuvo ajeno: en
1941 el Laboratorio de Criminalística e Identificación de
la policía no sólo se encargaba de identificar criminales,
estaba obligado a tomar las huellas digitales de los extranjeros que gestionaban la naturalización y de todos aquellos
que solicitaban pasaportes o licencias para conducir, es
decir, de ciudadanos que en el siglo XIX quedaban fuera
del catálogo de "sospechosos" y que no merecían la vigilancia del Estado.[245]

---

[245] Reglamento de la policía preventiva del Distrito Federal, 1941, Art. 169.
Lo mismo se observa en el Estado de México, en 1938 con la fundación
del gabinete central de identificación, se comenzó por identificar a
todos los detenidos, más los extranjeros, policías, gremios de cargado-
res, billeteros, voceadores y chóferes. A partir de 1942, con motivo de
la expedición de la ley del Servicio Militar Nacional, se aprovechó la
expedición de cartillas para la identificación dactiloscópica de los ins-
critos. Así, los archivos estaban compuestos por fichas de civiles (fichas
del servicio militar, de la policía, extranjeros, automovilistas, chóferes)
y de criminales (personas identificadas a partir de una infracción).
Genel González, Osorno García y Garduño Vélez, "El gabinete central
de identificación", *op. cit.*, p. 761.

Capítulo 6
Construyendo la "Casa de Piedra".[246]
La policía de la Provincia de Buenos Aires
durante la primera mitad del siglo XX

Osvaldo Barreneche

Este artículo analiza una etapa histórica de profunda transformación en la policía de la Provincia de Buenos Aires, la que va desde comienzos de la década de 1930 hasta fines de los años 1950.[247] En este período, la policía pasó de ser un instrumento maleable y de relativa efectividad al servicio de los gobiernos de turno, a transformarse en una agencia estatal disciplinada, verticalmente organizada e ideológicamente moldeada, que se alineó a los objetivos militares y políticos con los que se pretendió neutralizar y anular las disidencias, la protesta social y la radicalización de las prácticas políticas opositoras a los gobiernos de turno a partir de los años 1960.

Se comienza describiendo brevemente la etapa anterior, entre la separación con la Policía de la Capital en la década de 1880 hasta finales de los años 1920. La mayoría de los intentos y propuestas reformistas durante ese período (escuelas de formación, reorganización de la estructura, plan de carrera, etc.) no se concretaron o tuvieron muy corta vida. Sin embargo, contribuyeron a la circulación de un repertorio de medidas que servirían de base para la

---

[246] *Casa de Piedra*: sobrenombre de la jerga policial con el que se conoce al edificio histórico de la Jefatura de Policía, ubicado en la calle 2 entre 51 y 53 de la ciudad de La Plata, y símbolo de la institución policial bonaerense.

[247] Este es, en parte, un trabajo de síntesis elaborado en base a investigaciones propias, algunas de las cuales han sido publicadas recientemente.

época siguiente. Luego, se divide la transformación policial bonaerense en tres etapas: 1) la década de 1930, donde se ponen las bases para importantes transformaciones de la agencia policial; 2) la revolución de junio de 1943 más el período peronista, pues en lo que hace a las reformas de la policía provincial estos dos momentos históricos son en realidad uno solo, en el cual se llevó a cabo una profunda reestructuración policial; y 3) el período de la revolución libertadora, tratado en este trabajo a modo de conclusión, que definitivamente pone a la policía al servicio de un régimen reaccionario y opresivo, aprovechando una etapa madura de organización institucional con una fuerte impronta de militarización de su estructura y de sus cuadros. En suma, se analiza aquí el tránsito de una policía *brava*, como se la conocía durante los años 1920 y 1930, a una *dura*, que formuló sus propios objetivos institucionales dentro de un esquema de alineamiento con el poder político-militar de entonces.

Esta es una síntesis basada en trabajos previos de una investigación en curso, que busca aportar una perspectiva histórica para el debate actual sobre el rol y desempeño de la justicia criminal y las instituciones de seguridad en el ámbito bonaerense. El desgobierno político de la seguridad pública y el colapso institucional de la policía de la Provincia de Buenos Aires a fines de la década de 1990 motivó una profunda revisión de las (casi inexistentes) políticas públicas sobre estas temáticas. Todo un campo de expertos hizo su aparición, junto a la conformación de equipos políticos y de investigación académica, para abordar tales cuestiones.[248] De sus estudios, surgió un análisis detallado de la crisis del

---

[248]   Galeano, Diego, "Gobernando la seguridad. Entre políticos y expertos", en Gregorio Kaminsly (ed.), *Tiempos inclementes. Culturas policiales y seguridad ciudadana*, Remedios de Escalada, Ediciones de la Universidad Nacional de Lanús, 2005, p. 91.

Estado en materia de seguridad pública, causada por una delegación política –tácita o explícita– de la gestión y el manejo de la seguridad pública en la policía. Atrincherada en una cuidadosamente elaborada autonomía política y contando con una independencia doctrinal, orgánica y funcional que consolidó su autogobierno, la agencia estatal policial bonaerense tuvo en sus manos muchas, si no todas, las cuestiones atinentes a la seguridad, la vigilancia y el control de la población en los últimos decenios del siglo XX, desde el retorno de la democracia a comienzos de los años 1980.[249]

Todos los estudiosos del tema coinciden en que este fue el resultado de un largo proceso vinculado a la constitución misma de las fuerzas policiales, su rol en el Estado moderno y su vínculo íntimo con el poder político de turno, desde la etapa madura de ese proceso de formación estatal por el que pasó la Argentina a lo largo del siglo XIX hasta comienzos de la siguiente centuria. A partir de las ideas de Foucault, Neocleous y Garland,[250] entre los más influyentes, algunos investigadores locales exploraron el origen de la institución policial en el Antiguo Régimen y cómo a través de un triple proceso de minimización, legalización y criminalización, la policía fue adoptando un perfil más definido a medida que se consolidaba un orden estatal en toda América Latina, vinculado al liberalismo y al autoritarismo al mismo tiempo.[251]

---

[249] Saín, Marcelo, *El Leviatán azul. Policía y política en la Argentina*, Buenos Aires, Siglo XIX Editores, 2008, pp. 126-131.

[250] Foucault, Michel, *Defender la sociedad. Curso en el College de France (1975-1976)*, Buenos Aires, Fondo de Cultura Económica, 2000; Garland, David, *La cultura del control. Crimen y orden social en la sociedad contemporánea*, Bacelona, Gedisa ediciones, 2005; Neucleous, Mark, *The Fabrication of Social Order. A Critical Theory of Police Powers*, Londres, Pluto Press, 2000.

[251] Sozzo, Máximo, "Usos de la violencia y construcción de la actividad policial en la Argentina", en Sandra Gayol y Gabriel Kessler (comp.), *Violencias,*

Los nuevos estudios sobre la historia social de la justicia en América Latina también han aportado a un renovado interés por saber sobre el pasado de las instituciones de seguridad, cuyo conocimiento estaba hasta entonces acotado a las publicaciones de historias institucionales producidas y patrocinadas por cada una de esas agencias.[252] En el caso de México durante la época de Porfirio Díaz, a finales del siglo XIX, por ejemplo, un trabajo centrado en la justicia criminal se ocupó del rol de la policía en este tema y de la manera en que los jueces penales actuaban en los delitos donde estaban involucrados estos funcionarios.[253] Por su parte, Brasil ha tenido contribuciones importantes sobre la historia de la policía en ese país, fundamentalmente en la época del Imperio y de la Primera República,[254] mientras que en la Argentina, en el mismo período, sobresale la producción de Lila Caimari y sus trabajos sobre la administración del castigo, el control social y el rol de la policía en dichos procesos.[255]

delitos y justicias en la Argentina, Buenos Aires, Ediciones Manantial y Universidad Nacional de General Sarmiento, 2002, pp. 229-232.

[252] Por ejemplo: Síntesis histórica de la Policía de la Provincia de Buenos Aires, 1580-1980, La Plata, Imprenta La Platense, 1981. Véase también: Crio. Gral. (R) Lic. Adolfo Enrique Rodríguez y Crio. Insp. (R) Eugenio Juan Zappietro, Historia de la Policía Federal Argentina. A las puertas del tercer milenio. Génesis y desarrollo desde 1580 hasta la actualidad, Buenos Aires, Editorial Policial, 1999.

[253] Speckman Guerra, Elisa, Crimen y castigo. Legislación penal, interpretaciones de la criminalidad y administración de justicia (Ciudad de México, 1872-1910), México DF, Publicación del Instituto de Investigaciones Históricas de la Universidad Nacional Autónoma de México, 2002, pp. 115 y 273.

[254] Holloway, Thomas H., Policing Rio de Janeiro: Repression and Resistance in a 19th Century City, Stanford, Stanford University Press, 1993; Bretas, Marcos Luiz, Ordem na Cidade. O exercício cotidiano da autoridade policial no Rio de Janeiro, 1907-1930, Rio de Janeiro, Rocco ediciones, 1997.

[255] Caimari, Lila, Apenas un delincuente. Crimen, castigo y cultura en la Argentina.1880-1955, Buenos Aires, Siglo XXI, 2004.

Pero a medida que avanzamos en el siglo XX, los trabajos sobre historia de las instituciones de seguridad son
contados, mayormente con aportes provenientes de otras
ciencias sociales,[256] con algunas excepciones.[257] Esto, por
supuesto, hasta llegar a lo acontecido más recientemente,
durante los años del terrorismo de Estado de la última
dictadura militar y sus secuelas, sobre lo cual hay más
estudios centrados en la policía, como los señalados al
comienzo, junto a otros relacionados con los dramáticos
resultados que se obtienen de su interacción con distintos
grupos y personas de la sociedad.[258] De allí la necesidad de
estudiar a fondo el devenir histórico de las policías en la
Argentina en general, y la de la Provincia de Buenos Aires
en particular.

Una "nueva" policía para un nuevo siglo

Con la federalización de Buenos Aires en 1880, comenzó una etapa histórica caracterizada por la escisión

---

[256] Tiscornia, Sofía, "Entre el honor y los parientes. Los edictos policiales
       y los fallos de la Corte Suprema de Justicia. El caso de Las Damas de la
       Calle Florida, 1948-   1957", en Sofía Tiscornia (comp.), *Burocracias
       y violencia. Estudios de antropología jurídica*, Buenos Aires, Editorial
       Antropofagia y UBA, 2004.

[257] Kalmanowiecki, Laura, "Origins and Applications of Political Policing in
       Argentina", *Latin American Perspectives*, Issue 111, Volume 27, Number 2,
       2000, pp 36-56; Barreneche, Osvaldo, "La reforma policial del peronismo
       en la Provincia de Buenos Aires, 1946-1951", en *Desarrollo Económico.
       Revista de Ciencias Sociales*, vol. 47, núm. 186, julio-septiembre de 2008,
       pp. 225-248; Barreneche, Osvaldo, "La reorganización de las policías
       de Córdoba y Buenos Aires, 1935-1940", en Beatriz Moreyra y Silvia
       Mallo (coord.), *Pensar y construir los grupos sociales. Actores, prácticas
       y representaciones: Córdoba y Buenos Aires, siglos XVI-XX*, Córdoba,
       Publicación del Centro de Estudios Históricos "Prof. Carlos Segreti" y
       Universidad Nacional de Córdoba, 2008.

[258] Isla, Alejandro, *En los márgenes de la ley. Inseguridad y violencia en el
       Cono Sur*, Buenos Aires, Editorial Paidós, 2007.

de la policía de la Capital y la de la Provincia de Buenos
Aires. Luego que las autoridades provinciales hiciesen
entrega de la ciudad al gobierno nacional, el presidente
Julio Roca designó como primer jefe de la Policía de la
Capital al Dr. Marcos Paz (h). Por su parte, la legislatura
bonaerense sancionó la ley del 13 de diciembre de 1880,
por la cual se "creó" la Policía de la Provincia de Buenos
Aires, confirmando posteriormente como su primer jefe al
coronel Julio S. Dantas, quien ya se venía desempeñando
en el cargo desde los meses previos.   La labor principal
del jefe de policía Dantas durante ese tiempo fue la de
agrupar y organizar las dispersas jurisdicciones del interior provincial. Recorrió muchas comisarías de partido,
buscando llevar a la práctica lo que la nueva legislación
policial bonaerense le exigía, es decir, el reconocimiento
de la nueva conducción centralizada de la institución. Y
para lograrlo, designó comisarios de policía dispuestos a
obedecer a su jefatura, en detrimento de aquellos que re-
signaban su autoridad y su autonomía a los dictados de los
jueces de paz locales. Estos magistrados legos habían desempeñado hasta entonces la doble tarea judicial y policial,
ya sea en su misma persona o a través de la subordinación
de los comisarios de su jurisdicción.[259] Pero a partir de
1880, se pasó a una etapa madura de formación estatal, en
la cual las autoridades ejecutivas buscaron recortar dicho
poder.[260] A pesar de que el nuevo *Reglamento General de
Policía* fue aprobado en 1890, este proceso fue gradual. La

---

[259]   Rico, Alejandra, *Policías, soldados y vecinos. Las funciones policiales
        entre las reformas rivadavianas y la caída del régimen rosista*, Tesis de
        Maestría, Universidad Nacional de Luján, 2008.
[260]   Sobre la labor desarrollada por el jefe de policía Dantas durante dicho
        período, puede verse la biografía compilada por Ismael Bucich Escobar,
        que incluye varios documentos, titulada: *El Coronel Julio S. Dantas
        como militar, como funcionario, como político, 1846-1922*, Buenos Aires,
        Talleres Gráficos Ferrari Hermanos, 1923.

conformación definitiva de una fuerza policial disciplinada y de dimensión provincial iba a darse recién en la segunda mitad del siglo XX.

Los sucesivos jefes de policía, ya desde esta época, procuraron separar definitivamente las funciones de "alta y baja" policía, buscando circunscribir para sí las tareas específicas a la seguridad pública (alta) y transfiriendo todo el resto (baja: control sanitario, asistencia de todo tipo, ordenamiento urbano y edilicio, supervisión de los movimientos de población, cuestiones de familia y minoridad, etc.) a otras agencias estatales. Esto se dio muy lentamente y pudo realizarse, aunque no completamente en el caso bonaerense, a medida que con el crecimiento estatal estas nuevas agencias fueron efectivamente creadas.[261]

Los avances científicos y tecnológicos de esos años fueron conformando un nuevo repertorio metodológico para la investigación criminal que abrió el camino para la futura policía científica. Mientras tanto, la creación de la Comisaría de Pesquisas en 1890 preanunciaba la aparición orgánica de la segunda rama operativa de la agencia estatal de seguridad: la policía de investigaciones. La consolidación de esta especialidad policial reavivó la discusión sobre qué autoridad debía controlar el proceso de investigación criminal y los medios utilizados para ello. Pionero en ese sentido fue el sistema de identificación humana creado por Juan Vucetich en la Provincia de Buenos Aires, que comenzó a aplicarse en la última década del siglo XIX. Luego de su posterior aceptación universal y de gozar de un legítimo prestigio por tan significativo hallazgo, Vucetich no terminó bien sus días en la policía bonaerense. Él opinaba que

---

[261]   Al respecto, puede verse el trabajo de Diego Galeano, "En nombre de la seguridad. Lecturas sobre policía y formación estatal", en *Cuestiones de Sociología. Revista de Estudios Sociales*, núm. 4, invierno de 2007, pp. 102-125.

este sistema de identificación, junto a todos los medios técnicos que se fueran sumando para la investigación criminal, debía quedar bajo la supervisión de las autoridades judiciales. La conducción policial de entonces, por otro lado, creía que este criterio debilitaría la naciente policía de investigaciones y no entendía esta "traición" del sabio Comisario. Así, Vucetich fue pasado a retiro mientras que él y sus discípulos prosiguieron su labor en la Facultad de Ciencias Jurídicas y Sociales de la Universidad Nacional de La Plata.[262]

A pesar de estas autorizadas opiniones en sentido contrario, las pesquisas criminales y el uso de medios técnicos y científicos para dicho fin continuaron en manos de la policía de investigaciones. Contribuyó a esto una noción difundida entonces entre los miembros del Poder Judicial, acerca de que su labor abarcaba especialmente el terreno de lo jurídico y la interpretación de las leyes penales, considerándose como policial toda tarea relacionada con las pesquisas criminales que tuviese lugar de las puertas de los tribunales hacia afuera. Con la reorganización institucional de 1926, la rama de *investigaciones* de la policía provincial quedó consolidada, junto a la *judicial*, la *administrativa* y la *central*, que incluía a toda la policía de seguridad (Inspección General, Cuerpos y Comisarías).[263]

---

[262]   Ver *Revista de Identificación y Ciencias Penales*, Publicación bimestral del Museo Vucetich, Facultad de Ciencias Jurídicas y Sociales. Director: Dr. Luis Reyna Almandos, año I, tomo I, núm. 1, noviembre-diciembre de 1927. La figura de Vucetich iba a ser rescatada posteriormente por las autoridades políticas y policiales bonaerenses, en la década de 1940.

[263]   Decreto del Poder Ejecutivo de la Provincia de Buenos Aires del 26 de mayo de 1926 citado en la *Síntesis histórica de la Policía de la Provincia de Buenos Aires, 1580-1980*, La Plata, Imprenta La Platense, 1981, pp. 226-227.

La policía y los gobiernos fraudulentos durante la década de 1930

Los intentos de centralización de la agencia policial bonaerense tuvieron un retroceso durante los primeros años de gobierno de los conservadores, quienes llegaron al poder mediante el fraude electoral a partir del derrocamiento de las autoridades constitucionales en septiembre de 1930. Estos tiempos distaban mucho de ser políticamente estables. Las disputas entre facciones, las proscripciones y persecuciones políticas implementadas por este régimen requerían de un aparato de control que tenía en la policía a uno de sus pilares. Este control era articulado y ejercido territorialmente, por lo que las policías de cada jurisdicción desarrollaron una gran autonomía, contando con la protección política de los caudillos conservadores locales.[264]

Mientras tanto, a nivel provincial, se sucedían los jefes de policía sin poder estabilizarse en sus cargos y actuar más allá de la coyuntura diaria. Así, entre septiembre de 1930 (mes del golpe de Estado que puso fin al gobierno radical) y febrero de 1936 (cuando Pedro Ganduglia asumió como jefe de policía, designado al inicio de su mandato por el gobernador Manuel Fresco) la policía bonaerense tuvo quince jefes con un promedio de duración de cuatro meses en sus puestos (once de ellos durante la gobernación de Federico Martínez de Hoz entre 1932 y 1935).[265] Entonces, una de las preocupaciones de Fresco fue la de

---

[264] María Dolores Béjar, "La construcción del fraude y los partidos políticos en la Argentina de los años 30", *Sociohistórica, Cuadernos del CISH (Centro de Investigaciones Sociohistóricas)*, núms. 15-16, primero y segundo semestre de 2004, La Plata, Editorial Prometeo y Facultad de Humanidades de la Universidad Nacional de La Plata, p. 65.

[265] Nómina de Jefes de Policía. *Museo Policial "Constantino Vesiroglios"*. Dirección General de Relaciones Institucionales y Coordinación. Ministerio de Seguridad de la Provincia de Buenos Aires.

"corregir vicios" para que las fuerzas policiales en su conjunto respondieran al jefe de policía y al nuevo gobernador, restringiendo su poder autónomo.[266] El gobernador y su jefe de policía Pedro L. Ganduglia, pusieron en marcha una importante reestructuración de la policía provincial que comenzó con una medida drástica: a poco de asumir, en marzo de 1936, todo el personal policial fue puesto "en comisión", quedando entonces supeditada su continuidad en funciones a la evaluación institucional que comenzaba al mismo tiempo.[267]

Las medidas iniciales buscaron que la autoridad del nuevo jefe de policía fuese reconocida. Así, se revocaron todos los nombramientos de empleados hechos en los últimos días de la gestión saliente, a cuyos vínculos políticos y lealtades personales respondían. Se prohibió la concurrencia de policías a los despachos oficiales que, como práctica común de aquellos años, iban a pedir ascensos, promociones, traslados, o ayuda por su situación personal y familiar, haciéndolo directamente en la sede del gobierno e ignorando a la jefatura de policía. Ganduglia también advirtió que no había informes disponibles sobre el funcionamiento de las comisarías y otras sedes policiales, por lo que dispuso que los comisarios inspectores cumplieran

---

[266]   Policía de la Provincia de Buenos Aires, Orden del Día de la Repartición número 13.789 del 20 de febrero de 1936. Al hacerse cargo de la gobernación de Buenos Aires el 18 de febrero de 1936, Manuel Fresco coronaba una trayectoria política de veinte años sirviendo a la causa conservadora. Se había iniciado como diputado provincial bonaerense en 1919 y durante la década de 1920 participó de numerosas luchas políticas (en muchos casos dirimidas a los tiros) en contra de los radicales. A partir del derrocamiento de Hipólito Yrigoyen en septiembre de 1930, pasó a desempeñarse como comisionado y luego intendente del partido de Morón. Allí lo precedió como intendente de facto el Dr. Pedro L. Ganduglia a quien luego designaría como jefe de policía durante su gestión provincial.

[267]   Policía de la Provincia de Buenos Aires, Orden del Día de la Repartición número 13.798 del 4 de marzo de 1936.

con dicha tarea, fijando un cronograma para tal fin.[268] Todas estas medidas sólo podían demostrar una voluntad de ejercer el poder pero estaban lejos de producir algún cambio inmediato en las prácticas policiales cotidianas, lo que se demuestra entre otras cosas por la reiteración de dichas "directivas" en sucesivas publicaciones de la jefatura.

Los comisarios de policía contaban con el apoyo de los políticos locales, cuyos nombramientos les debían y a quienes reconocían como superiores inmediatos. Estos jefes policiales recibían del gobierno provincial el dinero para la paga de sueldos del personal. También recibían algunas partidas de dinero para gastos corrientes y, extraordinariamente, la provisión de armas y vehículos. Todo lo demás se lo procuraban con la asistencia de las autoridades locales a cuya suerte se ataban. La organización institucional hasta entonces respondía a un esquema de funcionamiento donde la mayoría de las medidas y resoluciones de la jefatura de policía tenía plena aplicación en el edificio mismo donde ésta funcionaba, en menor medida entre las comisarías y dependencias del radio de la ciudad de La Plata, y mucho menor o directamente ignoradas por la mayoría de los policías que se desempeñaban en otras jurisdicciones y partidos de la provincia. Ganduglia procuró (sin lograrlo totalmente) que sus órdenes fuesen conocidas por este último y numeroso grupo.

Como se indicó, la labor policial incluía funciones de seguridad, asistencia social, defensa civil, asuntos municipales y tareas sanitarias, sin contar las diligencias judiciales que se llevaban a cabo. Ya desde finales del siglo XIX se debatía sobre la profesionalización de la policía, la cual se entendía como fruto del desprendimiento de todas aquellas funciones que no estuvieran propiamente

---

[268]   Policía de la Provincia de Buenos Aires, Orden del Día de la Repartición número 13.821 del 1º de abril de 1936.

vinculadas a la prevención y represión de delitos. Como las comisarías no podían dejar de atender a todos estos asuntos, los cuales las anclaban a los poderes locales, el Estado provincial apuntó a reforzar otros organismos policiales que dependieran directamente. Tal fue el caso de la policía de investigaciones. Así, la jefatura de la División Investigaciones bonaerense fue ungida, en la figura de su temido jefe Víctor M. Fernández Bazán, con amplios poderes territoriales, de intervención y de control.[269] Si bien el mote de policía "brava" durante estos años no se dio solamente por el accionar de su área de investigaciones, sin duda ésta contribuyó a la difusión de tal calificativo para toda la fuerza policial. El jefe de policía Ganduglia habilitó a la nueva división y a sus grupos operativos para entender en cualquier asunto vinculado a la investigación de los delitos, aun cuando los imputados fuesen policías bonaerenses, levantando las restricciones que existían respecto a la instrucción de sumarios por parte de la policía de investigaciones. Asimismo, se ordenó a los comisarios su deber de cooperar e informar de todo aquello que les fuese requerido por Fernández Bazán o sus investigadores asistentes. Y para confirmar el alcance de estas funciones ampliadas, los grupos de investigaciones golpearon donde más dolía a las policías locales: irrumpiendo en los garitos y lugares de apuestas clandestinas de comisarías donde se "toleraban" estas prácticas ilegales.[270] Evidentemente estas

[269]	Fernández Bazán llegó luego a ocupar la jefatura de policía (del 3 de noviembre de 1943 al 20 de julio de 1944). Véase: Nómina de Jefes de Policía. *Museo Policial "Constantino Vesiroglios"*. Dirección General de Relaciones Institucionales y Coordinación. Ministerio de Seguridad de la Provincia de Buenos Aires.

[270]	Policía de la Provincia de Buenos Aires, Orden del Día de la Repartición número 13.832 del 17 de abril de 1936, sobre represión de los juegos de azar; número 13.845 del 4 de mayo de 1936 levantando las restricciones sobre sumarios para la policía de investigaciones. La amplitud de funciones de la policía de investigaciones fue ratificada con la aprobación

intervenciones eran selectivas y con fines específicos que no incluían necesariamente el objetivo de terminar con las apuestas ilegales, práctica socialmente aceptada en esta época y fuente de financiamiento alternativo de *las* policías, tanto la de seguridad como la de investigaciones.

Al no existir una escuela de policía en ese momento, los nombramientos del personal policial se llevaban a cabo en cada jurisdicción. El objetivo de Ganduglia fue, entonces, establecer mecanismos de ingreso que incluyesen a la jefatura de policía en el circuito de incorporaciones. En este sentido, no parecía importarle tanto la capacitación de ese personal, lo que se hubiese evidenciado en la propuesta de creación de algún tipo de curso de formación o entrenamiento básico. El interés mayor pareció radicar en saber quiénes eran estas personas que se incorporaban a la policía, siendo que muchas de ellas contaban con antecedentes penales o, sin tenerlos, eran en realidad individuos al servicio de facciones políticas locales. Por este motivo, se estableció que no se habilitarían las partidas de dinero para el pago de sueldos de los incorporados hasta que los comisarios no enviasen los datos y las fichas completas de los agentes novatos.[271]

También se exigieron ciertas aptitudes físicas para el ingreso a las filas policiales y se produjo un recuento de todos los agentes en actividad, lo que resultó en un decreto del gobernador con el listado final del personal policial que fue reconocido por cada comisaría. De esta manera, se intentó "depurar" la policía de aquellas personas que cobraban sueldos de la fuerza pero que no cumplían funciones en la misma.[272]

---

de su nuevo reglamento: Orden del Día número 14.052 del 19 de enero de 1937.

[271] Policía de la Provincia de Buenos Aires, Orden del Día de la Repartición número 13.857 del 18 de mayo de 1936.

[272] Policía de la Provincia de Buenos Aires, Orden del Día de la Repartición número 13.975 del 13 de octubre de 1936 sobre aptitud física para el

En 1937 se aprobó el nuevo organigrama policial, salido del reformado reglamento de policía. El mismo tenía un fuerte sesgo centralizador, haciendo depender todo de la figura del jefe de policía, a quien respondían directamente las cuatro ramas en las que se dividió la tarea policial: División Judicial, de Investigaciones, Administrativa y de Seguridad. De esta última dependían las nuevas inspecciones, encargadas de supervisar toda la labor de las comisarías. Y para balancear el poder otorgado a la policía de investigaciones, se estableció que estos comisarios inspectores podían también controlar las seis brigadas de investigaciones distribuidas en el territorio provincial.[273] Esta normativa, muy resistida localmente, procuraba realinear las fuerzas policiales incrementando su dependencia de la jefatura provincial. Sin embargo, los cargos de supervisión creados no resultaron suficientes para quebrar las lealtades locales de los policías, a quienes se les pasó a exigir infructuosamente que presentaran la declaración jurada de su patrimonio, pues "no es necesario abundar en razonamientos para demostrar la conveniencia de obligar a quienes desempeñan funciones tan delicadas a justificar el origen de los recursos con que adquieren [sus] bienes".[274]

---

ingreso; número 13.982 del 21 de octubre de 1936 aprobando la reorganización de la policía provincial por decreto número 252 del 2 de octubre de 1936 (Ley 4.422); número 13.989 del 29 de octubre de 1936 sobre asignación de personal por cada comisaría.

[273]   Policía de la Provincia de Buenos Aires, Orden del Día de la Repartición número 14.040 del 3 de Enero de 1937, difundiendo el nuevo organigrama de la policía; número 14.227 del 26 de agosto de 1937, disponiendo que los Comisarios Inspectores también tienen jurisdicción sobre las Brigadas de Investigaciones; número 14.475 del 7 de julio de 1938, unificando y ampliando funciones de los Comisarios Inspectores.

[274]   Policía de la Provincia de Buenos Aires, Orden del Día de la Repartición 14.093 del 10 de marzo de 1937, sobre declaración jurada de bienes, estableciendo sanciones y medidas expulsivas en caso de comprobarse enriquecimiento ilícito.

Tampoco faltaron nuevas normas que apuntalaran la reorganización en marcha. La legislatura provincial le dio al jefe de policía varias herramientas para este fin. Tal el caso de la Ley 4.646, por la que se creó la carrera administrativa del personal policial, con inserción en las ramas de seguridad, investigaciones, judiciales, administrativa (propiamente dicha) o servicios especiales y técnicos.[275] Se alcanzaba así la estabilidad laboral que la misma gestión de Fresco y Ganduglia había quitado inicialmente al poner a todos los policías en "comisión".

Esta nueva normativa también confirmó la autonomía de la División Judicial de la policía. Por ella se procuraba sustraer de la órbita de la policía de seguridad (y por ende de la gran influencia de las autoridades locales) la instrucción de los sumarios, que habían sido la gran herramienta de poder en manos de los comisarios desde la creación misma de la policía de Buenos Aires a pocos años de la independencia.[276] El gobernador y el jefe de policía conocían esta realidad, y mediante la propuesta de creación de un cuerpo de instructores seleccionados desde la jefatura de policía que se hiciese cargo de la confección de todos los sumarios, buscaban concentrar ese poder en sus manos. Sin embargo, tal como lo señala María Dolores Bejar, la resistencia al proyecto en el ámbito legislativo encontró a la oposición radical y socialista por un lado, y a los dirigentes conservadores por otro, unidos para evitar que tal medida prosperase, logrando entre todos abortar la iniciativa oficial.[277]

---

[275] Policía de la Provincia de Buenos Aires, Orden del Día de la Repartición número 14.344 del 21 de enero de 1938, publicando el contenido de la Ley 4.646.

[276] Este tema ha sido desarrollado en mi libro *Dentro de la ley, TODO. La justicia criminal de Buenos Aires en la etapa formativa del sistema penal moderno de la Argentina*, La Plata, Ediciones Al Margen, 2001.

[277] María Dolores Béjar, *El régimen fraudulento. La política en la Provincia de Buenos Aires, 1930-1943, op.cit.*, pp. 156-157.

La escasa información circulante en las distintas
dependencias policiales constituía una limitación muy
importante para el éxito de las nuevas medidas. Poco o
nada se conocía de ellas territorialmente. Recién en estos
años comenzaba a desplegarse la red de comunicaciones
radiales entre las comisarías de la provincia. En la práctica,
la paga mensual y las eventuales promociones y ascensos,
dependían directamente de las autoridades locales aun
cuando las mismas terminaran decidiéndose en la capital
provincial. En este sentido, la jefatura de Ganduglia buscó
afanosamente contar con información fidedigna sobre el
personal policial en funciones, para poder incidir en forma
más directa sobre sus carreras. Se dispuso recopilar nuevos
datos en los legajos y fichas existentes pero esto no pudo
completarse, como tampoco se logró evitar completamente
los "traslados del personal de cualquier jerarquía sin previa
autorización de la Jefatura".[278]

Hubo un objetivo común entre la conducción policial
provincial y las autoridades políticas y de seguridad a nivel
municipal y local: la persecución ideológica. Una de las
primeras medidas del gobernador Fresco fue la de decretar
la represión del comunismo. La policía pasaría a tener un
rol destacado en dicho objetivo, puesto que de acuerdo al
gobierno "el Partido Comunista se ha infiltrado en diversos
organismos políticos, sociales y culturales aparentemente
inofensivos y especialmente en los sindicatos obreros de
la Provincia".[279] Esta labor desplegada coincidió con una

---

[278]   Policía de la Provincia de Buenos Aires, Orden del Día de la Repartición
        número 14.459 del 10 de junio de 1938, disponiendo que las Secciones
        Legajo Personal y Sección Mayoría de Tropa, Maestranza y Servicio
        compilen datos del personal y armen también el fichero; número 14.516
        del 29 de agosto de 1938 ordenando comunicar traslados internos antes
        de efectivizarlos.
[279]   Policía de la Provincia de Buenos Aires, Orden del Día de la Repartición
        número 13.867 del 1º de junio de 1936 reproduciendo un decreto del
        gobernador sobre represión del comunismo y otras medidas.

convicción arraigada en muchos funcionarios acerca del carácter esencialmente represivo de la policía, cuya principal misión según ellos era la de controlar a la población y, frente al delito, actuar enérgicamente para contrarrestar la "lentitud de la justicia penal y sus consecuencias".[280] Respecto del incremento de estos controles, también se ampliaron los requisitos para la expedición de certificados de buena conducta, indispensables en muchos casos para conseguir empleo. Esto, junto con la continuidad en la producción de un documento de identidad provincial (la cédula de identidad de la Provincia de Buenos Aires) permitió la recolección de huellas dactilares y datos personales, no sólo de los procesados penalmente, sino también de la población civil en general.[281] Este documento de identificación era indispensable para circular en el territorio provincial y debía completarse con la inclusión de cada bonaerense en el "Registro Policial de Vecindad" creado por decreto del gobernador Fresco. La policía habilitó también registros de reuniones públicas, recolectando información sobre estos eventos que se enviaba a distintos niveles gubernamentales.[282] En este sentido, se puede argumentar que la gran recolección de información que exitosamente llevó a cabo a nivel territorial la policía peronista, estuvo preanunciada por una etapa de "sensibilización" de dicho objetivo ocurrida durante la década previa. Parte de esta etapa la constituyó el gobierno de Fresco y la jefatura policial de Ganduglia. Ambas terminaron con la intervención

---

[280] Dr. L. Gámbara, "La represión", *Revista Policial de la Provincia de Buenos Aires*, La Plata, octubre de 1938, pp. 65-69.

[281] Policía de la Provincia de Buenos Aires, Orden del Día de la Repartición número 13.902 del 16 de julio de 1936 sobre normas y requisitos para expedir certificados de buena conducta.

[282] Policía de la Provincia de Buenos Aires, Orden del Día de la Repartición número 14.104 del 3 de marzo de 1937 sobre información que debe volcarse al registro de reuniones públicas.

federal a la Provincia de Buenos Aires el 7 de marzo de 1940, dejando inconclusas muchas de las disposiciones relativas a la reorganización policial, quedando trunco el proceso de centralización que habían comenzado, el cual sería retomado con matiz propio a partir del golpe militar de 1943 y especialmente al inaugurarse el período peronista en 1946. Sería el peronismo provincial, en la etapa histórica posterior, el que finalmente pudo lograr penetrar e incidir en la dimensión local de la gestión policial, volviendo a aplicar y ampliando muchas de las iniciativas pergeñadas durante los años de gobierno conservador.

Policía y peronismo

Muchos fueron los militares que acompañaron el proyecto político del entonces coronel Juan Perón desde el golpe militar de 1943. Uno de los más cercanos, sin duda, fue su compañero de armas Domingo Mercante, quien a partir de 1946 fue electo gobernador de la Provincia de Buenos Aires. Éste, a su vez, designó a otro militar como jefe de policía: el teniente coronel Adolfo Marsillach, el cual llevó a cabo una profunda reforma en la estructura y funcionamiento de la policía de la Provincia de Buenos Aires durante los cinco años y un mes que duró su gestión.[283] Esta reforma no fue ajena al proceso de transformación institucional encarado por el proyecto político del peronismo. A nivel provincial, las claves del cambio de la organización policial fueron la centralización, el reforzamiento de la autoridad jerárquica y el afianzamiento del sistema de escalafones, todo ello

---

[283]   Marsillach fue designado jefe de la policía provincial el 16 de mayo de 1946, ocupando este puesto hasta su renuncia ocurrida el 15 de junio de 1951. Nómina de Jefes de Policía. *Museo Policial "Constantino Vesiroglios".* Dirección General de Relaciones Institucionales y Coordinación. Ministerio de Seguridad de la Provincia de Buenos Aires.

conforme a los lineamientos del orden y la doctrina militar. Uno de los objetivos principales de la reforma fue el de cortar los lazos entre las autoridades policiales locales y los dirigentes políticos (fundamentalmente conservadores y radicales) que actuaban en esos mismos niveles, contactos estos que fueron señalados como la principal causa del alto grado de corrupción policial en aquel momento. Se buscó reorganizar la policía para que respondiese exclusivamente a los lineamientos de la máxima autoridad provincial y se identificase con los postulados del peronismo, o lo que era lo mismo según los reformadores policiales, con los formulados por la "Revolución de Junio" [de 1943].[284] Mas allá de sus limitados resultados en reducir la corrupción a nivel local y cortar los vínculos entre los comisarios y los punteros políticos (que cada vez más pasarían a ser de extracción peronista) la reforma policial de Marsillach y Mercante consolidó un tipo de estructura y gestión policial que perduró por mucho tiempo.

El lenguaje, los gestos y las acciones llevadas a cabo en el inicio de la conducción policial de Marsillach no desentonaron con el carácter fundacional que todo el gobierno peronista quería imprimirle a su gestión. A medida que se ponían en marcha las primeras reformas administrativas y operativas, el nuevo jefe de policía salió a recorrer distintas dependencias policiales de la provincia para imponer su autoridad. Su mensaje pretendía lograr un alto impacto en la conducción policial, buscando la adhesión regional de quienes debían poner en práctica todas las disposiciones que se emitían desde La Plata. Es por eso que, junto a una cruda crítica al pasado institucional y político reciente, invitaba a trabajar "para la Policía del presente y del futuro. Cuando se manda una institución de esta naturaleza

---

[284]   Golpe de Estado del 4 de junio de 1943 que derrocó al presidente Castillo instaurando un gobierno militar.

–afirmaba Marsillach–, no corresponde a la nobleza de los hombres mirar ese pasado".[285] En otras palabras, la corrupción y desprestigio policial que crecieron durante la década de 1930 debían ser erradicados pero lo ocurrido anteriormente no sería revisado por las nuevas autoridades. Este esquema de "borrón y cuenta nueva" ya se había aplicado muchas veces durante los cambios de conducción policial coincidentes con nuevos vientos políticos, aunque ahora representaba un elemento de continuidad frente a un plan de reforma que se postulaba como integral y revolucionario. Analizando los cambios concretos en materia de política de personal y sistema de promociones implementados durante la gestión Marsillach, se ve que el plan implicaba una depuración policial gradual a medida que se pusieran en funcionamiento esos instrumentos administrativos. Sin embargo, este curso de acción dejaba amplio espacio para que antiguos jefes muy vinculados a las prácticas políticas y policiales que la "Revolución de Junio" quería erradicar, se transformasen en los nuevos y dudosos pregoneros del cambio.

A las visitas e inspecciones pronto se agregó la difusión de un "folleto explicativo de la nueva estructuración policial". Se informaba allí la creación de siete Unidades Regionales, "y en cada una habrá un pequeño Jefe de Policía, con todas las atribuciones y responsabilidades del cargo; con personal de Investigaciones, de Seguridad, médicos y hasta Asesores Letrados [incluyendo] funciones sociales".[286]

---

[285] "Hagamos una Policía moderna al servicio del pueblo. Disertación del Señor Jefe de Policía Teniente Coronel Adolfo Masillach pronunciada en la ciudad de San Nicolás el día 22 de Octubre de 1946", *Policía de la Provincia de Buenos Aires. Oficina de Prensa. Período Gubernamental Coronel (R) Domingo A. Mercante, 1946-1950*, La Plata, Talleres Gráficos de Policía, 1946, p. 4.

[286] Expediente J25702. "Nueva estructuración policial; resolución de la Jefatura, estableciendo el procedimiento a seguir [...] en oportunidad

A partir de la reforma de Marsillach la figura de los "Jefes Regionales" se agregó a la lista de los cargos más apetecidos por la conducción superior de la policía provincial. Con asiento original en San Martín, Avellaneda, San Nicolás, Junín, General Pueyrredón, Bahía Blanca y Azul, estos jefes superiores pasarían con el tiempo a tener un control casi total sobre las fuerzas policiales en sus jurisdicciones funcionando como poleas de transmisión o freno, a su propio ritmo, de las modificaciones y reformas provenientes de la jefatura. De hecho, en lo que a seguridad pública se refiere, el jefe regional llegó a tener un poder de decisión e injerencia a nivel provincial mayor que muchos de los intendentes y políticos locales. De esta forma, si bien se iba a cumplir en parte el objetivo de recortar la autonomía de los comisarios en sus puestos de trabajo, el resultado fue transferir parcialmente ese poder a una instancia superior a ésta.[287]

Los lineamientos de la reforma policial de Marsillach tenían una clara fuente de inspiración: la organización del Ejército. De allí que "disciplina" y "cadena de mando" fuesen dos conceptos que se repetirían constantemente en esta etapa. Para desazón del nuevo jefe de policía, y tal como lo pudo comprobar personalmente al inicio de su gestión, en esa fuerza de seguridad "nadie controlaba nada". La respuesta a este tema fue el establecimiento del sistema de controles intermedios y de responsabilidades solidarias que también involucraba a los jefes. Este esquema permitió un mayor compromiso cotidiano con la

---

de recibir los folletos explicativos de la misma". *Orden del Día número 16.866.* Jueves 7 de noviembre de 1946.

[287] La organización policial basada en siete Unidades Regionales fue puesta en marcha en noviembre de 1946 y posteriormente ratificada por el Decreto número 22.349 del Poder Ejecutivo Provincial de fecha 20 de marzo de 1947. Expediente M2140. *Orden del Día número 16.979,* viernes 28 de marzo de 1947.

gestión policial por parte de oficiales y comisarios pero, al mismo tiempo, consolidó una cadena de lealtades y obediencias que redujo en el largo plazo la autonomía de criterios y actuación de los subordinados. "Entiendan que las palabras que les digo a ustedes como Oficiales de Policía –explicaba Marsillach–, son las mismas que hemos escuchado de nuestros jefes cuando nos hemos iniciado en nuestra vida militar. Fíjense qué similitud de ideas y de principios hay entre las dos profesiones".[288] Efectivamente, la policía provincial modelada por el primer peronismo tuvo la impronta de una organización militar, aunque las tareas a desempeñar no eran tan similares como pensaba su jefe. Es cierto que se ponía énfasis en el servicio que la policía debía cumplir para con la sociedad y, en este sentido, se impulsaba la peronización de la fuerza policial. Pero al mismo tiempo, se pretendía lograr esto por el camino de un modelo de organización vertical y rígido diseñado para impermeabilizar al funcionario policial de las influencias de esas mismas fuerzas sociales con las que debía interactuar.[289] En este juego de ideas cruzadas había, empero, un objetivo claro: arrancar de raíz la injerencia que los políticos locales (por el momento y en su mayoría de extracción no peronista) tenían con los comisarios de la zona.

Marsillach también reformó profundamente el sistema de calificaciones y promociones de la policía. Como vimos, la jefatura de policía llevaba registros deficientes de personal, por lo que resultaba difícil el seguimiento de

---

[288] "Hagamos una Policía moderna al servicio del pueblo. Disertación del Señor Jefe de Policía Teniente Coronel Adolfo Masillach pronunciada en la ciudad de San Nicolás el día 22 de octubre de 1946", *op. cit.,* pp. 5-6.

[289] Adolfo Marsillach, "Función social de la Policía", en *Revista de Policía,* Publicación de la Secretaría Técnico-Social de la Jefatura de la Policía de la Provincia de Buenos Aires, La Plata, Talleres Gráficos de Policía, 1950, pp. 11-13.

cada empleado. En realidad, la mayoría permanecía en un único destino durante toda su carrera, especialmente si se trataba de suboficiales. Para los oficiales y comisarios existía una ficha con sus datos personales donde se indicaban los cambios de destino, aunque en muchas ocasiones era más fiable seguir la trayectoria de alguien en particular basándose en los informes del Departamento de Finanzas que registraba el destino al que se enviaba mensualmente cada sueldo. Los listados de ascensos se armaban "a pedido" y era este momento, hacia finales de cada año, donde se podían ver los frutos cosechados por los contactos entre policías y personas influyentes en el gobierno de turno. Justamente para cortar esa injerencia se ideó y aprobó el nuevo sistema de promociones. Se basaba en una nueva "foja de calificaciones" anual que incluía la opinión de dos jefes: el directo y el superior. Por ejemplo, si bien un comisario podía calificar discrecionalmente a sus colaboradores directos, éstos también eran evaluados por el jefe regional. Las notas obtenidas eran promediadas, dando origen a un "orden de mérito" para el ascenso.[290] Finalmente, la decisión recaía en juntas de calificaciones que se reunirían anualmente para evaluar al personal en condiciones de ascenso. Si bien el sistema no eliminaba los "pedidos" al menos estandarizaba el procedimiento haciendo de éstos una excepción y no la regla como hasta entonces.[291]

---

[290]   Expediente J28945. "Foja de Calificación; resolución de la Jefatura aprobando el proyecto de la misma, que en lo sucesivo será incorporada al legajo personal de empleados de la Repartición", *Orden del Día número 16.894*, viernes 12 de diciembre de 1946.

[291]   Los ascensos extraordinarios, fuera de término o por "pedido", continuaron en el caso de los Suboficiales y Agentes. Por ejemplo: Expediente 895, "La inicial del apellido; promoción". *Orden del Día número 17.011*, martes 13 de mayo de 1947.

La política de personal implementada por Marsillach también se basó en el registro minucioso y sistemático de datos de todos los policías. Para ello se llevó a cabo un censo del personal policial entre mayo y julio de 1947.[292] A partir de este censo se comenzaron a compilar datos de los policías en actividad, dando como resultado la conformación de los nuevos legajos de personal que resultaron ser un verdadero compendio sobre la trayectoria institucional de cada integrante de la fuerza de seguridad provincial. Además de una fotografía de cuerpo entero, de la información personal y familiar, y de todos los datos de la foja de servicios que incluía los destinos por donde pasaba durante la carrera policial, el nuevo legajo requería a cada policía la inclusión de una declaración jurada de bienes.[293]

Con el incremento poblacional en la Provincia de Buenos Aires, especialmente en el conurbano bonaerense, la cantidad de efectivos policiales ya había aumentado significativamente durante los gobiernos previos al golpe de Estado de junio de 1943. Esta información coincide con el crecimiento del Estado y del empleo público en general durante la década de 1930. Si bien los datos estadísticos no distinguen entre policías de seguridad (uniformados propiamente dichos) y los del personal de apoyo que trabajaba en tareas técnicas y administrativas, los números globales dan una idea de la evolución de la fuerza efectiva policial. En 1933 contaba con 10.221 agentes llegando a 14.066 en

---

[292] Lamentablemente los valiosos datos particulares recogidos en este censo no han podido ser hallados. Sólo quedó registrado un total de 17.937 efectivos policiales activos en aquel año. Expediente 9.176. "Censo Policial; resolución de la Jefatura aprobando la cédula censal para el personal de la repartición [...] y disponiendo se proceda a levantarlo". *Orden del Día número 17.018*, jueves 22 de mayo de 1947.

[293] Expediente 18.325. "Legajo Personal; resolución de la Jefatura adoptando el modelo presentado por la Comisión designada al efecto y derogando toda disposición que se oponga a la presente". *Orden del Día número 17.278*, miércoles 21 de abril de 1948.

1943, es decir un incremento del 37,6% en diez años de gobiernos conservadores. A partir de 1946 se inició una política de ingresos masiva y claramente dividida entre oficiales por un lado y agentes por otro. En total, ya para 1947 había 17.937 integrantes de la fuerza policial (un incremento del 27% respecto de 1943) y en 1952, finalizando el gobierno de Mercante, esa cantidad ascendía a 19.092 (el 6,4% respecto de 1947 y el 35,7% con relación a 1943).[294]

Más allá de las cifras, del discurso, del incremento de los controles y de los nuevos sistemas de promoción jerárquica, poderosas fuerzas se resistían a los cambios en marcha, o bien los aceptaban en la medida que no alterasen algunas prácticas claves de la labor policial. El dinero mal habido proveniente del juego y las apuestas, de las cuales la policía obtenía parte de sus recursos y de sus salarios, continuó. Llegaron entonces las sanciones, cesantías y exoneraciones para el personal o el comisario a los que se les comprobaba su vinculación con estas prácticas corruptas. De hecho, para Marsillach, el vínculo estrecho entre "la política caudillesca y la Policía" se alimentaba entre otras fuentes de ingreso mediante el juego clandestino. "Si en la Provincia se juega –decía–, es por que el Jefe de Policía deja jugar. Como yo no dejo jugar, si en alguna localidad se explota el juego, es porque el Comisario es quien lo permite".[295] Sin embargo, las apuestas ilegales no pudieron ser controladas totalmente ni mucho menos suprimidas.

La información sobre organización y control de las actividades sociales, pero también políticas y sindicales,

---

[294] "Evolución histórica de la fuerza efectiva de la Policía de la Provincia de Buenos Aires, 1933-2005", en *Departamento Estadística*, Dirección Provincial de Personal de la Provincia de Buenos Aires.

[295] "Hagamos una Policía moderna al servicio del pueblo. Disertación del Señor Jefe de Policía Teniente Coronel Adolfo Masillach pronunciada en la ciudad de San Nicolás el día 22 de Octubre de 1946", *op. cit.,* pp. 9-10.

que aportaba la policía al gobierno de turno, era parte
de una rutina muy anterior al peronismo. Esta fuerza de
seguridad siempre lo había hecho. Sin embargo, las complejidades del desarrollo industrial y las relaciones entre
los trabajadores y el Estado hacían necesaria información
más precisa y actualizada. Por eso se pusieron algunas
pautas de trabajo para superar los meros "adelantos" e
"informes" sobre actividades públicas de todo tipo que
eran enviados por las comisarías a la jefatura de policía. La
reorganizada "División Orden Público" propuso la creación
de ficheros regionales "en el que se registren los gremios
obreros de la jurisdicción" y archivos conteniendo legajos
"con los antecedentes de cada conflicto". Entre los datos a
compilar no debían omitirse los nombres de los dirigentes,
como así también "gremio al que pertenecen y si éste se
halla adherido a una central o es sindicato autónomo".[296]
La formación de legajos se extendió a las actividades y
especialmente a las reuniones políticas, las cuales por
decreto del Ejecutivo provincial debían ser autorizadas y
supervisadas por la policía. Ésta tenía derecho a acceder a
los locales cerrados donde se realizarían los actos además
de los espacios públicos. Aunque los fundamentos de la
medida apuntaban a garantizar la seguridad de cada encuentro político, también dejaban amplio espacio para la
recopilación de información sobre dichas actividades.[297]
    En cuanto a la capacitación de la policía, hubo una
reorganización de los cursos para aspirantes a agentes

---

[296]   Expediente 24.612. "Huelgas o paros de obreros; [...] señalando normas
         para cuando se produzcan conflictos de esa naturaleza". *Orden del Día
         número 17.055*. Lunes 7 de julio de 1947.
[297]   Expediente 10.276. "Decreto número 31.485 del Poder Ejecutivo de la
         Provincia de Buenos Aires del 10 de julio de 1947 [...] reglamentando el
         otorgamiento de permisos a Partidos Políticos, Asociaciones o Personas,
         para celebrar reuniones", *Orden del Día número 17.063.*, viernes 18 de
         julio de 1947.

y oficiales de policía respectivamente. Mientras que la instrucción impartida y la duración de los cursos para ingresos de los primeros se mantuvieron, las exigencias para la incorporación de los segundos se incrementaron. Ya en septiembre de 1946 se aprobó el nuevo programa de exámenes en las incorporaciones para el curso de oficiales del año siguiente que incluyó historia argentina, instrucción cívica, lengua castellana y dactilografía.[298] Claramente Marsillach apuntó a la mayor capacitación del grupo de oficiales, que en líneas generales representaba un tercio de toda la fuerza policial. Se profundizaron las exigencias en la formación inicial de estos nuevos policías en la escuela de cadetes, se prepararon los programas de estudio y cursos que, unos años después, llevarían a la creación de la escuela superior de policía. Mientras tanto, los cursos para ingresar como agentes de policía continuaron siendo de corta duración, con una instrucción basada en la adquisición de conocimientos prácticos que pudiesen poner rápidamente en actividad a los nuevos policías. Como complemento para los suboficiales que ya estaban trabajando, se diseñó un plan de capacitación que debía llevarse a cabo en las comisarías y destinos de cada uno, a cargo del personal jerárquico del lugar.[299] Por ende, la formación de suboficiales y agentes no sufrió grandes modificaciones ni los esfuerzos educativos estuvieron dirigidos a ellos.

La perla de la reforma educativa de la era Marsillach fue el escalafón de oficiales. Es aquí donde se notaba claramente la influencia de la formación militar tanto del jefe de policía como del gobernador, quienes frecuentemente asistían a cuanto acto importante se llevase a cabo en

---

[298]   Expediente E3662. "Escuela de policía; programa de ingreso a la misma", *Orden del Día número 16.828*, miércoles 18 de septiembre de 1946.

[299]   Expediente 12321. "Personal de la Repartición, resolución de la Jefatura aprobando las directivas para la educación e instrucción para el personal...", *Orden del Día número 17.081*, viernes 8 de agosto de 1947.

la escuela de policía dedicada a la formación inicial de los oficiales.[300] Este instituto policial no fue creación del gobierno peronista sino de uno de los tantos interventores del gobierno nacional de la Concordancia que se sucedieron en la Provincia de Buenos Aires entre 1940 y 1942. Este interventor en particular, coronel (R) Enrique Rottjer, se desempeñó también como jefe de policía, una combinación muy apropiada para los tiempos en que la fuerza de las armas y del régimen político fraudulento determinaba los resultados de las elecciones. En el rol de jefe de policía, Rottjer inauguró la escuela de oficiales de policía en agosto de 1941.[301]

La llegada de Marsillach a la jefatura de policía implicó que los programas de estudio de la escuela fuesen reformulados desde 1947, confirmando el curso de dos años de duración, lo que fue aprovechado para producir un recambio considerable en el cuerpo de profesores, muchos de los cuales venían desempeñándose desde gestiones políticas anteriores.[302] Se mantuvieron las asignaturas vinculadas a la enseñanza del derecho junto a materias humanísticas, poniéndose énfasis en el aprendizaje de los principios de la doctrina peronista. Como una parte importante de esta última (en lo atinente al rol de las fuerzas armadas y de seguridad) se acentuó la formación castrense, plasmada

---

[300] Por ejemplo, "En un acto de proporciones se entregaron diplomas a los egresados de la Escuela de Policía. Asistió a la ceremonia el señor Gobernador y altas autoridades. Palabras del Jefe de Policía", en *Revista de la Sociedad de Socorros Mutuos de Policía*, año VI, núm. 69, enero de 1947, p. 11-12.

[301] "Escuela de Policía; su inauguración", *Orden del Día número 15.369*, 12 de agosto de 1941.

[302] Sólo un ejemplo de estos recambios en Expediente 25. "Escuela de Policía; resolución de la Jefatura dando por terminadas las funciones de los profesores de la misma en las cátedras de Geografía y Derecho Administrativo...", *Orden del Día número 17.199*, viernes 9 de enero de 1948.

en la estructura interna de la escuela mediante la creación
de una "secretaría técnico-militar" que supervisaba directamente el nuevo grupo de materias y actividades militares
cuya carga horaria se incrementó significativamente.[303]

De *brava* a *dura*

La reforma policial peronista se dio en un contexto
político de cambio en donde se buscaba reformular las
bases sociales de la Argentina. Ese entorno sin duda sirvió
para que las medidas que se iban tomando tuviesen profundidad y, al menos, alcanzasen los niveles locales de las
comisarías, destacamentos y puestos policiales que hasta
entonces habían conservado un grado de autonomía que
iban a comenzar a perder. Pero esta centralización no fue
un hecho aislado en la policía sino que formó parte de una
tendencia que vemos reflejada en todas las agencias estatales de la época. En tal caso, y debido a la determinación
política con la que se llevó a cabo la reforma policial, la
fuerza de seguridad provincial acompañó y fue funcional
a tal fenómeno. La reorganización de la policía, traducida
en términos de refracción a los contactos con la sociedad
civil, tenía una fuerte inspiración militar para alejar a los
uniformados de la influencia que sobre ellos habían ejercido
políticos y dirigentes sectoriales y locales inescrupulosos,
especialmente durante la década de 1930. Ahora bien, los
jefes policiales habían sido tan funcionales a esa interacción
espuria como tantas fueron las ventajas que obtuvieron

---

[303] "La Escuela de Policía Juan Vucetich, por el Inspector Mayor Alberto
Martín Sosa", en *Revista de Policía*, Publicación de la Secretaría Técnico-
Social de la Jefatura de la Policía de la Provincia de Buenos Aires, La
Plata, Talleres Gráficos de Policía, 1951, pp. 66-71. El nombre de "Juan
Vucetich" a la escuela de oficiales fue también dado durante la jefatura
de Marsillach.

de tales prácticas. De allí que la reforma peronista no les resultaba tan revulsiva: pedía reducir lo primero sin que desapareciese lo segundo. Este proceso de cambio, que no dejó ningún aspecto de la vida institucional sin redefinir, contribuiría a inmunizar a la policía de los sucesivos marasmos por los que pasó la política bonaerense, atendiendo fundamentalmente a su propio interés.

Con la caída de Perón, se produjo la intervención de todas las agencias estatales, incluyendo, por supuesto, la policía bonaerense. Las nuevas autoridades de la "Revolución Libertadora" llevaron a cabo una purga significativa del personal, procurando la *desperonización* de la fuerza. Así, la cantidad de policías se redujo a 17.405 (frente a la de 19.092 de 1952), lo que representó un descenso de casi el 10% de la fuerza efectiva policial. Al mismo tiempo, se modificaron los contenidos de los planes de estudio de los institutos policiales removiendo todas las referencias a la doctrina justicialista, a la justicia social y a la política.[304] Entre otras medidas significativas, se disolvió la Dirección de Orden Público, reemplazándola por un nuevo *Servicio de Informaciones* de la policía (luego identificado con la sigla SIPBA), que se nutrió de los legajos informativos sobre actividades políticas y sociales recolectados durante la etapa anterior.[305] También se incrementó el dictado de *Edictos Policiales* en materia de orden público y restricciones a la libertad de movimiento y de expresión de las personas.[306] De hecho, al poco tiempo del derrocamiento de Perón, la policía parecía alineada a los mandatos de las nuevas autoridades militares. Así puede deducirse del pú-

---

[304] Véase *Orden del Día número 19.282* del 22 de diciembre de 1955.

[305] *Orden del Día número 19.288*, 30 de diciembre de 1955. Al respecto, ver también el trabajo de Patricia Funes, "Medio siglo de represión", *Revista Puentes*, núm. 11, Comisión Provincial por la Memoria, pp. 35-43.

[306] Por ejemplo, *Orden del Día número 19.271* del 6 de diciembre de 1955 y número 19.273 del 9 de diciembre de 1955.

blico reconocimiento y ascensos extraordinarios otorgados por la intervención provincial con motivo de la actuación de dicha fuerza en el sofocamiento de la sublevación de militares y civiles pro peronistas liderados por el general Valle, quienes fueron fusilados en la localidad de José León Suárez en junio de 1956.[307] Siguiendo esa misma línea de "apoyo" a la labor policial y teniendo como trasfondo el incremento de los abusos de autoridad de los uniformados, la jefatura de policía creó una Oficina de Discrepancias, con el objeto de "comprobar la veracidad y consistencia de las diferentes denuncias que se formulan en contra de la Policía".[308] Se iba así cerrando el círculo de protección institucional a través de una estructura de protección legal y administrativa para tal fin.

De esta manera, hacia finales de la década de 1950, se comenzaba a completar el proceso de profesionalización de la policía de la Provincia de Buenos Aires. De allí en adelante, esta fuerza iba a ser *institucionalmente* funcional a los intereses cívico-militares que detentaron el poder desde entonces. Para ello, mutó de *brava* a *dura*, esto es, de una policía que dirimía localmente su espacio de poder a través del ejercicio de una autoridad fuerte y que frecuentemente recurría a acciones extra judiciales para la resolución de los conflictos a cuenta y riesgo de sus propios apoyos políticos, a otra verticalmente estructurada y articulada en toda la provincia que con el aval explícito de las autoridades reprimió sistemáticamente la protesta social y la disidencia política, contribuyendo junto a otros actores políticos y militares a crear las condiciones para la instalación posterior del terrorismo de Estado en la Argentina.

---

[307] Decreto de la Intervención Militar a la Provincia de Buenos Aires número 9.329 del 13 de junio de 1956 publicado en la *Orden del Día número 19.402* del 19 de junio de 1956. Ascensos extraordinarios sobre este mismo tema en la *Orden del Día número 19.414* del 6 de julio de 1956.

[308] *Orden del Día número 19.541* del 11 de enero de 1957.

En esa transición, que abarcó las décadas de 1930, 1940
y 1950, la policía también alcanzó un grado significativo
de autonomía que le permitió negociar exitosamente la
continuidad de sus propios "negocios" (vinculados al circuito de financiamiento ilegal de sus actividades) con los
funcionarios políticos provinciales de turno.

Finalmente, el perfil policial bonaerense para la segunda mitad del siglo XX que emerge de este estudio nos
refiere a la consolidación de un ejemplo de "institución
total".[309] Si bien este concepto ha sido discutido, criticado
y se ha enriquecido con el estudio de otros actores sociales
por fuera del enfoque centrado en lo institucional, algunas
características persistentes y "totalizadoras" de este tipo de
agencias de seguridad continúan siendo pertinentes para
analizar la historia de la policía. Esto es así porque, como
se indicó, todavía no se ha conformado una masa crítica
de pesquisas en el tema. Por ende, también es relevante y
necesario dirigir la investigación hacia el interior de este
tipo de instituciones. Otras voces, por fuera del proceso
histórico de profesionalización policial, deben ahora in-
corporarse a este panorama, cuyo sesgo internista está
dado por las características de las fuentes empleadas. Sin
embargo, no debe desecharse tan tempranamente esta
mirada constitutiva de la "institución total" para un tema
histórico que, en el contexto latinoamericano, aún espera
mayores aportes.

---

[309] Goffman, Erving, "The Characteristics of Total Institutions", *The Goffman
Reader*, Edited by Charles C. Lemert y Ann Branaman, Malden, Blackwell
Publishing House, 1997, pp. 55-62.

Capítulo 7
"Caídos en cumplimiento del deber". Notas sobre la construcción del heroísmo policial

Diego Galeano

> Gracias a los mártires se manifiesta la misericordia de Dios: los muertos fueron vivificados por los vivos, los mártires fueron la gracia de los caídos.
>
> Eusebio de Cesarea, *Historia Eclesiástica* (349-350 d.C.)

Hacia una historia cultural de la policía

"Damos forma a dioses que nos dan forma", escribe Edgar Morin en un libro sobre la barbarie occidental.[310] Este trabajo analiza la formación de una cierta deidad que dio forma a la cultura policial argentina: la figura del héroe. De acuerdo con la tradición mitológica, el héroe es menos que un dios, pero es a la vez algo más que un hombre. El culto heroico en la modernidad conserva la idea de que tiene un *plus*, un exceso, que se convierte en enseñanza moral.[311]

La inclinación heroica de la policía debe estudiarse en relación con su carácter "misional". El vigilante tiene como misión custodiar el sueño de la humanidad, en el sentido más nocturno del concepto, el que lo emparenta con la idea de "vigilia": permanecer despiertos y alerta todo

---

[310] Morin, Edgar, *Breve historia de la barbarie en occidente*, Buenos Aires, Paidós, 2007, p. 15.

[311] Véase Bauzá, Hugo F., *El mito del héroe. Morfología y semántica de la figura heroica*, Buenos Aires, Fondo de Cultura Económica, 1998.

el tiempo, inclusive –o fundamentalmente– mientras los demás duermen. De este modo, la misión implica innumerables sacrificios, como descansar poco y mal, saltear comidas y, en general, consagrar a la institución tiempo que se le quita a las dedicaciones familiares. Así es la vida del policía según la mitología de sus héroes.

La construcción de heroicidad forma parte de la cultura policial. En América Latina, han ido apareciendo trabajos etnográficos sobre diversas fuerzas de seguridad. Casi todos coinciden en la centralidad de la idea de sacrificio, como una categoría que establece una partición entre aquellos que ingresan a la policía por "vocación de servicio", frente a aquellos otros que lo hacen por necesidad laboral. Tensión fundamental en el interior de la institución entre una forma profana de entrar (buscando un empleo seguro) y una forma sagrada (por gusto o herencia familiar).[312] La policía intenta demostrar que atribuye únicamente a la forma sagrada y sacrificial las virtudes propias de un buen agente. La figura del mártir policial, cuya genealogía intentaremos reconstruir, no es otra cosa que el sacrificio llevado hasta sus últimas consecuencias. Como Heracles, el policía sólo tiene un acceso pleno al Olimpo después de su muerte.

Pero antes de entrar en la cuestión de la heroicidad, cabe preguntarse por el significado de la noción de "cultura

---

[312] Frederic, Sabina, "Oficio policial y usos de la fuerza pública: aproximaciones al estudio de la policía de la Provincia de Buenos Aires", en E. Bohoslavsky; G. Soprano (eds.), *Un Estado con rostro humano. Funcionarios e instituciones estatales en Argentina (de 1880 a la actualidad)*, Buenos Aires, Prometeo, 2009. Véase también, limitándonos solamente a publicaciones hispanoamericanas: Sirimarco, Mariana, *De civil a policía. Una etnografía del proceso de incorporación a la institución policial*, Buenos Aires, Teseo, 2009, pp. 142-143; Hathazy, Paul, "Cosmogonías del desorden: el sacrificio de los agentes antidisturbios y el sentido de su violencia", VII Congreso de Antropología Social, Córdoba, Argentina; Suárez de Garay, María E., *Los policías: una averiguación antropológica*, Guadalajara, Universidad de Guadalajara, 2006.

policial". Muchos de los estudios pioneros sobre la policía, gestados en sedes académicas anglosajonas, han optado por emplear el concepto de "subcultura", debiéndole su uso a las investigaciones sobre las relaciones cívico-militares encabezadas por Samuel Huntington en la década de 1950.[313] Según esta visión, al igual que las fuerzas armadas la policía desarrolla una subcultura clausurada y diferenciada de (algo así como) la cultura media de una sociedad, galvanizada por una serie de valores elementales como jerarquía, obediencia, lealtad y solidaridad.[314]

Los primeros estudios latinoamericanos sobre la policía tomaron esta idea para explicar, por un lado, aquello que denominaron el "modelo tradicional", militarizado y autoritario, aparentemente copiado de países europeos, y asimismo su perseverancia en tiempos posdictatoriales.[315] Pero esta extrapolación se mostró demasiado rígida a la hora de transitar investigaciones menos normativistas y con mayor base empírica. Al acercarnos a los policías percibimos rápidamente la inutilidad de la noción de "subcultura". Inclusive si ponemos entre paréntesis la eficacia de sus posibles usos en otros campos, como es el caso de las tribus y pandillas urbanas, debemos reconocer que el concepto reposa en una homogeneización de la "cultura

---

[313] Véase Frederic, Sabina, *Los usos de la fuerza pública: debates sobre policías y militares en las Ciencias Sociales de la Argentina*, Buenos Aires, UNGS / Biblioteca Nacional, 2008.

[314] El trabajo paradigmático sobre los componentes básicos de la subcultura policial fue el libro de Jerome Skolnick, *Justice without trial: law enforcement in democratic society*, New York, Wiley ans Sons, 1966. La idea fue retomada y ampliada por diversos autores como Reiner, Robert, *The Politics of the Police*, London, Harvester Wheatsheaf, 1992, pp. 107-137. Una buena crítica sobre este enfoque puede encontrarse en Monjardet, Dominique, *Ce que fait la police. Sociologie de la force publique*, París, La Découverte, 1996, pp. 156-159.

[315] Sobre el uso de la noción de "subcultura" aplicado al modelo tradicional latinoamericano véase Rico, José M.; Salas, Luis, *Inseguridad ciudadana y policía*, Madrid, Tecnos, 1988, pp. 77-80.

dominante", inventada por esos mismos grupos subalternos en su intento de posicionarse contra ella. Parecería que esa cultura dominante sólo existe en tanto aparece una subcultura que se le opone y, en tal sentido, es difícil encontrar un componente subcultural en una institución que se presenta a sí misma como la guardiana del orden, la moral y la civilización. El policía es –tomando una feliz expresión de Hélène L'Heuillet– un "funcionario de la universalidad ética".[316]

Preferimos entonces hablar de cultura policial a secas. Pero el problema se complejiza más cuando reconocemos que no existe un único prototipo de policía y menos aun un sistema de valores uniformemente válido para todos los agentes. Y no existe nada parecido por dos motivos. Primero, porque aquello que llamamos policía es un conglomerado complejo de diversas áreas de trabajo (policía de seguridad, policía política, policía de investigaciones, policía de fronteras) que no pueden ser subsumidas a ninguna cultura común. Pero, además, inclusive en el interior de esas áreas pueden registrarse fácilmente perspectivas distintas, a menudo antagónicas, en relación con los valores más elementales del oficio. Todo esto no implica licuar la noción de cultura policial en una multiplicidad infinita e irreconciliable de cosmovisiones individuales, sino estudiarla –siguiendo la propuesta de Dominique Monjardet– como un "espacio de debates".[317]

Es en este sentido que pretendemos avanzar hacia una historia cultural de la policía que sea capaz de articular el estudio de narrativas (relatos *sobre* la policía y relatos *de* policías) con el análisis de las rutinas cotidianas de la

---

[316]   L'Heuillet, Hélène, *Basse politique, haute police. Une approche historique et philosophique de la police,* París, Fayard, 2001, p. 325.

[317]   Monjardet, Dominique, *Ce que fait la police. Sociologie de la force publique, op. cit.,* pp. 159-173.

burocracia policial.[318] Un enfoque de este tipo debería ser
capaz de incorporar dos conjuntos documentales que a
menudo son relegados o, al menos, subsumidos a la tiranía
de lo escrito. En primer lugar, fuentes iconográficas como
fotografías, pinturas o grabados. No se trata tanto del deside-
rátum de añadir imágenes a los textos historiográficos (algo
que se hace con bastante frecuencia). La cuestión es evitar
que ese uso se torne meramente ilustrativo. La tendencia a
tomar las representaciones pictóricas como ilustraciones
del argumento propio conduce a una confusión entre la
imagen y el soporte material, y asimismo a una abstracción
de sus inscripciones concretas en relaciones sociales, es
decir, las condiciones de conservación, circulación y acceso a esas imágenes que el soporte material hace posible.

En segundo lugar, aun cuando se cuente con una abru-
madora masa de fuentes, muchas veces enfrentamos el
desafío de diferenciar los papeles que fueron pensados
como intervenciones escritas, ya sean manuscritos (un
diario, una carta) o textos concebidos para enviar a imprenta (como notas en los diarios), de aquellos otros textos
que tenían un destino irremediablemente oral. Cuando no
contamos con soportes fílmicos y sonoros, a veces llegan
a nuestras manos papeles que pueden ser transcripciones
de discursos (por ejemplo, parlamentarios), o inclusive
anotaciones que el propio orador tenía para ayudarse en
su alocución o directamente para leer en público. A veces
ni siquiera lo sabemos.

Sin embargo, nunca podemos perder de vista la cuestión de la oralidad y las especificidades de la retórica.
Veremos que los discursos fúnebres pronunciados en los

---

[318] En una línea cercana al enfoque de este trabajo, el historiador de la
literatura Christopher Wilson propone una "historia crítico-cultural de
la policía". Véase Wilson, Christopher P., *Cop Knowledge, Police Power
and Cultural Narrative in Twentieth-Century America*, Chicago, The
University of Chicago Press, 2000, p. 12.

entierros de policías constituyen un buen ejemplo para entender esta dimensión. Si los interpelamos únicamente por su contenido, dejamos de lado la arquitectura de elementos contextuales, e inclusive toda una trama de subtextos, que sustentan al discurso y le otorgan sentido. No podemos abandonar del todo ese esfuerzo de reconstrucción, aunque a diferencia de un estudio etnográfico hayamos perdido el acceso a las prácticas gesticulantes que acompañan a la argumentación, los ademanes, el tono de voz y todo lo que constituye el *physique du rôle* del orador.

Interpelaremos así a la figura del héroe como una puerta de acceso a una cultura policial en constante movimiento, intrínsecamente controversial.[319] Proponemos un examen de la cuestión del heroísmo policial basado en un análisis más detenido en los casos de las policías de la ciudad y Provincia de Buenos Aires, y en algunas evidencias extraídas de fuentes de otras policías provinciales. En este caso, vale la exhortación –siempre latente– para no

---

[319]   Existen otros estudios sobre el heroísmo policial. Por ejemplo, Blaney muestra que durante la Guerra Civil Española existió una división en el interior de la Guardia Civil, entre los defensores del orden republicano y los sublevados del "alzamiento nacional". Luego de derrocada la Segunda República, la historiografía oficial de la Guardia Civil intentó glorificar a los muertos de un solo bando, dejando por fuera a los policías muertos en defensa del régimen constituido. Blaney, Gerald, "Unsung Heroes of the Republic? The Civil Guard, the Second Republic and the Civil War, 1931-1936", en M. Heiberg y M. Pelt (dirs.), *New Perspectives on the Spanish Civil War after the End of the Cold War*, Copenhagen, Copenhagen University Press, 2006. La misma cuestión aparece en la Italia de la posguerra, adonde la figura del Carabinieri D'Acquisto se convirtió en el prototipo de heroísmo patriótico de los policías que sacrificaron sus vidas durante la resistencia a la ocupación alemana. En 1943 los ocupadores decidieron ejecutar veintidós prisioneros italianos en represalia por un ataque y el Brigadier D'Acquisto ofreció su propio cuerpo en sacrificio a cambio de la vida de los prisioneros. Véase Emsley, Clive, "Policemen on a dark continent in an age of extremes", en G. Oram (ed.), *Conflict and Legality: Policing mid-twentieth-century Europe*, London, Francis Boutle, 2003, pp. 192-212.

extender conclusiones sobre Buenos Aires al resto del país, en ese gesto que se asocia inconfundiblemente a cierto colonialismo académico. Pero el problema es más amplio: la cultura policial participa de una trama de circulaciones internacionales y a lo largo del siglo XX cada institución policial se sentirá un nodo de una amplia red que le hace la "guerra al crimen". Por eso se notará en este trabajo cierto desparpajo territorial que lleva de un paralelo entre la ciudad y la Provincia de Buenos Aires, a cierta mención de la Provincia de La Pampa; y que salta, sin mayores aclaraciones, a comparaciones con la policía parisina.

Lo cierto es que en la segunda mitad del siglo XIX, sucesivas reformas institucionales en la Policía de Buenos Aires involucraron estrategias de delimitación del oficio policial y definición de una identidad profesional. Los reformadores procuraron especificar lo que significaba ser policía y transmitirlo a los agentes subalternos. Los vigilantes, cabos y sargentos encargados del servicio de calle eran frecuentemente criticados por la prensa gráfica por sus "abusos" y "excesos" –insultos, embriaguez, riñas– en la vía pública. A comienzos de la década de 1870, los altos funcionarios de la jefatura y algunos comisarios escribían en la revista policial en respuesta a esos cuestionamientos, replicando que el principal obstáculo para construir una policía moderna era la humilde procedencia social de sus agentes de calle.[320]

¿Por qué el digno puesto de vigilante –preguntaban– era ocupado exclusivamente por sujetos de dudosas cualidades morales? ¿Por qué su destino irremediable era acabar exonerado en poco tiempo por alguna falta de conducta, si es que no desertaba antes por cuenta propia? Los policías más

---

[320] Gayol, Sandra, "Entre lo deseable y lo posible: perfil de la policía de Buenos Aires en la segunda mitad del siglo XIX", *Estudios Sociales*, año VI, núm. 10, primer semestre de 1996.

ilustrados señalaban dos asuntos para explicar este cuadro. Por un lado, consideraban que los salarios eran bajos y no compensaban los esfuerzos de un trabajo incómodo y riesgoso. Por el otro, entendían que el pueblo era hostil a la policía, así como era en general reticente a la hora de cumplir las leyes. Pocos porteños aceptaban enrolarse en un puesto mal pago y raramente respetado. Y quienes lo hacían, abandonaban el trabajo a la primera oportunidad que se les presentaba en el mercado. La dinámica del mundo de los trabajadores poco calificados, de donde procedían los vigilantes, entraba en tensión con cualquier proyecto de formación de un cuerpo estable de agentes que permaneciera el tiempo suficiente para aprender el oficio y desarrollar una carrera.

Pocos incentivos salariales y baja estima social: el culto a los héroes policiales atendía directamente esos dos problemas. Servía para exhibir al gobierno la dignidad de un oficio que no era reconocido en términos presupuestarios y también para mostrar a la sociedad los sacrificios del trabajo cotidiano de los policías. Sus ritos pueden ser leídos como una estrategia institucional para producir y reproducir una cierta cultura policial, un modo de ser policía y una mirada particular sobre el mundo social. Analizar los prototipos de heroicidad venerados permitiría así comprender la formación de modelos que se difundían como horizontes, más o menos inalcanzables, del policía ideal.

Detectives y mártires

El héroe policial se formó como una suerte de deidad con dos caras. La primera es una figura detectivesca, articulada en torno al modelo del investigador, el policía que descubre la trama de un crimen después de una tenaz pesquisa. La segunda es una figura necrológica y sacrificial condensada en la fórmula religiosa del mártir, el policía inmolado en enfrentamiento con el "mundo del delito". Una invita a imitar el célebre paradigma del detective urbano, otra ofrece sus virtudes como un don a través del ejemplo de su muerte. Detectives y mártires fueron las principales representaciones del heroísmo policial en la Argentina: intentaremos mostrar cómo ambas coexistieron en periódicos, revistas de policía, memorias y cómo, en ciertas coyunturas, una de las dos adquirió mayor visibilidad que la otra.

El paradigma del detective se difundió muy tempranamente. Las instituciones policiales contemporáneas ostentan burocracias específicamente abocadas a la investigación criminal; ya sea que se adopte –como en Brasil– un esquema de separación entre una "policía militar", encargada de la regulación del orden y la seguridad en las calles, y una "policía civil" dedicada a las tareas de investigación de delitos; ya sea que se instituya una sección de investigaciones dentro de la estructura de gobierno de cada policía distrital, como sucede en Argentina. El modelo de policía de investigación empleado en las principales fuerzas de seguridad argentinas fue el resultado de un largo proceso de diferenciación y especialización de esferas de acción.

Durante las primeras décadas del siglo XX se fue consolidando una Sección de Investigaciones en la Policía de la Capital, que había sido creada en 1897. Ese mismo año comenzó a publicarse la *Revista Policial*, en lo que se llamó su "tercera época", luego de dos fugaces tentativas previas.[321] La coincidencia no es totalmente casual: al igual que sus

---

[321] La idea de la "tercera época" pertenece a los editores de la *Revista Policial* que se publicó entre 1897 y 1939. Según esta idea, la "primera época" corresponde a la *Revista de Policía* editada entre 1882 y 1883 por un grupo de comisarios, y la "segunda época" a la *Revista de la Policía de la Capital*, en este caso una publicación institucional que la jefatura de policía financió entre 1888 y 1890. Esta periodización omite

antecesoras, esta revista fue producida por la fracción más erudita de la policía porteña, la misma que siempre se manifestó sensible a la incorporación de novedades policiales traducidas de otros lugares, fundamentalmente de países europeos.

La sección de investigaciones se sustentó desde el inicio en diversos saberes provenientes de la "policía científica". Aunque, pese a sus intentos por detentar cierto estatuto científico, las nociones de "policía técnica" y de "criminalística" lograron más consenso a la hora de denominar esta disciplina que sería con el tiempo incorporada al diseño curricular de las escuelas de policía. Es que no se trataba, como en el caso de la criminología italiana, de una disciplina abocada al estudio de las causas y determinantes del comportamiento delictivo. Los saberes técnicos que auxiliaban la investigación policial se concentraban en la reconstrucción de las circunstancias que rodeaban a un crimen (develando el significado de cierta huella, analizando manchas de sangre a menudo imperceptibles, interpretando la posición de un cadáver o la eventual trayectoria de una bala) y asimismo intentaban resolver el enigma más elemental de cualquier pesquisa: determinar fehacientemente la identidad del delincuente.

En el campo de saberes aplicados a la identificación, América del Sur y en particular Argentina tuvieron una posición ciertamente protagónica en el concierto mundial de policías. Buenos Aires fue la primera en adoptar oficialmente el sistema antropométrico que Bertillon inventó siendo jefe del servicio de identificación de la policía parisina. Pero, sobre todo, el protagonismo vendría de la mano del método dactiloscópico desarrollado

---

la existencia de dos revistas anteriores: *La Revista de Policía* (1871-1872) y su continuadora *Anales de Policía* (1872).

por Juan Vucetich en la Policía de la Provincia de Buenos
Aires. En poco tiempo, la dactiloscopia se convirtió en
el "sistema argentino" que las policías sudamericanas
incorporaron en reemplazo del *bertillonage* y que, a
lo largo del siglo XX, fue aceptado por las principales
policías del mundo.[322]

Nutrida de estas técnicas, sintiéndose frecuentemente
a la vanguardia de la criminalística internacional, la policía
de investigaciones de Buenos Aires (tanto ciudad como
provincia) fue monopolizando las tareas de auxiliar de
justicia en el terreno de la averiguación de antecedentes,
pericias en el "lugar del crimen", interrogatorios y vario-
pintas prácticas de detección. Ese monopolio fue en detrimento de una atribución que, inclusive desde antes de
la creación de la Policía de Buenos Aires, estaba en manos
de los comisarios de sección.[323]

Uno de los comisarios más reconocidos durante el
período de la Policía de la Capital era Laurentino Mejías,
también llamado "decano de la policía", por su larga carrera
en la institución. Después del retiro, dedicó su tiempo a
escribir unas memorias policiales que publicó en diversos
libros con buena repercusión.[324] Mejías vivió como comi-

---

[322]   Véase García Ferrari, Mercedes, "Juan Vucetich. Una respuesta desde
        la dactiloscopía a los problemas de orden y consolidación de la Na-
        ción Argentina", en Máximo Sozzo (coord.), *Historias de la cuestión
        criminal en la Argentina*, Buenos Aires, Ediciones del Puerto, 2009,
        pp. 225-243.
[323]   Aunque el Departamento de Policía fue creado en 1822, los comisa-
        rios de barrio –con diferentes denominaciones– existieron desde la
        segunda mitad del siglo XVIII. Se trata de una autoridad con una vasta
        genealogía, encargada de regular el orden público en un distrito de la
        ciudad y de perseguir a los sospechosos por delitos cometidos en su
        sección.
[324]   Los libros de Laurentino Mejías son: *La policía por dentro* (vol. 1, 1911;
        vol. 2. 1913); *Policíacas* (1927); *Del Parque a la Casa Rosada* (1930) y
        Coronel Luis J. García (1936). Borges incluyó cuentos de este autor en
        las compilaciones *El compadrito* (1945) y *El matrero* (1970). Véase Ga-

sario esa transformación que se produjo, hacia finales del siglo XIX y comienzos del XX, en el terreno de la investigación de crímenes.

Cuando entró a la Policía de Buenos Aires en la década de 1870, brillaba en todo su esplendor el modelo del comisario detective. En 1911 escribía páginas nostálgicas sobre lo que llamaba la "escuela empirista", un pasado que recibía ese nombre en oposición a la nueva policía de investigaciones. Esa vieja escuela se basaba en las cualidades personales de cada comisario. Los héroes de las pesquisas más resonantes eran aquellos que se guiaban por las intuiciones del "olfato policial" para buscar a alguien en la ciudad y por aquella capacidad que Mejías llamaba "retentiva", habilidad para memorizar y reconocer los rostros de los sujetos.[325]

La escuela empirista tenía su héroe y maestro: era la época del reinado de Francisco Wright al frente de la comisaría primera, a quien Mejías llamaba el "gran fisonomista". Sus colegas redactores de la revista *Anales de Policía* lo describían como un ser "dotado de una natural afición a inquirir", un policía inclinado a "pesquisar con tino y perseverancia todos los detalles por insignificantes que sean" para dar con el autor de un delito.[326] Wright llegó a convertirse en un personaje de las sagas de folletines populares de Eduardo Gutiérrez, siempre encarnando el papel de exitoso investigador policial. Utilizando casi las mismas palabras que los policías, el folletinista elogiaba al gran comisario por sus dotes de sabueso "penetrante y

---

leano, Diego, "El decano de la policía. Laurentino Mejías y la autoridad del comisario en la ciudad de Buenos Aires", en *Signos*, vol. 4, Buenos Aires, en prensa.

[325] Mejías, Laurentino, *Policíacas (mis cuentos)*, Buenos Aires, Tor, pp. 53-69.

[326] *Anales de Policía*, tomo 1, entrega II, Buenos Aires, 15 de septiembre de 1872, p. 34.

sagaz", al modo de los mejores detectives de ficción, "incansable para todas aquellas pesquisas que sus colegas reputaban imposibles".[327]

Sin embargo, Wright no era el único que había ganado un lugar en los diarios en calidad de héroe detectivesco. Varios comisarios aparecían en estos años en la prensa gráfica cada vez que resolvían un delito. En los casos más resonantes (asesinatos dramáticos, falsificaciones de billetes) podían recibir condecoraciones de los vecinos y de instituciones públicas. Lo mismo sucedía con el jefe de la policía, Enrique O'Gorman, a quien la prensa indicaba frecuentemente por sus virtudes en la persecución de ladrones y falsificadores célebres.[328] Sin embargo, si la figura de este jefe fue revestida de alguna heroicidad, no tuvo que ver con sus dotes de inquisidor sino con su intervención durante la recordada epidemia de fiebre amarilla de 1871.

El memorial porteño lo coloca en el altar de los sacrificados por el bien común, al lado de la Comisión Popular que un grupo de masones había formado para auxiliar a los enfermos, ante la ausencia de médicos y funcionarios municipales, a quienes se acusaba de haber huido a la campaña en busca de aire fresco. En todos los libros que recuerdan la epidemia se recoge el nombre de O'Gorman, en una suerte de repetición hiperbólica que nació ese mismo año, cuando el frío del invierno acabó con la propagación de la enfermedad. Se hablaba de una ciudad abandonada por las autoridades y despoblada por la migración de las elites hacia la periferia norte. En esa situación, la policía

---

[327] Gutiérrez, Eduardo, *Los grandes ladrones*, Buenos Aires, Imprenta de La Patria Argentina, 1881, p. 75.

[328] Véase, por ejemplo: *Anales de Policía*, tomo 1, entrega I, Buenos Aires, 15 de agosto de 1872, p. 3; "El Sr. O'Gorman, Jefe de Policía", *La Tribuna*, sábado 2 de octubre de 1869; y "Otra gran falsificación descubierta", *La Tribuna*, domingo 3 de octubre de 1869.

fue la depositaria de la "abnegación heroica" en lucha
contra la muerte.

Pero lo más importante de la masa de discursos que
circularon desde el momento en que la epidemia comenzaba a disiparse, cuando aún los policías continuaban tras-
ladando cadáveres a los cementerios, no fue exactamente
la glorificación de O'Gorman. Por primera vez, apareció
en la revista policial una reacción de varios policías que
reclamaban un reparto más justo del heroísmo, que no sólo
abarcara al jefe sino también a toda la pirámide policial.[329]
Más aun, entendían que los verdaderos héroes no eran ni
el jefe ni los policías escritores que tomaban la pluma para
hacer este reclamo, sino los vigilantes muertos durante la
epidemia por el contacto directo con los infectados. Ellos
eran los sacrificados, los mártires anónimos, los héroes
oscuros del trabajo cotidiano en la calle.

La epidemia de 1871 produjo un quiebre fundamental:
fue la puerta de entrada de los "caídos en cumplimiento
del deber", una figura que con el tiempo se colocaría en el
centro de la cultura policial. Superaba al detective gracias a
su potencial necrológico, ese *plus* de heroicidad que siempre rodea a la muerte. En la literatura popular, el detective
urbano tenía como contrafigura heroica al gaucho malo
y perseguido, que alcanzaba el ápice de su fama cuando
moría en manos de la autoridad estatal. El ascenso de los
policías caídos coincidió también con el triunfo del héroe
gauchesco (Juan Moreira, Martín Fierro) y con la difusión
cada vez más masiva de épicos detectives privados (Sherlock
Holmes, Sexton Blake).[330]

---

[329]   Para ampliar esta cuestión véase Galeano, Diego, "Médicos y policías
durante la epidemia de fiebre amarilla (Buenos Aires, 1871)", *Salud
Colectiva*, vol. 5, núm. 1, Buenos Aires, enero-abril de 2009, pp. 107-120.

[330]   Desde la década de 1870 se publicaban en periódicos porteños folletines
de detectives, como la saga de Edgar Allan Poe sobre Auguste Dupin
o las novelas de Emile Gaboriau protagonizadas por Monsieur Lecoq.

El comisariato se alejó un poco, nunca del todo, de las primeras planas de las pesquisas criminales, aunque casi simultáneamente mantuvo su presencia en la prensa gracias a las sospechas que señalaban a los comisarios, de la ciudad y fundamentalmente de la Provincia de Buenos Aires, como nodos de redes territoriales de negociados espurios. Muchas veces, esta resignificación se traducía en términos de una mutación de los criterios de heroísmo policial. Así podríamos leer un relato del escritor Godofredo Daireaux, titulado "Policía patriarcal", donde el narrador construía la historia de un comisario de la bonaerense que estaba muy lejos de aquellos que luchaban "contra gauchos alzados y cuatreros peligrosos", y que en su trabajo "ya no sacaba del tirador cuchillos sino pesos".[331]

En suma, hacia fines del siglo XIX comenzó a producirse un cambio en el discurso del heroísmo policial. El detective fue perdiendo terreno y visibilidad por un doble movimiento que afectó la relación entre la cultura policial y la cultura popular. En primer lugar, la consolidación de una sección de investigaciones de carácter centralizada tendió a quitarles protagonismo a los comisarios en la intervención ante delitos que acontecían en sus propias jurisdicciones y a la vez privilegió la formación de un plantel de agentes más bien sigilosos, cuyo valor central era el secreto, aunque esa discreción nunca llegara a ser completa. En segundo lugar, se impuso la figura anglosajona del detective privado. Sherlock Holmes devino el modelo de heroísmo

---

Pero las historias de mayor caudal de lectores fueron la de detectives privados de corte anglosajón, que se publicaron por entregas en los diarios y entraron en la industria de los libros baratos de comienzos del siglo XX. Véase Galeano, Diego, *Escritores, detectives y archivistas. La cultura policial en Buenos Aires, 1821-1910*, Buenos Aires, Biblioteca Nacional / Teseo, 2009, pp. 79-90.

[331] Daireaux, Godofredo, *Recuerdos de un hacendado*, Buenos Aires, Biblioteca de La Nación, 1916, p. 139.

detectivesco, un héroe del raciocinio, alejado de las armas
y del uso de la fuerza física, un héroe que a diferencia de
los caídos raramente "ponía el cuerpo" en la pesquisa.

Iconografía de los caídos

El culto a los muertos comenzó a ocupar cada vez mayor espacio en la cultura institucional, llegando a plasmarse
en una frase que los policías consideraban una suerte de
consigna sagrada: "Dar la propia vida por la vida ajena".
El espacio discursivo de los caídos tenía mucho de recur-
sividad y repetición de fórmulas. La *Historia de la Policía*
escrita en la década de 1930 por Ramón Cortés Conde, por
ejemplo, volvía sobre la épica de O'Gorman y la epidemia
de fiebre amarilla de 1871, pese a los años que habían
transcurrido. En el típico tono edulcorado de las historias
oficiales, el subcomisario destacaba la vocación de servicio
del jefe de policía y de sus subordinados, cuyas filas habían
terminado "raleadas por la epidemia".[332]

La evocación de 1871 fue por muchos años un bastión
en la construcción de esta figura de héroe policial tan estrechamente vinculada con la muerte. Pero la originalidad
del relato de Cortés Conde no estaba situada tanto en el
repaso de los rasgos épicos de la epidemia. Más bien habría
que buscarla en el énfasis sobre la figura de los subalternos
muertos por el contagio de la enfermedad, lo que dejaba
un poco de lado a la heroización O'Gorman.[333] De hecho,

---

[332]   Cortés Conde, Ramón, *Historia de la Policía de la Ciudad de Buenos
        Aires. Su desenvolvimiento, organización actual y distribución de sus
        servicios*, Buenos Aires, Biblioteca Policial, 1937, pp. 110-111.
[333]   En su historia de la policía, Francisco Romay repitió esta operación
        de Cortés Conde: "La policía de Buenos Aires, mientras la mayoría de
        los habitantes huía a la campaña, permanecía en su puesto de lucha
        y sacrificio y sus hombres caían inmolados en el cumplimiento de su

el autor culminaba el libro con un reconocimiento hacia "aquellos que ofrendaron su vida en el altar del deber", agentes de todas las jerarquías que habían caído "en la lucha diaria contra la delincuencia", sellando su paso por la institución con "un magnífico ejemplo de abnegación que como una estela luminosa marca rumbos y fortifica los ánimos en las horas de prueba".[334]

La densidad emotiva del homenaje se explica, en parte, por los destinatarios de la publicación. El libro había sido encargado por resolución del jefe de la policía y es probable que Cortés Conde pretendiera agradar con sus palabras a las altas planas. Pero más allá de los ejercicios de retórica institucional, no puede obviarse la dimensión que había adquirido el culto a los caídos.

Es preciso detenernos aquí en los rituales concretos que envolvieron a este culto. Tal como adelantamos al comienzo, cualquier historia cultural de la policía debería incorporar fuentes iconográficas en sus inscripciones materiales y dimensiones contextuales, así como también prácticas de oralidad teniendo en cuenta sus marcos afectivos, complicidades colectivas, sistemas de miradas y gestos.

Entre las páginas sobre los muertos policiales, Cortés Conde incluía una fotografía del "monumento al agente caído en cumplimiento del deber". Esta estatua había sido inaugurada en la Recoleta alrededor de 1919, en conmemoración a los diez años del célebre atentado de Simón Radowitzky, en el que murieron el jefe de policía, Ramón Falcón, y su secretario privado, Juan Lartigau.[335]

---

deber". Romay, Francisco, *Historia de la Policía Federal Argentina*, tomo V, Buenos Aires, Biblioteca Policial, 1966, p. 46.

[334]   Cortés Conde, Ramón, *Historia de la Policía de la Ciudad de Buenos Aires*, Op. Cit., p. 454.

[335]   "Falcón", en *RPC*, año XXI, núm. 480, Buenos Aires, 16 de junio de 1918, pp. 249-250.

Imagen 1. Monumento al caído en cumplimiento del deber
Fuente: Ramón Cortés Conde, *Historia de la Policía de la
Ciudad de Buenos Aires* (1934).

Colocada allí, en el aristocrático barrio de la Recoleta,
dentro de una plazoleta cercana al Cementerio y a la esquina del atentado, la estatua se erigió como uno de los
lugares de ceremonia en los rituales en honor a los caídos.
Aunque en el pedestal aparece destacado en relieve el
rostro y nombre de Falcón, la escultura en sí misma es más
bien alegórica: dos figuras anónimas que se toman de la
mano, una arrodillada, con la mirada apesadumbrada hacia
abajo, y la otra de pie, con sus alas desplegadas, lanzando
una mirada desafiante al cielo. Uno es el caído, el otro su
ángel protector.

La fórmula expresiva del ángel representa no sólo al protector del policía abatido, sino también al mensajero.[336] Su mensaje indicaba que el oficio policial no era un trabajo como cualquier otro, sino una misión que requería vocación de servicio e innumerables sacrificios. Y la consecuencia última de este oficio sacrificial era entregar la propia vida como un don. Morir en cumplimiento del deber. No era una consecuencia irremediable, pero había que estar preparado para recibir la noticia fatal o –como escribía en 1911 un redactor de la revista policial– esperar la llegada del "turno".[337] Otro redactor se mostraba aun más vehemente y fatalista cuando argumentaba que los caídos eran una secuela inevitable de la exigencia de orden público en las sociedades civilizadas. Era necesario sacrificar hombres para cumplir con la misión policial. No quedaba otra salida que aceptar ese destino.[338]

Pero aceptarlo no equivalía a ignorar resignadamente esas muertes, eludiendo aquello que se entendía como un mensaje cifrado en el sacrificio. Por el contrario, era preciso rodearlas de los rituales más enérgicos y sobrecargados de significantes. Después del asesinato de Falcón, se publicaban cotidianamente historias de agentes caídos, simples vigilantes de calle, deslizando críticas por la inacción de las autoridades

---

[336] Para dar cuenta de los motivos del ángel y del caído, empleamos aquí la noción de "fórmula expresiva" en el sentido de la escuela warburguiana de historia del arte y la cultura. La categoría de *pathosformeln* era usada por Aby Warburg para referirse a aquellos conglomerados de formas significantes que concentran aspectos centrales de una determinada cultura. Aunque estén asociadas a sentimientos (*pathos*), esas fórmulas tienen un carácter histórico, es decir, no deben ser interpretadas como constantes antropológicas. Véase Burucúa, José E., *Historia, arte, cultura. De Aby Warburg a Carlo Ginzburg*, Buenos Aires, Fondo de Cultura Económica, 2003, pp. 28-29.

[337] Así se refería a propósito de la muerte de dos agentes de calle, a quienes les había "tocado el desgraciado turno como abnegados servidores". "Víctimas del deber", *RPC*, núm. 333, Buenos Aires, 1º de abril de 1911, p. 182.

[338] Véase "Ramón Pérez", *RPC*, núm. 342, Buenos Aires, 1º de agosto de 1911, p. 52.

políticas y de los jueces. Lo más notorio de esta profusión necrológica fue la insistencia en esos mártires subalternos que antes habían quedado en el más completo anonimato.

¿Cómo explicar la novedad? ¿Cómo explicar la hipérbole del héroe subalterno? Es preciso, para ello, prestar atención a un proceso previo, iniciado en las últimas dos décadas del siglo XIX: el ascenso del mutualismo policial. Se trató de una vasta red de recompensas y auxilios a los agentes que surgió como iniciativa de las cúpulas.[339] Alejado de la restringida crítica a la procedencia social de los agentes que imperaba a mediados del siglo XIX, el jefe de la policía enviaba en 1888 un proyecto al gobierno para premiar la "constancia en el servicio", los recurrentes sacrificios, "actos de abnegación" y "servicios extraordinarios" brindados por los policías.[340]

Unos años más tarde Alberto Dellepiane, comisario y colaborador de la revista policial, invitaba a los periodistas a hacer propaganda en favor de los subalternos. Aunque compartía la vieja idea de la base policial, enfatizando que los "modestos servidores de la institución" eran seres "nacidos y educados generalmente entre los elementos populares", se distanciaba del discurso crítico de algunas décadas atrás, pedía mejorar sueldos y condiciones de vida. Se trataba de

---

[339]   Aunque es imposible profundizar aquí el análisis de este tema del mutualismo, mencionemos que en el Archivo del Congreso Nacional se conservan innumerables pedidos de reconocimiento de pensiones por servicios prestados en la policía a partir de los últimos años del siglo XIX. Del mismo modo, en el Archivo General de la Nación, dentro del fondo del Ministerio del Interior (del cual depende primero la Policía de la Capital y luego la Policía Federal Argentina), encontramos varios legajos en los cuales la policía solicita autorización al gobierno nacional para indemnizar a algún vigilante herido de bala o a la familia en caso de muerte. En general estos pedidos eran aprobados. Véase, por ejemplo: AGN-Archivo Intermedio, Fondo del Ministerio del Interior-Expedientes generales (1867-1946), Leg. 17 (1902) y Leg. 248 (1902).

[340]   "Recompensa a los agentes de la Policía de la Capital", en *Revista de la Policía de la Capital* (segunda época), año 1, núm. 1, Buenos Aires, 1º de junio de 1888, pp. 8-9.

una defensa fervorosa del agente policial que buscaba abrigarlo como las alas del ángel, envolverlo en una red social integrada también por los vecinos "amigos de la policía."[341]

El siglo XX comenzó con un avance incesante de un mutualismo que giró en torno de la Caja de Socorros de Policía y Bomberos de la Capital. Desde ahí salió la iniciativa para organizar varias colectas y fiestas que buscaban juntar recursos para construir un panteón para los caídos. Ese tipo de eventos convocaban a la "familia policial" y a muchos simpatizantes. Las celebraciones se hacían en grandes teatros de los principales barrios de la ciudad. Incluían actuaciones de la banda de policía, exhibiciones de box, asaltos de palosable y espada de combate.

En una de estas fiestas, un vecino convocado por el comisario pronunció un discurso en el que revelaba que este tipo de colectas le "aliviaban de la responsabilidad moral" frente a las "muchas víctimas caídas en cumplimiento del deber."[342] Estas tertulias eran proclamadas como un triunfo de la comunión entre el pueblo y la policía, ambos unidos contra las fuerzas del desorden. "Una vez más –exclamaba eufórico un redactor de la revista policial– el pueblo de la capital ha demostrado sus vivas simpatías por el personal de la policía."[343]

---

[341] "Las víctimas del deber y el malevaje", *RPC*, núm. 342, 1º de agosto de 191, p. 58, y también de Alberto Dellepiane, "Otra página fúnebre", *RPC*, núm. 343, 16 de agosto de 1911.

[342] "Pro Panteón de la Policía", en *RPC*, año XXI, núm. 473, Buenos Aires, 1º de marzo de 1918, p. 95.

[343] "Pro Panteón de la Policía y Bomberos de la Capital. Simpática actitud del vecindario", en *RPC*, año XXI, núm. 479, Buenos Aires, 1º de junio de 1918, p. 240. La colaboración de vecinos mediante colectas sería reconocida también, junto a los aportes de los propios policías, como responsable de la financiación de otro monumento en honor a Falcón, levantado en la Escuela de Cadetes en 1925. Véase: *Inauguración del Monumento al Coronel Ramón L. Falcón en la Escuela de Policía* (folleto), Buenos Aires, Imprenta y Encuadernación de la Policía, 1925. Centro de Estudios Históricos Policiales "Francisco Romay", Policía Federal Argentina (en adelante CEHP).

La comisión Pro Panteón llamó a un concurso de proyectos para la obra y el primer premio fue adjudicado a los arquitectos Blas Dhers y Carlos Devoto.[344] El diseño elegido tenía una gran afinidad con el modelo del panteón de la Asociación de Socorros Mutuos de las Fuerzas Armadas, construido entre 1905 y 1907. El panteón policial se inauguró en 1922 en el Cementerio de la Chacarita.

Imagen 2. Panteón de la Asociación de Socorros Mutuos de las Fuerzas Armadas
Fuente: Fotografía del autor, Cementerio de la Chacarita, Buenos Aires

[344]   "El Panteón de la Caja de Socorros", en *RPC*, año XXI, núm. 475, Buenos Aires, 1º de abril de 1918, pp. 130-131.

Imagen 3. Panteón de la Policía Federal Argentina
Fuente: Fotografía del autor, Cementerio de la Chacarita,
Buenos Aires

No era casual la semejanza con el panteón militar, situa-
do a unos pocos metros en el mismo sector del cementerio:
los policías reclamaban un lugar en el culto necrológico a
los héroes de la patria, evitando el desperdigamiento de los
caídos en aquel césped descolorido, anónimo y uniforme
que se extiende en el otro extremo de la Chacarita. Allí, precisamente, habían sido sepultados los muertos de 1871, en
un espacio indiferenciado y alejado de las áreas urbanas. En
1922, el barrio de Chacarita ya estaba integrado a la ciudad
y el "horror a los muertos" había sido reemplazado por el
moderno culto a las tumbas, cuyo rito principal son las visitas al cementerio.[345] Construir un panteón era una forma de

---

[345] Ariès, Philippe, "Contribución al estudio del culto de los muertos en
la época contemporánea", en *Morir en Occidente, desde la Edad Media
hasta la actualidad,* Buenos Aires, Adriana Hidalgo, 2000, pp. 173-189.

situar a los muertos de la policía en el espacio de los ilustres, en ese museo de hombres célebres más parecido a los pasillos de la necrópolis de Recoleta que a aquellos terrenos colmados de tumbas modestas que -aún hoy- conforman la mayor parte de la superficie del Cementerio de la Chacarita.

El martirologio policial creció en forma notable durante la primera mitad del siglo XX, formándose una suerte de hagiografía que incluía hasta pequeños santuarios en las comisarías. Una orden de la jefatura de 1927, por ejemplo, disponía que en cada seccional en la cual había prestado servicios un caído figurara un cuadro fotográfico con la inscripción de la fecha de defunción. En los aniversarios de su muerte, el comisario debía reunir a sus subalternos para recordar la forma en que el homenajeado había entregado su vida al deber.[346] Esta práctica de los "cuadros de honor" se extendió a varias policías provinciales, como vemos en una fotografía de la Policía de La Pampa:

Imagen 4. Cuadro fotográfico de caídos en cumplimiento del deber
Fuente: *Revista Policial La Pampa* (1947)

---

[346]   Inclusive en el vestíbulo del Departamento General de Policía debía colocarse un "cuadro de honor" para inscribir los nombres, jerarquías y fechas del "personal muerto en cumplimiento del deber. Véase CEHP, Orden del Día, 10 de septiembre de 1927.

Estos tributos fueron acompañados por otras prácticas: una de ellas fue la confección de listas de caídos. De
hecho, Cortés Conde cerraba su libro con un listado en el
que fusionaba los policías muertos durante la epidemia
de fiebre amarilla con los caídos anteriores y posteriores a
1871. En rigor, el único muerto anterior a la epidemia era
un vigilante herido en una "refriega contra un negro que
se había vuelto loco" y que atacó al policía con un cuchillo
y un revólver. Luego se enumeraban los policías infectados por fiebre amarilla, en su gran mayoría sargentos y
soldados, es decir personal de tropa.[347] La lista terminaba
con un detalle de los caídos desde el año 1884. La mayor
parte de ellos había muerto en circunstancias que la policía
cataloga como "enfrentamiento", sin embargo abarcaban
casos más bien accidentales: un agente mordido por un
perro rabioso, otro que recibió una patada mortal de un
equino enfurecido o un escribiente que "estando de servicio
vigilando la ribera, a consecuencia de la oscuridad reinante
producida por la niebla, cayó al río perdiendo la vida."[348]
Lo curioso de la lista de Cortés Conde era que, sin
ocultar los motivos de estas muertes, la retórica en torno
a la figura del caído continuaba centrada en la gramática
bélica de la guerra contra el crimen: "Cada día una nueva
víctima que cae bajo el plomo o el puñal del delincuente
inscribe su nombre en el martirologio policial", escribía el
subcomisario, "cada día el claro se llena con otro hombre,
dispuesto a entregar su vida si las circunstancias así lo
exigen, con la serena tranquilidad del que cumple con un
imperativo categórico de su conciencia."[349]
La intención de elaborar una lista completa de caídos
se revelaba como una tarea difícil. El oficio policial era

---

[347]   Cortés Conde, Ramón, *op. cit.*, p. 456.
[348]   Ídem, p. 459.
[349]   Ídem, p. 454.

reafirmado como una misión, una condición ontológica. Ser policía significa portar un "estado policial", una responsabilidad de intervenir a toda hora, una marca que se llevaba consigo durante toda la vida. Así, en última instancia, cualquier policía que muriera, por cualquier circunstancia, era en sentido amplio un caído.

Puede parecer una exageración, pero un folleto publicado por la policía en 1965 (*Nómina del Personal Caído en Cumplimiento del Deber*) sugiere lo contrario. Era un listado que, a diferencia del libro de Cortés Conde, no estaba organizado en forma cronológica sino que seguía un orden jerárquico. Comenzaba por la jefatura y estaba encabezado por el nombre de Ramón Falcón. "Falleció –se lee– víctima de un brutal atentado que conmovió a la sociedad en general, obra de un ácrata que le arrojó una bomba cuando regresaba en un carruaje del cementerio de la Recoleta". El libro continúa con la Dirección de Seguridad que detentaba un solo caído: el inspector general Ángel Rivas, fallecido en 1936 víctima de un síncope cardíaco en su despacho.[350] Entre estos dos extremos, una infinidad de motivos posibles de muerte se inscribían en el universo de los caídos.

Desfiles, mausoleos y discursos fúnebres

La inauguración del panteón coincidió con el auge de solemnes entierros de los caídos. Poco después de la muerte de Falcón la jefatura decidió regular el ceremonial fúnebre de la institución, estableciendo –como es habitual en la policía– un sistema de diferenciaciones de acuerdo a la jerarquía de cada uno. Aunque no está del todo claro si

---

[350]   CEHP, *Nómina del Personal Caído en Cumplimiento del Deber*, Buenos Aires, Policía Federal Argentina, 1965.

esta reglamentación se cumplió a rajatabla, o si en cambio los funerales terminaron dependiendo de la visibilidad y grado de conmoción provocado por cada caso, la nueva reglamentación establecía un tipo de ceremonia para los funcionarios superiores (con presencia obligada del jefe de policía y banda de músicos), otra para el comisariato y una última más modesta para los subalternos, cuyo velatorio quedaba restringido a la dependencia en la que había trabajado.[351]

Imagen 5. Entierro de vigilantes, 26 de enero de 1936
Fuente: Fondo Fotográfico del Archivo General de la Nación

El atentado de Falcón cargaba consigo varios significados que fueron decisivos para el culto a los caídos. Uno de ellos era la centralidad de los rituales fúnebres en la calle, que la disputa entre policías y anarquistas tornó casi circular. El punto de partida del atentado fue la represión policial

---

[351]   CEHP, *Orden del día*, 22 de octubre de 1912.

en el acto del 1º de mayo de 1909, que dejó ocho muertos y un centenar de heridos. La FORA decretó huelga general y organizó los cortejos fúnebres de sus mártires.[352] El 5 de mayo la policía vuelve a reprimir a los manifestantes cuando regresaban del Cementerio de la Chacarita. Radowitzky, el vengador de este hecho, atenta contra el automóvil en el que se trasladaba Falcón precisamente cuando salía del Cementerio de la Recoleta tras el entierro de otro policía, Antonio Ballvé. Esa circularidad de la muerte se reiteró en otras ocasiones a lo largo del siglo XX, por ejemplo en una huelga de policías bonaerenses de 1973 que se abrió y cerró con masivas ceremonias fúnebres.[353]

Otro de los símbolos centrales del atentado era la presencia de Lartigau, que como simple asistente del jefe recibió honores propios de un prócer. Sin ir muy lejos, está enterrado en el Cementerio de la Recoleta en un mausoleo de suntuosidad aristocrática. En el pedestal de mármol se erige una escultura con tres figuras: el cuerpo de Lartigau desvanecido, parcialmente tapado por un manto y apoyado sobre una ninfa que con una mano le acaricia la cara y con la otra sostiene un ramo de flores, mientras una segunda

---

[352] Sobre los ritos y simbologías anarquistas en relación con los héroes y "mártires del proletariado", véase: Suriano, Juan, *Anarquistas. Cultura y política libertaria en Buenos Aires, 1890-1910*, Buenos Aires, Manantial, 2001, pp. 311-315.

[353] El levantamiento de 1973 comenzó a tomar forma definitiva en el entierro de un caído, adonde se escucharon demandas sobre las condiciones laborales y los bajos salarios entre los policías que acompañaban al féretro. Pero, además, esta huelga que incluyó un enfrentamiento armado con fuerzas militares y dejó un saldo de tres policías muertos, terminó con una masiva movilización durante el entierro de un oficial muerto por la represión del ejército. Este tema fue estudiado por Barreneche, Osvaldo, "*Paro de y represión a... policías*. La huelga de la policía bonaerense de 1973 en la transición del gobierno militar al justicialista de la Argentina", en *Fuera de la ley*, Jornadas de discusión sobre delito, policía y justicia en perspectiva histórica (siglos XIX y XX), Universidad de San Andrés, Argentina, 17-19 de junio de 2010.

imagen femenina aparece erguida en gesto de fortaleza.
Varias placas de bronce ornamentan el mausoleo, algunas colocadas poco después del entierro. Una dice ser un
homenaje de sus compañeros de la Policía de la Capital
y reza: "Su luz apagose en la mitad del día, pero enseñó
el camino de la fidelidad". Al igual que el monumento al
caído en cumplimiento del deber, las tumbas de Lartigau
y Falcón en el Cementerio de la Recoleta contienen escul-
turas que apelan a la fórmula expresiva del caído. Figuras
derrumbadas, arrodilladas, acostadas, desvanecidas y a la
vez envueltas en todos los honores del mártir.

Imagen 6. Tumba de Juan A. Lartigau
Fuente: Fotografía del autor, Cementerio de la Recoleta,
Buenos Aires

Imagen 7. Tumba de Ramón Falcón
Fuente: Fotografía del autor, Cementerio de la Recoleta,
Buenos Aires

Los entierros fueron también el lugar de discursos
fúnebres pronunciados por camaradas de la policía, de
los cuales tenemos algún testimonio escrito. Uno de ellos
es un libro de comisario Miguel Denovi, habitual orador
en reuniones policiales. Ahí encontramos discursos que
llamaban una y otra vez la atención sobre los sacrificios
de los policías subalternos. Denovi pedía que el ejemplo de los caídos no permaneciera en el olvido, que se
cubriera a estos muertos con las "palmas del mártir". En
uno de esos entierros, expresaba que la familia policial
se reunía para recordar a los caídos "sellando ante sus

sepulcros el gran pacto de solidaridad".[354] Estos discursos eran monotemáticos, repetitivos, redundantes, como si se tratara siempre del mismo muerto. Anulaban la singularidad del homenajeado, eran un lugar para hablar constantemente de lo mismo, de un mártir policial abstracto en el cual todos se reconocían.

Durante el siglo XX siguió alimentándose este culto a los muertos bajos de la institución. *Mundo policial*, una revista ilustrada de larga trayectoria, incluyó en su primer número un poema que rendía homenaje al caído, escrito por un policía federal: "en esta ciudad que yo conozco / de fueyes rezongones y tangos melancólicos / [...] donde escribe la vida su crónica en silencio / ¡Así en silencio! He llorado la muerte de un hombre / ¡Así en silencio! Con réquiem de martirio / [...] Se llamaba... era un hombre casado, 30 años, dos hijos / policía / muerto alevosamente".[355] Los puntos suspensivos reemplazan su eventual nombre. Muerto anónimo, sin identidad, que valía por todos los muertos de la policía y todos los que se sacrificaban por vocación de servicio. El poema aparece acompañado por el dibujo de una esquina de la ciudad y el rostro fantasmagórico de un policía sollozante, empapado en lágrimas, que bien podría ser el propio caído o los camaradas lamentando su pérdida.

[354] Silva, Hernán (comp.), *La obra institucional y literaria del comisario de órdenes Dr. Miguel Luis Denovi*, Buenos Aires, Maucci, 1920, p. 46.

[355] Palópolo, Julio A., "Crónica para la muerte de un policía", *Mundo policial*, núm. 1, noviembre-diciembre de 1969, p. 34.

Imagen 8. Crónica para la muerte de un policía
Fuente: *Mundo policial*, núm. 1, 1969

El culto a los muertos no era sólo una práctica interna
para la reafirmación de los valores policiales. Apuntaba además a incitar sentimientos de compasión entre los vecinos
de Buenos Aires. Por eso Denovi saturaba sus discursos de
carga emocional y melodrama. En un festival recordaba a
los vecinos que, bajo el uniforme del agente y la aspereza de
su rostro, "hay un hombre, hay un alma, que en las noches
de vigilancia, con sus párpados vencidos por el sueño, medio entrecerrados, piensa en su hogar, piensa en su mujer

y sus hijos".[356] Inclusive, algunos años antes, en una carta dirigida a un periódico, ese pedido de reconocimiento y conmiseración adquiría un tono de franco reproche cuando insistía en que era "necesario palpar de cerca la vida de esos beneméritos de la sociedad" que eran los vigilantes, cabos, sargentos, escribientes y oficiales. Elogiaba así el carácter popular y plebeyo de los policías subalternos, en un gesto con tonos críticos hacia los aristócratas porteños que en "noches siberianas, en sus salones construidos de acuerdo con los últimos adelantos de la física en materia de calefacción o en muebles", ignoraban a aquellos "guardianes del orden" que velaban mientras ellos dormían y cuidaban de un "ajeno confort".[357]

Dar la vida

"Le pregunté si eso era una manifestación o un entierro", escribía Perlongher en uno de sus poemas sobre Evita.[358] Podríamos hacerle la misma pregunta a esos funerales de policías que transmutaron en procesiones de extraordinaria convocatoria, inauguradas por los pomposos desfiles callejeros que acompañaron los restos de Falcón y Lartigau hasta el Cementerio de la Recoleta. Y aunque a lo largo del siglo XX se fueron retrayendo cada vez más hacia ceremonias íntimas de la familia policial, en ciertos momentos –como en la huelga policial de 1973– afloraron como verdaderos actos políticos, que hacían las veces de instancias de protesta en una institución que prohíbe

[356] Silva, Hernán (comp.), *La obra institucional y literaria del comisario de órdenes Dr. Miguel Luis Denovi, op. cit.*, p. 56.
[357] Ídem, p. 34.
[358] Perlongher, Néstor, "El cadáver", en *Poemas completos*, Buenos Aires, Seix Barral, 2003, p. 43.

expresamente el sindicalismo y cualquier forma de organización de sus trabajadores.

El culto a los caídos creció mucho como una estrategia de las cúpulas policiales. Una estrategia que buscaba
propagar entre los agentes de calle mayor compromiso
con la institución, canjeando valentía y arrojo por gloria
póstuma. Ese lazo era tanto más fuerte cuanto más exitosa
era la invocación bélica del enfrentamiento con el "mundo
del delito". Una lucha cuerpo a cuerpo en la que los policías
aparecían como esos "custodios de azul, diseminados por
toda la provincia para jugarse la vida por los demás en el
más desventajoso enfrentamiento a balazos".[359]

Es que lo específicamente policial de la gramática de
los caídos no reside en las ideas de sacrificio ni de martirio
(algo que la policía comparte con los militares y los bomberos), sino en esta guerra imaginaria contra el crimen. Toda
una estructura argumentativa no exenta de críticas y burlas,
como la que hacía un policía exonerado por anarquista
cuando escribía sobre la existencia de un comisario que
padecía "una enfermedad espantosa llamada cumplimiento
del deber", que era "en los empleados policiales, como en
los locos, la manía de las persecuciones".[360]

Pero aunque se trató de una estrategia de cúpulas,
pensada desde arriba hacia abajo, fueron muchas las situaciones en las cuales la figura del mártir policial ocupó
un lugar fundamental como mecanismo de canalización
de reclamos laborales de los subalternos. Mientras las jerarquías de la institución pretendían usarla para afianzar el
sentido de pertenencia y el carácter misional del oficio, los
agentes de calle veían en sus muertos el sacrificio propio, el

---

[359] *Síntesis histórica de la Policía de la Provincia de Buenos Aires (1580-*
1980), La Plata, 1981, p. 246.

[360] Gutiérrez, Federico, *Noticias de Policía,* Buenos Aires, Talleres La Internacional, 1907, p. 23.

sinsentido de trabajar por un magro salario con altísimos riesgos de perder la vida.

El asesinato de Falcón activó la fórmula del mártir policial que estaba implícita desde la década de 1870 como modelo de heroicidad, a la par de los comisarios detectives. Es que el atentado reunía dos cualidades que le otorgaron una enorme carga simbólica. En primer lugar, la bomba de Radowitzky había matado al mismísimo jefe de la policía, al líder carismático. Esa explosión no podía sino conmover profundamente a una institución piramidal que quedaba decapitada. Pero además (y este segundo dato no es menos relevante) la bomba alcanzó también a Lartigau, al asistente de Falcón. Esa muerte condensó todo el poder de convocatoria del sacrificio subalterno.

La doble pérdida envolvió a toda la policía. El martirio no puede ser efectivo si los fieles no reconocen el sufrimiento ajeno como propio, si no se identifican en él. Para los policías, Falcón y Lartigau habían entregado juntos sus vidas como un don, como si se tratara del mismo cadáver. Así, una estela post mórtem cubrió todo el cuerpo policial, que se inclinó definitivamente ante los caídos en cumplimiento del deber.

SEGUNDA PARTE

CRÍTICA DE LA RAZÓN POLICIAL

Capítulo 1
Genealogía de la policía

Hélène L'Heuillet

Interrogarse por la genealogía de la policía puede parecer extraño. Es, en efecto, en primer lugar una genealogía de la política lo que el análisis de la policía parece hacer posible. Si, efectivamente, se entiende por "genealogía" el método inventado por Nietzsche que consiste en intentar mirar los fenómenos "por debajo", es decir suponer que la crueldad, la maldad y la fealdad constituyen el resorte subterráneo de valores de la moral, entonces la policía bien parece ser la cara gesticulante de la política, y el secreto, más allá de las apariencias idealizadas de ésta, de la fundación de la política por la violencia. Si una genealogía de la moral o de la política tiene por lo tanto un sentido, entonces parece que no se debe esperar gran revelación de una genealogía de la policía; mucho menos de una genealogía de la punición o del crimen, ni de todo lo que asuma su negatividad. Peor aun, aquí se puede medir el peligro de exportar el método genealógico a lo que tiene vocación de encontrarse "por debajo". Si la genealogía exhibe el secreto fallido del "por encima", ella no es posible más que a condición de promover el "debajo" por "encima": de ahí la vanidad de las denuncias que no son más que el reverso de las rehabilitaciones desatendidas. Efectivamente, la policía interesa porque se toma por una potencia terrible y maléfica: ella no puede rehuir a las denuncias planteadas en estos términos.

Sin embargo, la genealogía también puede dictar una historiografía capaz de evitar el doble escollo de la historia "monumental" y la historia "historicista", defectos del historiador que se cree fuera del tiempo. Si lo que aquí especialmente importa es tener inspiración, es porque la genealogía es una historia que evita la justificación por la función, ya que prohíbe borrar la dimensión del acontecimiento adoptando una "objetividad de Apocalipsis",[361] y se supone como un obstáculo a la postura consistente en probar que "no hay nada nuevo bajo el sol", o que el pasado no tiene nada que ver con el presente, o toda otra forma de esencialización del proceso histórico. La genealogía es la verdadera historia porque intenta restituir las líneas de tensiones propias del acontecimiento con el fin de captar el surgimiento de su emergencia. No es una búsqueda del origen, incluso si, por comodidad, este término es empleado a menudo; no es "identitaria" porque no contempla una búsqueda de la identidad primera. Para ella, una herencia no significa una "adquisición" dada de una vez para siempre, sino una serie de trazos característicos no necesariamente coherentes los unos con los otros. La historia genealógica es una historia de la mezcla que contradice que no puedan "renovarse" las formas históricas pintando el "gris sobre el gris".[362] Es historia precisamente porque exige una documentación minuciosa y una búsqueda del comienzo y la proveniencia. Ella está orientada hacia el porvenir porque es una historia inquieta y clínica, que intenta decir "donde estamos", es decir hacer legible el presente observando lo grande que es. Si éste es el caso, la policía gana debido al esclarecimiento genealógico que

---

[361] Foucault M., *Nieztsche, la généalogie, l'histoire*, Hommage à Jean Hyppolite, París, PUF, coll. Épiméthée, 1971, pp. 145-172, en *Dits et Écrits*, París, Gallimard, 1994, tomo II, p. 146.

[362] Hegel G. W. F., *Principes de la philosophie du droit* (1821), trad. de R. Derathé, París, Vrin, 1982, p. 59.

evita el plano de distinción entre la policía de ayer y la de hoy, o la novela del encadenamiento milagrosamente lógico de la policía de ayer hasta la de hoy.

La genealogía de la policía debe permitir responder preguntas simples: ¿por qué la policía ha devenido un resorte mayor de la política cuando aparentemente no está destinada más que a la gestión de la sociedad? ¿Por qué, entre los diferentes modelos posibles de mantenimiento del orden, ha prevalecido la policía? Intentar la genealogía de la policía es intentar una "historia de los contrarios", que consiste en examinar si el orden no reposa sobre un desorden, no solamente aceptado sino también querido, si la autoridad no se funda sobre su propia flaqueza, y el fundamento mismo sobre lo vacío. Esto conduce a preguntarse si se pueden unificar o reconciliar las tres grandes tradiciones policiales, la tradición francesa, la tradición alemana y la tradición anglo-americana; o si no, ¿cómo se puede comprender la disparidad nacional entre las policías? La policía, ¿es "ciudadana" de los Estados a los que sirve? ¿Hay tantas policías como tradiciones nacionales? ¿O más bien la policía no presenta desde el origen más que un tipo de relación con el Estado y la nación que la hace sorprendentemente congruente con la nueva configuración política de nuestro mundo?

Una invención francesa y un producto de exportación

Dado que la genealogía no puede desconocer sus principios empíricos, la búsqueda debe comenzar por el momento en que se designan las funciones de policía a través de este nombre. Desde luego, no existe más que una falsa evidencia y una lectura retroactiva. Pero si es cierto que un fenómeno no aparece de cualquier manera más

que en un "después", puede considerarse elocuente que
desde la Edad Media sea posible encontrar acepciones del
término "policía" en un sentido diferente del de gobierno
"para designar el dominio en el que se efectúa y realmente
tiene lugar lo que constituye el objeto mismo del saber
político",[363] por ejemplo para justificar del mantenimiento del servicio de vías y obras. El "después", que en este
sentido permite reconocer las premisas, es generalmente
considerado –a pesar de las eternas controversias–[364] como
el momento de la invención por Luis XIV de una función
autónoma de policía. Creando, por el edicto de marzo de
1667, el cargo de teniente de policía, Luis XIV plantea los
hitos de este resorte fundamental del Estado.[365]

Para comprender que esta invención es portadora de
particular sentido, no interesa juzgar la diferencia entre
la policía de ayer y la de hoy de una manera puramente
imaginaria, en términos de semejanza o desemejanza, sino
ver en qué coordenadas de esta función se constituyen
los mayores componentes de la policía: la policía no es
ni la justicia ni el ejército, es urbana pero con vocación
de traspasar las fronteras. Así, Alan Williams reconoce un
momento fundador: es en la policía del siglo XVIII más
que en la de fines del siglo XVII donde percibe la primera

---

[363] Napoli P., "La 'police' en France à l'âge moderne (XVIII-XIXème siècle),
       Histoire d'un mode de normativité", Tesis de Derecho dirigida por Yan
       Thomas, defendida en mayo de 2000 en la EHESS, p. 17.
[364] Lévy R., "Egon Bittner et le caractère distinctif de la police: quelques
       remarques introductives à un débat", en *Déviance et société*, septiembre
       de 2001, vol. 25, n° 3, pp. 279-280.
[365] En efecto, el Edicto promulgado por Luis XIV en 1667 estipula: "Y como
       las funciones de la Justicia y de la Policía son a menudo incompatibles
       y de una gran extensión, en París bien pueden ser ejercidas por un solo
       oficial, nosotros hemos resuelto compartirlas". En lugar de un oficio
       doble y complejo, el oficio de teniente civil de la Prefectura de París, se
       crean dos oficios de teniente civil de la Prefectura de París: el consejero
       y el teniente civil de la Prefectura de París, y el consejero y el teniente
       civil de la Prefectura para la policía.

verdadera fuerza de policía moderna.[366] En efecto, es aquella, más que a la Emperatriz María Teresa de Austria, a
los monarcas escandinavos, la que sirve de modelo a los
ingleses que la experimentan en Irlanda. Después de la
Revolución Francesa, cuando Napoleón reconstruye en
Francia la policía de París, se encontrarán en las Memorias
de su Ministro, Joseph Fouché, inspiradas alusiones a esa
herencia.[367] Pero para comprender a la policía de Luis XV
y sus dos más célebres tenientes de policía, Louis-René
d'Argenson y Gabriel de Sartine, es necesario –anota Alan
Williams– remontarse al tenientazgo (*lieutenance*) de policía
de Luis XIV. La policía cultiva su propia tradición.

De una noción muy general a un sentido especializado

Incluso aunque hacemos mal en separar algunos trazos
comunes del teniente de policía y el *poli* de Beverly Hills,
la común pertenencia a la denominación "policía" merece
ser examinada. Por cierto, no es necesario sobrestimar las
enseñanzas provenientes del lenguaje, pero tampoco se
las debe descuidar: necesariamente el genealogista es en
primer término filólogo.[368] La policía, por su denominación,
encuentra su fuente en la *politeia*. El término ha sido objeto

---

[366] Williams A., *The police of París, 1718-1789*, Baton Rouge and London,
Louisiana State University Press, 1979, pp. XV-XVI.

[367] Fouché, Joseph, *Mémoires de Joseph Fouché, duc d'Otrante*, París, posth,
1824. Reedición: París, Imprimerie nationale, 1992, p. 221.

[368] Paolo Napoli se pone, muy justamente, en guardia contra la tentación de
buscar una solución a la polisemia de la policía, mediante la participación
de una puesta a punto lexical, apropiada para fijar las significaciones, en
la medida en que ésta conduce a establecer una taxonomía indiferente
al contenido real de las nociones. "La 'police' en France à l'âge moderne
(XVIII-XIXème siècle), Histoire d'un mode de normativité", Tesis citada,
p. 9.

de estudio desde el siglo XVIII. Como toda importación, toma primeramente el aspecto de un neologismo. Es a través de un artículo sobre la civilización que Lucien Febvre se plantea una búsqueda genealógica acerca del sentido de la palabra "policía".[369] Lo que le interesa es la significación del adjetivo "civilizado" (*policé*) dentro de la expresión "pueblo civilizado" (*peuple policé*). Pero esta búsqueda lo conduce a analizar el pasaje de una noción clásica de filosofía política, la *politeia*, con la institución policial. La policía parece emblemática de una tecnificación del vocabulario político y de una restricción de sentido análoga a la que es producida con otros términos, como por ejemplo el de "magistratura". Con todo, lo sorprendente es que residiendo en una de las nociones más generales de la filosofía política, la *politeia*, haya podido engendrar un sentido tan especializado y técnico.

De los griegos, subraya Leo Strauss, la *politeia* es uno de los términos más difíciles de traducir. Una de las traducciones más usuales es la que remite a "república", para traducir por ejemplo el título de la *Politeia* de Platón, o incluso "constitución", por excelencia en la *Política* de Aristóteles.[370] La política griega antigua es, en su conjunto, una interrogación sobre la *politeia*. El término "constitución" es muy jurídico para designar esta realidad porque la *politeia* no es el conjunto de leyes fundamentales; ella es, dice Leo Strauss, aquello de lo que proceden, una suerte de género de vida. Pero esto no es en modo alguno un género de vida, ni una "mentalidad"; la *politeia* es política. Se la puede asemejar a la noción de "civilización", pero del mismo modo ésta generalmente excluye al gobierno, incluso en la *politeia*. Dentro del espíritu griego tradicional, la *politeia*

---

[369]   Febvre L., "Civilisation, évolution d'un mot et d'un groupe d'idées", en *Pour une histoire à part entière*, París, 1962, SEVPEN, pp. 494-495.

[370]   Strauss L., *Droit naturel et histoire* (1953), trad. del inglés por M. Nathan y E. Dampierre, París, Plon, 1954, reeditado por Champ-Flammarion, pp. 128-130.

es el alma de la ciudad. Esto es lo que dice Isócrates: "El alma de la ciudad no es sino la *politeia* que tiene el mismo poder que el pensamiento en el cuerpo."[371]

El sentido técnico de la policía es pues un sentido muy limitado con relación a la acepción inicial de la *politeia*. Lucien Febvre subraya que, por otra parte, tiene dificultades para imponerse en su sentido técnico y unívoco, debido, en particular, al nacimiento de la "civilización", cuyo registro semántico es invocado en el adjetivo "organizado". El comisario Nicolas Delamare, en las primeras páginas del *Tratado de policía*, y siguiendo de muy cerca su inspiración, Boucher d'Argis, en la *Enciclopedia*, dan una definición amplia de la policía como "arte de obtener una vida conveniente y tranquila",[372] pero precisan también que en su sentido limitado, que es el sentido verdadero, contempla "el orden público de cada ciudad". En efecto, Delamare pretende dar cuenta de la realidad inventada por Luis XIV. Ahora bien, es el orden urbano el que contempla el monarca, como bien lo indica un edicto promulgado poco antes de la institucionalización de la policía: "Las denuncias que se hicieron sobre el poco orden que había en la policía de nuestra buena ciudad de París [...], habríamos hecho examinar en nuestro Consejo las antiguas resoluciones y reglamentos de policía [...] que habríamos considerado [...] que podrían ser fácilmente reestablecidas, y los habitantes de nuestra buena ciudad de París recibir notables conveniencias".[373] Es el orden que aparece, en la tradición

---

[371]   Isocrate, *Aréopagitique*, VII, 142, en Œuvres complètes, tome 3, trad. del griego por G. Mathieu, París, 1942, p. 66.

[372]   Delamare, N., *Traité de la police*, París, J. y P. Cot, 1705, p. 2; y Boucher D'Argis, "Police", en Diderot, D. y D'Alembert, J., *Encyclopédie ou dictionnaire raisonné des Arts et des Métiers*, París, 1751-1780, tome XII, p. 905.

[373]   Louis XIV, *Édit du Roi pour la sûreté de la ville de París*, Déc 1666, Actes royaux, BN 23.612, enero de 1666 (855)-marzo de 1667 (931), pieza 909.

que aquí se inaugura, como la condición principal del buen vivir. Más que de una desviación de la *politeia*, o de un uso puramente ideológico de la noción, la policía da prueba de una inflexión en el modelo monárquico tradicional.

El poder de la norma: disciplina, reglamento y vigilancia

Junto con la policía aparece, en la monarquía absoluta, aunque apta para sobrevivirla, una singular forma de poder, que Michel Foucault denomina "poder de la norma".[374] Junto a las virtudes clásicas de la ejemplaridad, el honor, el cuidado de sí mismo y de los otros, nace una institución que no se propone primeramente ofrecer modelos a imitar, sino que vela porque la vida individual y colectiva se desarrolle "normalmente". Lo que reafirma el éxito del ejercicio de la autoridad es más la normalidad que la devoción o la dedicación, marcas tradicionales de la sujeción. Lo importante es que las normas sean interiorizadas bajo la forma de comportamientos. Delamare clasifica los objetos de la policía en tres categorías, de las cuales es significativo que la primera se constituya con los bienes del alma: la religión y las costumbres. El orden público de cada ciudad, en el que consiste el sentido preciso y verdadero de la policía, está garantizado por un orden moral. A tal efecto, la policía debe velar porque el cuerpo social se conduzca lo mejor posible (las epidemias y la suciedad perjudican al orden público) para que la ciudad esté abastecida, en la que cada uno encuentre refugio y seguridad, que las ciencias, las artes, el comercio se desarrollen según los reglamentos, y debe –en último lugar– impedir robar a los pobres.

---

[374] Foucault, M., *Surveiller et punir. Naissance de la prison*, París, Gallimard, 1975, p. 209 y ss.

Esta policía se ocupa de todo, inaugurando así una tradición, que persiste hasta nuestros días, con atribuciones de policía administrativa. La oposición establecida por Michel Foucault entre la policía antigua que "engloba todo" y "vela por los vivos", es decir, entre el sentido "estrecho y vago" –incluso peyorativo– de la policía de hoy, y las de los siglos XVII y XVIII supuestamente "amplios y precisos",[375] no debe ser comprendida como una diferencia de objetos, sino como una diferencia de acentos. La policía, según Delamare, no supervisa los comportamientos para atrapar criminales, sino que rechaza el crimen como una traba a los costumbres. La tradición "pastoral" de la policía –en virtud de la cual puede ser considerada menos romana que cristiana o quizá considerada como menos romana que cristiana–[376] encuentra su origen en el cuidado de las costumbres. A pesar de todo lo que la liga, en la tradición francesa, a un Estado centralizado, sobrelleva, al igual que el pastorado, una diseminación potencial del poder en relaciones dispersas. Es apta "para organizar" el cuerpo social dado que su objeto no es inmediatamente el mal y los males. Es debido a las costumbres que la policía puede hacer surgir una forma de poder a la vez totalizante e individualizador, benévolo y directivo, secretamente aterrorizante.[377] El pastorado no es, pues, tanto un elemento moderador de la represión policial como una característica constitutiva que, junto al imperativo del mantenimiento del

---

[375] Foucault, M., "'Omnes et singulatim': Towards a Criticism of Political Reason" ["'Omnes et singulatim': vers une critique de la raison politique", trad. P.-E. Tauzat, Universidad de Stanford, 10 y 16 octubre de 1979] en McMurrin, S., *The Tanner lectures on Human Values*, t. II, Salt Lake City, University of Utah Press, 1981, pp. 223-254, en *Dits et Écrits, op. cit.*, tomo IV, p. 155.

[376] Foucault, M., "Sécurité, territoire et population", en *Dits et Écrits, op. cit.*, tomo III, p. 720.

[377] Foucault, M., "'Omnes et singulatim': vers une critique de la raison politique", en *Dits et Écrits, op. cit.*, tomo IV, p. 161.

orden, da nacimiento a una institución original. La policía despierta los colores del viejo pastorado: el policía no es un obispo como otros.

Efectivamente, la policía se origina en un modelo de orden y obediencia en el que la ley triunfa sobre la naturaleza. El modelo policial presupone que es la ley la que modifica las costumbres y que ninguna armonía preestablecida, ninguna jerarquía natural, y ningún plan divino fundan el derecho a hacerse obedecer. El nacimiento de la policía acompañaría pues, paradójicamente, no sólo la laicización, sino también y sobre todo la democratización de las sociedades y la finalidad de las sociedades aristocráticas. Ésta, como lo muestra Tocqueville, comienza mucho antes de la Revolución: la monarquía absoluta de Luis XIV, para suprimir la Fronda, fue una gran niveladora.[378] No obstante, la policía se sirve del pastorado para hacer de éste el instrumento de la disciplina.

La disciplina es la finalidad de la acción policial en la medida en que reposa en un poder reglamentario. El reglamento, tipo de legislación específicamente policial, es un medio para hacerse obedecer para la prevención de la violencia. Toda disciplina, en este sentido, es autodisciplina: remite al sujeto no a cualquier deber de obediencia, sino a la obligación de actuar sobre sí "en nombre de la ley". Aparece como contemporánea de una "pacificación de las costumbres" en el sentido que le da Norbert Elias, es decir, no de una desaparición o un reblandecimiento de la violencia, sino de la interiorización de ésta por cuenta y riesgo del procedimiento.[379] Para Michel Foucault, la disci-

---

[378] De Tocqueville, A., *De la démocratie en Amérique*, vol. 1, París, Garnier-Flammarion, tomo 1, 1835, p. 59.

[379] Norbert, E., *La dynamique de l'occident*, trad. del tomo II de Uber den Progress der Zivilisation, 1ª ed. 1939; 2ª ed. 1969, trad. del aleman por P. Kamnitzer, París, Calmann-Lévy, 1975, reed. coll. "Presses Pocket", p. 197.

plina nace con el final de los suplicios, con el borramiento
del espectáculo del castigo, con una forma de "sobriedad
punitiva".[380] Es el reglamento el que sanciona la indisciplina:
cada sujeto debe darse cuenta por sí mismo que puede
esperar ser castigado. Al suscitar una espera en los sujetos,
el reglamento les procura inevitablemente el sentimiento
de ser vigilados, como lo muestra el psicoanalista Marcel
Czermak. Esta autoobservación no tiene nada que ver,
explica, con la tradicional instancia superyoica de orden,
pero ella revela una suerte de "superyó salvaje", "un puro
enunciado emitido en ninguna parte, en suma, una voz
pura que ningún cuerpo soportaría y bajo la orden de la
cual el sujeto estaría desprovisto de todo investimiento".[381]

Así, más que desobediencia, el objeto del control social
se vuelve "desviación". La policía es creada para insuflar
en la sociedad una forma de nueva clase de *politeia*. Si el
órgano de este poder está tradicionalmente metaforizado
por un ojo es porque este poder es un saber y porque al ojo,
desde los griegos, se lo considera como el instrumento por
excelencia del conocimiento. El ojo de la policía, símbolo
de la prudencia política y la razón de Estado, es la primera
condición de la disciplina porque representa el saber de
la policía. La vigilancia, más que una forma de presencia
del poder, es una condición de su eclipse, en su forma os-
tentatoria, según Michel Foucault: "La policía, invención
francesa que fascinó inmediatamente a todos los gobiernos
europeos, es el prismático del panóptico".[382] La novedad del
método inventado por Jeremy Bentham, llamado "panópti-

---

[380] Foucault, M., *Surveiller et punir, op. cit.*, p. 21.
[381] Czermak, M., "Quelques remarques sur l'élision du regard dans la psyhanalyse", en *Fin*, n° 9, junio de 2001, p. 37.
[382] Foucault, M., "La prison vue par un philosophe français" ["Il carcere visto da un filosofo francese"], entrevista con F. Scianna, trad. de A. Ghizzardi, *L'Europeo*, n° 1.515, 3 de abril de 1995, pp. 63-65, en *Dits et Écrits, op. cit.*, tomo II, p. 729.

co", reside en la manera de prever la vigilancia. En términos arquitectónicos, es un dispositivo circular por el que, de un punto central sobrellevado, se tenga "la facultad de ver de un golpe todo lo que pasa".[383] Más allá de la arquitectura, a Foucault la idea le parece emblemática respecto del principio tradicional de la visibilidad y la disociación del par *ver / ser visto*: "Tradicionalmente el poder, es lo que se ve, lo que se muestra [...]. Aquello sobre quien se ejerce puede permanecer en la sombra [...]. El mismo poder disciplinario se ejerce tornándose invisible; en cambio, se impone a aquellos a quienes somete un principio de visibilidad obligatorio. En la disciplina, son los sujetos los que tienen que ser vistos".[384]

La disciplina establece una relación entre el vigilante y el vigilado bastante más íntima que la que puede establecerse entre un gobernante y un gobernado, precisamente porque el vigilado no tiene otra cosa que a sí mismo. La policía vigila la relación que cada uno mantiene consigo mismo. Ejerce su control comprobando que el individuo sabe controlarse, tal como lo muestra Norbert Elias respecto al reglamento de circulación:

> Los agentes regulan con más o menos destreza la circulación. Pero esta regulación de la circulación presupone que cada uno regule su comportamiento en función de las necesidades de esta red de interdependencias por medio de un acondicionamiento riguroso. El peligro principal ante el cual aquí se expone al hombre es la pérdida del autocontrol de uno de los usuarios de la vía pública. Cada uno debe demostrar sin falta una autodisciplina, una autorregulación muy diferenciada de su comportamiento para abrirse paso en el bullicio.[385]

---

[383] "*Panoptique,* por Jérémie Bentham", reeditado en Bentham, J., *Le panoptique* (1791), París, Belfond, 1977, p. 8.

[384] Foucault, M., *Surveiller et punir, op. cit.*, pp. 219-220.

[385] Elias, N., *La dynamique de l'occident, op. cit.*, p. 187.

La policía no sería, en esta hipótesis, más que una encarnación entre otras del principio formulado *ex post* por Jeremy Bentham, el principio de inspección: "La inspección: he aquí el principio único para establecer el orden y conservarlo; pero una inspección de nuevo género, que afecta más a la imaginación que a los sentidos".[386] Una nación organizada (*policée*) es una nación disciplinada. Una instancia encargada de la ejecución de los reglamentos es un ojo abierto sobre la sociedad. Produce un texto, pero lejos de la teología pastoral del origen, este escrito consta de fichas e informes, de listas y abundantes descripciones. Es el control social, en el sentido mismo del término, como dice Michel Foucault, el registro que reduplica la sociedad de su propio reflejo: "Esta incesante observación debe ser acumulada en una serie de informes y registros; a todo lo largo del siglo XVIII un inmenso texto policial tiende a recubrir la sociedad gracias a una organización documental compleja".[387] Modifica, así, la perspectiva de la sociedad sobre ella misma. El ojo de la policía es una lupa, amplía su espectro para ver el grano más insignificante del cuerpo social, cerca de lo alejado,[388] y llama la atención sobre todo lo que "es raro, desviado, inusual".[389] El ojo, referencia imaginaria del poder, permite operar la transición entre la monarquía absoluta y las policías democráticas y totalitarias de la modernidad incluidas en el modelo panóptico. Ya observaba Aristóteles que el monarca absoluto se da "ojos, orejas, manos y pies en gran número".[390] Esta idea inspira la

---

[386] "*Panoptique*, por Jérémie Bentham", reeditado en Bentham, J., *Le panoptique, op. cit.*, pp. 6-7.

[387] Foucault, M., *Surveiller et punir, op. cit.*, p. 249.

[388] Guillauté, *Mémoire sur la réformation de la police de France* (1749), reed. París, Hermann, 1974, p. 34.

[389] Williams, A., *The police of París, 1718-1789*, Baton Rouge and London, Louisiana State University Presse, 1979, p. XVI.

[390] Aristote, *Politique*, Livre III, 1287B, 30, traduction de Jean Tricot, París, Vrin Poche, 1995, p. 251.

práctica del consejo al Príncipe: la Política que se encuentra
en el siglo XIII del Occidente latino, curiosamente inspiró
la teorización de la forma política del reino. Bajo Luis XIV,
"el ojo", bajo la influencia de la ciencia moderna, comienza
a designar la vigilancia de los grandes y del pueblo; acompaña la desaparición de la referencia teológica en política,
así como las relaciones interpersonales de dependencia.

En Francia, la victoria del poder estatal sobre la Fronda
señala el principio de la aparición del individuo en política
y en la sociedad,[391] suscita la hostilidad de la nobleza[392] y de
las otras instituciones tradicionales de antiguo Régimen,
la Iglesia y el Parlamento.[393] La policía es en primer lugar
una forma de autoridad por defecto, fundada sobre la
ausencia de fundamento de la autoridad y el secreto des-
fallecimiento del poder.

La propiedad individual: la policía y el derecho romano

La policía es congruente con el nacimiento de una
sociedad de individuos. Está incorporada dentro del derecho subjetivo. Su aptitud para desplegarse en la modernidad proviene también de que encuentra su fuente en la
modificación de las relaciones sociales. En efecto, para
comprender el paso de una forma de autoridad a otra es
necesario intentar aprehender lo que cambia realmente en
la sociedad. Ahora bien, en la Edad Media, conjuntamente
con la aparición de las primeras acepciones especializadas

---

[391]   Thuau, E., *Raison d'État et pensée politique à l'époque de Richelieu* (1966),
        París, Albin Michel, 2000, pp. 359-361.
[392]   Williams, A., *The police of París, op. cit.*, p. XVIII.
[393]   Piasenza, P., "Opinion publique, identité des institutions, 'absolutisme'.
        Le problème de la légalité à Paris entre le XVIIème et le XVIIIème siècle",
        en *Revue historique*, n° 587, julio-septiembre de 1993, pp. 97-142.

del término "policía", la economía de la cristiandad latina conoció cambios: aumento de la población, movilidad mayor, desplazamiento hacia los centros urbanos.[394] La propiedad privada aparece, en primer lugar, como lo muestra Janet Coleman, con la transformación de los métodos tradicionales de concesión de la tierra, luego por la aparición de la transmisión por venta o por herencia de ésta. Se asiste al nacimiento del principio de una economía de mercado concentrada en las ciudades, las técnicas de crédito y pago se mejoran, la circulación del dinero se vuelve más rápida. El monasterio se vacía, y cada vez más es concebible la posibilidad de una vida cristiana secular. Los primeros textos que definen el estatuto del laico describen a un hombre particularmente propietario y usuario de bienes terrestres. Es en la Edad Media cuando se formulan los fundamentos de la idea según la cual "los Gobiernos tienen un origen en los propietarios privados que piden un sistema judicial normalizado con el fin de preservar lo que ellos ya tienen por derecho".[395]

Para inventar una policía capaz de hacer respetar esos derechos, es necesario un aparato jurídico. Éste es proporcionado por las categorías del derecho romano que resurgen, después de un eclipse relativo: "El derecho romano propone la visión de un carácter legal más estable, autónomo y universal que las leyes del clan del tiempo previo".[396] En la tensión interna del mundo cristiano entre el pastorado –que perdura hasta en las formas

---

[394]   Coleman, J., "Propriété et pauvreté", en James Henderson Burns (dir.), *Histoire de la pensée politique médiévale* (1988), trad. del inglés para la ed. francesa de Jacques Ménard, París, PUF, colección "Léviathan", 1993, pp. 574-617.

[395]   Coleman, J. (dir), "L'individu dans l'État medieval", *L'individu dans la théorie politique et dans la pratique*, trad. de M. A de Kisch, París, 1996, p. 32.

[396]   Coleman, J., "Propriété et pauvreté", en James Henderson Burns (dir.), *Histoire de la pensée politique médiévale, op. cit.*, p. 576.

modernas del Estado benefactor y que se adapta de un modelo doméstico nunca completamente caduco– y la romanidad, ésta parece desempeñar un papel de apoyo a las nuevas instituciones administrativas y políticas. Roma nunca se eclipsa completamente, como también lo observa Jacques Lacan: la policía nació de "tres clavijas sobre el campus".[397] La clavija del soldado romano, la venganza, era en la antigua Roma el símbolo del derecho de propiedad. La policía es la forma moderna de la antigua ceremonia de la reivindicación (*rei vindicatio*). En el derecho romano arcaico, cuando alguien consideraba haber sido expoliado de su bien, debía testimoniar delante de testigo tomando el objeto del litigio diciendo: "Declaro que esta cosa es mía según el derecho de los Quirites [...] e impuse la vindicta." Al pronunciar estas palabras, tocaba la cosa reivindicada con la vara que representaba la clavija del soldado.[398]

Pero, de hecho, si no se trata más que de hacer respetar la propiedad privada, el soldado puede ser suficiente, y no parece necesario inventar una policía. El ejército es una fuerza del orden cuyo ejercicio recuerda a la exigencia del fundamento continuado del Estado. Si este recordatorio es también efectuado por la policía (todo litigio sería estrictamente interindividual, *in fine*, amenaza el Estado), lo es no obstante de manera más indirecta, o incluso más disimulada. Para analizarlo, se puede intentar examinar lo que se pone en juego de la diferencia entre la policía y la policía del ejército, la gendarmería.

---

[397] Lacan, J., *Séminaire 1966-1967, D'un discours qui ne serait pas du semblant*, 6 de marzo 1967.

[398] Pellat, C.-A., *Exposé des principes généraux du droit romain sur la propriété, ses principaux démembrements, et particulièrement sur l'usufruit (suivi d'un commentaire du libre VI des Pandectes "sur le revendication")*, París, Plon, 1853, 2ª éd. (1ª éd.: 1837).

Policía de las ciudades, policía de las campañas

La primera forma de policía, previa a la policía propiamente dicha, es la gendarmería (*maréchaussée*). Originalmente creada para expulsar a los desertores y mantener el orden entre los soldados, pasa a ser, bajo Francisco I, un instrumento de policía encargado de las comunicaciones y carreteras. En 1536, éste confía a la gendarmería (*maréchaussée*) una autoridad destinada no solamente a supervisar las guarniciones, sino también a buscar los autores de crímenes en grandes carreteras, robos, saqueos y violaciones en las campañas. Por la ley de febrero de 1791, la *maréchaussée* se convierte en *gendarmerie*, y permanece como policía territorial del Estado. Su función tradicional de protección del soberano,[399] siempre en vigor en la guardia nacional, y reactualizada recientemente bajo la presidencia de François Mitterand, participa del anclaje de la soberanía en el territorio. En relación con la sociedad, la función de la gendarmería parece corresponder a las premisas "del individualismo posesivo".[400] Es esto lo que todavía se le invoca para reivindicar su legitimidad en cuanto a policía judicial. De hecho, se benefició de los poderes judiciales que no tuvieron la policía de las ciudades, debido a su separación de la justicia.[401]

La policía nace para la ciudad, y con una finalidad diferente: en primer lugar, para ella no se trata tanto de proteger el ámbito privado como de velar por la esfera

---

[399] Dieu, F., *Gendarmerie et modernité*, París, Montchrestien, 1993, p. 16. Esto se remonta al siglo XII cuando Felipe II crea un cuerpo de sargentos armados para protegerlo durante el asedio de Saint-Jean d'Acre. Existe hasta bajo el reino de Luis XI.

[400] Macpherson, C. B., *La théorie politique de l'individualisme possessif* (1962), trad. del inglés por M. Fuchs, París, Gallimard, 1971.

[401] Carrot, G., *Histoire de la police française des origines à nos jours*, París, Taillandier, 1992, pp. 56-57.

pública. Antes de extenderse a las grandes ciudades de
Francia, la policía se crea para París, debido a su estatuto
especial de capital del reino de Francia, y sobre todo por
su importancia. Si esto interesa a los otros países europeos,
es debido al aumento de la población de las grandes ciudades. En estas gigantescas metrópolis que son Londres,
Nápoles, Roma, Milán, no se sabe cómo distinguir lo "mío"
de lo "tuyo", lo público y lo privado. La policía tiene el
encargo del aprovisionamiento, porque las dificultades
encontradas a este respecto se perciben como la causa del
malvivir en las ciudades, y de las malas costumbres que
reinan. Dice Charles Tilly, un elemento verdaderamente
mayor de la genealogía de la policía: "Del siglo XVI al siglo
XIX, y según un calendario muy variable en función de
las diversas regiones de Europa, se vive de manera con-
comitante la expansión de los mercados internacionales,
el desarrollo de los grandes comerciantes y el aumento
del número de asalariados que dependen del mercado
para su subsistencia." En ese momento de la evolución,
los dirigentes de los Estados tuvieron que equilibrar las
exigencias de los agricultores, de los mayoristas, de los
funcionarios municipales, de sus clientes y de la plebe
urbana; todos estos elementos que podrían desencadenar
desórdenes si el Estado dañara demasiado a tal o cual grupo de intereses particulares. El Estado y sus funcionarios
nacionales desarrollaron entonces la teoría y la práctica
de la "policía", en las cuales la investigación y la detención
de los criminales sólo desempeñaron un papel menor.
Antes del siglo XIX y de la proliferación de las fuerzas de
"policía" tal como la conocemos hoy, el propio término
designaba la regulación conjunta, especialmente a nivel
local; la dirección del aprovisionamiento era el principal
componente. La gran obra de Nicolás de la Mare, *Tratado
de la policía*, publicada por primera vez en 1705, expone
bien esta concepción muy general –pero centrada en los

poderes de aprovisionamiento– de los poderes de policía del Estado".[402]

Parece que en las "buenas ciudades" del Renacimiento, se ha ejercido el poder de policía. En efecto, estas "buenas ciudades" se destacan por el carácter afirmado de su urbanidad: la buena ciudad se opone a la ciudad campestre. Por lo tanto, las buenas ciudades son "potencias capaces de imponerse como tales para ser incluso uno de los principales Estados en el Estado".[403] Incluso confundida con la justicia, y dependiente de su poder, el poder de policía se denomina como tal a partir del siglo XIV.[404] Pero la fuerza pública de la policía no está institucionalizada: el conjunto de la comunidad debe poner mano fuerte sobre lo que ataca a la ciudad.[405] Estas formas de ciudad y policía aún dependen de la solidaridad medieval. Del mismo modo, todavía no se preocupa por el resguardo del orden, la belleza, la seguridad o la higiene de la calle, sino por el sentido del honor.[406] Su mantenimiento es privado: cada particular paga el adoquín de su parte de calle.[407] Las buenas ciudades no son aún las grandes ciudades que dan nacimiento a la policía; no conocen a las muchedumbres.

En las grandes ciudades, no es ya el aislamiento el que da miedo sino la muchedumbre. El criminal no simula estar separado de sus similares sino al contrario, en medio de ellos. Para ocultarse, no cambia el paso –eso no se observa en la muchedumbre– sino de identidad. En el siglo XIX, los procedimientos de identificación provinieron

---

[402] Tilly, C., *Contrainte et capital dans la formation de l'Europe*, 1990, traducido por Denis-Armand Canal, París, Aubier, 1992, pp. 201-202.
[403] Chevalie, B., *Les bonnes villes de France du XIVème au XVIème siècle*, París, Aubier, 1982, p. 43.
[404] *Ibíd.*, p. 223.
[405] *Ibíd.*, p. 221.
[406] *Ibíd.*, p. 224.
[407] *Ibíd.*, p. 225.

precisamente de estos nuevos métodos de simulación que hicieron fracasar las rutinas de detección ordinarias. La ciudad da nacimiento a una nueva forma de policía judicial, científica y técnica, capaz "de ver lo invisible" y no solamente de inspeccionar todo lo visible.[408] No se trata ya de una simple guardia. En la ciudad, los hombres están solos, y por esta razón pueden hacer masa. Si, como lo muestra Hannah Arendt, las "masas modernas han sido formadas por la atomización de la sociedad",[409] la invención de la policía es la de una herramienta asombrosamente moderna, reutilizable en la sociedad de masas que se diseña a partir de la mitad del siglo XIX. En el imaginario, el policía tiene un rol radicalmente diferente del gendarme. La novela policial es urbana y su héroe es un personaje oscuro y cínico, que se corta ante el gendarme generalmente bonachón, incluso cómico, asociado con la nostalgia de la ruralidad.[410] La novela policial es la novela de masas, en doble sentido del término.[411]

La triple nacionalidad policial

La genealogía de la policía permite esclarecer el modo del orden que rige aún a nuestras sociedades modernas. Con todo, parece que las tradiciones policiales, desde el comienzo francés de la policía, han variado. La propia policía francesa se modificó. Se pueden despejar tres grandes

---

[408] Bertillon, A., "La comparaison des écritures et l'identification graphique", en *Revue scientifique*, 1980, p. 74.

[409] Arendt, H., "Une réponse à Eric Voegelin", *Les origines du totalitarisme* (1954), ed. establecida por P. Bouretz, París, Gallimard, col. "Quarto", 2002, p. 972.

[410] Dieu, F., *Gendarmerie et modernité, op. cit.*, p. 12.

[411] Messac, R., *Le détective novel et la naissance de la pensée scientifique*, París, Honoré Champion, 1929, p. 11.

tradiciones nacionales de la policía: la herencia alemana, la angloamericana y la francesa. La heterogeneidad de estas tradiciones es generalmente atribuida a diferencias de los fundamentos políticos de los Estados. Sin embargo, es posible establecer una tipología de las policías tal como se dibuja una tipología de los Estados, o según en qué ha contribuido cada tradición para constituir la realidad policial.

Bertrand Badie y Pedro Birnbaum han intentado una esclarecedora puesta en paralelo de los Estados y las policías.[412] Establecieron una tipología sociológica de los Estados a partir de tipos ideales, y distinguieron a las sociedades donde el Estado "intenta regentear el sistema social dotándose de una fuerte burocracia", como en Francia, y hasta cierto punto como en la antigua Prusia, donde la organización de la sociedad civil vuelve inútil "la aparición de un Estado potente y de una burocracia dominante", como en Gran Bretaña y los Estados Unidos.[413] Esta primera distinción recorta otra: "La de los sistemas políticos que conocen a la vez un centro y un Estado (Francia) de los que poseen a un Estado sin centro (Italia), o un centro sin verdadero Estado (Gran Bretaña, Estados Unidos)".[414] Entre estos países, Francia, Gran Bretaña y Estados Unidos, y Prusia son los inventores de formas originales de policía.

Que la policía sea una invención francesa parece algo arraigado en el servicio del Estado. Si constituye un servicio público es, sin embargo y en primer lugar, en la medida en que se origina en la razón de Estado. En la tradición francesa, la razón de Estado, o parte del Estado, se considera una defensa de la esfera pública.[415] Desde este punto de

---

[412] Badie, B. y P. Birnbaum, *Sociologie de l'État*, París, Grasset, 1979, reed. Hachette-Pluriel.
[413] *Ibíd.*, p. 172.
[414] *Ibíd.*, p. 171.
[415] Richelieu, *Testament politique* (1689), Caen, Centre de philosophie politique et juridique de l'Université de Caen, 1985, p. 267.

vista, existe una continuidad entre la formación del Estado
bajo la monarquía absoluta y la idea de República, tal como
se elabora en Francia en el siglo XIX. La policía francesa
nace en la institución monárquica del Consejo del Rey.
En la monarquía absoluta, la teoría de la razón de Estado
es una teoría de los Consejeros de Estado. Es por la institución de estos Consejos que "el centro se transforma en
Estado".[416] Al separar la justicia de la policía, Luis XIV pone
la policía al servicio del Ejecutivo. Muy rápidamente, se
compara al teniente de policía con un verdadero ministro.
Efectivamente, bajo Luis XV, cuatro tenientes de policía
incluidos René de Argenson y Gabriel de Sartine, fueron
nombrados Consejeros de Estado, y se les atribuye esta
"dignidad" de poder ser consultados sobre alguna manera y en alguna ocasión que el rey juzgue conveniente".[417]
Por sobre todo, Francia inventa la alta policía, la que ha
contribuido a la elaboración de servicios de información,
a la existencia de una documentación de Estado. Cuando
en el siglo XVIII se alaba la eficacia de la policía francesa,
es por su capacidad para saber "quién" es "dónde". La
contribución de Francia a la policía es la formación de un
saber del Estado sobre la sociedad. Este saber es un conocimiento táctil y sensible que pasa por la recolección de las
opiniones y humores populares. Joseph Fouché encarna
esta tradición de la alta policía francesa, que desborda la
herencia monárquica y es, más que nunca, de actualidad.
Juan-Paul Brodeur puso al día cómo, por un curioso encuentro, la sociedad de la abundancia de informaciones
y las nuevas tecnologías volviera a dar actualidad a estas
problemáticas del antiguo Régimen; debido a la evolución
tecnológica, las fuerzas policiales occidentales se ajustan

---

[416]   *Ibíd.*, p. 175.
[417]   Antoine, M., *Le conseil du roi sous Louis XV*, Genève, Droz, 1970, pp.
        179-189.

cada vez más al modelo de la alta policía.[418] Cualquiera que
sea la configuración de nuestro mundo, siempre subsiste el
Estado para que éste se pruebe como amenaza; ahora bien,
la alta policía se arraiga en la tradición maquiaveliana del
Estado consciente de su precariedad. La guerra, que hace
existir a los Estados, vuelve a dar también su actualidad a
la alta policía.

Por oposición, las policías que corresponden al tipo
ideal del Estado inglés y americano parecen privilegiar su
misión de regulación social. Según Tocqueville, por ejemplo, en América, la centralización administrativa –en virtud
de la cual el poder de dirigir los intereses de los miembros
de la sociedad está concentrado en unas únicas manos,
incluso a nivel más local– no está asociada a la centralización gubernamental, que designa el tipo de concentración
de poder encaminado a dirigir los intereses de la nación
entera.[419] Incluso si considera que en los Estados Unidos
del siglo XIX, la ausencia de centralización administrativa
es muy grande, esta responsabilidad retorna en Francia,
por "el enervamiento" del pueblo y la pérdida "del espíritu
de ciudad".

En la América de 1835, el Estado "raramente intenta
establecer normas de policía. Ahora bien, la necesidad de
estas normas se hacen sentir vivamente"[420] en Francia, al
mismo tiempo que, "la centralización se obtiene sin dolor
[...], dirigiendo sabiamente los detalles de la policía social;
a reprimir los desórdenes ligeros y los pequeños delitos [...];
a mantener en el cuerpo social una clase de somnolencia
administrativa que los administradores tienen la costumbre

---

[418]   Brodeur, J.-P., "High policing and Low Policing: Remarks about the
        Policing and Politicals activities", en *Socials problems*, n° 5, 1985.
[419]   De Tocqueville, A., *De la démocratie en Amérique*, vol. 1, I, 5, *op. cit.*,
        pp. 153-154.
[420]   *Ibíd.*, p. 157.

de llamar el buen orden y la paz pública".[421] El modelo de
Estado americano puede ser referido al modelo inglés;
de eso depende ampliamente para los aspectos que nos
ocupan ya que, como lo muestran Bertrand Badie y Pierre
Birnbaum, "igual que en Gran Bretaña, la sociedad americana se construyó por autorregulación".[422] En efecto, "así como
Francia aparece como la sociedad donde el Estado puede
ser considerado como el tipo ideal de Estado, así mismo
Gran Bretaña se prefigura como país cuando el Gobierno
se ejerce por la sociedad civil, existiendo un mínimo de
Estado".[423] El centro, muestran, adopta en Gran Bretaña
la forma de la unidad territorial antes que en Francia, y
el autogobierno de la sociedad inglesa es el resultado de
una tradición que se remonta a la soberanía normanda. El
principio parlamentario se prefigura más precozmente en
Francia, y está dotado de una función de representación y
de control. No solamente existe un control institucional de
la policía, incluso cuando éste, como lo muestra Juan-Paul
Brodeur, siempre implique apuestas políticas,[424] sino que
además la policía se desarrolla en el marco del municipio,
razón por la cual se la denomina generalmente "policía de
comunidad" (community policing).

Si se siguen los análisis de Egon Bittner, una de las
dificultades para definir a la policía reside en la confusión
entre la habilitación de la policía para usar la fuerza en las
situaciones innegociables de violencia y la fuente de la
soberanía estatal.[425] Describiendo la actividad policial, él

---

[421]   Ibíd., p. 158.
[422]   Badie, B. y P. Birnbaum, op. cit., p. 204.
[423]   Ibíd., p.196.
[424]   Brodeur, J.-P., La délinquance de l'ordre, Recherche sur les commissions
        d'enquête, Montréal, Hurtubise, HMH, 1984.
[425]   Bittner, E., "Florence Nightingale à la poursuite de Willie Sutton. Regard
        théorique sur la police" (1974), trad. del inglés, en Déviance et société,
        septiembre de 2001, vol. 25, n° 3.

muestra que la policía entra en acción cuando hay "¡algo-que-no-debería-hacerse-y-por-lo-cual-valdría-más-que-alguien-haga-algo-enseguida!".[426] La policía se puede definir extensamente con una pluralidad de tareas diversas, y con una misión cuyo objeto está indeterminado. La urgencia de la situación no es más que uno de los efectos de la habilitación para usar la fuerza. Incluso, sólo esta habilitación puede hacer comprender que las actividades de la policía judicial no constituyen más que una parte insignificante del trabajo efectivo de los policías, y que la policía, en las sociedades pacificadas, sea preferida al ejército, como la regulación de las relaciones sociales y el mantenimiento del orden. Es entonces la demanda social la que instituye a la policía, y la relación de ésta con el Estado es secundaria. Como lo expresa Juan-Paul Brodeur, Egon Bittner considera como primordial la relación de la policía con la ciudad: "Es la urbanización la que tiene precedencia a la nacionalización" en la génesis de la policía.[427]

Con todo, lejos de oponerse, estas tradiciones se comunican. Incluso si la tradición local de la policía francesa se desarrolla en un marco político diferente, no es necesario exagerar la diferencia entre la comuna francesa, americana e inglesa. Sin embargo, también en Francia la policía nace para la ciudad, y sigue siendo esencialmente comunal desde la Revolución hasta el final de la Tercera República. No es sino en 1941, bajo el régimen de Vichy, que la policía deviene nacional, hecho que aparece retroactiva y bizarramente como sólo compatible con la idea republicana. París desde el origen, Lyon desde 1851, Marsella a partir de 1908, y, progresivamente, algunas otras grandes ciudades tuvieron policías estatizadas antes de 1941. Pero en la mayoría de las ciudades de más de 5.000

---

[426]   *Ibíd.*, p. 295.
[427]   *Ibíd.*, p. 309.

habitantes, incluso cuando la policía comunal era dirigida por un comisario nombrado a nivel nacional a partir de 1880, el reclutamiento era local.[428] Sin embargo, si la policía comunal se desarrolló de esa manera bajo la República, es porque heredó las modificaciones introducidas a la policía bajo la monarquía de julio. Ahora bien, si el prefecto de policía Louis Debelleyme creó el cuerpo de los guardias municipales de París, ha sido imitando al ministro inglés Robert Peel, verdadero inventor del *community policing*. Efectivamente, los *bobbies* y su uniforme azul tuvieron en Europa el mismo éxito que los tenientes (*lieutenance*) de París en sus épocas. Este fenómeno de influencias recíprocas se continúa hasta hoy con el entusiasmo suscitado en los responsables policiales por el éxito de la policía de Nueva York. Es la importación del modelo angloamericano en Francia que se encuentra en el origen de la noción de "policía de proximidad". Esta nueva forma de pastorado que constituye la caza de los criminales es el origen de la desviación de las tesis de Wilson y Kelling en 1982; bajo el nombre de "teoría del cristal roto", éstos contemplaban la ampliación "de nuestra interpretación del mandato de la policía para que integre elementos indebidamente percibidos como periféricos, como la acción social de la policía, su lucha contra la pequeña delincuencia y la incivilidad y su movilización de los ciudadanos contra la degradación del entorno urbano", y no la "tolerancia cero".[429]

Si, por tanto, las tradiciones francesa y angloamericana no se comunican cuando se trata del Estado, sí entran en relación desde el momento que se trata de la policía. Pero parecen oponerse a la tradición de la policía alemana. Ésta

---

[428]   Berlière, J.-M., *Le monde des polices en France*, París, Complexe, 1996, pp. 22-39.
[429]   Brodeur, J.-P., "La police de communauté aux États-Unis", en *Informations sociales*, n° 92, 2001, p. 113.

es, con todo, anterior a las otras dos, puesto que a partir del siglo XVI ya adquiere una dignidad teórica.[430] No obstante, en el siglo XVIII, ella toma una orientación inédita: la de una disciplina filosófica y universitaria –la ciencia fiscal–, mientras que el corpus de la policía francesa no abandona la forma de la compilación de reglamentos.[431] Con todo, no es una simple abstracción, sino que ella debe formar funcionarios capaces de aumentar el poder y el bienestar del Estado. Está vinculada al estado territorial. El Estado Prusiano se construye en el siglo XVII y "no aparece como el producto de un proceso de centralización que se realiza, tal como ocurre con Francia, por la soberanía a menudo brutal de las periferias, sino que se corresponde inmediatamente con un territorio sobre el cual garantiza inmediatamente su poder."[432]

Pero, tal como la policía inglesa, la policía alemana fue exportada. Ella contribuyó a inscribir la razón de Estado en el sentido de la racionalidad y la teoría del Estado benefactor, el *Wohlfahrtsstaat*. En efecto, en Alemania, el conocimiento del Estado se entiende como *Statistik*; y la estadística se desarrolla también en Francia en los siglos XVII y XVIII.[433] Así, los *Elements généraux de police* de Von Justi, fueron traducidos en Francia en la mitad del siglo

---

[430] Stolleis, M., *Histoire du droit public en Allemagne. Droit public impérial et science de la police, 1600-1800* (1988), trad. del alemán por M. Senellart, París, PUF, 1998, p. 558.

[431] Laborier, P., "'La bonne police', sciences camérales et pouvoir absolutiste dans les États allemands", en *Politix*, n° 48, cuarto trimestre de 1999, pp. 7-35.

[432] Badie, B. y P. Birnbaum, *op. cit.*, p. 188.

[433] Senellart, M., "Y a-t-il une théorie allemande de la raison d'État au XVIIème siècle?", en Yves Charles Zarka (dir.), *Raison et déraison d'État*, París, PUF, 1994, pp. 265-293; Dominique Reynié, "Le regard souverain, statistique sociale et raison d'État du XVI au XVIIIème siècle", en Lazzeri, C. y D. Reynié, *La raison d'État: politique et rationalité*, París, PUF, 1992, pp. 43-82.

XIX.[434] Si el método supuestamente "deductivo" adoptado por este representante del *Polizeiwissenschaft* –por lo demás simplemente descriptivo a pesar de su aparición axiomática–, se corta con el empirismo de Delamare y el esteticismo barroco de la razón de Estado francesa –de Gabriel Naudé, por ejemplo–, de todos modos, las diferencias de contenido entre la tradición francesa y la tradición alemana no deben exagerarse. Von Justi conoce a Delamare y se inspira en Montesquieu,[435] y si tiene el carácter de científico formal –requerido para una disciplina en cuanto ella es objeto de una enseñanza– él no descuida, más que ningún otro teórico de la policía, "los medios prácticos para realizar el bienestar de la comunidad".[436] Asimismo, entre Alemania e Inglaterra ha tenido lugar un debate sobre la naturaleza de la estadística –cualitativa o cuantitativa–, en el cual los franceses tomaron partido: "Si se impondrá el término 'estadística' utilizado por los alemanes, entonces es el contenido definido por la escuela inglesa el que triunfará finalmente."[437]

Policía y fronteras

La policía no es un "instrumento" en el cual el Estado nacional podría soñar encontrar un espejo. El apoliticismo policial y la capacidad policial para convertirse en el instrumento de un régimen son, más bien, una prueba de autonomía que tiene el aspecto de una indiferencia frente a la encarnación del poder, como si la policía obedeciera a un Estado vacío y desencarnado. En las tres tradiciones, la

---

[434]   Von Justi, J. H. G., *Elémens généraux de la police* (1756), trad. del alemán, París, Rozet, 1769.
[435]   Napoli, P., *op. cit.*, p. 296.
[436]   *Ibíd.*, p. 299.
[437]   Reynié, D., *op. cit.*, p. 74.

policía tiene una norma flexible, un instrumento variable, que se amolda a las costumbres y se adapta a las circunstancias. Se regula sobre el cambio social y se abstiene de juzgarlo. Su norma es la eficacia, que debe ser esclarecida con un buen conocimiento de las circunstancias, como lo muestra Paolo Napoli desde el punto de vista de la historia del derecho: "La norma de policía se revela, desde el punto de vista del poder político, como el instrumento más flexible para adaptarse a las necesidades gubernamentales contingentes."[438]

Lo que protege la policía es, tal vez, menos el orden nacional que el orden como fundacional, el orden estableciéndose a partir del desorden y a través suyo. Tal sería una de las razones de la judicialización de la policía, este extraño fenómeno que corresponde menos a una realidad profesional que a un estado de ánimo. Cuanto más la política deviene racional, más genera ineluctablemente un "resto" no racional. Es el movimiento mismo del "no va más" en la sociedad que termina por constituir la cualificación esencial que se realza de la policía. La policía, de manera general, a partir del siglo XIX se ocupa del mal y del peligro.[439] Así, la maleabilidad política participa de su estructura. Esta es la razón por la que la genealogía de la policía permite percibir no solamente constantes en la pluralidad y la variedad de las formas policiales, sino también de las relaciones recíprocas entre ellas. Las policías se copian las unas a las otras, mientras que las naciones mantienen más bien su singularidad. La policía, dentro de su flexibilidad proteiforme, es capaz de adaptarse sin cambiar de identidad. Si a la policía Francia ha aportado la razón de Estado y la información política, Alemania la racionalidad estadística y el *Wohlfarhrtstaat*, Gran Bretaña

---

[438] Napoli, P., *op. cit.*, p. 46.
[439] *Ibíd.*, p. 327 y ss.

la policía comunitaria y de proximidad, ¿cómo, sin embargo, esta realidad abigarrada pudo tomar el lugar y la importancia política e institucional que le es conferida en todos los Estados del mundo, así como a escala mundial? La policía entra en convergencia con las evoluciones políticas de nuestro tiempo. Si ella constituye el resorte mismo de la racionalidad del Estado, se desarrolla teniendo en cuenta que la ciencia y la técnica dictan los contenidos de gobierno. Acompaña el reino de la estadística de la que Gabriel Tarde había previsto progresos: "Podrá venir un momento en que, de cada hecho social por realizarse, escapará, por decirlo así, automáticamente una cifra."[440]

Los resultados de la actividad policial se evalúan cada vez más estadísticamente. Pero lo que la vuelve actual es que participa de la tensión interna en la racionalización de la política. La policía no es la simple aplicación de la política del Estado moderno. Responsable de las previsiones debe, no obstante, ocuparse de lo imprevisible y lo imprevisto. Mecanismo impersonal, es también el último refugio del poder personal. La obediencia de la policía a sus misiones supone una interpretación de la orden e implica una parte de secreto. Instrumento dedicado a la urgencia, la policía coloca su marca sobre un mundo donde la decisión y la acción requieren menos la deliberación y más las grandes velocidades, "el tiempo real". La racionalización de la política y la policía engendran su contrario. La policía, en las sociedades organizadas (policées), no tiene más cargo que el del "último recurso", es decir, de la mayor violencia: la policía de proximidad devino una policía de intervención, que opera localmente, en lugares urbanos que no son todavía ciudades, la fundación del Estado. Esa es la actualidad política en donde se verifica el reverso de la genealogía de

---

[440]   Tarde, G., *Les lois de l'imitation* (1890), reed. *Les empêcheurs de penser en rond*, sin datos de referencia, 2001, pp. 192-193.

la policía: ante lo más local, adonde la ingobernabilidad de las ciudades convoca a la policía a la reinvención de sus métodos, se habla de "guerra urbana", y de hecho efectiva-mente, la ciudad vibra ante los sobresaltos de la política mundial. Al mismo tiempo, a nivel más internacional, a la guerra, en un espacio que se pretende interior al mundo mismo, se la nombra "operación policial". El interior y el exterior han intercambiado sus roles: el criminal es mun-dial y el guerrero, local. Más que nunca la policía es una policía de identidad. La manera en que la policía consi-dera la soberanía, la torna, en línea con la gran tradición cínica, relativamente indiferente en las fronteras, como si la pertenencia a la policía creara una connivencia tal que relativizara la pertenencia nacional, como lo muestra Didier Bigo: "El argumento de la soberanía vale en las arenas ju-rídicas pero no en las prácticas policiales", y "la detención de un criminal siempre les ha parecido más significativa que el estricto respeto del principio de soberanía".[441] Desde siempre, las policías se dan información e intercambian servicios. Eso no significa sin embargo que no haya "guerra de policías". En efecto, la guerra de las policías deriva del uso profesional de la sospecha. Si la sospecha es lo que anima al policía, todo grado suplementario de cooperación policial aumenta proporcionalmente la fragmentación, sin suprimir la ayuda mutua.

La genealogía de la policía no exhibe, pues, cualquier cara oculta de la institución pero, contrariamente, permi-te poner de manifiesto que la policía, bajo la influencia de las circunstancias, inauguró una tradición política de nuevo tipo, dentro del Estado territorial, pero al servicio

---

[441] Bigo, D., "L'Europe de la sécurité intérieure: penser autrement la sécurité", en A.-M. Le Gloannec, *Entre union et nations. L'État en Europe*, París, Presses de Science-po, 1998, pp. 62 y 72.

del estado poblacional.[442] Su anclaje en la ciudad la lleva paradojalmente a reconocer una pertenencia diferente de la pertenencia nacional, aunque sigue ajustándose a este marco en virtud de la lógica de la sospecha. Para ella, se trata menos de conocer la geografía –como lo hace el ejército– que la sociología. Así, la policía parece convertirse en la verdadera *politeia* mundial, el abuso de autoridad que recuerda que a este nivel, también su fundación tiene lugar en la violencia y que su eficacia depende del saber y la vigilancia.

---

[442] Foucault, M., "La gouvernementalité", Curso del Collège de France, años 1977-1978: "Sécurité, territoire, population", cuarta clase, 1º de febrero 1978, Aut-Aut, n° 167-168, septiembre-diciembre 1978, pp. 12-29, en *Dits et Écrits, op. cit.*, tomo III, pp. 635-657.

Capítulo 2
Policía y sociedad.
La mediación simbólica del derecho

Paolo Napoli

Algunos trabajos de historia social han demostrado con claridad que, como dice Montesquieu, la sociedad no se transforma por decreto. En general, subrayan que la propensión a repetir las mismas disposiciones en lo tocante a la subsistencia, a las costumbres, a la salud de la población, así como a las actividades productivas y comerciales, a la vialidad, a la religión y a todo lo que concierne a la constitución material y moral de los hombres, revela la inaplicación sistemática de las órdenes policiales: el derecho es incapaz de devenir en *habitus* de los comportamientos, de motivar acciones. La repetición de las órdenes traicionan su falta de fuerza coercitiva: condenados a quedar en letra muerta, los edictos de los tenientes de policía más bien se amontonan en los archivos, y se mantienen largamente ignorados en la vida cotidiana; así, esto no escapa a la ironía de los contemporáneos, como gustan señalarlo en la actualidad algunos fustigadores del "nomocentrismo".[443]

Muchos autores, en particular respecto de la Francia del siglo XVIII, mantienen una desconfianza comprensible ante

---

[443] Según un dicho popular, una ley en Venecia no duraba más que una semana; igualmente, en Silesia se bromeaba con el hecho de que los edictos eran *gehalten,* que tenía el doble sentido de "resistidos" y "respetados" solamente por el clavo que los fijaba en los ámbitos públicos. Citado por J. Schlumbohm, "Gesetze, die nicht durchgesetzt werden – ein Strukturmerkmal des frühneuzeitlichen Staates?", *Geschichte und Gesellschaft*, 1997, p. 659.

la ejecución de innumerables ordenanzas concernientes
al conjunto del reino o, más a menudo, a las situaciones
locales: su propósito es romper con el esquema binario
prescripción / deber que regiría la relación vertical entre
el soberano y los sujetos. El orden público, cuando lo hay,
mantiene fundamentalmente la transacción, tiene un *social bargaining* donde interesa un juego de acciones y de
reacciones entre los que detentan el poder administrativo
y judicial, por un lado, y los actores sociales por el otro. La
negociación, en tanto que forma privilegiada de relación
entre particulares, socavaba la imagen acabada y coherente
del gesto unilateral que caracteriza la decisión de autoridad.
Igualmente, se ha subrayado que el funcionamiento (o el
no funcionamiento) del aparato administrativo resultaba
más por las redes de relaciones clientelares tejidas por las
burocracias cargadas de ejecución normativa, que por la
intención de los órganos centrales: la racionalidad de lo
real, a fin de cuentas, no deriva de una voluntad potestativa
e impositiva que exige obediencia. Es necesario entonces,
según esta perspectiva, invertir el sentido típicamente
jurídico del dinamismo decisional que procede de la institución, para desplegarse sobre los hombres y las cosas,
como si se hiciera integrar el contenido social en la forma
estatal, la vida en el sistema. Lo que está puesto en cuestión
es la forma misma del pensamiento "por código" inclusión
/ exclusión, adonde la totalidad del proceso estaría admi-
nistrado por un sujeto central.[444]

---

[444]   Se ha mostrado, por ejemplo, cómo el imaginario popular parisino
         del siglo XVIII condicionaba el ejercicio concreto de la justicia y de
         la policía. Cf. M. Dinges, "Michel Foucault, Justizphantasien und die
         Macht", en A. Blauert y G. Schwerhoff (eds.), *Mit den Waffen der Justiz*,
         Francfort-sur-le-Main, Fischer, 1993, p. 189-212. Para una fuerte rela-
         tivización del rol del Estado en la policía de los pobres, Cf. M. Dinges,
         "Frühneuzeitliche Armenfürsorge al Sozialdisziplinierung? Probleme
         mit einem Konzept", *Geschichte und Gesellschaft*, 1991, pp. 5-29; y A.
         Farge, *Vivre dans la rue à París au xviiie siècle*, París, Gallimard-Julliard,

Lejos de realizarse a través del simple gesto de enunciación consciente del legislador o del juez, la positivización efectiva del derecho es un proceso de reconstrucción social permanente y armoniosa que ofrece la ciencia jurídica, irreductible a la visión axiomática: se regla porque ya se encuentra lo normal, lo infracodificado, que es el sustrato de posibilidad real para el injerto del derecho. Incluso allí donde se podría verificar una cierta correspondencia entre la previsión normativa y la respuesta social, este resultado sería menos imputable a un recurso mágico de la ley que a las prácticas que se ordenan *a priori* como disciplina de las conductas. En suma, aun cuando el jurista no tuviera ninguna dificultad para constatar la validez de los enunciados deónticos producidos por el legislador, en cambio, un sociólogo, un psicólogo, un *behavioural scientist* cualquiera (pero también, seguramente, el historiador de las mentalidades) no conseguiría sacar de los comportamientos observados un modelo normativo correspondiente a las leyes jurídicas preexistentes. En el primer caso, se asiste a la proliferación de lo que en lógica se llama los "enunciados deónticos descriptivos"; en el segundo, a la imposibilidad de lo que se define como "enunciados deónticos *adscriptivos*".[445]

1979; *La vie fragile. Violence, pouvoir et solidarité à París au xviiie siècle*, París, Hachette, 1986; y A. Farge y J. Revel, *Logiques de la foule. L'affaire des enlèvements d'enfants, París, 1750*, París, Hachette, 1988, p. 55, que, en virtud de la fuerza coactiva de los magistrados, hablan de "utopía" policial. Acerca de la necesidad de terminar con la visión lineal de un poder regulativo que, de la autoridad que lo detenta, llega al destinatario, cf. J. Schlumbohm, "Gesetze, die nicht durchgesetzt werden...", *op. cit.*, pp. 662-663, quien aboga por el viejo topos liberal según el cual el cambio surge "de abajo", gracias a la autonomía creativa de lo social.

[445] A. G. Conte, "Studio per una teoria della validità", en *Filosofia del linguaggio normativo I*, Turin, Giappichelli, 1989, p. 68 y ss.

El disciplinamiento de lo social: un paradigma dudoso

Si los discursos de la historia social y de la sociología llegan a conclusiones tan escépticas, sin embargo uno no puede evitar preguntarse sobre la función de formalización jurídica de las prácticas sociales. ¿Es posible reducir este fenómeno a una simple regularización de las situaciones de hecho, conforme a la regla ya observada por los hábitos, los usos y las costumbres? ¿Se trata solamente de hacer inteligible un universo normativo no escrito que existe no obstante en el comportamiento de los hombres? Dicho brevemente, ¿es necesario volver a la visión de un derecho condenado a alcanzar su retardo en relación con un movimiento social que va siempre de antemano?[446] Tal vez, también se podría ver otro aspecto del proceso: el establecimiento de una regla, es decir, la formulación consciente y ritual de un deber-ser, implica la creación de un sistema de referencia metasocial, dotado de efectos simbólicos que se producen a nivel conceptual. Este orden no refleja solamente, de una manera definida, objetiva y oficial, los comportamientos materiales que serían de otro modo abandonados al bruto anonimato de la práctica, mezclado en un todo con la *forma fluens*.[447] Por cierto, el poder conceptual del cual dispone cada norma jurídica consiste en calificar y delimitar lo vivido psicológico de los hombres, en dirigir de una forma racional y formal la espontaneidad de la acción, haciéndola previsible y calculable, como lo subrayaba Weber. Pero este objetivo no agota la gama de las consecuencias posibles: es igual-

---

[446]   Esta es la conclusión, por ejemplo, de A. Burguière, "La famille comme enjeu politique (de la Révolution au Code civil)", *Droit et Société*, 14, 1990, p. 30, a raíz de la función paterna según el Código Civil.

[447]   P. Bourdieu, "Habitus, code et codification", *Actes de la Recherche en Sciences sociales*, 64, 1986, p. 40.

mente necesario considerar otro régimen de eficacia del derecho, que dé cuenta del efecto acumulativo propio de los enunciados normativos y de la práctica legislativa en su conjunto; a través ella, en efecto, se alcanza un espacio de potencialidades, inexpresadas en lo inmediato, y no obstante susceptibles de desarrollarse en concreto.

El caso de la policía es, en tal sentido, ejemplar. Esta institución, que caracteriza de manera diferente la expansión de las burocracias europeas del Antiguo Régimen, tiende a afirmarse en el contexto francés ante todo como una experiencia práctica, por fuera de la arquitectura sistemática y del modelaje dogmático que podía suministrar la doctrina jurídica. Esto implica ciertas consecuencias: bajo el perfil de la naturaleza y de la fundación histórica del derecho, el fenómeno de la policía demuestra que el derecho no puede estar subsumido bajo un corpus de principios que representen una condición de validez trascendental. Se ve más bien aparecer el problema de la racionalidad instrumental, a saber: las condiciones de existencia efectiva de reglas jurídicas concebidas con el fin de alcanzar objetivos particulares. Un primer aspecto sería por lo tanto el siguiente: el advenimiento masivo de una actividad legislativa que se vincula con los detalles de la vida cotidiana –como en la experiencia de la policía del *Ancien Régime*– establece una fractura en la concepción clásica del derecho, fractura que ya se remonta a los siglos XII y XIII.[448] Junto a la resolución de casos que se ordenan alrededor del sistema representado por el derecho común, se experimenta un nuevo modo de producción jurídico: no supone un estado contencioso –la *causa* en el doble sentido

---

[448] Cf. A. Wolf, "Die Gesetzgebung der entstehenden Territorialstaaten", en H. Coing (ed.), *Handbuch der Quellen und Literatur der neueren europäischen Privatrechtsgeschichte*, Munich, Beck, 1973, t. I, pp. 517-800.

del término– que es necesario sortear; intenta más que nada
constituir y organizar la vida de los hombres en el espíritu,
sin duda utópico, de una comunicación universal.[449] El
hecho de que no se hable por primera vez de un "derecho
de policía" sino a finales del siglo XVIII, y especialmente en
el contexto universitario alemán de la *Polizeiwissenschaft*,
es revelador de las resistencias que la mentalidad jurídica
clásica opone al encuentro de una categoría privada de toda
tradición académica.[450] Sin embargo la fuerza de la práctica
sobrepasa la indiferencia de la doctrina. Las medidas de
policía, más allá de su dudosa y poco noble genealogía
jurídica, más allá también de su eficacia inestable, mantienen enunciados deónticos. De hecho, ellas estiran la esfera
del deber, en la cual se integran las figuras clásicas de la
obligación, del entredicho, del permiso, de la facultad, de
la libertad, es decir, las situaciones subjetivas concernidas
por la modulación lógica de la norma jurídica. No hay, pues,
ninguna razón plausible para negar a estos enunciados la
cualidad de derecho, porque su validez está fuera de discusión. Se trata de reconocer en los dispositivos policiales
la posibilidad de ampliar el campo semántico de la norma
más allá del esquema obligación-violación-sanción, que
reduce toda forma de desviación a la categoría general de

---

[449]   Esta es la misión que a fines del siglo XVII un jurista importante como
        J. Domat reconoce en la policía, *Le droit public*, París, Gosselin, 1713,
        p. 59.

[450]   La primera obra de derecho policial es la monumental de H. G. von Berg,
        Handbuch des Teutschen Policeyrechts, Hanover, 1802-1809, 7 vols. Los
        historiadores del derecho han estimado a menudo que se parecen más
        a las reglas de vida de una mujer de hogar que a verdaderas leyes del
        soberano, M. Viora, *Le costituzioni del Piemonte*, Milan-Turin-Rome,
        Bocca, 1928, p. 70. Contra la asimilación del modelo normativo de
        policía en el dominio propio del derecho, especialmente penal, cf.
        W. Naucke, "Wom Vordringen des Polizeigedankens im Recht, d.i.: wom
        Ende der Metaphysik in Recht", en G. Dilcher y B. Diestelkamp (eds.),
        *Recht, Gericht, Genossenschaft und Policey. Studien zu Grundbegriffen
        der germanistischen Rechtshistorie*, Berlín, Schmidt, 1986, pp. 177-187.

ilicitud. El vínculo constitutivo reivindicado por las medidas de policía consiste en forjar actitudes, en engendrar automatismos, e implantar los mecanismos internos de los comportamientos individuales y colectivos. El objetivo es más bien encuadrar un universo de conductas dentro del régimen de lo conforme-no conforme, que evaluarlo según el par lícito-ilícito.[451] Se debe admitir, pues, que la primera consecuencia de una producción legislativa plena, reunida dentro de este verdadero metaenunciado acumulativo que es para la Francia del Antiguo Régimen la famosa compilación del comisario Delamare, concierne al *quid juris*, la ontología misma del derecho y las fronteras de su imperio.[452]

La práctica policial, por otra parte, introduce un conjunto de técnicas que, como toda técnica, pretenden modificar la realidad existente, incluso si ellas se limitan a ratificar por la "forma" jurídica un estado de hecho. Es necesario distinguir aquí los efectos de alcance inmediato y directo, tales como aquellos que se podrían verificar por una comparación cronológica entre el "antes" y el "después" de la existencia de una ley, y los efectos de una larga duración. A menudo los historiadores son los primeros en constatar la ineficacia material de los dispositivos policiales. Sin ninguna debilidad teleológica que proyecte en el porvenir las premisas del pasado, sería preciso, no obstante, despegarse de las consecuencias menos inmediatamente reconocibles desde un punto de vista material, prorrogables sin embargo a la labor de las técnicas. Entonces, se descubriría que la policía engloba un haz de instrumentos

---

[451]   M. Foucault, *Surveiller et punir*, París, Gallimard, 1975, p. 181 y ss. Respecto a ello, cf. S. Breuer, "Sozialdisziplinierung, Probleme und Problemverlagerungen eines Konzepts bei M. Weber, G. Oestreich und M. Foucault", en C. Sachsse y F. Tennstedt, *Soziale Sicherheit und soziale Disziplinierung*, Francfort-sur-le-Main, Suhrkamp, 1986, p. 62.

[452]   N. Delamare, *Traité de la police*, París, Cot, 1705-1738, 4 vols.

gubernamentales que tienen fuerza de derecho y estable-
cen una nueva versión del organismo político; gracias a
estos medios, los fenómenos macroestructurales como el
Estado-providencia, tanto como los acontecimientos más
discretos pero tan capitales como la diversificación de la racionalidad normativa y la extensión del estatuto pragmático
del derecho, hoy nos aparecen como inteligibles. En suma,
es posible que lo social sea dejado casi sistemáticamente
sordo al llamado disciplinario de las autoridades públicas.
Sin embargo, entre la intención del príncipe y la resistencia
de la práctica social, se produce algo: la impersonalidad
de lo conceptual deja un trazo sutil y lento; su cuento es
tan verdadero y real como los metódicos fracasos de las
ordenanzas policiales. Tal vez, y sin sonrojarse, uno debería
hacer justicia con Hegel: la historia de la policía demuestra
que el fracaso de lo contingente se puede revelar como la
fortuna del porvenir.

Sobre la base de estas consideraciones, se pueden
adelantar algunas hipótesis metodológicas mayores
sobre la función heurística del modelo ofrecido por la
Sozialdisziplinierung y sobre el rol del derecho frente a lo
social. Esta noción ha conocido dos importantes etapas en
la sistematización teórica de Max Weber y en la aplicación
empírica de Michel Foucault. A partir de los años 1980, el
debate entre los historiadores y los juristas registra un retorno del interés por este tema gracias a la verdaderamente
trillada expresión "disciplinamiento de lo social". Forjada y
desarrollada por los historiadores alemanes, pero también
recibida y empleada por fuera de su contexto originario,[453]

---

[453]   El sintagma *Sozialdisziplinierung* ha sido introducido por G. Oestreich,
       Geist und Gestalt des frühmodernen Staats, Berlín, Duncker & Humblot,
       1969, p. 179. Para un cuadro global de los estudios sobre el tema de la
       disciplina, cf. P. Prodi (ed.), *Disciplina dell'anima, disciplina del corpo e
       disciplina della società tra medioevo ed età moderna*, Bologne, Il Mulino,
       1994.

en Francia, este concepto no ha suscitado en verdad la curiosidad de juristas, historiadores, sociólogos y politólogos. Todavía es necesario definir esta fórmula. Y parece identificar dos fenómenos relevantes, en dos planos distintos: según un acontecimiento histórico propio de Occidente, en el origen de las unidades políticas territoriales que se forman a partir del siglo XVI; y por consiguiente, una categoría interpretativa de la realidad. El nivel primario de las relaciones políticas, jurídicas y sociales, y el nivel secundario de una grilla metodológica de inteligibilidad se reúnen en la ambivalencia de la expresión misma, la cual enuncia tanto la esfera de la acción como de la representación, el objeto y su diagnóstico. Dentro del uso historiográfico habitual, la fórmula "disciplinamiento de lo social" reenvía no obstante la utilidad analítica al criterio explicativo de las relaciones entre la autoridad y los destinatarios de su voluntad normativa: se describe un proceso que tiene lugar entre el polo constituido al que se dirige y las conductas humanas tomadas como objeto pasivo, como blanco del agenciamiento institucional que forja lo social con la ayuda de un aparato prescriptivo prestado por los dispositivos jurídicos. La cualidad integral del sujeto, dentro del doble sentido de sujeto / sujetado y de individuo implicado en las manifestaciones tanto exteriores como íntimas de su vida, sería, según este modelo, la consecuencia más o menos directa de un cuadro de valores propuesto por el derecho. Por lo tanto, la constitución regulada de la sociedad no pondría de relieve factores sociales endógenos, de un inconsciente normativo inscripto en las prácticas sociales, sino que sería el resultado de una información jurídica que se impone desde el exterior. Esta representación, que apenas esconde un monismo ontológico causa-efecto exageradamente cientificista, no obedece a la exigencia cognitiva planteada por la sociología: ésta reconoce que el derecho produce el mundo social, pero solamente a partir de condiciones que son ellas mismas sociales.[454]

En sus usos más exagerados, la noción de *Sozialdisziplinierung* combina lo cognitivo y lo evaluativo y borra la distinción entre los dos niveles. Ella funciona como una verdadera ley interna respecto de ciertos objetos históricos.[455] Entre aquellos, la policía de la Época Clásica juega un rol significativo dentro del proceso de *Modernisierung*, este otro acontecimiento que, en Weber, designa una invariante dentro del desarrollo progresivo del mundo occidental, a partir del siglo XVI. En la confluencia entre estas grandes líneas directrices de la civilización, la *policía* es tanto una estructura de cohesión práctica y simbólica para la experiencia del poder soberano, como una palabra-fuerza que orienta todos los tipos de discursos en lo tocante a la economía, a la moral, a la demografía, al urbanismo. Ella está en el origen de lo que en el siglo XVII se llamaba el derecho "político". El completo desarrollo de esta organización administrativa durante un siglo y medio (de la segunda mitad del XVII al fin del XVIII) permite testear la relación entre lo jurídico y lo social, que la policía es obligada a gestionar. De allí dos cuestiones de alcance teórico general: se trata, en principio, de comprender si hay

---

[454]   Esta es la bien conocida tesis de P. Bourdieu, quien atribuye al derecho un "poder simbólico de nominación", pero siempre en el interior de recorrido circular esquivando toda deriva hermenéutica: "Estructuras estructuradas, históricamente construidas, nuestras categorías de pensamiento contribuyen a producir el mundo, pero en los límites de su correspondencia con las estructuras persistentes", "La force du droit", *Actes de la Recherche en Sciences sociales*, 64, 1986, p. 13. Para una reciente tentativa crítica de esta epistemología construccionista, ver P. de Lara, "Un mirage sociologique: la construction sociale de la réalité", *Le Débat*, 97, 1997, pp. 114-129.

[455]   Para un ejemplo de esta aproximación, visiblemente marcada por un sofisma normativista, cf. M. Raeff, *The Well-Ordered Police State*, New Haven-Londres, Yale University Press, 1983

en la realidad de los comportamientos una correlación entre la institución policial y el buen orden de la sociedad, tal como la grilla de lectura propuesta por Oestreich lo dejaría suponer. Queda por establecer, del lado de los hechos como del lado de los criterios exegéticos, si la *Sozialdisziplinierung* es un modelo satisfactorio. Me parece que se hace un uso abusivo del concepto weberiano de "disciplina". Se tiende mucho a dotar a este concepto de una evidencia histórica que se impone como verdad apodíctica. Pero, si en Weber el planteo de lo disciplinario es presentado como un fenómeno objetivo que se desarrolla desde el origen militar hasta la perfección del poder burocrático y de la empresa capitalista,[456] este movimiento no proviene, sin embargo, de un centro único que monopoliza el proceso. Este aspecto no es insignificante porque quebranta la homogeneidad del efecto normativo enfocado por la *Sozialdisziplinierung*, y siempre obliga a plantear el problema en términos de funcionamiento regional, limitado a sectores precisos: los comportamientos subjetivos investidos por la actividad disciplinaria están insertados dentro de segmentos específicos del "todo social", y esto no es más, en cada unidad, que el pretendido dominio que aparece como un resultado considerado y eventualmente verificable. La disciplina, en tanto que proceso de masa, no puede ser pensada más que sobre una base inductiva, como una suma virtual de las diferencias y no como unidad real originaria.[457] De ahí deriva, pues, la inconsistencia de todas estas categorías que evocan los designios generales, y que son transmitidos por un análisis conceptualizante de matriz idealista, estimulado

---

[456]   M. Weber, *Wirtschaft und Gesellschaft* (1922), ed. por J. Winkelmann, Tübingen, Mohr, 1956, vol. II, cap. IX, sección V, parte 3.

[457]   Aquí, sin duda, la aproximación de Foucault a lo disciplinario se distingue de la visión orgánica de Oestreich. Cf. *Surveiller et punir, op. cit.*, p. 211, y "Le sujet et le pouvoir", en M. Foucault, *Dits et écrits*, París, Gallimard, 1994, t. IV, p. 235.

por una filosofía de la historia formal y abstracta: cuando uno habla de *Säkularisierung*, de *Individualisierung*, de *Rationalisierung* de las relaciones sociales engendradas por el nacimiento del poder de policía, se supone la obra de un *logos* que se encarna en la historia para otorgarle un cuadro explicativo global. Por el contrario, se debería enfocar a la policía como una tentativa para responder de una manera circunstanciada a problemas prácticos, evitando proyectarla en una dimensión metafísica y todopoderosa construida por la literatura eudemonista del siglo XVII.

La prematura ligazón entre policía y disciplinamiento social emerge inevitablemente de este desplazamiento. La mayor dificultad es que deja la posibilidad de conciliar la actividad disciplinaria, fragmentada en numerosas instituciones económicas, sanitarias, correccionales, religiosas, etc., con un género de poder jurídico-político, el poder de policía, centrado sobre la población y el territorio. Se trata de dos nociones colectivas, que deben su evidencia discursiva unitaria a la mediación simbólica vinculada por el derecho, el gran agente de subjetivación de lo plural; un derecho que es el de la tradición romana, seguramente, pero también el más empírico, el de la práctica legislativa policial. En tanto que objetos compuestos como un todo, la población y el territorio son irreductibles a los contextos espaciales específicos enfocados por la actividad de las disciplinas. El hospital, el asilo, el albergue de los mendigos, la fábrica o la prisión, los sitios tradicionales del agenciamiento disciplinario, remiten pues a la policía en tanto que episodios estratégicos de la gestión del territorio y de la población. Pero los dispositivos policiales se quedan afuera, si se los considera desde el punto de vista interno de los códigos de conducta, de las regularidades a las que ellos someten a los individuos como tales o como grupos determinados, más que como elementos de una totalidad política. Se comprende entonces que

no se puede pensar en términos de disciplinamiento, a
saber obediencia acrítica y uniforme de una multiplicidad de hombres, sino para los medios cerrados. Mientras
que un resultado similar no sería en ningún caso una
consecuencia directa de la tecnología normativa policial
que asocia a un objetivo global su pasión infinita por los
detalles de la vida en común: "La sociedad considerada en masa es el objeto de esta solicitud", proclama el
artículo 17 del *Código de los delitos y de las penas* (3 de
Brumario, año 4).[458] Toda relación causal entre policía y
disciplina no solamente corre el riesgo de ser desmentida por los hechos sino que también reposa sobre una
simplificación hermenéutica arbitraria: hacer depender
la condición del ser disciplinado, que es el fruto de las
técnicas constitutivas valederas para individuos y grupos
bajo control permanente en determinados lugares, de un
poder de policía que, por el contrario, se extiende sobre
ejes omnicomprensivos como la población y el territorio.
Este decalaje pragmático-espacial conduce a abandonar
el esquema del disciplinamiento social y reemplazarlo por
una grilla de inteligibilidad más flexible; por ejemplo, el
modelo de "gobierno" empleado por M. Foucault parece
una tentativa más aceptable para renovar la cuestión weberiana de las conductas de vida (*Lebensführungen*) en
la cual se cruzan las esferas del sujeto, de lo social y del
poder institucional. En lugar de suponer los efectos (la
disciplina), el modelo de "gobierno" describe la apuesta
de una racionalidad práctica irreductible a la imagen artificial y abstracta de la institución (la *Anstalt* de Weber);
el gobierno aparece más bien como un modo de hacer
que atraviesa transversalmente lo individual, lo social y
lo político obedeciendo a un principio fundamental: go-

---

[458]   J.-B. Duvergier, *Collection complète des lois, décrets, ordonnances, règle-
ments, avis du Conseil d'État*, París, Guyot et Scribe, 1834, t. VIII, p. 471.

bernar significa "estructurar el campo de acción posible del otro".[459]

Pero más allá del problema de la génesis y de la extensión de la disciplina, el paradigma de Oestreich padece una insuficiencia teórico-sistemática decisiva: en tanto que concepto sociológico fundamental, la disciplina está colocada por Weber en la conjunción entre la potencia y la dominación, dos nociones que ponen de relieve una modalidad ontológica precisa, la de la posibilidad. En la arquitectura weberiana, se encuentra una especificación operacional progresiva de lo posible que el grado "amorfo" (*Macht*) experimental, el puro hacer virtual de una voluntad, llega a la dominación (*Herrschaft*) y a la disciplina. La primera testimonia la posibilidad concreta de objetivar el orden compartido en una obediencia factual, simplemente exterior. La segunda requiere aumentar la interiorización automática del comportamiento, que es casi incorporado al acto de autoridad. Si la disciplina expresa la más grande racionalización de los efectos del poder, desde el punto de vista estrictamente conceptual, ella siempre pertenece al nivel de la condición de posibilidad y no al de las consecuencias empíricas: "La chance de encontrar en una multitud determinable de individuos una pronta obediencia, automática y esquemática, en virtud de una disposición adquirida".[460] La disciplina supone así una

---

[459]   M. Foucault, "Le sujet et le pouvoir", *op. cit.*, p. 237; cf. también, "La gouvernementalité", en *Dits et écrits*, *op. cit.*, t. III, p. 635-657. Como ejemplo de esta clave explicativa, el paso ulterior debería representar las imbricaciones históricas entre la pluralidad de los aparatos disciplinarios y las estrategias de poder que totalizan y sintetizan los grandes conjuntos. El proyecto había sido iniciado por Foucault, quien había señalado en el "biopoder" la zona de confluencia entre dos matrices gubernamentales diferentes; pero en lugar de desarrollar el problema, se entregó al descubrimiento de una ética, repercutiendo, esta vez a la inversa, en el procedimiento de Weber.

[460]   M. Weber, *Economie et société*, París, Plon, 1971, t. I, p. 56.

intervención sobre la realidad, un agenciamiento de las condiciones de existencia que intenta entonces modelar las actitudes para poder, eventualmente, concretizarse en su observancia; no se pueden confundir los medios con los fines, los preparativos con el Estado de derecho potencialmente derivado. En otros términos, se ignora que la definición de Weber subraya ante todo el trabajo preliminar que concluye con el efecto terminal de la dominación de las conductas. El orden objetivo de la acción humana queda para el último término. Lo que cuenta es la preconstrucción de esta realidad. Nada de reacciones a los imperativos sin una predisposición a asimilarlos: no se puede deificar la disciplina en la estructura social como un objeto natural cualquiera, porque ella se inscribe dentro del procedimiento constituyente y no dentro del resultado constituido.

El modelo explicativo del disciplinamiento se revela por lo tanto impropio para ilustrar la relación entre el derecho y lo social. Sin embargo, la historia de la práctica policial nos reserva situaciones en las cuales se puede leer esta relación de un modo diferente. Examinaremos dos casos: el primero, bien conocido por los historiadores de la economía y de la vida cotidiana, concerniente a una querella contra la policía de granos que estalla en la segunda mitad del siglo XVIII; la otra ocurre en el siglo XIX y está ligada a los problemas de la industrialización. De estos dos ejemplos emerge la capacidad funcional de la *medida de policía*, y su potencia de constitución de lo social. Por medio de ella se puede percibir que el derecho es ante todo un taller de técnicas en interacción con y sobre la realidad material, la cual, a su vez, es modificada por este encuentro.

¿Es el derecho una quimera?

En la segunda mitad del siglo XVIII, la escasez no era simplemente una causa de la miseria, sino también una categoría fundadora del discurso público: los filósofos, los economistas, los juristas, los administradores, los moralistas se ocupaban del trigo, objeto tradicional de los cuidados policiales. La apuesta central del debate conllevaba la necesidad de mantener una legislación meticulosa sobre la materia, o bien al contrario, de liberalizar el mercado. Los argumentos por los cuales el *contrôleur général des finances*, Turgot, abogaba por la abolición de los reglamentos de policía que trababan la circulación del trigo y provocaban hambre, atañían directamente a la eficacia del derecho. De hecho, se trata de comprender, en términos de consecuencias prácticas, lo que quiere decir derogar las normas.

El problema de la modificación de la realidad se plantea no solamente con la aparición del derecho, sino también cuando se lo desactiva. Un elemento paradojal marca el razonamiento de Turgot cuando él debe justificar el renunciamiento al sistema jurídico de policía. Él no se limita a deslegitimar los reglamentos en razón de su espíritu liberticida y de su espíritu contrario a los principios económicos. En el fondo, es su estatuto histórico lo que está puesto en cuestión. Turgot constata pues que la inaplicación de estas normas es una necesidad inevitable, porque "si ellas eran ejecutadas, reducirían a París a no tener subsistencia más que por once días".[461] La aproximación de la crítica es por lo tanto estratégica: las leyes frumentarias se revelan

---

[461]   Se trata de una *Memoria* al rey acerca de un proyecto de edicto promulgado el 5 de febrero de 1776. Cf. A. R. J. Turgot, *Œuvres et documents le concernant* (1913), ed. por G. Schelle, Glashütten im Taunus, Auvermann, 1972, vol. V, p. 154.

incapaces de alcanzar el fin buscado, la abundancia. No
obstante, la argumentación se complica, porque no se
trata solamente de un fracaso en términos de racionalidad instrumental; la apuesta más radical concierne a la
existencia misma de estas normas, su grado de realidad.
De hecho, uno puede preguntarse por qué Turgot invoca
la abolición de las leyes consideradas peligrosas, leyes que
habitualmente no son aplicadas por la población. En este
caso, la crítica, en ausencia de objetivos reales, ¿no peligra
ser ineficaz desde el comienzo? Según una explicación inmediata y difícil de desmentir, aquí se trata de un episodio
del conflicto endémico entre poderes institucionales: los
parlamentos que defienden la lógica del orden policial, por
un lado, y el consejo del rey que tiende a la desregulación
bajo la influencia de los economistas, por el otro. Pero,
en el interior de este cuadro institucional y más allá de la
conciencia de la que dan prueba los actores históricos, la
cuestión, simultáneamente general y de principio, concierne al rol del derecho. Turgot considera como instructiva
la denuncia explícita de los reglamentos de policía con el
fin de solicitar el consenso de la opinión pública alrededor
de esta receta liberal:

> Es absolutamente necesario poner ante los ojos del público
> el detalle de los reglamentos que se suprimen, con el fin de
> que sepa lo que se suprime y que se conozca su carácter
> absurdo. En tanto que estos reglamentos se mantengan
> en su oscuridad, no faltaría pregonar, como se lo ha hecho
> en muchas y muchas requisitorias, que estos reglamentos
> son el fruto de la sabiduría por la experiencia de nuestros
> esclarecidos padres.[462]

El objetivo pedagógico observado por el propósito del
grand commis esconde una insoslayable aporía: en realidad, parecería que la causa originaria de los problemas

---

[462]   *Ibíd.*, p. 157.

de subsistencia ligados a la disciplina del comercio reside
en un defecto de conocimiento por parte de la población.
¿Qué conocimiento? El de las normas de policía que precisamente se intentan derogar. La solución consistiría, pues,
en someter la naturaleza de los reglamentos a la atención
general, en hacer evidente su inutilidad y su carácter nocivo,
y en favorecer, en consecuencia, un rechazo responsable.
Pero el llamado a la virtud de las Luces no es, en sí mismo,
una prueba de claridad; por el contrario, en este caso, una
contradicción de fondo emerge de este discurso. Turgot
razona a partir de la feliz constatación de la ignorancia de
los reglamentos: la falta de aplicación es la premisa que
ataca la argumentación. Pero, al mismo tiempo, imputa a
estas normas, en principio puramente virtuales, la responsabilidad objetiva de la difícil circulación de las mercancías,
del bloqueo de los mercados y, finalmente, del insuficiente
aprovisionamiento de la población. La escasez, en última
instancia, es el momento último de un proceso que resultaría, desde su origen, de la existencia de las medidas de
policía, incluso si ellas –y esta es la paradoja– son siempre
ineficaces: "Esto no es más que la inejecución de estas
leyes a las que París ha debido su subsistencia. Pero la
inejecución de tales leyes no alcanza para el comercio que
su existencia todavía amenaza", subraya significativamente
el texto legislativo.[463]

   Se pretende develar la función que se ha concretado
en la letra de la ley, y que no tiene más que una validez
formal; pero se supone igualmente, por una suerte de inversión de las causalidades, que la simple validez formal
de la ley alcanza para provocar el peligro (la escasez), y
que, si se elimina la causa, el efecto también desaparece.

---

[463]   "Déclaration portant suppression de tous droits établis à París sur les
blés, farines, pois, riz, etc.", en F.-A. Isambert, *Recueil général des anciennes
lois françaises*, París, Plon, 1821-1833, t. XXIII, p. 324-325.

Tenemos, por lo tanto, un caso ejemplar en el que se trata
de armonizar la validez y la eficacia (validez material) de
la norma jurídica; por un sorprendente artificio intelectual, Turgot intenta resolverlo suponiendo la existencia
de una fuerza constitutiva de los dispositivos jurídicos
que no se manifiesta en los comportamientos sociales
correspondientes sino más bien como un peligro, como
una amenaza turbadora. Un determinismo cojeante como
el del *contrôleur général* –explicar un estado de hecho en
virtud de la presencia formal y no sustancial de una causa–
remite en definitiva al juego de la posibilidad más que al
de la efectividad.

En suma, la responsabilidad histórica del aparato normativo policial reside en un prejuicio que es a pesar de
todo incapaz de realizarse. Situación extraña, sin duda:
no se juega más que en potencial, y sin embargo se crea
la historia; bien se ha dicho que las normas jurídicas se
revelan a prueba de hechos, un *flatus vocis*, alcanza con
constatar la eficacia para atribuirle los efectos. Pero, ¿cuáles?
Si se mantiene el discurso económico de la segunda mitad
del siglo XVIII, el sistema del derecho de policía es "pura
quimera".[464] Sin embargo, no se puede salir de la historia,
y uno debe más bien preguntarse acerca del tipo de realidad concernida por los dispositivos jurídicos. ¿Cómo se
debería considerar la presencia fantasmagórica del derecho denunciado por estos precursores de la historia social
contemporánea? A este respecto, se impone una precisión
epistemológica. A menudo, uno se acerca al derecho con
una exigencia cognitiva que no es pertinente: se miran las
normas jurídicas como fenómenos naturales y se pretende,
en consecuencia, verificar la existencia según criterios

---

[464] P.-A. Goudar, *Les intérêts de la France mal entendus dans les branches
de l'agriculture, de la population, des finances,* Amsterdam, Cœur, 1756,
vol. II, p. 337.

empíricos análogos. Más o menos conscientemente, no se admite un concepto único y general de ley, valedero tanto para las ciencias naturales como para las ciencias históricas. Según la fórmula reduccionista propuesta por C. G. Hempel, una ley general es "una aserción de forma condicional universal susceptible de ser confirmada por controles empíricos oportunos".[465] El equívoco procede pues con la pretensión de verificar la ley jurídica en la historia con este mismo criterio que orienta la verificación de la ley científica en la naturaleza. No se trata de la distinción clásica entre causalidad natural e imputación jurídica fijada por Kelsen a un nivel descriptivo, sino, por el contrario, de un nivel metadescriptivo porque se considera la actitud de los científicos frente a los fenómenos. El observador no puede sostener el mismo tipo de atención gnoseológica y pronóstica ante una ley natural o una ley histórica, como en el caso de la ley jurídica.

La distinción fundamental concierne al modelo ideal del cual uno parte: para el primero es la hipótesis, para el segundo es fundamentalmente la ficción. La diferencia entre estas dos construcciones mentales sostiene que la hipótesis, en tanto representación provisoria y artificial, exige, para producir conocimiento, una verificación empírica, de lo contrario ella desaparecería; a falta de esta prueba, la hipótesis es falsa. La ficción, en cambio, no exige ningún dato cognitivo porque ella no pretende acceder a la verdad del objeto; ella es más bien un procedimiento que sirve para orientarse, "un instrumento final del conocimiento para obtener resultados".[466] Aun cuando la

---

[465]   C. G. Hempel, *The Function of General Laws in History* (1942), en P. Gardiner (ed.), *Theories of History*, New York, The Free Press of Glencoe, 1959, p. 345.

[466]   H. Vaihinger, *Die Philosophie des "Als-ob"*, Berlín, Reuther et Reichard, 1913, p. 262. Va de suyo que la técnica jurídica, desde su origen, emplea el procedimiento lógico de la ficción. cf. Y. Thomas, "Fictio legis, L'empire

hipótesis es incorporada en la producción final del conocimiento por una confirmación empírica, la ficción juega y consuma su rol por anticipación, favoreciendo la puesta en movimiento de las representaciones mentales pero sin acceder a ninguna constatación empírica: por ejemplo, la imagen de Urtier pensada por Goethe no tiene referencia en la taxonomía zoológica real, sino que introduciendo la idea de un arquetipo animal, ella abre la posibilidad de una teoría de la evolución de la especie. Se ve por lo tanto que la ficción es todo salvo un estéril *ens rationis*.[467]

A la luz de esta distinción, es necesario abandonar una cierta actitud cientificista frente a las normas jurídicas, al tiempo en que uno tiende a establecer un lazo causal entre el derecho y el disciplinamiento de la sociedad. Las reglas de derecho no son hipótesis que fracasan sobre el terreno de la acción social, a la manera de un compuesto químico que no atendería el fin supuesto. Si las promesas

---

de la fiction romaine et ses limites medievales", *Droits, Revue française de Théorie juridique*, 21, 1995, pp. 17-63.

[467] También se podría evocar la distinción hipótesis-ficción dentro del dominio de la historiografía. Por ejemplo, en el siglo XVIII el enunciado "la Galia ha sido invadida por los Francos" regresa frecuentemente en los textos histórico-políticos, sobre todo aristocráticos, que debaten el origen de la nación francesa: si este enunciado era una hipótesis, sería probablemente desmentido por los documentos, no tendría validez sobre el plan de la verdad histórica efectiva; pero desde que se lo considera como una ficción, uno aprecia inmediatamente la virtud práctico-instrumental, la aptitud para establecer el espacio argumentativo para la historia del presente. Verdadero o falso, poco importa; este enunciado funciona como una grilla de inteligibilidad que, al momento en que ella es formulada, favorece el desarrollo de una serie de acontecimientos discursivos, abriendo el campo de la acción política. M. Foucault, *Il faut défendre la société*, Cours au Collège de France (1975-1976), París, Gallimard-Seuil, 1997, p. 145. Allí se toca la cuestión historiográfica por excelencia, la relación entre verdad y efectividad que ha dado lugar a una controversia particularmente sulfurosa entre C. Ginzburg y H. White, manteniendo una concepción escéptica. Para un resumen de la querella, cf. S. Cohen, "Desire for History. Historiography, Scholarship and the Vicarious", *Storia della Storiografia*, 30, 1996, p. 57-75.

de las ordenanzas son a menudo engañadas por la práctica, crean al menos un orden de referencia simbólico en el interior del cual la gente toma posición, orientándose en la acción, asumiendo decisiones; en suma, ellas participan de una situación estratégica. Se ve entonces que el derecho produce un cuadro de las conductas posibles, no prescriptas necesariamente por la norma; si los comportamientos específicos señalados por las ordenanzas continúan manteniendo su autonomía, es decir una cierta indiferencia en relación con la heteronimia del modelo prescriptivo, es necesario sin embargo reconocer que la aparición formal de la norma jurídica altera las relaciones intersubjetivas así como la percepción de los hechos sociales.

¿Qué es una medida de policía?

Si se acepta este cuadro argumentativo, el observador de los hechos jurídicos, especialmente de las normas que tienen fuerza de ley general o de reglamento particular, está obligado a modificar sus expectativas cognitivas. La validez formal del derecho es una premisa suficiente para la formación de un campo estratégico en el interior del cual los roles subjetivos son precisados y las fuerzas se diversifican. Es este efecto, en apariencia inmaterial, que puede ser puesto en evidencia si se examinan las modalidades funcionales de la *medida* de policía.

Un ejemplo muy significativo es facilitado por los problemas de salud pública a las que siempre las autoridades policiales son convocadas a confrontar. A comienzos del siglo XIX, entre los temas de intervención del Consejo de Salubridad de la Prefectura de policía parisina, una constante de la legislación así como de la literatura médico-legal, es la referencia a la situación de urgencia provocada por la epidemia, la más a menudo el cólera. Como para la escasez en el siglo precedente, se subraya una especie de imprevisibilidad metódica ante la cual la acción policial debe enfrentarse. En otros términos, la contingencia histórica revela al mismo tiempo la excepción y la normalidad y permite la modulación de las estrategias gubernamentales de poder. Se descubre entonces la verdadera ontología histórica de la policía: su capacidad de adaptación reactiva a las urgencias de la realidad, según la técnica típicamente médica del antídoto, del remedio contra el estado de morbilidad (tanto concreto como figurado). Pero, en cambio, se perfila también la posibilidad de esta práctica de desempeñar el nuevo dominio de un cerco con la ayuda de las técnicas reglamentarias. Estas, más allá el caso específico, devienen las formas habituales de gestión de lo existente, la práctica normalizada frente a los acontecimientos. Entre lo particular y lo general, entre el momento y la duración, entre el detalle y el plan, se abre el campo epistemológico de la *medida* de policía.

De allí que la policía rige en la frontera entre regularidad y desviación, es evidente que su *"medida"* cruza conceptos tales como los de límite, peligro (objetivo y subjetivo), lo arbitrario. Se trata de nociones nacidas del trabajo cumplido por diferentes disciplinas a partir del análisis de los datos empíricos. La característica común de estas figuras es que cada una, dentro de su propio dominio de aplicación y con las contaminaciones recíprocas (por ejemplo, el concepto de arbitrario pertenece a las ciencias jurídicas y morales, pero la categoría de normal, que viene de la biología, también es asimilada por el derecho a partir de una época determinada), opera como un código, a saber como un criterio de integración o de exclusión para conductas o estados de cosas. La conformidad o no conformidad de esto en un cierto dominio –social o natural– están aseguradas por estos indicadores de *umbral*,[468] es decir por los parámetros que rigen la diferenciación sistémica de las acciones humanas. Se plantea pues el problema de la relación entre la regla jurídica y los otros segmentos de la vida social y natural; a saber la relación entre el criterio de legalidad y aquello que califica la economía, la política, la moral, la biología, etc. Dentro de este orden de ideas, se podría tal vez enfocar la *medida* de policía como un instrumento débil, que favorece el encuentro entre el derecho y las regularidades de naturaleza diferente, y remite a una nueva síntesis normativa. Si, desde un punto de vista constitucional, los reglamentos derivan de una delegación expresa de la ley, de modo tal que ellos "lo aplican y lo extienden a casos más móviles, más variados, más especiales que los que ella ha podido expresamente prever",[469] sobre el plano operacional se encuentran por el contrario dos modalidades de funcionamiento histórico de la medida policial:

1. Entre los juristas, Carl Schmitt es quien ha reflexionado más acerca de la idea de *medida*. Como ejemplo de su lectura, el concepto de *medida* se resalta de una evaluación de un caso concreto que se manifiesta en una situación de urgencia; por esta razón hay un decalaje neto entre medida (*Massnahme*) y ley (*Rechtsnorm*): "El concepto de *medida* está regido por la cláusula *rebus sic stantibus*. Su medida, es decir su contenido, su procedimiento y su efecto varían según el caso de la situación concreta".[470]

---

[468]   La representación de esta línea de partición bajo la forma del código binario "si / no" pertenece, como se sabe, a la teoría de los sistemas autopoiéticos. N. Luhmann, *Soziale Systeme*, Francfort-sur-le-Main, Suhrkamp, 1984, p. 603 y ss.

[469]   J.-M. de Gerando, *Institutions du droit administratif français*, París, Nève, 1842-1846, t. I, p. 55. Acerca de los arrestos policiales como actos reglamentarios, cf. M. Verpeaux, *La naissance du pouvoir réglementaire 1789-1799*, París, Presses Universitaires de France, 1991, pp. 358-364.

[470]   C. Schmitt, "Die Diktatur des Reichspraesidenten nach Artikel 48 der Weimarer Verfassung", en *Die Diktatur* [1927], Munich-Leipzig, Duncker

Sobre la escena de la situación de urgencia (*Notstand*) como condición de posibilidad irreductible a la normalidad (*Ausnahmezustand*) y desde punto de vista de su capacidad para tender a un fin (*Zweckmässigkeit*) como razón práctica, la *medida* conquista un vasto campo de aplicación. En efecto, es bajo esta forma que ella aparece en numerosas disposiciones legislativas, sobre todo en la época revolucionaria. El decreto del Primer Germinal Año III que reprime los atentados contra las personas, las propiedades, el gobierno y la representación nacional es, desde este aspecto, ejemplar. El art. 18 recurre a una antinomia audaz cuando establece que, frente a las amenazas de los enemigos del pueblo, se adoptarán "las medidas siguientes como leyes fundamentales de salvación pública".[471] He aquí la posibilidad más radical según la cual lo extraordinario deviene esencial, lo urgente se normaliza, el acontecimiento constitutivo de la juridicidad se cambia a sí mismo es razón constituida. En la comprensión de *medida* y fundamento, este decreto proyecta la excepción al nivel de la soberanía: gracias a la *medida,* el caso particular se inviste de una permanencia ontológica.

2. Junto a esta representación significativa pero sin duda parcial, es necesario probablemente intentar descubrir otro componente racional: el que muestra la aptitud de la *medida* ante el compromiso con la realidad, su tendencia a cubrir el espacio de las prácticas sin exaltar la ruptura con la realidad existente. Esto quiere decir que hay en la *medida* de policía una capacidad de colmar la distancia

---

& Humblot, 1964, p. 248; cf. también "Die staatsrechtliche Bedeutung der Notverordnung, insbesodere ihre RechtsgültiGregorio Kaminskyeit", en *Verfassungsrechtliche Aufsätze aus den Jahren 1924-1954*, Berlín, Duncker & Humblot, 1958, pp. 235-262. Acerca de la "*medida*" existe el notable trabajo de K. Huber, *Massnahmegesetz und Rechtsgesetz. Eine Studie zum rechtsstaatlichen Gesetzebegriff*, Berlín, Duncker & Humblot, 1963.

[471] J.-B. Duvergier, *Collection complète des lois..., op. cit.*, t. VIII, p. 63.

entre el derecho y la realidad precisamente porque ella
se inscribe en la ley sin que su lógica sea completamente
puesta de relieve. Se puede tomar, a este efecto, el caso de
la ley del 13 de abril de 1850, que se asocia al problema de
los alojamientos insalubres, aspecto central de la policía
sanitaria en la época de la industrialización. Confiando a
una comisión municipal la tarea de indicar las medidas
de saneamiento para los alojamientos obreros, el art. 7 de
la ley resalta otra dimensión de intervención policial: "En
virtud de la decisión del consejo municipal o el del consejo
de prefectura, en caso de recurso, si ha sido reconocido que
las causas de insalubridad dependen del hecho del propietario o de quien lo usufructúa, la autoridad municipal lo
encomendará, por orden y medida de policía, de ejecutar
los trabajos que son juzgados necesarios".[472]

Se ve pues que, en el caso que nos ocupa, la *medida*
de policía experimenta otro modo de funcionamiento. Ella
tiende a forjar los comportamientos individuales prove-
yendo eficacia a la previsión legal; y al mismo tiempo, se
revela como un agente autónomo de la constitutividad jurídica de lo real. En otros términos, en la *medida* de policía,
se puede discernir tanto una delegación como un poder
discrecional. En función de esta última característica, se
perciben mejor los juegos de interés que una *medida* de
policía se supone librada a balancear; en una ley de alojamientos insalubres existen, por un lado, los problemas de
la propiedad privada y de la debilidad económica como
razones de los particulares, y por el otro, la protección de
la vida y de la salud pública.

Pero bajo la égida de la *medida* de policía se manifiesta
también una cierta permeabilidad de la previsión legal
frente al excedente de lo sensible, de modo que se produce un enriquecimiento del orden jurídico en virtud de un

---

[472]   *Ibíd.*, t. I, p. 131.

proceso implícito de extensión analógica. Contrariamente a su reputación de medio coercitivo, la *medida* de policía contribuye a mover las fronteras de clausura del derecho. A la luz de la ley de 1850, la *medida* no se justifica solamente como una reacción antinormativa, según la imagen que Schmitt nos ha transmitido; en lugar de fundarse sobre la urgencia y la excepción, ella garantiza y prolongaría igualmente una continuidad normativa. Tal vez se advierta a través de la policía que la esencia del derecho bien puede ser tomada dentro del golpe de la excepción, sin olvidar no obstante que, sobre otro plano, la historia de la policía pone en valor el carácter imperceptible de lo normal.

Capítulo 3
Administración urbana y gobierno en la Ciencia de Policía española[473]

Pedro Fraile

En estas páginas, probablemente, se trata de hacer un cierto camino al revés, ya sea desde lo escrito en otros lugares, ya desde la reflexión que se plantea en el conjunto de este libro.

Pocos estudiosos de la renovación urbana, del pensamiento urbanístico o de las relaciones sociales que estaban en la base de tales dinámicas, pondrían en duda la magnitud de los cambios acaecidos durante el siglo XIX. Las profundas transformaciones económicas de aquel entonces, junto con las consiguientes modificaciones de las relaciones sociales, tuvieron una repercusión enorme en el ritmo de crecimiento de las ciudades, en su propia morfología, así como en los proyectos de intervención sobre ellas, ya fuese para paliar los inconvenientes que esa evolución provocaba, ya fuese para hacerlas más funcionales.

Todo ello tuvo que ver con el desarrollo de reflexiones específicas como, por ejemplo, el de una estadística social que atendía a las condiciones de vida de la clase trabajadora

---

[473] Una primera versión de este capítulo apareció publicada con anterioridad como Fraile, P., "Administrar la ciudad y gobernar a los individuos: Pérez de Herrera y los antecedentes de la Ciencia de Policía", en Beascoechea, J. M. *et al.* (eds.), *La ciudad contemporánea. Espacio y sociedad*, Bilbao, Universidad del País Vasco, 2006. Este trabajo forma parte de una investigación financiada por el Ministerio de Ciencia e Innovación que lleva por título *Espacio urbano, delincuencia y percepción ciudadana: el caso de Lleida* (SEJ2005-01879GEOG).

y que, al menos en ocasiones, tuvo una incidencia considerable en algunas actuaciones territoriales. Hubo obras
relevantes, como el *Informe sobre las condiciones sanitarias de la clase obrera inglesa*, presentado por Chadwick
en 1832,[474] aunque publicado más tarde, y que obtuvo
una difusión considerable y sirvió de ejemplo a trabajos
como el de Villermé[475] en Francia, que completó el cuadro
con aspectos psicológicos y morales. El caso de Laureano
Figuerola[476] en España es, sin duda, digno de mención.

Es bien conocida la relación de este discurso con la
reflexión higienista, que en nuestro país se materializó en
trabajos del calado de los de Pere Felip Monlau[477] que, a
su vez, tuvieron (tanto desde la estadística social como
desde el higienismo) una influencia notable en la reflexión
más específica que se ocupaba de la organización de la
ciudad. Ildefonso Cerdà o Franz Adickes[478] en Frankfurt
son buenos ejemplos.

Este conjunto de saberes, profundamente entrelazados
durante el siglo XIX, configuraban el discurso que se ocupaba de la administración de las ciudades y del control, ya
fuese sanitario o de orden público, de quienes las habitaban.
Entonces ya parecía claro que no se podían alcanzar ciertos
objetivos si no era por medio de una actuación de conjunto. Abordar problemas como la pobreza, la prostitución

---

[474]   E. Chadwick, *Report on the sanitary condition of the labouring population
        of Great Britain*, London, Her Majesty's Stationery Office, 1843.
[475]   L. R. Villermé, *Tableau de l'état physique et moral des ouvriers...*, París,
        J. Renouard, 1840.
[476]   L. Figuerola, *Estadística de Barcelona en 1849*, Barcelona, T. Gorchs,
        1849.
[477]   P. F. Monlau, *Elementos de higiene pública o arte de conservar la salud de
        los pueblos*, Madrid, M. Rivadeneyra, 1862 (2ª ed.). P. F. Monlau, *Estudios
        superiores de higiene pública y epidemiología*, Madrid, M. Rivadeneyra,
        1868.
[478]   A este respecto es interesante F. Mancuso, *Las experiencias del zoning*,
        Barcelona, G. Gili, 1980.

o la conflictividad social exigiría intervenciones amplias, no estrictamente centradas en el problema que las había motivado, que requería el concurso de los conocimientos más específicos a que nos acabamos de referir.

Todo ello, con demasiada frecuencia, se ha presentado como un producto casi exclusivo de las condiciones sociales generadas en el siglo XIX, pero en estas páginas se mantendrá una hipótesis relativamente diferente. En mi opinión estas disciplinas proceden de la descomposición de un saber con una mayor vocación de globalidad, que se había conocido en el ámbito del Mediterráneo con el nombre de Ciencia de Policía[479] y que había dado lugar a tratados de consideración y envergadura.[480] Una de las virtudes de este tipo de trabajos, desde la perspectiva de conocer cómo se ha ido configurando el gobierno de las ciudades, es que en ellos aparecía con una cierta nitidez el vínculo entre los aspectos morfológicos y los objetivos de control y regulación de la población que se perseguían, pues se presentaba como una disciplina centrada en el gobierno urbano con todo lo que ello implicaba en ámbitos bien distintos.

Tal relación se fue velando a lo largo del ochocientos, en la medida en que la reflexión se especializaba y, por otra parte, los potenciales afectados, principalmente la clase obrera y otros sectores populares, se iban organizando y adquiriendo capacidad de intervención política. Por eso una buena parte de los objetivos políticos perseguidos con las actuaciones territoriales se fueron ocultando tras la apariencia del conocimiento específico y técnico.

---

[479] Sobre este particular se puede consultar P. Fraile, *La otra ciudad del rey. Ciencia de Policía y organización urbana en España*, Madrid, Celeste, 1997.

[480] Un buen ejemplo de este tipo de trabajos, y que tuvo una repercusión considerable, fue el de N. Delamare, *Traité de la Police*, París, M. Brunet, 1705-1738 (4 vols.).

Pero, a su vez, esta Ciencia de Policía provenía fundamentalmente del esfuerzo de sistematización de una serie de reflexiones que estaban relativamente dispersas, a algunas de las cuales nos referiremos en estas páginas. Tal tentativa no resulta trivial desde el punto de vista del progreso del conocimiento.

Resumiendo, podríamos formular la hipótesis que aquí se mantiene del siguiente modo: el despegue de un incipiente capitalismo comercial, que podríamos situar en España y en una buena parte de Europa alrededor del siglo XVI, creó unas condiciones en las que la ciudad, con todos los problemas que su gestión y gobierno comportaban, fue pasando a primer plano y se fue convirtiendo en un objeto prioritario de estudio y reflexión. Cada vez empezaba a ser más perentoria la necesidad de conocer su funcionamiento y racionalizar las actuaciones en diferentes aspectos, desde la morfología hasta el orden público o el control de la cotidianeidad de sus habitantes.

Es ahí donde nace un discurso que irá adquiriendo relevancia y especificidad en esos años y a lo largo del siglo siguiente, en la medida en que la red urbana se consolidaba y fortalecía. Veamos cómo lo plantea Benevolo:

> Después de que la paz de Cateau-Cambresis (1559) y el Concilio de Trento (1563) dieran a Europa cierto equilibrio político y religioso, se inicia una fase de reorganización, que afecta incluso a los asentamientos urbanos y territoriales. Las cortes se establecen definitivamente en las ciudades que se convierten en capitales nacionales. Los recursos militares se aplican a las fortificaciones y se levantan en torno de las ciudades y a lo largo de las fronteras
>
> A partir de 1530, Roma es objeto de una organización funcional de acuerdo con su papel redimensionado de sede papal, mientras que Florencia es reorganizada como capital del ducado mediceo. La corte francesa se instala en París a partir de 1528, cuando Francisco I empieza a construir el Louvre. Felipe II, en 1561, escoge Madrid como capital,

pero en 1562 manda edificar, en las montañas al norte de Madrid, el monasterio y palacio de El Escorial.[481]

Y continúa con ejemplos relativos a Turín, Palermo, Nápoles, Londres o Viena. Este ambiente de transformación de la red urbana europea está relacionado con un cambio considerable de las relaciones sociales. Las urbes, principalmente las mayores y las que desempeñaban un papel importante en una amplia zona de influencia, se convirtieron en un polo de atracción, ya fuese de población o de capital. Problemas como el de la pobreza, con todas sus secuelas sobre el orden público, la salubridad o la higiene, pasaron a primer plano generando un discurso que intentaba investigar sus causas o paliar las consecuencias negativas, lo que, sin duda, también influyó en el pensamiento que se ocupaba de la gestión de lo urbano, de su morfología y de la ordenación territorial.[482] A ese momento de gestación pretendemos dedicar nuestra atención en estas líneas y, aunque no podamos desarrollarlo *in extenso*, partimos de la hipótesis de que hay un hilo conductor que une la reflexión del siglo XVI con la del ochocientos, y que los diferentes grados de sistematización responden a condiciones sociales económicas y políticas.

Desde esta perspectiva, es en ese momento relativamente lejano del final del Renacimiento, donde hay que buscar para comprender una buena parte de las actitudes reglamentistas y ordenancistas que caracterizaron el siglo XIX y, probablemente, fue entonces cuando comenzaron a

---

[481]   L. Benevolo, *La ciudad europea*, Barcelona, Crítica, 1993, p. 130.
[482]   Sobre la reflexión arquitectónica que suscitó la recogida de pobres o sobre sus implicaciones en la organización de la ciudad se puede consultar P. Fraile, *El vigilante de la atalaya. La génesis de los espacios de control en los albores del capitalismo*, Lleida, Milenio, (en prensa). P. Fraile, "The emergence of spaces of control in early commercial capitalism: the Casas de Misericordia in sixteenth-century Spain", *Urban History*, vol. 31, núm. 3, 2005.

diseñarse las principales líneas estratégicas de control de la población relacionadas con las intervenciones urbanas, con aquella virtud, ya mencionada, de que entonces los nexos aparecían con mayor claridad.

Resumiendo, y simplificando relativamente un proceso que fue complejo con altibajos y con numerosas excepciones, podríamos decir que en aquellos años de la segunda mitad del siglo XVI se fue gestando un pensamiento, todavía embrionario y relativamente desorganizado, que se ocupaba de la administración de la ciudad desde diferentes puntos de vista, pues su complejidad y vitalidad ya se habían comenzado a mostrar, así como del gobierno de sus habitantes. Entonces ambas facetas aparecían bastante vinculadas, es decir, todavía era fácil ver la relación entre, por ejemplo, aspectos morfológicos y estrategias de control de la población.

Esta reflexión sobre la administración urbana estaba estrechamente relacionada con el desarrollo de ese capitalismo comercial incipiente que, a su vez, estaba propiciando cambios profundos de la mentalidad en ámbitos diversos, uno de cuyos aspectos fue este nuevo enfoque del fenómeno urbano y de la problemática social que estaba creando. Las políticas de gestión de la mano de obra o el tratamiento de la pobreza podrían servir de ejemplo. Evidentemente el enfrentamiento entre Reforma y Contrarreforma, que aparece como telón de fondo, tuvo mucho que ver con este cambio de actitud pero, obviamente, es éste un asunto que desborda ampliamente el marco de estas páginas.

El posterior progreso del mercantilismo y la instauración de las monarquías absolutistas crearon las condiciones para que lo que hasta entonces eran ideas dispersas fuesen adquiriendo cuerpo doctrinal y se convirtiesen en los tratados de gobierno urbano que se conocieron bajo la denominación de Ciencia de Policía. El desarrollo de las ciudades, la consolidación de las capitales nacionales, que se debían convertir en símbolo de la Monarquía y del Estado, junto con los problemas sociales que se generaban, exigían la construcción de un saber específico que adquirió una institucionalización notable, ya fuese como formación inexcusable de quienes pretendían ejercer algún cargo de responsabilidad en la ciudad,[483] ya fuese mediante la creación de cátedras universitarias, como sucedió en Prusia en 1727, cuando Federico Guillermo I instituyó las de cameralismo en Frankfurt del Oder y en Halle.

Más adelante, el desarrollo industrial del ochocientos, y las nuevas relaciones sociales que comportaba, llevaron hacia la descomposición de este saber que había nacido con una vocación de globalidad considerable, dando lugar a reflexiones más especializadas, como la estrictamente urbanística, la estadística social o el higienismo que, en último término, provenían de la misma tradición y que en muchas ocasiones se ocupaban de los mismos asuntos, aunque en el siglo XIX fuese ya de una manera mucho más compartimentada.

Por último, la transformación de este discurso sobre el gobierno urbano también podría arrojar algunas luces sobre la evolución del conocimiento en general. Desde que Khun escribiera *La estructura de las revoluciones científicas* se ha debatido mucho acerca de la manera en que se construye el pensamiento científico y, con frecuencia, se ha hecho hincapié en las concepciones rupturistas. Si fijamos nuestra atención en esta reflexión que, al fin y al cabo, durante un tiempo se denominó Ciencia de Policía, probablemente llegaríamos a una conclusión algo más matizada.

---

[483] Puig i Gelabert explica que quienes pretendían ser abogados de la Real Audiencia de Barcelona, a finales del siglo XVIII, entre otras cosas, eran examinados en Ciencia de Gobierno, que constaba de Policía, Política y Economía. Para ayudar a los estudiantes en su preparación tradujo la siguiente obra: J. H. G. Justi, *Elementos generales de la Policía*, Barcelona, E. Piferrer, 1784.

Efectivamente, el desarrollo del capitalismo, aunque fuese un capitalismo comercial incipiente, creó unas condiciones económicas y sociales sustancialmente diferentes de las precedentes, y esas nuevas circunstancias exigieron la aparición de una reflexión, al principio dispersa y poco sistematizada, que diese respuesta a la problemática que estaba apareciendo. A partir de ahí podemos encontrar un hilo conductor que nos guía en su evolución, puesto que, sin grandes rupturas, se fue modificando a lo largo del tiempo en la medida en que las cambiantes condiciones del modo de desarrollo así lo requerían,[484] pero manteniendo un cierto sustrato común y una lógica interna de transformación propia.

Puesto que el eje sobre el que pivota esta dinámica de cambios es la Ciencia de Policía, quizá convendría detenerse, aunque sea someramente, en ella.

El contenido básico de la Ciencia de Policía

Realmente no resulta fácil sistematizar en unas páginas el contenido básico de esta reflexión, sobre todo porque quienes se dedicaban a ella lo hacían desde ópticas distintas y, aunque sería factible presentar una sucinta relación de los principales temas que les ocupaban, lo cierto es que cada uno de los tratadistas ponía el acento sobre aquellos aspectos que consideraba de mayor interés, pasando sobre otros a vuelapluma, por lo que suele ser habitual encontrarse con trabajos muy distintos y casi coetáneos.

Con frecuencia se ha relacionado a la Ciencia de Policía con el mercantilismo y se ha presentado como la parte de

---

[484] Utilizamos la noción de "modo de desarrollo" en el sentido en que aparece en M. Castells, *La ciudad informacional*, Madrid, Alianza Ed., 1989, p. 29 y ss.

este pensamiento que se ocupaba del gobierno urbano.
Es coherente, por tanto, con la concepción política del
Despotismo Ilustrado y con la idea de un Estado fuerte
que interviniese intensamente en la vida social y fuese un
agente económico de primer orden, tal como realmente
sucedía en Europa en general y en España en particular;
pues éste iba asumiendo progresivamente tareas como las
obras públicas, la regulación de la educación o la asistencia,
por poner algunos ejemplos.[485]

Por otro lado, aunque no podamos hablar del mercantilismo como una escuela homogénea de pensamiento
económico, tal como lo entenderíamos desde nuestra perspectiva, sí hay algunos elementos recurrentes en su discurso,
que son interesantes para comprender la lógica de la Ciencia
de Policía. Era opinión generalizada que el numerario debía
circular para crear riqueza, con una intuición bastante cer-
tera de lo que los economistas denominarán más adelante
"efecto multiplicador", es decir, que una inversión en un
sistema económico generaba finalmente más riqueza que
la cuantía de la inyección que se había realizado.

Desde esta óptica, lógicamente, la inversión pública
pasaba a primer plano, incluso aceptando el riesgo, en ocasiones, del endeudamiento del Estado. Es coherente, pues,
que desde este punto de vista, uno de nuestros principales
tratadistas, el catalán Romà i Rossel,[486] propusiese unir
el Atlántico y el Mediterráneo de Fuenterrabía a Tortosa
utilizando el curso del Ebro.

---

[485]   Es esclarecedor a este respecto J. A. Maravall, *Estado moderno y mentalidad social. Siglos XV a XVII*, Madrid, Eds. de la Revista de Occidente,
1972 (2 vols.)

[486]   F. Romà I Rossell, *Las señales de la felicidad de España y los medios de
hacerlas eficaces*, Madrid, Imp. A. Muñoz del Valle, 1768. Hay una edición
contemporánea facsímile: F. Romà I Rossell, *Las señales de la felicidad
de España y los medios de hacerlas eficaces (1768)*, Barcelona, Altafulla,
1989.

Otro de los aspectos sobre los que había un cierto consenso era la convicción de que la renta, cuanto mejor repartida, mayor demanda final produciría, lo que debía ser un acicate considerable para el crecimiento económico. Así, el Estado debería asumir una nueva tarea, al tener que propiciar ese reequilibrio por la vía fiscal. El objetivo era, como se dijo en alguna ocasión, tender hacia una "próspera medianía". No es de extrañar que, a partir de tales reflexiones, cuando se comenzó a rehabilitar el pensamiento mercantilista, que durante tiempo había sido denostado, se les calificase de prekeynesianos.

En relación con los temas que nos ocupan, parece bastante claro que, bajo tales planteamientos, la inversión pública en general, y las intervenciones urbanas y territoriales en particular, pasaron a ser factores importantes de dinamización económica, convirtiéndose en una de las prioridades de ese Estado intervencionista y, en la medida en que las actuaciones debían ser lo más eficaces posibles, parece obvio que exigían una reflexión específica. Este fue el ambiente que propició el desarrollo de la Ciencia de Policía, que intentaba dar coherencia a una buena parte de las ideas sobre la gestión de la ciudad que hasta el momento habían estado más o menos dispersas. A pesar de la dificultad que supone enumerar su contenido básico, intentaremos hacer una breve relación de aquellos elementos que, en cierto sentido, configuraban sus ejes centrales.

Por un lado, es casi omnipresente la defensa de una autoridad única y ejecutiva en lo referente a los asuntos de gestión de la ciudad. Se trataba, en último término, de poner fin al viejo problema de la existencia de diferentes instituciones con atribuciones sobre tales temas y que, a menudo, solían competir entre sí creando continuas disfunciones, por la interferencia de jurisdicciones, en una tarea que en esos momento comenzaba a concebirse prioritaria.

Esa autoridad se entendía más próxima al Poder
Ejecutivo que a cualquier otro. Debía ser capaz de una
intervención rápida e inmediata, prácticamente unida a la
falta que se pretendía corregir. Actuaría a base de castigos
menores o de sanciones económicas, ya que su objetivo
era incidir sobre los pequeños actos que configuraban la
vida cotidiana de los individuos y que eran el nervio de la
buena marcha de la urbe.

Casi todos los tratadistas manifestaban, habitualmente
de manera bastante explícita, una concepción populacionista. Es decir, que un número elevado de habitantes era
no sólo un síntoma, sino también una fuente importante
de riqueza. Desde ese punto de vista la higiene, incluidas
las preocupaciones profilácticas, se convirtió en uno de los
ejes centrales de este discurso, y se manifestó en ámbitos
muy distintos, desde la localización de la propia ciudad o
de determinados servicios, hasta lo tocante al aspecto de
las personas, pasando por consideraciones morfológicas
a las que prestaremos atención más adelante. Además, el
argumento de que las infracciones sobre este particular
atentaban contra el bien común, pues ponían en peligro
la salud y el bienestar del conjunto, pretendía posibilitar
una presión sobre los individuos, que era necesaria en la
medida en que la salubridad pública empezaba a convertirse en una cuestión de Estado.

Pero a la par, tras todos estos argumentos y reglamen-
taciones, existían estrategias que no siempre aparecían con
claridad. Por un lado sirvieron para desarticular los medios
de subsistencia precapitalista que, sin duda, sustraían fuerza
de trabajo del mercado, exigiendo así que toda la energía
se concentrase en éste. Las medidas adoptadas por Carlos
III a su llegada a Madrid podrían ser un buen ejemplo de lo
dicho. Desde el primer momento le pareció preocupante
la cantidad de animales domésticos, destinados al consumo humano, que había sin apenas control en la ciudad

(se ha hablado en más de una ocasión de los cerdos que a menudo campaban a sus anchas por las calles), así como los pequeños huertos o cultivos en patios interiores o en los lugares más insospechados, situación que se intentó atajar de inmediato pues podían representar, en algunos casos, un peligro para la salud pública. Aunque probablemente todo ello era muy matizable y hubiese sido posible distinguir unas situaciones y otras. Pero, por el contrario, proliferaron las prohibiciones generales y se intentaron las sanciones. Lo que es innegable es que huertos y animales exigían cuidados y atención y ello detraía horas de trabajo del mercado laboral, al tiempo que proporcionaba a los individuos un medio de subsistencia complementario que les podría permitir una cierta independencia de ese marco forzoso. En resumen, en nombre de la higiene y del bien público se estaban adoptando medidas que, más o menos indirectamente, tendían a encuadrar laboralmente a la población, requisito inexcusable para el desarrollo del capitalismo comercial de aquellos tiempos.

Otro aspecto a señalar es cómo tales actuaciones tenían también un contenido disciplinar, en la medida en que servían para organizar lo que Foucault llamaría una "política del detalle". Continuando con la argumentación de la salud pública se recurría a lo que, sin duda, eran problemas reales, como por ejemplo el polvo veraniego de las calles sin asfaltar, que eran la mayoría. Puesto que era nocivo para la salud, Delamare, en su conocido tratado, proponía que cada vecino regase la parte de la calle que le correspondiese a determinadas horas del día. Además de las ventajas que se derivarían para la salud, estaba la belleza del espectáculo de todos los ciudadanos, sus criados o los mancebos de tiendas y talleres aplicados al unísono a la misma tarea, lo que debía de dar una imagen de orden y disciplina encomiable. Las tareas de este tipo que se le encomendaban al ciudadano en la obra de Delamare eran considerables y, lógicamente, en caso de incumplimiento debía caer sobre el infractor, de manera casi inmediata y unida a la falta misma, la sanción administrativa.

De alguna manera, lo que se pretendía con la regulación de las pequeñas actividades cotidianas era poner en marcha esa estrategia del detalle, como medio para lograr actitudes disciplinadas. Bentham, refiriéndose a la organización de establecimientos penitenciarios, resumió en una frase esta idea, cuando decía que "una sumisión forzada produce poco a poco obediencias maquinales". Pues bien, este mecanismo, que más adelante tuvo múltiples aplicaciones, empezó a diseñarse en los tratados de policía, e incluso antes como veremos, para conseguir una población más disciplinada y sumisa y hacer posible una gestión más eficaz de la ciudad.

Otro de los pilares relevantes de esta reflexión es lo tocante al orden público, pero en este contexto no debe entenderse por tal el control de la población en levantamientos, revueltas o procesos insurgentes, pues esto no le compete a la policía, ya que su campo de acción es la vida cotidiana, el funcionamiento diario de la urbe. Se ocupa por tanto de los pequeños alborotos o desajustes que puedan alterar la marcha normal de las cosas, creando un cierto clima de desorden o rompiendo la dinámica disciplinadora. Hemos de tener en cuenta que, desde la óptica de esta reflexión, la profilaxis es fundamental, por tanto lo más importante es prevenir, evitar la ocasión más que remediar el desorden ya acaecido. De ahí la propuesta, muy generalizada, de crear una red de espías que informen puntualmente a las autoridades competentes de todo lo que está sucediendo en la ciudad.

Lógicamente, uno de los asuntos importantes es el control exhaustivo de la población, lo que supone la realización de censos tan precisos como sea posible, que tendrían repercusiones considerables en la organización urbana, como veremos más adelante, tanto desde el punto de vista administrativo como morfológico.

En lo sustancial, podríamos decir que higiene y orden público fueron los ejes básicos -con las implicaciones a que ya hemos hecho referencia- sobre los que se organizó el discurso de la Ciencia de Policía, que progresivamente fue consolidando un contenido específico; aunque, tal como dijimos, sería muy difícil hacer una relación exacta de las materias de su competencia. De todos modos, atendiendo a algunos de los trabajos más completos -el de Delamare sería un buen ejemplo-,[487] podríamos intentar fijar aquellos asuntos que, en cierto sentido, eran su denominador común. Aunque de manera sucinta, trataremos de sistematizarlos.

Además de explicar el carácter propio de la autoridad de policía, suelen dedicar un apartado a la vigilancia de la moralidad y las buenas costumbres que, en gran medida, se relacionan con el orden público, pues como sabemos, se entiende por tal lo relacionado con la marcha cotidiana de la ciudad y, desde esa perspectiva, aquellas adquieren una nueva relevancia.

Otro de los asuntos de su competencia es lo tocante a la salud pública que abarca temas tan variados como la vigilancia, inspección o emplazamiento de mercados, pósitos, mataderos etc. Del mismo modo, debía supervisar la localización y funcionamiento de industrias, servicios o establecimientos que pudiesen representar molestias o perjudicar a la salubridad, como podrían ser cárceles, hospitales, cementerios, acuartelamientos, curtidores o postas.

Asimismo, y estrechamente vinculado con lo anterior, estaría lo relativo a la gestión y ordenación del espacio público, que alcanzaría desde el trazado viario hasta el sistema de recogida de basuras, pasando por asuntos tan

---

[487]   Véase P. Fraile, *La otra ciudad...*, *op. cit.*

variopintos como la iluminación, la limpieza, el ornato de la ciudad, la ocupación privada del espacio público, etc.

Tampoco se suele descuidar, aunque unos le presten mayor atención que otros, la vigilancia sobre los agentes de la vida económica, dentro de los que se acostumbra a contemplar la industria, la manufactura y el comercio. En estos casos la "policía" debe atender a las condiciones de competencia, al emplazamiento, a la clasificación de las actividades molestas, etc. En general se ocupa de las medidas a adoptar para su fomento, pero haciéndolas compatibles con las limitaciones que se les han de imponer para que no interfieran con la buena marcha de la ciudad ni con la salud pública. También se incluyen en ocasiones, en estos tratados, reflexiones sobre la beneficencia o sobre la asistencia, en la medida en que son asuntos relacionados tanto con la higiene como con la salud y el orden públicos.

Sin duda habremos pasado por alto algunas cuestiones, pero en líneas generales, éste podría ser su contenido. Al tiempo, de estas reflexiones derivaron una serie de propuestas de tipo urbanístico que aquí trataremos de resumir de forma muy concisa.[488]

Arriesgándonos a simplificar, podríamos decir que durante los siglos XVII y XVIII coexistieron diferentes ideas de lo urbano, que iban desde las ciudades ideales, algunas de las cuales, como Sforzinda, venían ya desde el cuatrocientos, hasta las concepciones más monumentalistas del barroco en las que predominaban los escenarios y las perspectivas rotundas, que pretendían mostrar e impresionar el ánimo de los espectadores pero que, en la mayoría de las ocasiones, se circunscribían a ámbitos relativamente reducidos y, a menudo, cargados de un valor simbólico considerable.

---

[488]   Sobre este particular se puede ver P. Fraile, *La otra ciudad...*, Capítulo 6. P. Fraile, "Putting order into the cities: the evolution of 'policy science' in eighteenth-century Spain", *Urban History*, 25, 1, 1998, pp. 22-35.

Tampoco habría que olvidar algunos planteamientos más
funcionalista, que Benevolo ejemplifica con Ámsterdam y
las ciudades libres holandesas de las que dice: "El territorio
mismo es un producto de las intervenciones humanas, que
se intensifican en la segunda mitad del siglo XVI [...]. El
desarrollo de las ciudades se basa en el saneamiento de
los terrenos circundantes y se lleva a cabo necesariamente
según planificaciones de conjunto promovidas por las
colectividades."[489]

En algunos aspectos, la Ciencia de Policía se aproxima-
ba más a esta última idea, pues concebía la ciudad de una
manera global, la entendía como un todo que debía tratarse
en conjunto. Pero vayamos por partes. En general, la ciudad
se consideraba una entidad cerrada. A pesar de su clara
actitud populacionista no fueron capaces de imaginar el
crecimiento de siglos posteriores, que convirtió las murallas
en un problema higiénico de primer orden. Pero su idea
del cerco es relativamente diferente de las precedentes, ya
que no servía para protegerse del exterior sino para organizar el interior. Es también más que una simple barrera
administrativa, separa a los de dentro de los de fuera, fija a
los individuos sobre el territorio y, evidentemente, es una
de las primeras condiciones para empezar a censar, tarea
que se convirtió en una de sus preocupaciones centrales,
puesto que saber cuántos individuos, cómo y dónde estaban era el primer paso para organizar el control, diseñar
las estrategias adecuadas y gestionar lo urbano.

La otra cara de esta moneda era la subdivisión, que
debía atender a nuevos criterios de racionalidad, ya que
obedecía a un doble, o quizás triple, propósito. Por un lado,
se trataba de acercar el control, y en consecuencia todo el
sistema disciplinar, al ciudadano, ya que al frente de cada
unidad se colocaría a alguien que encarnase esa autoridad

---

[489]   L. Benevolo, *La ciudad europea*, Barcelona, Crítica, 1993, p. 138

ejecutiva que, como hemos dicho, correspondería a la policía. Esta aproximación debía hacer más eficaces todas las estrategias a que hemos hecho referencia. Por otro lado, serviría, decían algunos tratadistas, para aislar a los individuos en caso de levantamientos o desórdenes, haciendo así más estricto el control. Sin duda, la preocupación sanitaria también debía de estar tras tales propuestas. Finalmente, esta subdivisión podía propiciar una diversificación funcional a la que haremos referencia más adelante.

La intención era crear unidades de un tamaño útil para las tareas de gestión que se estaban estableciendo y que, además, fuesen relativamente homogéneas. Al tiempo se trataba de racionalizar la distribución de la población, puesto que el antiguo sistema de adscripción a parroquias ya no resultaba adecuado para los nuevos objetivos. Esta ciudad cerrada y subdividida debía, también, estar diversificada funcionalmente, con lo que se manifestaba aquí una concepción relativamente nueva, pues dejaba de ser una amalgama, más o menos homogénea, y se empezaba a entender como una entidad formada por diferentes redes y áreas con tareas especializadas.

En varios tratados se hace referencia a diversas redes, como los tendidos de agua con sus diferentes jurisdicciones,[490] el alcantarillado, el alumbrado, los sistemas de recogida de basura o la propia red viaria. Del mismo modo se plantea la necesidad de especializar algunas zonas en determinados usos, como vivienda, almacenamiento, asistencia o para albergar servicios molestos o peligrosos.

Se está esbozando en este discurso una concepción orgánica de la ciudad, en la medida en que se presenta como una entidad que debe desempeñar diversas funciones para

---

[490]   Es significativo que Delamare reproduzca en su tratado un plano de las conducciones de agua limpia de París con las jurisdicciones a las que pertenecen.

lo cual ha de crear y especializar los órganos adecuados. Y la buena marcha del conjunto depende, precisamente, de la adecuación de ambos.

Benito Bails, uno de nuestros tratadistas más influyente,[491] comparaba a menudo la ciudad con una casa, donde la comodidad estribaba en que las diferentes estancias, que desempeñaban tareas específicas, encajasen en sus dimensiones y cometidos. Del mismo modo el correcto funcionamiento de la urbe dependía de la adecuación de órganos y funciones, así como de la exacta proporción entre ellos. Esta manera de entender la ciudad llevaba hacia una cierta especialización funcional y una zonificación, de manera que determinados servicios deberían emplazarse contemplando las tareas de conjunto que habría que realizar. Las redes se deberían pensar en relación con todo lo anterior.

Desde esta óptica, alcanzar determinados objetivos supondría diseñar estrategias globales que irían más allá de la intervención puntual. Por ejemplo, para conseguir determinados fines de control de la pobreza no sería suficiente con la represión o la expulsión, sino que habría que hacer planes generales, diseñar áreas de recogimiento, relacionarlas funcionalmente con otros servicios, estudiar las implicaciones económicas y sociales de todo ello, actuar, en definitiva, sobre el conjunto del tejido social y urbano.

Respecto al trazado de la ciudad los planteamientos son muy diversos, ya que hay quienes, con un tono pragmático,

---

[491]   Bails no escribió, él mismo, ningún Tratado de Policía, pero tradujo la obra del médico portugués Antonio Ribeiro Sánchez que, como explica en su prólogo, era la parte que le faltaba tras las consideraciones que ya había hecho en sus *Elementos de Matemática*, en los que una buena parte del tomo IX tiene que ver con estos asuntos. B. Bails, *Elementos de Matemática*, Madrid, J. Ibarra, 1783, 9 vols. A. Ribeiro Sánchez, *Tratado de la conservación de la salud de los pueblos y consideraciones sobre los terremotos*, Madrid, J. Ibarra, 1772.

se refieren a algunas ya existentes y sobre las que sería posible hacer reformas, tal sería el caso de Delamare con respecto a París; y por el contrario, otros hablan de ciudades de nueva planta, donde todo cabría. Foronda podría servir de ejemplo.[492]

De todos modos, esa idea de control de la población aparece por todas partes. Igual que la idea de la conveniencia de crear una red de espías que mantuviese informadas a las autoridades, a que hemos hecho referencia, los principios de omnipresencia y transparencia que subyacían en tal plan, se transferían con facilidad al tejido urbano. La mayoría habla de grandes vías rectas que faciliten la circulación y hagan la ciudad más higiénica y transparente. Estas arterias deberían abrir la ciudad en todas direcciones facilitando la vigilancia y, en cierto sentido, arrinconando el confuso y opaco trazado de la ciudad preexistente.

De la misma manera, es importante nombrar las calles y pensar sistema de numeración de las casas que faciliten la localización para que los foráneos, se argumenta, se puedan situar y mover con facilidad. Pero al tiempo, hace el tejido urbano más penetrable por la vigilancia y permite fijar a los individuos sobre el territorio. Es la condición para censar con eficacia, que a su vez es el primer paso para poder controlar a la población. En este discurso los vínculos entre los aspectos morfológicos y las estrategias de regulación social aparecían con bastante claridad. La preocupación por la iluminación nocturna, que es una constante en la mayoría de autores, va en la misma dirección.

---

[492] A pesar de tener un tratado específico, sus reflexiones sobre estos temas están dispersas por toda su obra. Aquí sólo citaremos tres relevantes en este sentido V. Foronda, *Miscelánea o colección de varios discursos*, Madrid, B. Cano, 1787; V. Foronda, *Carta sobre los asuntos más exquisitos de la economía política y sobre las leyes criminales*, Madrid, Imp. de M. González, 1798-1794 (2 vols.); V. Foronda, *Cartas sobre la policía*, Madrid, Imp. de Cano, 1801.

Para concluir, quizá convendría hacer una última reflexión sobre la idea de belleza que, a veces, aparece más
o menos dispersa en estos tratados. Tal como hemos visto,
el objetivo último de la Ciencia de Policía era lograr una
ciudad funcional, sana, ordenada, relativamente fácil de
gobernar y con una población suficientemente disciplinada.

Por supuesto que no se niega aquí la conveniencia de
los edificios singulares, nobles y hermosos por sus proporciones o su ornamentación, ni de las estudiadas perspectivas que resalten su grandeza o su contenido simbólico.
Pero, al tiempo, algunos tratadistas también mantienen que
la belleza emana de la utilidad. El hecho de que un edificio,
una instalación o una infraestructura sirvan a la colectividad
y ayuden a mejorar a esta pretendida "próspera medianía",
es lo que les da su grandeza y, por tanto, su hermosura.
Por eso, una cárcel, un hospital, un pósito o un puerto
pueden ser tan bellos, y tan cargados de contenido, como
una catedral o un palacio. Esta concepción, sin duda, abrió
la puerta a debates sobre morfologías o emplazamientos
que hasta el momento habían sido muy débiles.

Los antecedentes de la Ciencia de Policía en España: El caso de Cristóbal Pérez de Herrera

Tal como dijimos al principio, el objetivo de estas páginas es hacer un recorrido hacia atrás, y mostrar cómo las
cambiantes circunstancias sociales y económicas habían
ido dando coherencia al pensamiento sobre la gestión
urbana, en la medida en que ésta se presentaba como un
problema inexcusable.

Hemos repasado muy someramente lo que podrían
ser los contenidos básicos de la Ciencia de Policía, más
o menos consolidada como tal en el setecientos. Pero la
hipótesis mantenida en estas páginas es que el desarrollo

de un incipiente capitalismo comercial, ya desde finales del siglo XV y sobre todo a lo largo de la centuria siguiente, creó las condiciones sociales, y amplificó las contradicciones urbanas, de manera que propició el nacimiento de un discurso sobre la ciudad, aunque entonces todavía era un pensamiento relativamente disperso y con un bajo grado de coherencia.

No sería posible hacer aquí una reflexión pormenorizada sobre los diferentes trabajos que podrían considerarse antecedentes españoles de este saber, ya que sin duda, hay una prolija literatura digna de consideración en este sentido. Un buen ejemplo podría ser la obra de Castillo de Bovadilla[493] que, habiendo actuado él mismo como Corregidor, tenía una vasta experiencia en estos asuntos. Aquí nos limitaremos a estudiar las aportaciones de Cristóbal Pérez de Herrera, que adelantaron en un siglo algunas de las ideas centrales del discurso que nos ocupa. Tal como intentaremos mostrar, su aparición fue posible gracias a la progresiva consolidación de una nueva mentalidad, cuya existencia con frecuencia ha costado reconocer, quizá como consecuencia de la crisis del siglo XVII y de un peso excesivo en nuestra historiografía del tópico que muestra siempre una sociedad contrarreformista, anquilosada, anclada en los valores tradicionales y con serias dificultades para evolucionar.

No pretendemos negar que estas ideas tengan una base real indiscutible, y que sin duda, en un entorno europeo de profundas transformaciones económicas y sociales, el caso de España revistiera algunas peculiaridades, además de que ciertamente la posterior crisis del seiscientos a menudo ha

---

[493]   J. Castillo de Bovadilla, *Política para Corregidores y Señores de vasallos, en tiempo de paz y de guerra: y para prelados en lo espiritual, y temporal entre legos, jueces de comisión, regidores...*, Madrid, L. Sánchez, 1597 (2 vols.).

oscurecido los cambios acaecidos desde finales del siglo XV. Ya desde entonces había habido un desarrollo importante de las operaciones bancarias de depósito y préstamo, de las transferencias de cheques y letras de cambio, y se había perfeccionado notablemente la contabilidad. Todas estas novedades, que suponían el progreso de una nueva mentalidad económica, se extendieron por Europa de una manera desigual pero, como bien explicó Heers, algunas ciudades españolas las adoptaron muy rápidamente, una muestra de lo cual podría ser el progreso mercantil y financiero de Sevilla.[494]

También Maravall, apoyándose en Chaunu,[495] ha presentado el descubrimiento de América como prueba de un notable desarrollo precapitalista, por eso dice: "Se ha de estimar la aventura americana –y el hecho de llamarla aventura no quita nada a lo que vamos a decir– como resultado que sólo podía alcanzarse en un país con un nivel muy apreciable de desarrollo precapitalista y de política estatal".[496] Maravall ha resumido esa nueva mentalidad en ciernes del siguiente modo:

> Desarrollo precapitalista, auge comercial e iniciación de un incremento industrial, descubrimiento de América, hegemonía en Europa, transformación del espacio político interior y de las ideas sobre la inserción en el ámbito internacional, preocupación por la población, política de mejora sanitaria, educativa, profesional, de esa misma población, todo ello son manifestaciones de la más típica mentalidad moderna que estaba en la base de la formación del Estado.[497]

Por supuesto, al tiempo es imprescindible reconocer que hubo una pervivencia muy considerable de las formas

---

[494]   J. Heers, *L'Occident aux XIVe et XVe siècles*, París, PUF, 1963, p. 161.
[495]   H. Chaunu, *Seville et l'Atlantique. 1504-1650*, París, A. Colin, 1955-1959, VIII, pp. 64-65.
[496]   J. A. Maravall, *Estado moderno y mentalidad social...* II, p. 291
[497]   *Ibíd.*, II, 292.

económicas tradicionales y, en consecuencia, de las ideas y de las relaciones sociales que comportaban. Pero también es cierto que, en diferentes medidas, lo mismo ocurrió en otros lugares de Europa,[498] aunque como consecuencia de circunstancias económicas y sociales que es imposible abordar aquí, a principios del siglo XVII, el tejido productivo español era poco competitivo en relación con otros del entorno.

Pero no debemos menospreciar el dinamismo de las actividades comerciales o manufactureras del siglo XVI español. Pensamos, por ejemplo, en el sector textil. En Segovia, en el período 1579-1584 se producían unas 16.200 piezas al año, lo que representaba, aproximadamente, los dos tercios de la producción de Venecia o algo más de la mitad de la de Florentina.[499] De menor entidad, aunque también centros pañeros importantes, fueron Córdoba, Toledo, Cuenca (con unas 4.000 piezas al año), Ávila (6.000) o Palencia, así como otros de menor consideración. Tampoco deberíamos olvidar la producción sedera, pues España era la segunda potencia europea, después de Italia, con centros tan importantes como Toledo, con 6.000 telares, Granada (4.000) o Córdoba (2.000).[500]

En este rápido repaso habría que mencionar la industria siderometalúrgica que, ciertamente, no tenía la entidad de la textil y estaba formada por empresas pequeñas y débiles financieramente, pero a mediados del siglo XVI producía entre las 11.000 y las 13.000 toneladas anuales, que representaban alrededor del 25% de la producción

---

[498]   *Ibíd.*, II, 295.
[499]   B. Bennassar, *Un siècle d'or espagnol (vers 1525-vers 1648)*, París, R. Laffont, 1982. Utilizamos la versión castellana B. Bennassar, *La España del Siglo de Oro*, Barcelona, Crítica 2001, p. 191. A. Marcos Martín, *España en los siglos XVI, XVII y XVIII*, Barcelona, Crítica / Caja Duero, 2000, p. 370.
[500]   A. Marcos Martín, *España en los siglos...*, p. 372.

total europea, aunque a partir de ese momento empezó su declive.[501] También la construcción naval fue floreciente hasta 1575.[502]

Respecto a la actividad comercial, como es sabido, algunas ferias castellanas como Medina del Campo, Rioseco o Villalón gozaron de excelente salud hasta 1594,[503] y giraban letras sobre todas las grandes plazas europeas. Es indiscutible la relevancia del comercio trasatlántico, cuya complejidad y repercusiones sobre el conjunto de la economía nos imposibilita resumirlo en estas páginas. Pero sin duda tuvo una fase expansiva al menos hasta mediados del siglo XVI, como fruto de la cual tuvo lugar, entre otras cosas, el auge de Sevilla, de la que escribió Domínguez Ortiz: "Antes del apogeo de Ámsterdam en ninguna otra ciudad tuvo el capitalismo mercantil un perfil más acusado, más *moderno*".[504] Hay que considerar que durante el siglo XVI este país tuvo un crecimiento de la población urbana por encima de la media europea, y llegó a la siguiente centuria con una tasa de urbanización superior a ésta.[505]

Todo ello, aunque muy esquemáticamente, dibuja un panorama relativamente diferente de la imagen de una España feudalizada todavía en el siglo XVI. Esa imagen se ha difundido, a menudo, basándose en la innegable debilidad de la burguesía, en su retroceso hacia el final del siglo, en las resistencias de los sectores más conservadores o en las considerables diferencias territoriales en la difusión de los cambios, lo cual no es óbice para que, como ha explicado Maravall,[506] hubiese en España un tem-

---

[501]   *Ibíd.*, p. 374.
[502]   *Ibíd.*, p. 375.
[503]   B. Bennassar, *La España...*, p. 190.
[504]   A. Domínguez Ortiz, *El Antiguo Régimen: los Reyes Católicos y los Austrias*, Madrid, Alianza U., 1979, p. 148. La cursiva es del autor.
[505]   A. Marcos Martín, *España en los siglos...*, p. 42
[506]   J. A. Maravall, *Estado...* II, p. 290.

prano despertar de una mentalidad, que a diferencia de la tradicional, contemplaba la posibilidad de transformar un mundo que ya no se veía inmutable. Tal como expone Bennassar,[507] en parte apoyándose en el ya clásico trabajo de Ruth Pike[508] sobre Sevilla, hoy no se pude sostener la hipótesis de que el retraso español fue consecuencia de una cierta incapacidad de sus burgueses y comerciantes, que cuando las circunstancias lo hicieron posible, mostraron sus habilidades.

Lógicamente, esta nueva actitud entró en conflicto con las posiciones más conservadoras e inmovilistas, como podríamos ver analizando el debate sobre la pobreza o sobre la consideración del trabajo productivo, por poner algunos ejemplos. Pues bien, en este marco de una mentalidad innovadora, atenta a las profundas transformaciones que afectan a toda la sociedad y que tienen concreciones especialmente relevantes en las ciudades, es donde hay que inscribir el trabajo de Cristóbal Pérez de Herrera, que fue un antecedente muy notable de la Ciencia de Policía en nuestro país.

Las manifestaciones de esta nueva manera de entender el mundo fueron múltiples, y el denominador común, tal como hemos dicho, era una cierta fe en que la realidad no era inmutable y que cabía la posibilidad de intervenir sobre ella. Es bien sabido que Pérez de Herrera, además de los temas que aquí nos ocupan, había escrito, por ejemplo, sobre el tratamiento de la pobreza,[509] y había hecho propuestas

---

[507] B. Bennassar, *La España del Siglo...*, p. 192.

[508] R. Pike, *Aristocrats and Traders Sevillian society in the sixteenth centuty*, London, Cornell UP, 1972.

[509] C. Pérez de Herrera, *Discurso del amparo de los legítimos pobres, y reducción de los fingidos: y de la fundación y principio de los Albergues destos Reynos, y amparo de la milicia en ellos*, Madrid, Luis Sánchez, 1598. Hay una reedición contemporánea, Pérez de Herrera, C. *Amparo de pobres*, Madrid, Espasa-Calpe, 1975

originales siguiendo de cerca, en el terreno arquitectónico, las formulaciones de Giginta,[510] que fue, en gran medida, un adelantado a su tiempo. Pérez de Herrera era médico, había servido durante doce años como "protomédico de las galeras de su Majestad", y por lo tanto, tenía una amplia experiencia clínica y militar. Su discurso estaba guiado por una evidente voluntad práctica y racionalizadota, y de ahí, precisamente, emanaba una buena parte de sus ideas.

Es, por otro lado, uno de los más claros representantes de ese reformismo burgués, que a veces se ha vinculado con los "arbitristas". Aunque Cavillac, entre otros, ha insistido en la solidez de su discurso y en la consistencia y profundidad de sus propuestas, lo que lo aleja de ese grupo que fue con frecuencia ridiculizado precisamente por lo contrario.

Es conocida la actitud reglamentista de la época de Felipe II que pretendía, en la medida de lo posible, ordenar la marcha del país, salir de la crítica situación económica y financiera y regularizar la vida urbana. Pues Pérez de Herrera es el fruto de todo eso, y por ello anticipa ese saber que más adelante se ocupará de la gestión de lo urbano. No es de extrañar que uno de los antecedentes más claros y tempranos en este terreno sea otro español que escribía, más o menos, en la época de nuestro médico. Cuando Castillo de Bovadilla publica, en 1597, su *Política para Corregidores*,[511] apenas se ha acuñado el término, pero está escribiendo ya un tratado de policía, como los que

[510]   A este respecto se puede consultar P. Fraile, "Los orígenes de los espacios de control: el recogimiento de pobres según M. Giginta", en P. Fraile, P. (ed.); J. Bonastra, J. (coord.), *Modelar para gobernar. El control de la población y el espacio en Europa y Canadá / Régulation et gouvernance. Le contrôle des populations et du territoire en Europe et au Canada. Une perspective historique*, Barcelona, Universidad de Barcelona, 2001, pp. 177-193. P. Fraile, *El vigilante de la atalaya. La génesis de los espacios de control en los albores del capitalismo*, Lleida, Editorial Milenio, 2005.

[511]   J. Castillo de Bovadilla, *Política para Corregidores y Señores de vasallos, en tiempo de paz y de guerra: y para prelados en lo espiritual, y temporal*

más adelante, a finales del seiscientos y principios del siglo siguiente, estarán en uso en toda Europa.

Pues bien, Pérez de Herrera es fruto de ese ambiente reglamentista y de una profesión, una experiencia y una práctica que le impelían hacia la racionalidad y hacia la búsqueda de soluciones factibles y funcionales. En el tema que nos ocupa son especialmente relevantes dos memoriales, que bajo el encabezamiento de "Discursos", dirigió a Felipe II y a Felipe III, explicando algunos criterios que deberían hacer viable la gestión de Madrid y, por extensión, de cualquier otra ciudad de una cierta importancia. Nuestro autor, por su proximidad con las ideas mercantilistas, es consciente de la importancia que para la marcha económica tiene lo que, más adelante, se conocerá como el "efecto multiplicador" de las inversiones. Y sabe también que las obras públicas son especialmente útiles en tal dirección. Decía así:

> Por ser cosa cierta, que lo que se gasta por las repúblicas, y los señores dellas en obras de las mismas no es lo que las empobrece, pues los edificios se quedan en pie adornando las ciudades, y el dinero que se distribuye entre los vasallos, en breve tiempo vuelve al poder de los Reyes, pues no hacen más que sembrar, y como prestarlo, para después cogerlo coholmado, que lo que pone en necesidad a los Reynos es lo que sale fuera dellos; porque no vuelve jamás.[512]

Más adelante pone el ejemplo de San Lorenzo del Escorial que, además de ornato, ha generado riqueza. Parecidos argumentos encontramos en Castillo de Bovadilla y casi idénticos, cien años después, en Nicolás Delamare,

---

entre legos, jueces de comisión, regidores..., Madrid, L. Sánchez, 1597 (2 vols.).

[512] C. Pérez de Herrera, *Discurso a la Católica y Real Majestad del Rey Don Felipe II nuestro señor, en que se le suplica, que considerando las muchas calidades y grandezas de la villa de Madrid, se sirva de ver si convendría honrarla, y adornarla de muralla...*, Madrid, 1597, p. 24

cuando se refiere a las obras acometidas por la municipalidad de Marsella. Desde esta óptica la intervención territorial
en general, y la urbana en particular, serán materias del
mayor interés, por su funcionalidad como instrumentos
de dinamización económica.

Otro aspecto que cabría señalar son sus ideas sobre la
especialización y jerarquización de la red urbana. Todos
los posteriores tratadistas de policía insistieron en la conveniencia de que hubiese una ciudad que fuese el centro político y administrativo del Estado, que se habría de
convertir, en cierta medida, en el ejemplo a seguir. Mucho
más adelante, Delamare reiterará hasta el aburrimiento la
importancia de París, y la eficacia ejemplar de todo lo que
se lograse allí. Del mismo modo Pérez de Herrera insistía
en la relevancia de Madrid, en el papel que debía desempeñar en el conjunto, y abogaba por su capitalidad frente
a Valladolid. A ello dedica, en gran parte, los dos discursos
a que hemos hecho referencia. No es éste el lugar para
analizar minuciosamente tales memoriales, pero sí deberíamos subrayar algunas facetas que los emparientan y los
convierten en un claro precedente de la Ciencia de Policía.

Uno de los aspectos básicos de su discurso, en el que
probablemente está influido por su profesión, es su concepción organicista, tanto de la sociedad en general como
de la propia ciudad. Es clarificadora, en este sentido, su
presentación del hombre, o de las repúblicas, como micro-
cosmos, en los que se reproduce el mundo, siguiendo las
reglas que impone la naturaleza, a una escala diferente. Sin
duda, todo ello es indeslindable de la profunda influencia
aristotélica que marcaba los estudios de medicina en su
tiempo, pero mejor que escuchemos sus palabras:

> Todo esto lo crió (Dios) también a imitación y semejanza
> de su gloria inefable, donde hay orden y concierto eterno
> y admirable, y así quiso que la naturaleza (cuyo principio
> es el mismo) diese tal forma al cuerpo humano, que unas

partes dependiesen de otras, y otras tuviesen inferiores, a las cuales comunicasen su virtud, con correspondencia de todas a un principio y origen: así parece que será bien que en república haya tal gobierno, que imitando a la naturaleza nuestra madre, se perfeccionasen las cosas, de suerte, que se conserven por largos tiempos, pues para que se gobiernen y duren, dice Aristóteles que tienen precisa necesidad que dependan de un principio.[513]

Esta concepción organicista le llevará a ver la ciudad como una realidad compleja que ha de desempeñar diferentes tareas para las que habrá que especializar órganos específicos que, lógicamente, tendrán una localización, lo que conlleva la necesidad de una segregación funcional. Tal planteamiento, sin duda, ya estaba en el discurso urbanístico de su tiempo, pero aquí empieza a adquirir una cierta altura teórica y, además, será la fuente de la que emanarán propuestas concretas de organización, que estuvieron en la base de todo un modo de planificación que tuvo unas repercusiones considerables en la configuración de las ciudades europeas.

Para Pérez de Herrera, tal como luego se propuso en los Tratados de Policía y se argumentó detenidamente, la urbe es una entidad cerrada. Lógicamente habla de una muralla, cuyo recorrido y puertas (nueve en total en el caso de Madrid) describe con precisión,[514] pero que ya no tiene exactamente una función defensiva, sino más bien administrativa. Sirve para separar a los de adentro de los

---

[513] C. Pérez de Herrera, *Amparo de pobres*, Madrid, Luis Sánchez, 1598. Utilizamos la reedición contemporánea ya citada, con edición, introducción y notas de Michel Cavillac: C. Pérez de Herrera, *Amparo de pobres (1598)*, Madrid, Espasa-Calpe, 1975, p. 193.

[514] C. Pérez de Herrera, *Discurso a la Católica y Real Majestad del Rey Don Felipe II...*, p. 11revés-12. Sobre su influencia en la formación de la idea contemporánea de ciudad P. Fraile, "The Construction of the Idea of the City in Early Modern Europe: Pérez de Herrera and Nicolas Delamare" Journal of Urban History, 36, 5, 2010, p. 685-708.

312   Mirada (de) uniforme

de afuera, controlar y censar, someter a escrutinio a todos
sus visitantes, y además, como hará posible una estricta vigilancia de lo construido, redundará en una mejora
urbanística y de calidad de los edificios, lo que a su vez
repercutirá en unas mejores condiciones de salubridad y,
sobre todo, orden público. Veamos cómo lo plantea:

> No pudiéndose extender los vecinos a labrar casas para su
> vivienda ordinaria, no dándoles licencia en muchos años para
> ello, fuera de las que están en el campo [...] se excusaría que
> no labrasen casas bajas, ni a la malicia, de poca vivienda y
> autoridad, como al presente hay en mucho número: y particu-
> larmente en los confines de este lugar, que por ser edificadas
> pobremente, están sujetas a las inclemencias de los tiempos, y a
> ser habitadas por gente miserable y necesitada, que comiendo
> malos mantenimientos, y siendo mucho el número de mora-
> dores que las viven, por su alquiler, inficionan la República,
> causándose por ello enfermedades: y son de ordinario refugio
> de gente viciosa, y holgazanes, ocasionados a cometer delitos,
> y a no ser fácilmente hallados de las justicias.[515]

La muralla es la barrera administrativa que obliga
a todos a pasar por las licencias de obra, con lo que la
municipalidad puede tomar las riendas de la estructura y
morfología urbanas. Nuestro médico tiene clara conciencia
de las repercusiones que esto tendrá, no sólo en la salubridad, sino también sobre las posibilidades de control
de la población, y por lo tanto, sobre la gestión del orden
público. Además, el cerco tiene otra ventaja obvia: sirve
para supervisar a quienes entran y salen de su recinto.[516]

Por todo ello se insinúa ya en sus escritos la necesidad
de lograr una ciudad transparente, asequible a la vigilancia,
para lo cual hay que ir eliminando el antiguo trazado de calles
oscuras y tortuosas, con frecuentes retranqueos de edificios.
Propone, como era de esperar, someter las construcciones

---

[515]   *Ibíd.*, p. 12 revés-13.
[516]   *Ibíd.*, p. 17 revés-17.

a una estricta alineación (calcula que en treinta o cuarenta años se notarán los efectos), abrir vías largas y anchas que permitan la circulación y sanear el tejido urbano.

Obviamente, tras los argumentos de carácter higiénico, hay una clara voluntad de regulación de la ciudadanía, que se manifiesta cuando propone abiertamente la creación de un cuerpo de delatores que tenga permanentemente informada a la autoridad:

> Y para que puedan estos jueces Reformadores con mayor certidumbre saber si en este lugar entra alguna gente sin que sean avisados, podrían [...] en cada barrio nombrar cada uno de ellos en su cuartel alguna persona, vecino de él que se llamará Síndico de la vecindad [...], para que de ellos fuesen avisados de secreto, de lo que a cerca de esto pasase, y aún de la forma de vivir de los vecinos.[517]

Uno de los objetivos, a veces explícito, que guiará la reflexión urbanística de estos años, y que se hará evidente en los posteriores tratados de policía, es lograr una ciudad más controlable, más fácil de manejar y asequible a las fuerzas de seguridad (normalmente el ejército). Pérez de Herrera es una buena prueba y anticipación de ello.

Otra de las facetas de este discurso es la preocupación por lograr una población más disciplinada. También en este aspecto nos encontramos con que el médico, invocando siempre el bien público, nos avanza algunos de los argumentos que, más adelante, encontraremos escrupulosamente desarrollados en aquella disciplina. Se trata, en nombre de la higiene (o de la seguridad general o del bien común, según los casos), de ir articulando esa estrategia del detalle, cuya eficacia ya se estaba comprobando en

---

[517]   C. Pérez de Herrera, *Discurso a la Católica y Real Majestad del Rey Don Felipe III, nuestro señor: cerca de la forma y traça, como parece podrían remediarse algunos peccados, excessos, y desordenes, en las tratos, vestimentas, y otras cosas...*, Madrid, L. Sánchez, 1598. Quizás el año de su aparición podría ser 1600. La cita está en la página 6-revés.

instituciones cerradas como los hospicios y los hospitales y que, posteriormente, se transferirá a otros encierros, como la cárcel.

Hay que forzar pequeños actos, continuos y sistemáticos, precisos y a horas determinadas, que acostumbren a la gente a una obediencia mecánica. Encontramos en Pérez de Herrera el embrión del argumento que, cien años más tarde, desarrolló Delamare en su *Traité de la Police*. Así lo plantea: "Para lo cual importa mandar que cada vecino haga barrer, y regar lo que le pertenece [...] dos veces al día, a las seis de la mañana una, y otra a las de la tarde, amontonando en medio de la calle, so pena de cuatro reales."[518]

No es sólo la limpieza, es el rigor, la puntualidad, la escrupulosidad en la forma, y la conciencia de la inexorabilidad del pequeño castigo administrativo, que es la multa, lo que va acomodando las voluntades a una obediencia poco reflexiva. En último término, a una actitud disciplinada.

Una ciudad, por tanto, cerrada, en la que sea más fácil el control y la vigilancia a tenor de determinada configuración urbanística, y que sea útil, por su propio funcionamiento, para disciplinar a sus habitantes. La otra cara de la misma moneda es su subdivisión racional y una cierta especialización territorial. Pérez de Herrera habla continuamente de cuarteles y barrios, aunque no sometió a un análisis crítico la organización que él conocía, quizá porque le parecía adecuada, ya que la ciudad no había crecido como para obligar a replantearla, o porque no había conflictos de entidad suficiente, como fue mucho más adelante por ejemplo el Motín de Esquilache, que sí conllevó una nueva partición de Madrid.

En todo caso, en lo que insiste nuestro autor es en una considerable segregación funcional. Hay que destinar ciertos espacios a determinadas tareas. Veamos, por

---

[518]   *Ibíd.*, p. 22.

ejemplo, cómo plantea la localización de algunos talleres o el terreno dedicado al ocio:

> Estando la muralla desapegada de las casas, de modo que entre ellas y ella pueda haber algunas comodidades para ejercicio de algunos oficios de la República, como son cordoneros, cabestreros, y esparteros, pues estarán más seguros de no pegarle fuego a sus materiales, como ha sucedido, y no con poco daño de esta villa, que haciendo de una puerta a otra a los lados, podría servir para este efecto, y para juegos de pelota, y argolla y bolas y tirar la barra en los días de fiesta a las tardes.[519]

Nos encontramos con idéntica reflexión cuando se refiere a temas tan variados como los mercados, que se han de localizar convenientemente y centralizar las transacciones, sustituyendo al desorden callejero,[520] o a la prostitución[521] que, puesto que es inevitable, se ha de ubicar en determinados barrios y casas, evitando que se extienda a otros lugares y contagie el tejido urbano.

Lógicamente, el mismo criterio se aplica para la función asistencial. Nuestro autor propone la creación de un área dedicada a tales tareas, donde coincidirían el Seminario de niños de Santa Isabel la Real, la casa de amparo de la milicia y la de misericordia para pobres, que además reuniría en sí otras funciones, como reclusión de vagabundas, mujeres arrepentidas, Hospital General y casa de convalecencia. Además, en la proximidad habría una fábrica de paños, donde se emplearía parte de esta mano de obra y se les enseñaría el oficio a los niños, siguiendo las directrices del taller de tapicería regentado entonces por Pedro Gutiérrez que, tal como explica Cavillac, era un primer bosquejo de

---

[519]   C. Pérez de Herrera, *Discurso a la Católica y Real Majestad del Rey Don Felipe II...*, p. 16 revés-17.
[520]   C. Pérez de Herrera, *Discurso a la Católica y Real Majestad del Rey Don Felipe III...*, p. 14-16.
[521]   *Ibíd.*, p. 5 revés.

"manufactura de estado".[522] Hagamos una primera aproximación al paisaje del territorio destinado a la asistencia:

> Y así mismo la de (la Iglesia) de nuestra Señora de Atocha reedificada de nuevo, de tan gran devoción y milagros, con dos famosas calzadas que se planten de arboleda, que adornado todo con el suntuoso edificio, y casa de nuestra Señora de la Anunciación, que se está fabricando por orden de V. M. para el albergue de los pobres, y reclusión de vagabundas, y otras obras pías, y con el Seminario de los niños y niñas de Santa Isabel la real, obra tan insigne y santa, y con otra casa que está allí junto, adonde los niños de ella han de fabricar paños de tapicería, como los de Flandes, se adorna de este modo este camino y salida, que será de las más insignes del mundo.[523]

Todavía no aparece aquí su establecimiento para la milicia, donde se han de retirar los lisiados o inválidos por acciones de guerra, donde serán socorridos y se les dará una paga, a modo de "recompensa". Pero en 1598, cuando escribe el *Discurso sobre el amparo de la milicia,* ya hace esta propuesta, y lógicamente, lo localiza en este lugar, dadas las ventajas que se obtendrán de la proximidad de todos los centros de recogimiento:

> Pudiéndose fabricar esta casa del amparo de la milicia junto al Seminario de Santa Isabel [...] para que los soldados viejos, marinos, pilotos y artilleros, y otros jubilados por estropeados o vejez, que allí han de vivir, instruyan y enseñen a los niños de habilidad, e inclinaciones a propósito, del seminario diferentes oficios y ejercicios militares [...]; y aun leerles y declararles alguna persona docta que para ello halla, a Vegecio *De re militari* y otros autores que han tratado del arte militar.[524]

---

[522] M. Cavillac, "L'enfermement des pauvres, en Espagne, á la fin du XVIè siècle", en *Picaresque européene. Études sociocritiques,* 1975, pp. 45-60.

[523] C. Pérez de Herrera, *Discurso a la Católica y Real Majestad del Rey Don Felipe II...,* pp. 4-4 revés.

[524] C. Pérez de Herrera, *Amparo...,* pp. 284-285.

Puesto que el albergue de pobres no es tema de estas páginas lo pasaremos por alto, pero no debemos olvidar que en ese edificio se concentrarán varias funciones, ya que, además de su finalidad esencial, sería galera (casa de trabajo para prostitutas y de recogimiento para mujeres arrepentidas), hospital general (lugar donde curar enfermos) y casa de convalecencia. Si realmente llegase a concentrarse todo lo propuesto en esa área, sería de una eficacia y de un valor simbólico enorme. Dejemos, para finalizar, que Pérez de Herrera nos explique cómo lo imagina:

> Y será cosa harto notable ver en esta Corte tres casas tan famosas, y obras tan insignes [...]: la una de soldados y gente de mar, que descansan de sus trabajos; y otra, de los que comenzarán a seguir esta profesión [...]; y la última el albergue general de los pobres mendigantes de esta Corte, que también se fabricará junto a aquel sitio, con la casa de reclusión y castigo de vagabundas. Y aún sería posible que el Hospital General, con el tiempo, se trasladase a la mitad de la fábrica del albergue, por ser muy capaz y de sitio muy grande, como ya se dijo: y casi todas en el paso que va a Nuestra Señora de Atocha, que es tan gran devoción de esta Corte, para que con tal vecindad y protección sean amparados de la Virgen Sacratísima.[525]

El camino de Atocha era una de las salidas de la ciudad, que debía dar a una de las puertas de la muralla concebidas por nuestro médico. Se trata, por tanto, de una zona frecuentada, como dice en más de uno de sus escritos, de forma que este conjunto debía impresionar a los paseantes. Pero ahora no se enseña la pobreza como en la propuesta de Giginta, sino que el espectáculo se cierra sobre sí mismo, se vuelve hacia el interior. Ahora es el edificio, su fría racionalidad, la rotundidad de un área extensa dedicada al recogimiento y a la asistencia, lo que debe impresionar los ánimos.

---

[525] *Ibíd.*, p. 285.

Para resumir, tal como hemos intentado argumentar a lo largo de estas páginas, fue el desarrollo de un incipiente capitalismo comercial, alrededor del siglo XVI, el que creó las condiciones para el incremento de una problemática urbana que entonces pasó a primer plano y exigió la aparición de una reflexión específica para poder abordarla con eficacia. Pérez de Herrera fue uno de los representantes más claros de este discurso, que más adelante, en la medida en que iba adquiriendo mayor coherencia, se convirtió en la Ciencia de Policía. Esa Ciencia estuvo en la base de las reflexiones que a lo largo del ochocientos se ocuparon de la ciudad y de los conflictos sociales que en ella había.

Capítulo 4
La contribución de la etnografía social
para los estudios sobre la policía

Salvatore Palidda

Premisa

En un ensayo reciente, Augusta Molinari recuerda la metáfora alguna vez usada por Lawrence Stone,[526] a saber, la distinción entre *paracaidistas*, los macrohistoriadores que basan su trabajo historiográfico sobre teorías o sobre hipótesis generales de interpretación de la sociedad, y los *buscadores de trufas*, los historiadores sociales y los microhistoriadores que a través de investigaciones de tipo empírico buscan indicios para penetrar en los pliegues de la historia. En realidad, se podría usar la misma distinción para los sociólogos que han estudiado las policías o las instituciones policiales. Posiblemente esta sea una buena ocasión para intentar comprender mejor cómo superar aquello que Livio Antonielli llamó "un arco temático con perímetros un poco estáticos", auspicio que yo creo debería ser entendido como necesidad de superar un modelo de Estado, de orden, de policías y de fuerzas armadas que ha conducido a un evidente *impasse*.

Las investigaciones sociológicas sobre las policías han tenido un importante desarrollo en los países anglosajones,

---

[526] A. Molinari, "Etnografia sociale e storia", en A. Dal Lago y R. De Biasi (dir.), *Un certo sguardo. Introduzione all'etnografia sociale*, Bari, Laterza, 2002, pp. 5-26, citado en L. Stone, *Viaggio nella storia*, Bari, Laterza, 1987.

y luego también en casi todos los países democráticos, menos en Italia. Sacando las investigaciones de carácter histórico, que de todas maneras raramente conciernen al período postunitario y en particular a la segunda posguerra, en nuestro país el interés por este objeto de investigación parece continuar siendo casi completamente inexistente, y esta misma desatención no parece despertar reflexiones, excepto en el caso aislado de algún autor.[527]

Las razones de este desinterés son múltiples, pero probablemente la más importante tiene que ver con la concepción o "el modelo" del Estado, y por consiguiente de la relación entre Estado y Sociedad, una concepción que ve al Estado como una construcción desde arriba, un *tipo ideal* bastante recóndito, y no como la organización política de la sociedad que se forja continuamente a través del juego de interacciones entre distintos actores y contextos.[528] En realidad, la misma sociología de la policía que se desarrolló en los países anglosajones llegó a un *impasse* teórico que aparece de forma muy evidente en el reciente debate en el que la crítica del modelo coercitivo[529] adoptado por el más célebre autor[530] es bastante superficial.[531] No obstante el importante patrimonio de investigaciones empíricas, a veces de extraordinaria calidad, el enfoque politológico hasta aquí

---

[527]   L. Ferrajoli, "Il sotto-sistema penale di polizia", *Diritto e ragione. Teoria del garantismo penale*, Roma, Laterza, 1996 (3a edizione), cap. XI, pp. 795-843.

[528]   S. Palidda, "L'anamorphose de l'Etat-Nation: le cas italien", "Cahiers Internationaux de Sociologie", vol. XCIII (1992), *Polizia postmoderna. Etnografia del nuovo controllo sociale*, Milano, Feltrinelli, 2000, pp. 269-298.

[529]   J. P. Brodeur, "Police et coercition", en D. Monjardet, J. C. Thœnig (dir.), "Police, ordre et sécurité", *Revue Française de Sociologie*, 1994, XXXV, núm. 3, pp. 457-486.

[530]   E. Bittner, *Aspects of police work*, Boston, Northeastern University Press, 1990.

[531]   S. Palidda, "Come si studia il lavoro delle polizie", en A. Dal Lago, R. De Biasi (dir.), *Un certo sguardo. Introduzione all'etnografia sociale*, Bari, Laterza, 2002, pp. 218-244.

dominante quedó anclado a una concepción de la policía que no reconoce su proceso de construcción social, o sea su adaptación incesante a través de las múltiples interacciones con la sociedad.[532] Efectivamente, si las policías pueden ser consideradas –aunque sólo parcialmente– como un caso de "burocracia callejera" (*street level burocracy*),[533] su característica principal consiste en situarse en una posición intermedia entre la sociedad y el poder, posición que, de hecho, fue siempre sólo formalmente codificada por las normas y regulada principalmente por las interacciones con la sociedad.

Además de ocupar la mayor parte de la labor de las policías, es justamente este aspecto el que las distingue de los demás aparatos del Estado, entre los cuales está la misma magistratura. Efectivamente, si la policía fue y puede ser uno de los principales instrumentos de control social "desde arriba", la misma se torna el actor que junto con los demás actores sociales contribuye a la continua reproducción de un control socialmente compartido, inclusive prescindiendo de las normas formalmente instituidas. En otros términos, se trata de la regulación o del disciplinamiento de la sociedad, de la construcción de la cohesión social, de las prácticas de la ciudadanía, de la exclusión más o menos violenta de los no ciudadanos, es decir, de los aspectos más políticos de la organización de la sociedad. Inclusive cuando esta organización ha podido aparecer como el Estado creado por el poder soberano, siempre fue el resultado de una negociación entre actores dominantes y, en parte, entre éstos y los no dominantes, negociación en la cual la policía desarrolla un rol decisivo.

---

[532]   Palidda, "L'anamorphose de l'Etat-Nation", *op. cit.*; *Come si studia il lavoro delle polizie, op. cit.*

[533]   D. Monjardet, *Ce que fait la police. Sociologie de la force publique*, París, La Découverte, 1996.

Como trataré de mostrar en lo que sigue, la importancia de este aspecto se torna aun más evidente si se adopta una perspectiva de investigación que articule diacronía y sincronía, micro y macro, y la comparación entre distintos casos y contextos; surge entonces no tanto el rol de la policía como fuerza determinante o, al contrario, de poco peso en los cambios de régimen, sino como actor social que desenvuelve siempre un rol decisivo en el proceso de maduración de estos cambios (piénsese en particular en el proceso de la "primera gran transformación" y hoy el de la "segunda",[534] o sea el desarrollo del fordismo y ahora del denominado "posfordismo" y de la globalización neoliberal).

En otros términos, el punto de vista politológico o la historia de las instituciones, la sociología o la historia de las organizaciones y de las profesiones, no sólo han prevalecido y condicionado el desarrollo de las investigaciones, sino que también quedaron anclados a una visión del Estado y de la relación entre Estado y Sociedad que entre otras cosas malinterpretó algunos de los clásicos a los que se hace referencia a menudo (en particular Weber, su teoría de la burocracia y la de las "categorías elementales de lo social"), ignorando algunos otros (en particular Simmel y su teoría del conflicto y de los círculos sociales). Se descuidó de esta manera el corazón mismo del proceso de formación de la organización política de la sociedad. O sea los distintos mecanismos y las distintas prácticas producidas por las múltiples interacciones circulares que definen el poder político, los varios sectores del Estado, los medios de

---

[534] La fórmula "grande trasformazione" si debe sobre todo a Karl Polanyi, *The Great Transformation: The Political and Economic Origins of our Time*, London, Rinehart & Company, 1944 [*La grande trasformazione*, Torino, Einaudi, 1974], mientras que el uso del término "segunda g. t." es común a varios autores que reflexionan acerca del contexto actual (entre ellos, U. Beck, *Che cos'è la globalizzazione. Rischi e prospettive della società planetaria*, Roma, Carocci, 1999).

comunicación, la opinión pública, los actores localmente dominantes y la sociedad local, la formación profesional y las dinámicas de los círculos sociales y el reconocimiento moral dentro de las policías.

Pienso, pues, que la organización política de la sociedad debería ser pensada como el producto de la cooperación, pero también de la competencia y del conflicto entre las actividades de todas las instituciones sociales formales e informales (la policía, la administración de la justicia, la administración local, la escuela, la familia, las distintas asociaciones sociales –laicas y religiosas– y allí, donde las instituciones sociales lícitas no son capaces de participar del gobierno de la sociedad, se afirman también aquellas ilícitas, por ejemplo, las mafias).[535] En otros términos, las policías tendrían que ser pensadas como una de las tantas instituciones sociales que contribuyen a la organización política de la sociedad.

Es partiendo de las experiencias de investigación empírica sobre las policías que me pareció posible tratar de entender en primer lugar el *impasse* teórico de la investigación en este campo. Y es así que en particular creo decisivo retomar la extraordinaria contribución de Michel Foucault.

1. Ideas sobre la teoría de la policía

En su ensayo sobre la teoría de la policía de Michel Foucault, Bergès recuerda, entre otras cosas, una frase del filósofo francés que es emblemática de su biopolítica:

> Lo que hace que el poder persista, que se lo acepte, pues, es simplemente que no opera sólo como una potencia que dice *no*, sino que en los hechos atraviesa los cuerpos, pro-

---

[535] Cfr. la noción de "istituzioni e mafia" en *Dizionario Narcomafie*, Torino, Edizioni Gruppo Abele, 2004.

duce cosas, induce placer, forma saber, produce discursos: hay que considerarlo como una red productiva que pasa a través de todo el cuerpo social, mucho más que como una instancia negativa que tendría por función la represión.[536]

La reflexión en torno al *impasse* teórico de la investigación sobre *policías* hace que Foucault aparezca como el autor que hizo la contribución más importante a la teoría sobre la policía, sobre todo porque "se interesó por las funciones globales de la policía", que encuentra enunciadas en el tratado de Delamare de 1738.[537] Esta obra constituye en efecto una teoría práctica de la policía, dado que enfrenta todos los aspectos útiles a la organización de la vida en sociedad.

Esta acepción polisémica de la policía la define como un poder socialmente construido con características y modalidades que se producen con la llegada de la sociedad industrial. No más como la institución que, según la visión funcionalista, servía antes que nada para el dominio del poder político sobre la sociedad. En otros términos, la policía no sólo es un instrumento útil para la primacía de la minoría dominante o el instrumento de control de una sociedad concebida como potencialmente hostil o enemiga de parte del Estado, sino también la fuerza que encarna y

---

[536]   M. Bergès, "Michel Foucault et la police", en J. L. Loubet Del Bayle (dir.), *Police et société*, Tolouse, Presses de l'Institut d'Etudes Politiques de Toulouse, 1988, pp. 315-361.

[537]   Acuerdo aquí con M. Bergès, "Michel Foucault et la police", *op. cit.* y también con E. Heilmann, *Des herbiers aux fichiers informatiques: l'évolution du traitement de l'information dans la police*, Tesis de doctorado en Ciencias de la información y de la comunicación, Università delle Scienze umane di Strasburgo, 1991; Id., *Nouvelles technologies de sécurité et développement urbain: vers une nouvelle utopie sécuritaire?*, comunicación al Convegno *Villes du XXIe siècle*, La Rochelle, octubre 1999. Entre los más importes autores "foucaultianos" que se ocupan del estudio sobre la policía señalo en particular a Paolo Napoli, *Naissance de la police moderne. Pouvoirs, normes, société*, París, La Découverte, 2003.

asegura el poder social de los ciudadanos en oposición a
los no ciudadanos. Esta mutación se produce sea a través
de adaptaciones más o menos adecuadas de sus características tradicionales, sea con innovaciones que no necesariamente se encarnan en ella, pero que pueden distribuirse
entre varios actores sociales que participan del "poder
de policía" en un sentido más amplio. En realidad, como
muestran algunas investigaciones históricas,[538] la "policía
de la sociedad", entendida como control social, disciplinamiento y regulación, siempre fue obra de distintos actores
dominantes pero también del "control social endógeno", o
sea en el interior de cada segmento de la sociedad. Como
consecuencia, el estudio de la policía puede concernir
no sólo a las policías públicas, sino también a cada actor
que desarrolle un rol de control social (piénsese en los
jefes de reparto, en los caporales, en los jefes de retículos
o grupos religiosos o etnicizados, etc.). Aparece entonces
bastante inadecuada la visión del "Estado de policía" (en
boga también en los años 1970), entendido como régimen autoritario impuesto desde arriba, mientras parece
oportuno entender por qué, cuándo y cómo se desarrolla
el "autoritarismo social", o sea el carácter policíaco de la
organización de la sociedad.

El término "policía" debe ser entendido entonces como
sinónimo de disciplinamiento, de regulación, de control, y
en consecuencia, de orden socialmente construido. Dentro
de esta obra de "policía de la sociedad", las policías (públicas y privadas) pueden entonces ser consideradas ya no
como simples "brazos armados" del dominante, del poder

---

[538]   Además de J. Davis, *Legge e ordine. Autorità e conflitti nell'Italia dell'800*,
        Milano, Franco Angeli, 1989 (ed. orig.: *Conflict and Control. Law and
        Order in 19th Century Italy*, London, MacMillan, 1988), numerosos
        elementos relativos a esta idea de "policía de la sociedad" pueden ser
        rastreados en diversas obras de historia social de la industria, de la
        agricultura o de la desviación y la criminalidad.

o del Estado, ni como "cuerpos separados" o "instituciones totales" (características que en ciertos casos y en ciertos contextos pueden efectivamente ser prevalentes en algunos segmentos o estructuras de las policías como fuerzas armadas), sino como instituciones o actores sociales que se sitúan entre el sector dominante y la sociedad, en esa posición intermedia que oscila entre negociación pacífica y conflicto violento según el tipo de cohesión y por ende de integración social que se impone. Se trata de aquella labor delicadísima que nunca puede ser teorizada con precisión, codificada y reglamentada, y que está siempre obligada a desplegarse entre normas y prácticas formales, en una continua *anamorfosis* (en el sentido de continuo camino desde lo formal a lo informal y a lo ilegal y viceversa).[539]

Esta actividad de las policías se puede resumir como *práctica de la gestión de las reglas del desorden.* Es interesante observar que en realidad son numerosos los autores que describieron situaciones y prácticas que se pueden interpretar en el sentido arriba propuesto, pero no existe una verdadera teoría de la policía que la defina como un actor cuyas prácticas no tengan alternativa que no sea situarse *en la gestión de las reglas del desorden,* un actor que está entre dominante y dominado, entre la norma y lo informal o lo ilícito,[540] entre el "deber ser" y un ser concreto que necesariamente es flexible porque está obligado a adaptarse a la realidad.

---

[539]   Palidda, "L'anamorphose de l'Etat-Nation", *op. cit.*

[540]   El único autor que se ha acercado a teorizar por primera vez este aspecto es Jean Jacques Gleizal (*Le désordre policier*, París, PUF, 1985); pero no es precisamente un caso que lo trate de forma adecuada, ya que lo ha concebido como una suerte de *pamphlet*, como si la reflexión sobre lo que no está incardinado en un esquema teórico canónico no pueda ser considerada digna de legitimación científica.

2. La gestión de las reglas del desorden

El aspecto más importante del gobierno concreto de la seguridad por parte de las policías consiste en la gestión de las "reglas del desorden", o sea en la tentativa de practicar un acuerdo tácito con todos los actores sociales, comprendiendo a los transgresores y los delincuentes, dejando a cada uno un espacio de acción con la condición de respetar ciertos límites en la transgresión de las normas, es decir, con la condición de no provocar el derrumbe del orden constituido. Con "gobierno de las reglas del desorden" entendemos la articulación más o menos adecuada y eficaz entre control desde arriba (o sea de las policías) y control social endógeno (inclusive entre transgresores y delincuentes). A esta articulación le corresponde una adecuada dosis de uso de la fuerza y en consecuencia del "juego" entre "apretar o soltar las mallas del control", es decir, entre "negociación" y "ejemplaridad".[541] Esta praxis concreta –nunca codificada o reconocida oficialmente– se consolida como consecuencia de una relación entre policía y sociedad que necesariamente está caracterizada más por las mediaciones que por el respeto de las normas codificadas.

---

[541] Según algunos autores, el modelo de policía se puede distinguir en base a la característica dominante de su actividad, en particular la negociación (entre la policía y, cuanto menos, una parte de la población objeto de su atención), la ejemplaridad (como acción generalmente represiva o coercitiva o de ejemplaridad) y el consenso (o sea el modelo de la así llamada policía "de comunidad" o de "proximidad"). Es en base a este criterio que se han propuesto distinciones entre la policía inglesa y de los países anglosajones en general, la alemana y francesa y la japonesa. En realidad ha sido ampliamente demostrado que todas las policías pueden adoptar al mismo tiempo características diversas según las situaciones y los interlocutores respecto a los cuales actúan o, para decirlo mejor, según el éxito de las diversas interacciones en las que participan.

En otros términos, la multiplicidad, la diversidad y
las conflictividades inevitables entre intereses, comportamientos y espacios vitales de los varios actores sociales no
pueden ser sometidas a ninguna regulación racional de la
sociedad, y por lo tanto imponen a la policía "una gestión
del desorden de la mejor manera posible".[542] Como sugieren la teoría del politeísmo de Weber y la del conflicto de
Simmel,[543] cada sociedad produce y reproduce desorden
respecto a un orden concebido según una visión formal
abstracta: ninguno está inmune a las transgresiones de
las normas. Entonces, más allá de la obligación formal de
la represión de los delitos, la única manera de gestionar
"lo mejor posible" el orden es tolerar algunas infracciones o delitos –sobre todo si son socialmente aceptables
o cometidos por aquellos actores sociales considerados
incluidos– y reprimir los delitos comúnmente clasificados
como intolerables, cometidos por *personae non gratae*.
En consecuencia, cuando la policía se enfrenta al mundo
social concreto, está obligada a abandonar tácitamente el
respeto por las normas formales.

Por otro lado, es imposible que las policías lleguen a
controlar continuamente todo y a todos. En particular, es
indispensable si no valiosísimo el entendimiento tácito
con los transgresores que aprendieron a respetar las reglas del desorden, porque éstos colaboran –a cambio de
su impunidad– con el control y con la misma represión
de los que transgreden los límites del desorden tolerable.
Esta práctica, más o menos exitosa, es la única garantía
frente al riesgo de desestabilización, y por lo tanto frente a
la anomia incontrolable; es decir, frente a una grave crisis

---

[542]   Gleizal, *Le désordre policier, op. cit.*
[543]   En particular, véase, A. Dal Lago, *L'ordine infranto. Max Weber e i limiti
       del razionalismo*, Milano, Unicopli, 1983; Id., *Il politeismo moderno*,
       Milano, Unicopli, 1986; Id., *Il conflitto della modernità. Il pensiero di
       Georg Simmel*, Bologna, Il Mulino, 1994.

en la organización concreta de la sociedad que se traduce inmediatamente en descrédito y deslegitimación de las policías, que es lo que más las asusta. Es justamente durante las crisis coyunturales del sistema social y político que se manifiesta también la crisis del gobierno de las reglas del desorden. Ésta puede deberse a la desestabilización de cada segmento de la sociedad (y por consecuencia de su control endógeno), o al desconcierto que envuelve a los varios actores sociales, incluyendo a los trasgresores, o también a la misma desorientación que sienten los agentes de policía. Sucede entonces que éstos ya no pueden medir "de la mejor manera" el uso de la fuerza y de sus poderes, no pueden más manejarse en el desorden y entender cuándo es mejor "apretar las mallas" o al contrario, soltarlas. Entra en crisis la misma posibilidad de establecer y mantener acuerdos tácitos, mediaciones, y de cultivar confidentes / colaboradores.

Las consecuencias de todo esto pueden ser asombrosas, no tanto en el sentido de un efectivo aumento de la desviación y de la criminalidad, sino sobre todo en el sentido de que se producen casos incontrolables, o sea "balas perdidas" entre los transgresores, o entre los agentes de policía (tiroteos por delitos menores o evitables, excesos de violencia por parte de algunos agentes, etc.). Dicha situación se crea también cuando la policía sufre fuertes presiones para acentuar de manera exasperada la acción represiva, abandonando de esta manera el "mejor equilibrio posible" entre "ejemplaridad", "negociación" y "consenso", es decir, entre acción coercitiva y gobierno del desorden. Se produce así una coyuntura de desestabilización de la seguridad que puede llegar a crear incertidumbre, cuando no un verdadero pánico, sea entre los rangos de los transgresores y criminales, sea entre los de la misma policía. Aunque algunos agentes y dirigentes puedan ilusionarse con hacer carrera más rápidamente gracias a operaciones "estilo Rambo" o por su fervor represivo, el abandono de la práctica de las reglas del desorden sólo puede ser provisorio, justamente porque si no llevaría a la guerra perpetua contra la transgresión de las normas y la desviación que la sociedad constantemente reproduce.

Las políticas y las medidas *securitarias* (o de "tolerancia cero") fueron siempre destinadas a no producir consuelo, precisamente porque las policías y la administración de la justicia no pueden de ninguna manera remover las inseguridades que se deben a los problemas económicos y sociales, al desequilibrio de las oportunidades, a las desigualdades, al acentuarse las distancias entre ricos y pobres, entre fuertes y débiles, pero también al irreductible instinto de libertad de comportamiento que es inherente al ser humano. No es más que todo esto lo que habitualmente definimos como "desorden". Y es justamente ésta la razón por la cual el gobierno concreto de la sociedad debe intentar adaptarse para "gestionar el desorden lo mejor posible", o para "darle un lugar al desorden".

En otros términos, se trata de aquel saber indispensable para evitar o prevenir la degeneración de las anomias, de los conflictos, de las desviaciones; es decir, para evitar el choque o la "guerra social". La policía que no opera con este espíritu pragmático o que trata de imponer un nuevo orden jugando o usando el desorden (reduciendo o cancelando las posibilidades de mediación pacífica), está ella misma sujeta a una desestabilización más o menos profunda que disemina angustia entre sus rangos, crisis de las certidumbres y pánico para el futuro. Es durante estas coyunturas que las luchas intestinas, las competencias desleales, los particularismos más exasperados y el recurso a las armas y a los métodos menos nobles, pueden tornarse incontrolables por parte de los varios niveles jerárquicos, desde el punto de vista de los equilibrios entre poder político y vértice interno. Por ejemplo, es un síntoma típico de estos momentos la crisis de las autoridades internas, como la de las autoridades de política externa y la contaminación de las relaciones entre ellas a través del uso de los "muertos en el ropero". En este contexto, un estudio multidisciplinar sobre la policía en las distintas coyunturas históricas de crisis y recomposición del orden sería particularmente estimulante, considerando también la actual grave ignorancia de los estudios históricos.

El estudio de las prácticas de las reglas del desorden consistiría en recoger, conocer y entender aspectos, comportamientos, relaciones y situaciones que oficialmente no tendrían que existir. Las normas ignoran este mismo conflicto, entre otras cosas porque, en cuanto tal, desnuda el carácter ideológico o abstracto de la construcción normativa y de allí la impracticable pretensión de racionalización y normativización de la sociedad y de los comportamientos humanos. Sin embargo, el estilo etnográfico puede ayudar a entender este aspecto decisivo del trabajo de policía a través de la "búsqueda de las trufas", que para los estudiosos de la contemporaneidad constituyen las entrevistas y las continuas conversaciones (encubiertas o no) con agentes, testigos privilegiados, confidentes y no confidentes, pero también con otros actores sociales del mismo específico contexto de estudio.

En esta perspectiva de investigación parece inevitable la puesta en discusión de aquello que aparece como mito, erigido como elemento constituyente del paradigma de las ciencias humanas. A saber, desde Platón y Aristóteles hasta Durkheim, la relación entre orden y desorden está de hecho deformada, en el sentido que la obsesión por el orden conduce al no reconocimiento de que en realidad es el desorden lo que casi siempre se reproduce continuamente, aun antes del orden.[544] En otros términos, no es el orden lo que prevalece y está constantemente amenazado por un desorden que irrumpe como hecho coyuntural o casi efímero. Lo mismo podemos decir de la relación entre paz y guerra, más allá de que algunos decenios de paz en los países dominantes hayan dado la ilusión de un posible triunfo del proceso de pacificación.[545]

3. El reconocimiento social del trabajo de policía

Más que la legitimación de la policía en la acepción jurídica o politológica, aquí nos interesa analizar las interacciones que tienen que ver con el reconocimiento social del trabajo de policía y por lo tanto de su misma autoridad, lo que constituye la principal preocupación de las policías. Como algunos autores observan, entre ellos Becker,[546] si bien en apariencia las policías encuentran su fuente de legitimación en la ley, probablemente también sean las primeras en tener una actitud desencantada respecto al "acierto" o "validez" de las normas, y traten de hacerlas respetar antes que nada para lograr que el reconocimiento social de su autoridad sea indiscutible. La importancia creciente de la legitimación desde abajo, es decir, por parte de los ciudadanos (en los países dominantes), inclusive en descrédito de aquella tradicionalmente proporcionada por el poder, es un hecho muy reciente que constituye una de las características de la policía posmoderna.

---

[544] La discusión de las cuestiones inherentes a la relación entre orden y desorden está en el centro del proyecto de investigación europeo "*elise*" (www.eliseconsortium.org) y del proyecto "*challenge*" (www.libertysecurity.org).

[545] Para una reflexión epistemológica crítica en este sentido, véase A. Dal Lago, "La guerra mondo", en *Conflitti globali*, 1/2005, pp. 11-31

[546] H. Becker, *Outsiders. Saggi di sociologia della devianza*, Torino, Gruppo Abele, 1987.

En realidad, más allá de las coyunturas de fractura violenta entre policía y sociedad, los dirigentes de la policía siempre tuvieron una cierta atención por el consenso. En los rangos de la policía, la legitimación es entendida sea como satisfacción de las expectativas de los vértices y del poder, sea como consenso de la opinión pública, ambos considerados como consecuencia de la eficiencia del trabajo de policía. Esta evaluación no se fundamenta con la lógica de costo-beneficios o con el simple aumento de la "productividad", sino al contrario, con el reconocimiento de desenvolver un rol indiscutible tanto para el poder como para el consenso de los ciudadanos respecto al orden. También se puede afirmar que el enemigo más temido por los policías no es el subversivo, el delincuente, el transgresor, el gitano o el inmigrante clandestino, sino antes que nada la pérdida de credibilidad entendida como crisis del reconocimiento de su rol social. En ausencia de esto último, los policías aparecen como actores en el escenario burlados por el público, porque decae aquella "autonomía que –como sugiere Gleizal– adquieren por estar entre la sociedad y el poder".[547] El eventual ensañamiento represivo contra sujetos considerados peligrosos se produce y se amplifica cuando una parte de los policías descarga sobre éstos la causa principal de su pérdida de legitimidad o, en el plano individual de los propios agentes, la causa de los problemas de su carrera. También existen algunos operadores de las policías particularmente activos en ensañarse contra los "enemigos sociales", actitud que a veces es provocada e inducida por algunos superiores para garantizar aquella imagen de fuerza que defiende la sociedad o por instrucciones precisas de nuevos líderes en ascenso.

---

[547]   Gleizal, *Le désordre policier, op. cit.*

En las democracias contemporáneas, lo que a veces parecería dar más miedo a los dirigentes de las policías es la protesta del "ciudadano comedido / atento" que se lamenta por la escasa eficiencia de las actividades de protección y resguardo, y por lo tanto, de represión. Pero inclusive en el pasado la protesta del ciudadano que tiene conocidos de alta alcurnia siempre fue la bestia negra de los dirigentes. Molestan pues los "empresarios" de la inseguridad y del *securitarismo*, sobre todo cuando la propagación de la inseguridad acaba con una creciente demanda de policía que es imposible de satisfacer, porque se debe a malestares y problemas sociales que no tienen nada que ver con lo que son capaces de ocuparse las policías. Al mismo tiempo, uno de los principales privilegios de la ciudadanía consiste en el derecho de resguardo y protección, como derecho-beneficio del ciudadano.

Hoy como en el pasado, en Italia es muy raro que un comisario sea luego titular de una comisaría sin la benevolencia directa no sólo de la jerarquía interna, sino también de alguna importante personalidad política; mientras otros con la calificación de comisario y buen profesionalismo no llegaron a obtener tal cargo justamente porque no tenían referencias o, peor aun, porque eran mal vistos por el poder político y las jerarquías. Las pruebas de astucia en la protección del poder político y en general de los dominantes y de sus sostenedores, fueron siempre decisivas, inclusive en detrimento de la seguridad de los ciudadanos comunes.[548] Hoy en día esta astucia ha quedado inmutada, pero está siendo siempre más extendida a cualquier poseedor de rasgos del "ciudadano comedido / atento" porque la legitimación de las policías parece estar siempre más vinculada al plebiscito cotidiano de la opinión pública local

---

[548] J. Davis, *Legge e ordine, op. cit.*; H. Reiter, "Polizia e ordine pubblico", *Polis*, 1996, núm. 3.

entendida como "aquello que escriben los diarios locales". Sin embargo, también en el pasado la carrera del dirigente de policía estuvo siempre condicionada por el grado de satisfacción que su actividad suscitaba entre los notables y sus círculos sociales a nivel local.

Ciertamente, no nació hoy el sentido común según el cual el aumento de la inseguridad se debe al aumento de la criminalidad y de las "incivilidades urbanas", y depende por tanto de la eficacia de las policías y de la magistratura. En cada crisis del sistema sociopolítico las policías aparecen como la única referencia accesible y al alcance de la mano, aun para problemas completamente distantes a los hechos delictivos. Retomando sumariamente las enseñanzas de la obra de Jean Delumeau,[549] se podría también decir que la transformación de cada cuestión social en cuestión criminal o de inseguridad, y por tanto de seguridad, se produce en cada coyuntura de crisis del orden social. Es entonces cuando parecen desarrollarse las interacciones que conducen a la construcción de una "sociedad de policía" (más que de un "Estado de policía"), es decir, una sociedad en la que se forja una intensa colaboración entre policías y ciudadanos incluidos que se sienten, piensan y se comportan como policías, por más que oficialmente se respete la repartición de los deberes que le asigna al operador de las policías del Estado la facultad de ejercitar el uso legítimo de la violencia. Es propio de las coyunturas de crisis del orden que el control social habitualmente ejercitado por los ciudadanos tienda a caracterizarse en un sentido policíaco.

A los dirigentes y agentes de las policías no se les escapa que la seguridad de algunos no es la seguridad de todos, ni de la colectividad en su conjunto; es decir, que "el derecho a la seguridad no es seguridad de los derechos

---

[549] J. Delumeau, *La peur en Occident. XVe-XVIIIe siècles. Une cité assiègée*, París, Fayard / Pluriel, 1978.

para todos".[550] Como decía Buret, no falta entre los dirigentes de policía una concepción humanitaria de los pobres
y tampoco un cierto espíritu crítico en relación con el
patronazgo, precisamente porque la policía se presenta
como autoridad responsable del orden social.[551] El ideal
de la policía es una sociedad ordenada y estable que poco
tiene que ver con las pretensiones del liberalismo salvaje
que, como escribía Buret, hace de los pobres "peligrosos
enemigos de nuestra civilización" o "nuevas etnias rebeldes
que se anidan en el vientre de la metrópoli", "verdaderos
negros blancos, más peligrosos que las tribus bereberes
contra las cuales las tropas francesas fueron obligadas a
enfrentarse en el ultramar argelino y marroquí", "soldados
de la nación, marginados de la comunidad social y política,
solos con sus necesidades y su miseria, que tratan de salir
de su aterradora soledad con la violencia y tal vez mediten
una invasión, como los Bárbaros."[552]

---

[550] A. Baratta, "Diritto alla sicurezza o sicurezza dei diritti?", en Anastasia S. y
       Palma M. (dir.), *La bilancia e la misura*, Milano, Angeli, 2001, pp. 19-36.
[551] Cfr. L. Chevalier, *Classes laborieuses et classes dangereuses*, París, Ha-
       chette, 1984. El autor cita el trabajo en dos volúmenes de E. Buret,
       *En quoi consiste la misère, par quels signes elle se manifeste en divers
       pays, quelles sont ses causes?*, el más premiado entre las veintidós obras
       presentadas al concurso sobre la miseria organizado por la Accademia
       delle Scienze Morali en 1840. También, obtiene un importante recono-
       cimiento Moreau-Christophe, inspector general de las cárceles. La obra
       de Buret fue publicada en dos volúmenes en 1840 con el título: *De la
       misère des classes laborieuses en Angleterre et en France*. La población de
       las grandes ciudades es descripta por Buret como "una masa humana
       proveniente de la industria, que superando constantemente sus posi-
       bilidades ocupasionales se mantiene como material de reserva".
[552] Buret, citado por Chevalier, *Classes laborieuses*, *op. cit.*, pp. 594-595.
       También Tocqueville se indignará en contra de la industrialización,
       porque "se ha hecho de París la más importante ciudad manufacturera
       de Francia, y sin embargo, se ha transmitido a una masa de trabajadores
       urbanizados precarias condiciones de vida y pérdida de los valores tra-
       dicionales que los convierten en los enemigos naturales de la parte sana
       de la nación; en lo que respecta a esta masa enemiga es preciso vigilar
       con firmeza e intervenir, cuando sea necesario, con crueldad". Cfr. M.

El mito de una organización política de las sociedades que garantice la seguridad y por ende la paz social, el consenso, la cohesión, la integración de la mayoría, si no de todos, domina todo el proceso de desarrollo de la modernidad, la subsiguiente construcción del Estado y la elaboración de la teoría de la policía. Como muestra Foucault, las teorizaciones de la seguridad y por lo tanto de la policía, desde Von Justi, Turquet de Mayenne, Delamare, Guillauté y otros y la invención de la biopolítica (Cfr. Foucault) corresponden precisamente a la persecución del mito de una organización de la sociedad capaz de garantizar la seguridad, el bienestar, la paz y hasta la felicidad de la mayoría, al punto de dedicarse a la reeducación, es decir al redisciplinamiento para la integración inclusive de los anormales y de los desviadores.[553] En otros términos, la seguridad, la paz, la cohesión, el bienestar, la felicidad, constituyen una unidad conjuntamente con el control social –endógeno y exógeno– y el disciplinamiento (con todas sus articulaciones y su interiorización). Por lo tanto, el gobierno del desorden social es pensado como un conjunto de prácticas y dispositivos orientados a restablecer el orden y la pacificación.

El control tendría que servir al disciplinamiento y, por consiguiente, la represión y la eventual cirugía social tendrían que ser consideradas coyunturales, si no como la *estrema ratio*. La "cuestión social" puede tornarse "cuestión criminal" sólo en los momentos más críticos de las crisis

---

Guareschi, "Il lapsus di Tocqueville", en A. Dal Lago (dir.), *Lo straniero e il nemico. Materiali per l'etnografia contemporanea*, Genova, Costa & Nolan, 1998, pp. 45-63.

[553] M. Foucault, *Sécurité, Territoire, Population*, Cours au Collège de France 1977-1978, París, Hautes Etudes-Gallimard-Seuil, 2004, pp. 319-340; *Naissance de la Biopolitique*, Cours au Collège de France 1978-1979, Hautes Etudes-Gallimard-Seuil, París, 2004; Id., *Sorvegliare e punire*, Torino, Einaudi, 1976.

periódicas del desarrollo de la organización política de la sociedad, entendida como Estado de derecho. Por el contrario, se privilegiaría el tratamiento social para recuperar todas las fuerzas de trabajo y porque cuesta menos. Las teorías utilitaristas o racionalistas bien resumidas por F. Jenny y re-analizadas por Foucault (2004) se presentan como una suerte de actualización de Bentham y Beccaria, e intentan responder a las exigencias del gobierno de la sociedad industrial. El liberalismo democrático que se sitúa entre los siglos XIX y XX piensa que no puede existir desarrollo económico sin libertad y democracia, que necesariamente van ligadas a la paz. Schumpeter (como después Keynes, Polanyi, Galbraith y otros liberal-demócratas), se opone a las guerras y a la industria bélica que obviamente considera imposible de situar en una perspectiva de tipo keynesiano.

La percepción de los pobres como clase peligrosa, hoy en día corriente entre algunos operadores de la policía como entre gran parte de los ciudadanos incluidos (sea en los países dominantes como en aquellos dominados), parece responder a la preocupación por la defensa de los privilegios que estarían amenazados por aquella parte de la población mundial y de los mismos países ricos que, como sugiere Bauman,[554] aflora como una suerte de *surplus* o "excedente humano" a la par de la enorme y creciente masa de residuos que el consumismo no para de producir.

Así pues, las policías no pueden ser los tutores de una legalidad efectivamente universalista cuando su legitimación, es decir su misma existencia, pasa a través del consenso local socialmente construido en un sentido *securitario*.[555]

---

[554] Z. Bauman, *Vite di scarto*, Roma-Bari, Laterza, 2005 (*Wasted lives. Modernity and its Outcasts*, Cambridge, Polity Press, 2004).

[555] M. Maneri, "Les médias dans le processus de construction sociale de la criminalité des immigrés. Le cas italien", en S. Palidda (dir.), *Délit d'immigration*, Bruxelles, Costa2 Migrations-CE, 1996, pp. 51-72.

4. La actividad coercitiva violenta

Según algunos autores, la limitación del uso de la
violencia se remonta al modelo elaborado en 1829 en
Inglaterra por Sir Robert Peel. Desde entonces hasta por lo
menos los años 1980, la policía británica pasó a la historia
como un ejemplo de policía democrática, porque su uso
de la fuerza coercitiva constituía la *ultima ratio*, si bien,
a la par de su colega americano o canadiense, también
el *Bobby*, tan amable con los ciudadanos británicos, no
estaba inmune a los comportamientos violentos, cuando
no abiertamente racistas, hacia los negros. Pero hace más
de un decenio que está habiendo una involución violenta
de la policía británica, no tanto por el terrorismo irlandés
o el *hooliganismo* (*problema de las barras bravas*), sino
como nueva modalidad de gestión del orden social (en
particular luego de las varias rebeliones o *riots* y suble-
vaciones de los años 1980 en Manchester y Liverpool).
En realidad, hace más de un decenio, mientras la policía
británica recupera las características consideradas propias
de las policías del continente europeo, al mismo tiempo
estas últimas tratan de aprender el *modus operandi* de la
primera, genéricamente clasificado como el modelo de
la "policía de comunidad".[556]

---

[556]   Ya en los años 1980 Pierre Birnbaum escribía un ensayo con un título
        muy elocuente: "La rivincita di Bentham: l'ascesa dell'autoritarismo in
        Gran Bretagna", en Scartezzini, R.; Germani, L. y Gritti, R. (dir.), *I limiti
        della democrazia. Autoritarismo e democrazia nella società moderna*,
        Napoli, Liguori, 1985, pp. 262-279. Y en 1984 en Londres se ha insta-
        lado el primer vasto dispositivo de video-vigilancia y de control de los
        teléfonos públicos que luego será considerado como la primera gran
        tentativa de "panóptico posmoderno", aunque en los Estados Unidos
        Gary T. Marx ya hablaba de "sociedad de máxima seguridad"; cfr. G.
        T. Marx, *Undercover. Police Surveillance in America*, Berkeley and Los
        Angeles, University of California Press, 1988.

En otros términos, todas las policías tienden a homologarse y las violencias policíacas se repiten en los mismos países democráticos. Éstas no conciernen sólo a ciertos casos de defensa del orden público, sino que a menudo también incolucran episodios cotidianos menos notorios que parecen responder a una coyuntura en la que las orientaciones y comportamientos autoritarios son compartidos con parte de la sociedad, o bien solamente con las minorías ruidosas de los "ciudadanos comedidos / atentos". En efecto, la violencia aumenta cuando se impone como característica destacada de la regulación social. Precisamente mientras la opinión pública parece invadida por los discursos relativos a la seguridad, la criminalidad o las "incivilidades urbanas" que se atribuyen a los "condenados de las metrópolis", o relativos a la violencia de los jóvenes, son sin embargo la inseguridad y las violencias hacia los sujetos más débiles las que aumentan.[557] Así, parecería que el nuevo régimen social produce violencia para imponer a los subalternos condiciones a menudo peores de aquellas conquistadas en las sociedades industriales tradicionales. Parecerían efectivamente debilitadas o ausentes las formas pacíficas de disciplinamiento o absorción de los subalternos, como la negociación, los contratos, el sueldo, mientras aumentan las relaciones fundadas sobre la fuerza como las del sistema de vigilancia.

---

[557] Para una crítica del análisis favorable a la tolerancia cero, véase Cartuyvels, Y. y Mary, Ph. (dir.), *L'Etat face à l'insécurité. Dérives politiques des années 90*, Bruxelles, Editions Labor, 1999; B. Harcourt, *Illusion of Order: The false Promise of Broken Window Policing*, Cambridge, Massachusetts and London, Harvard University Press, 2001; Bonelli, L. y Sainati G. (dir.), *La machine à punir. Pratiques et discours sécuritaires*, París, L'Esprit Frappeur, 2000; L. Mucchielli, *Violences et insécurité. Fantasmes et réalités dans le débat français*, Parigi, La Découverte, 2002. En Italia, el número 275/1996 de *Aut aut*; A. Dal Lago (dir.), *Lo straniero e il nemico, op.cit.;* el número 1/1999 de *Rassegna Italiana di Sociologia*; Palidda, *Polizia postmoderna, op. cit.*

Como sugiere Bauman retomando la tesis de la creatividad destructora de Schumpeter,[558] cada desarrollo creativo lleva necesariamente consigo una destrucción. La afirmación del nuevo orden social provoca la separación, la segregación, la expulsión o la eliminación de aquellas partes de "materia prima humana" que no se adaptan o no le son útiles al nuevo orden. El fenómeno no es nuevo; pero nunca en la historia de la humanidad habría alcanzado el peso que hoy adquiere precisamente porque el paradigma del desarrollo conocido en el pasado (así como fue analizado por Foucault y otros), oscilando entre crecimiento y recesión, operaba la *cirugía social* con la finalidad de obtener la máxima recuperación de las fuerza productivas, en cuanto agentes indispensables para el desarrollo de la producción y de su consumo (piénsese en las políticas sociales que pretendían prevenir la desviación y reeducar con la cárcel).

Y aquí se presenta la cuestión más importante para los historiadores como para los sociólogos: al pasar hacia la denominada "segunda gran transformación", ¿prevalecen más las rupturas que las continuidades y las adaptaciones? El desarrollo neoliberal moderno, ¿no rompe acaso con la tradición liberal-democrática? El crecimiento de las ganancias parecería depender antes que nada de la destrucción, en el sentido que se producen mercancías para transformarlas enseguida en deshechos, y mercancías que sirven directamente para la destrucción y que se consuman destruyendo o destruyéndose (armas, armamentos, etc.); hasta podemos pensar la guerra como factor que no sólo extermina partes ingentes de poblaciones "excedentes", sino que también reproduce nueva guerra. Es en este sentido que probablemente podríamos explicar el abandono

---

[558] Z. Bauman, *Vite di scarto, op. cit.;* el concepto de "destrucción creativa" es propuesta por Schumpeter en *Capitalismo, Socialismo e Democrazia*, Milano, Comunità, 1955.

de la "guerra humanitaria" para pasar directamente a la guerra infinita que produce sólo desorden permanente. En fin, como sugieren Dal Lago y Joxe, la nueva revolución militar de finales del siglo XX, combinándose con las nuevas evoluciones tecnológicas y financieras, parece conducir a una relación entre desorden y orden que deja aun menos espacio a la duración y la consistencia misma de este último, porque no persigue más el objetivo de la pacificación social. Como consecuencia, entra en discusión la continuidad de las prácticas de gestión de las reglas de desorden, es decir, de las prácticas de la policía conocidas desde el siglo XVIII hasta el XX.

En efecto, estas prácticas a nivel microsociológico parecen tomar el aspecto de una suerte de guerra *securitaria* cotidiana, en la cual se ponen en ejecución técnicas militares (por ejemplo en el denominado control del territorio así como en la gestión de la protesta social y política; piénsese no sólo en el G8 de Génova, sino también en los muchos otros episodios desde finales de los años 1990).[559] Al mismo tiempo, las operaciones militares adoptan técnicas de policía (por ejemplo, en Somalia, en los Balcanes y en muchos otros teatros de acción de la "policía internacional").[560] Se podría quizá pensar en el desarrollo de una suerte de *continuum* entre guerras *securitarias*, guerras a las migraciones y guerra permanente, en el cual *policial y militar* tienden a confundirse. A esto hay que agregarle la declinación del Estado y el desarrollo de la privatización inclusive en aquella esfera que anteriormente sólo era monopolio de las policías y de las fuerzas armadas estatales. Surge entonces

---

[559] S. Palidda, "The changes in the pacific and negotiated management of social protest", en Italian Team, *European Liberty and Security, Security Issues, Social Cohesion and Institutional Development of the European Union*, *ELISE* -SERD-2002-00124, DGXII-European Commission

[560] A. Dal Lago, *Polizia globale*, Verona, ombre corte edizioni, 2001; y *La guerra mondo, op. cit.*

la necesidad de entender si estamos no tanto frente a una tentativa de construir un nuevo orden, sino al contrario, frente a la ilusión de dominar el desorden permanente.

5. El saber de policía y las innovaciones tecnológicas

El primer aspecto del trabajo de policía consiste en aquella actividad indispensable para saber qué personas, qué hechos o comportamientos, cuándo y dónde las "reglas del desorden" se transgreden de forma inaceptable y por lo tanto en qué medida es necesario el uso de la coerción o de la represión. Como consecuencia, la misma actividad de control cotidiano sirve principalmente a la producción y a la renovación del saber sobre la sociedad.

La mirada, la observación de la vida social cotidiana y de los individuos, el recoger informaciones, confidencias, rumores, son los principales aspectos de la acumulación de saber sobre la sociedad, así como a través de la mirada, el oído y el olfato cada individuo "informa" sobre su discernimiento de lo "normal" o "regular" y lo desviado, para luego activar sus criterios de aceptación, de tolerancia, de indiferencia o infidencia, de repulsión o de criminalización. La construcción continua de saber sobre la sociedad es esa parte del trabajo de policía que presenta algunas analogías con la investigación de las ciencias sociales. El agente policial puede por lo tanto ser considerado como un "sociólogo práctico". La importancia del saber de policía se consolida con la creación de la policía moderna.[561] Luego, añade Heilmann citando las siguientes palabras de Foucault: "Por todo el siglo XVIII un inmenso texto policíaco tiende a cubrir la sociedad gracias a una organización documental compleja."

---

[561] Heilmann, *Nouvelles technologies de sécurité, op. cit.*, multicopiado.

Desde el siglo XVIII, el saber de policía se conforma con las nuevas modalidades de conocimiento que en general la ciencia moderna adopta a partir de los métodos elaborados por Galileo: la ciencia procede descifrando el "libro de la naturaleza" y la policía elabora su saber a través de cuerpos de textos, fichas y fascículos en los cuales contiene / encierra las identidades de los individuos.[562]

La recolección de todo tipo de información implica un sistema de identificación y de clasificación: además de la nominación, la identificación y el registro de cada individuo en los registros poblacionales, la policía moderna incluye y generaliza la denominación sistemática de las calles y de las plazas, y la numeración de las casas como elementos indispensables para la identificación estandarizada de todo y de todos, obra que fue pensada en primer lugar por Guillauté en 1749. Para archivar esa cantidad de fascículos, Guillauté proyectó en ese momento la primera máquina para el registro poblacional de la ciudad (la rueda *serre-papiers*).

Más poder puede producir más saber, que a su vez puede dar más poder. La coerción, el chantaje, el intercambio de favores y también el dinero, sirven para tener confidentes, arrepentidos e informantes.

Luego de Gilles Deleuze, con sus escritos sobre las sociedades de control,[563] algunos autores describieron la proliferación del uso de las videocámaras, de las tarjetas magnéticas, de los sistemas complejos, hasta hablar de "scanorama" y de "panóptico posmoderno",[564] mientras al mismo tiempo las informaciones en el sistema *Échelon*

---

[562] Id., *Des herbiers aux fichiers informatiques, op. cit.*
[563] G. Deleuze, "Les sociétés de contrôle", *Pourparlers*, París, Minuit, 1997, pp. 240-247.
[564] M. Davis, *Città di quarzo*, Roma, il manifestolibri, 1999; *Geografia della paura*, Milano, Feltrinelli, 1999; D. Lyon, *La società sorvegliata*, Feltrinelli, Milano, 2003 (*Surveillance society. Monitoring everyday life*, Buckingham,

dejan pensar en el desarrollo de un verdadero "nuevo Gran Hermano".[565] Sin embargo, las pocas investigaciones puntuales sobre alguno de estos aspectos, en particular sobre la video-vigilancia en los centros comerciales o en algunas áreas urbanas, y sobre la informatización de la policía, inducen a pensar que es bastante exagerado teorizar que se esté construyendo un verdadero "panóptico posmoderno". Las nuevas tecnologías aumentan enormemente las capacidades de control, de recolección y elaboración de las informaciones, pero al mismo tiempo la "máquina" no llega nunca a sustituir al hombre, la exasperada acumulación de informaciones y datos termina por provocar la implosión del dispositivo de control y el mundo social permanece siempre más bien imponderable e imprevisible.

El efectivo aumento del control social y de su eficacia reside justamente en el desarrollo de una fusión entre control social desde arriba, control social desde abajo e innovaciones tecnológicas; es decir, principalmente en el aumento de los actores sociales que participan activamente en la actividad de policía y en el uso de los instrumentos útiles para esta actividad. En otros términos, retomando a Heilmann, podemos pensar que hay una proliferación de muchos "Grandes Hermanos" (públicos y privados), y por lo tanto de la masa de informaciones y de las posibilidades de elaborarlas. Cada uno de ellos puede también comercializar informaciones con el otro, pero no se trata de un único panóptico, sino de muchos panópticos separados, en pugna, competencia o que se ignoran mutuamente. Por consiguiente, el aspecto nuevo es el enorme desarrollo del peso del sector privado, hecho que nos remite a la acepción

---

Phidalelphia, Open University Press, 2001); *Massima sicurezza*, Milano, Cortina, 2005.

[565] Campbell Duncan, *Il mondo sotto sorveglianza. Echelon e lo spionaggio elettronico globale*, Milano, Elèuthera, 2002.

de policía posmoderna como multitud de policías o de muchos segmentos más o menos parecidos de la organización de la sociedad, que sin embargo no parece configurarse como la base de un sistema piramidal o panóptico, si bien la lógica del control social es única, así como aquella de la reproducción del dominio no lo es en sentido imperial, ni ciertamente lo es en el sentido de un solo imperio formalmente definido. A pesar de la asimetría de potencia y de medios, asistimos al contrario a la imposibilidad de dominar el desorden, probablemente porque la lógica que hoy parece guiar a los poderosos no persigue un proyecto de nueva organización de la sociedad.

El neoliberalismo parece efectivamente opuesto al liberalismo democrático, precisamente porque no persigue el mito del orden fundado en el consenso de la mayoría, y por lo tanto de la pacificación social. Al contrario, se configura como dominio violento del desorden constantemente alimentado por la inestabilidad implícita del sistema económico libre de reglas. La importancia de las nuevas tecnologías parece de todas maneras responder principalmente al interés que su utilización representa para el *business* del *securitarismo*, que frecuentemente coincide con el de los mismos *lobbies* militares-industriales que desde siempre imponen nuevos gastos para la defensa. Al mismo tiempo, la tendencia a la fusión entre policíaco / policial y militar parece imponerse como intento de adaptación de la acción de control, pero que no está direccionada a la creación de orden.

Conclusión

He intentado abarcar los aspectos que me parecen más significativos del punto de vista de la renovación de la investigación sobre la policía. Tratándose de cuestiones

teóricas y metodológicas que ponen en discusión gran parte
del paradigma de las ciencias humanas, es probable que
las investigaciones que se mueven entre la diacronía y la
sincronía, entre lo micro y lo macro, y en una perspectiva
comparativa, puedan ofrecer importante contribuciones.

Capítulo 5
Discrecionalidad policial y ley no escrita: gobernando en el estado de excepción[566]

Guillermina Seri

Nuestras leyes son generalmente desconocidas; ellas son mantenidas en secreto por el pequeño grupo de nobles que nos gobierna. Nosotros estamos convencidos de que esas antiguas leyes son escrupulosamente administradas. Sin embargo, es un asunto extremadamente doloroso ser gobernado por leyes que uno no conoce.

Franz Kafka, "El problema de nuestras leyes"

Todas las leyes, escritas y no escritas, tienen necesidad de interpretación.

Thomas Hobbes, Leviatán.

En uno de sus cuentos, Franz Kafka describe un reino imaginario en el cual los gobernantes mantienen las leyes en secreto. Vivir bajo esas leyes, el narrador nos cuenta, es "extremadamente doloroso".[567] Iluminando el dolor referido por el personaje kafkiano, Walter Benjamin distingue entre las penas que acompañan la desobediencia a la ley y el severo, impredecible y violento castigo que sobreviene al transgredir reglas secretas y no escritas que nos son desconocidas.[568]

---

[566] El presente ensayo es una versión traducida y revisada de "Police Discretion as Unwritten Law: Governing the State of Exception", *Critical Sense* 13 (2). Agradezco todos los comentarios y observaciones recibidos.

[567] Franz Kafka, "The Problem of Our Laws", *The Complete Stories*, ed. Nahum N. Glatzer, New York, Schocken Books, 1971.

[568] *Ibídem.*

Las democracias liberales rechazan la oscuridad de las reglas no escritas evocadas por Benjamin, identificándose en cambio con el imperio de la ley. Tradiciones como la del Estado de derecho o la anglosajona *rule of law* consagran la supremacía de la ley en el gobierno de la sociedad y la igualdad de las personas ante la ley.[569] En consonancia, el recurso de revisión judicial y tribunales de justicia independientes protegen a los individuos de posibles abusos gubernamentales.

A pesar de la centralidad de la ley en las democracias liberales, imágenes del cuento kafkiano nos acechan en la figura de la policía. Los policías tienen autoridad para darnos órdenes, admoniciones y castigos, suspender nuestras libertades e instruirnos en las materias más diversas. Dentro de parámetros que admiten variaciones, los encuentros entre ciudadanos y agentes policiales constituyen un terreno privilegiado en el cual, dentro de ese espacio y tiempo, el policía detenta un poder discrecional en principio absoluto.[570] La discrecionalidad designa poder o libertad de juzgar y decidir lo que ha de hacerse en una situación concreta. Referido a los organismos públicos, lo discrecional describe el espacio que media entre la "ley en los libros" y la "ley en acción".[571] Mientras que una multiplicidad de agentes nos gobierna en forma directa de modo también discrecional,

---

[569] David Miller (ed.), *The Blackwell Encyclopedia of Political Thought*, Blackwell, p. 458.

[570] El soberano, observa Jean Bodin, está exento de "toda ley" a excepción de "las leyes de Dios y de la naturaleza, así como de ciertas leyes humanas comunes a todas las naciones" (*Six Books on the Commonwealth*, Book I, Chapter 1). Tal como Thomas Hobbes sostiene en *Leviathan*, sin embargo, el significado de dichas leyes superiores queda sujeto a la interpretación del soberano.

[571] David E. Aaronson; C. Thomas Dienes y Michael C. Musheno, *Public policy and police discretion: processes of decriminalization*, New York, Clark Boardman Co., 1984, viii, p. 5.

los policías son los "especialistas domésticos"[572] en la administración del "monopolio del uso legítimo de la fuerza física" con que Max Weber[573] caracteriza al Estado moderno, lo que otorga carácter distintivo a sus ejercicio de lo discrecional. Ya sea que veamos al monopolio estatal de la fuerza como "confiscado por la policía" y transformado en "una propiedad personal a ser usada discrecionalmente", tal como William Westley[574] notara, o que acordemos con Timothy Mitchell[575] en que no existe el Estado por fuera de prácticas como las policiales, son sus "impresionantes poderes de coerción",[576] nota Michael Brown, los que otorgan un carácter distintivo a la discrecionalidad policial.

Las prácticas policiales exponen al poder soberano en el momento en que éste entra en contacto con los cuerpos, sea para proteger o para quitar la vida. Si bien la pena de muerte ha sido abolida en casi todo el mundo, los Estados aún administran la prerrogativa de "interrumpir la vida o de dejar vivir", elemento fundamental de la soberanía, a través de ejecuciones sumarias a manos de sus policías. Aunque la mayoría de las intervenciones estatales-policiales aparecen como más leves e incluso benignas, el poder discrecional permite a los policías dar forma a nuestra vida cotidiana, y redefinir –tanto dentro como más allá de la ley– la extensión y la modalidad de nuestro ejercicio de derechos y libertades. La proximidad y las relaciones entre lo no escrito, lo discrecional y el poder soberano, tal como se conjugan en lo policial, constituyen el objeto de

---

[572] Robert Reiner, "Policing a Postmodern Society", *Modern Law Review* 55, 6, 1992, pp. 61-81.

[573] Max Weber, "Politics as a Vocation", David Owen y Tracy B. Strong (ed.), *The Vocation Lectures*, Indianapolis, Indiana, Hackett, 2004, p. 33.

[574] William Westley, "Violence and the Police", *American Journal of Sociology* 59, 1, p. 35.

[575] Timothy Mitchell, "The Limits of the State", *American Political Science Review* 85, 1, 1991, pp. 77-96.

[576] Brown, p. 3.

reflexión del presente trabajo. Si bien una considerable literatura examina la discrecionalidad policial, los estudios tienden a estar orientados empíricamente y a la discusión de reglas y políticas, incluyendo una crítica que tiene en vista su presunto opuesto, la tradición de *rule of law* o del imperio de la ley. Abriendo una perspectiva diferente, el presente ensayo caracteriza a la discrecionalidad policial como un ejercicio de poder soberano, a la luz de diferentes interpretaciones sobre la ley en la tradición de la teoría política occidental.

Un ensayo de Walter Benjamin, su "Crítica de la violencia", establece el carácter único de la policía en relación tanto con la ley como con la violencia, y resulta fundamental para iniciar esta exploración. Todas las formas de la violencia, observa Benjamin, sirven para crear y preservar la ley. A fines de proteger el orden existente, el Estado separa la violencia destinada a crear de aquella destinada a preservar la ley, y ejerce un fuerte control sobre la primera. Esto es así con la excepción de la policía, cuyos miembros ejercen ambas formas de violencia a la vez. Ello vuelve posible para quienes están a cargo de esta función intervenir "por razones de seguridad en innumerables casos en los que no existe una situación legal clara". La amplitud y vaguedad de las prerrogativas policiales con respecto al uso de la violencia hace llevar a Benjamin a caracterizar a la policía como a "una presencia fantasmal en la vida de los Estados civilizados", carente tanto de forma clara como de cualquier rasgo esencial. El núcleo de esta presencia, propone el presente ensayo, está hecho de poder discrecional, cuyo ejercicio equivale a un acto de poder soberano.

Ciertamente, los policías obedecen lineamientos en el desarrollo de sus funciones. Innumerables manuales de procedimientos y cursos de entrenamiento instruyen a los agentes policiales en cuanto a cómo actuar en diferentes situaciones en vistas a la ley y al respeto por los derechos individuales. Principios tales como el *"continuum* en el uso de la fuerza" buscan regular el comportamiento policial dosificando la coerción de acuerdo a la seriedad de la situación y a la resistencia encontrada.[577] Leyes, reglas administrativas, de procedimiento, y controles intentan minimizar las ocasiones de uso excesivo de la fuerza o abuso del poder por parte de la policía, se nos dice. Pero los mecanismos que el Estado liberal ofrece para nuestra protección, tales como la revisión judicial, tienen sólo carácter reparatorio, y suelen no anular las consecuencias del abuso tal como en los casos de muerte. En el ínterin, episodios de abuso y violencia por parte de la policía continúan teniendo lugar incluso "en diferente grado en todo tipo de democracias: las emergentes, las establecidas, y las mixtas",[578] nota Dilip Das. Por décadas, los investigadores han estudiado las causas y circunstancias asociadas con la violencia policial. Se sabe que los agentes policiales "frecuentemente ejercen niveles de fuerza elevados para con los ciudadanos más desfavorecidos, independientemente de su comportamiento".[579] Desde la perspectiva del público, la lógica de la intervención policial se revela opaca, y tanto sus ocurrencias como sus formas (por ejemplo, consejo, advertencia, arresto llevando o no a cargos criminales, golpiza, ataque con armas, muerte) parecen erráticas. En

---

[577] William Terrill, *Police Coercion. Applications of the Force Continuum,* New York, LFB Scholarly Publishing LLC, 2001. Kenneth Adams, Joel H. Garner, Patrick A. Langan, Geoffrey P. Alpert, Lawrence A. Greenfeld, Christopher D. Maxwell, Roger G. Dunham, Mark A. Henriquez, y Steven K. Smith, "Use of Force by Police. Overview of National and Local Dat", National Institute of Justice, October 1999. Disponible en línea: http://www.ncjrs.org/pdffiles1/nij/176330-1.pdf.
[578] Dilip K. Das, "Challenges of Policing Democracies: a World Perspective", *Policing. An International Journal of Police Strategies & Management* 20, 4, 1997.
[579] William Terrill.

todo caso, cada encuentro con la policía abre siempre un amplio número de posibilidades.

Así, a pesar de que a diferencia del personaje kafkiano se supone que nosotros sí conocemos nuestras leyes –las que proclamamos son públicas, racionales, e intersubjetivamente legitimadas–, tampoco nosotros parecemos poder predecir la manera en que aquellos que tienen poder han de interpretarlas y tomar decisiones que afectan nuestras vidas. ¿De qué manera usan los policías su poder discrecional? ¿Siguen reglas y leyes, que a veces se cuentan por decenas de miles?[580] ¿Obedecen códigos no escritos que dan forma a una cultura, ya sea nacional, local, o profesional? ¿O se basan en su propio juicio, incluso si este supone simple arbitrariedad? Todas estas dimensiones, además de otras contextuales, parecen influir en el ejercicio del poder discrecional. Cómo y en qué combinación resulta incierto. Los agentes de policía, observa Terrill, "pueden aplicar, y aplican, numerosas formas de fuerza física y no física",[581] sin que quede claro cuándo y por qué aquellos a cargo de ejercer el poder policial pueden tornarse en nuestros agresores.

"Muchas cosas hay, que la ley de ninguna manera puede proveer; y ellas deben necesariamente quedar libradas a la discrecionalidad de aquel que tiene el poder ejecutivo en sus manos". Las ideas de John Locke acerca de la ley y del poder de prerrogativa en el *Segundo Tratado del Gobierno Civil* resultan elocuentes a fin de aprehender las tensiones entre ley y poder discrecional de policía. Tanto sea que interpretemos estos aspectos de la obra de Locke como

---

[580]   Un estudio pionero llevado a cabo en California que David Perry y Paula Sornoff refieren en 1972 identificó "30.000 leyes federales, estaduales, y locales" por las que los policías estaban a cargo de velar. A través de un número tan exorbitante de normas, la tradición de la supremacía de la ley parece ir en contra de sí misma a través de multiplicar las oportunidades para el ejercicio del poder discrecional.

[581]   Terrill, *op. cit.*, p. 24.

contradictorios o complementarios, el poder discrecional pone en cuestión la imagen de los policías como meros guardianes y ejecutores de la ley. En esta dirección, la mirada de Aristóteles sobre la ley puede resultar productiva en el análisis de los problemas que plantean prácticas de gobierno tales como las dispensadas por la policía.

La discrecionalidad policial define un terreno de disputa entre leyes escritas y no escritas, que resulta en cada caso de una decisión. Esta decisión, si seguimos a Giorgio Agamben, constituye tanto un acto de gobierno como un ejercicio de poder soberano.[582] Los juicios discrecionales implicados en las prácticas policiales aparecen como una fuente de poder soberano que reabre momentáneamente el estado de excepción. En consiguiente, la multiplicidad de los encuentros entre ciudadanos y policías que muchos de nosotros confrontamos a diario define una expresión concreta, intensificada, de gobierno. En última instancia, la posibilidad de un ejercicio democrático del poder discrecional plantea desafíos teóricos y prácticos aún por explorar, y a cuya identificación este ensayo aspira a contribuir.

Discrecionalidad (policial)

Referencias a lo discrecional en la literatura tienden a evocar latitud y opacidad en la interpretación de reglas, uso del poder, y formas de intervención, tanto como la posibilidad de abusos y corrupción por parte de los agentes públicos. El poder discrecional atraviesa la administración estatal. En particular, los "burócratas callejeros"[583]

---

[582]   Agamben, Giorgio, "Sovereign Police", *Means without Ends*, Minneapolis, London, University of Minnesota Press, 2000.
[583]   David E. Aaronson, C. Thomas Dienes y Michael C. Musheno, *Public policy and police discretion: processes of decriminalization*, New York, Clark Boardman Co., 1984, viii, p. 5.

corporizan el poder estatal en sus puntos terminales, en posición de aplicar la ley de acuerdo a las circunstancias, y de tomar decisiones con respecto a la distribución de bienes, servicios, beneficios y la "asignación de sanciones". Mientras que ninguna política pueda implementarse sin los dispositivos individualizadores de la administración pública, las elecciones y decisiones minúsculas de estos agentes definen las condiciones concretas en las cuales el gobierno le llega a la gente, a veces incluso en contradicción con el discurso u objetivos explícitos.

Ahora bien, lo discrecional se revela más saliente en el caso de la policía. Tal como Kenneth Culp Davis[584] observa, la policía toma más decisiones acerca de las vidas de los individuos "que ninguna otra clase de administradores",[585] lo cual los convierte en decisivos "hacedores de políticas". Los policías intervienen, y se espera que intervengan, en las circunstancias más diversas; su posición les provee de un poder extraordinario para definir quién puede o no participar en política, la extensión exacta en que las personas pueden ejercer sus libertades de opinión, reunión o asociación, e incluso regulan el desarrollo de los procesos electorales. El poder discrecional permite a los policías intervenir y criminalizar, interpretar la ley en formas que contradicen su espíritu o incluso ignorarlo. Mientras que los agentes policiales contribuyen a que se respete la ley, entonces, lo hacen de una manera muy selectiva, privilegiando el cumplimiento de ciertas leyes y no de otras por parte de los miembros de ciertos grupos. El poder implícito de caracterizar una situación y de clasificar a la gente en miembros de la comunidad, sospechosos o delincuentes, torna la discrecionalidad un elemento decisivo del poder

---

[584]   Kenneth Culp Davis, "Confining and Structuring Discretion. Discretionary Justice", *Journal of Legal Education* 23, 1970-1971, pp. 56-62.
[585]   Davis, *op. cit.*, p. 24.

policial. Poder que también genera tensiones, arrestos y muertes que victimizan en forma desproporcionada a los pobres, a grupos étnicos o religiosos minoritarios, o a integrantes de grupos políticos de oposición.

Así, mientras que otras instituciones estatales también intervienen y disciplinan, la policía distintivamente define "a la sociedad entera, todos los aspectos de la vida organizada, como potencial esfera de operación",[586] tal como Clifford Shearing y Richard Ericson advierten, y cuenta para ello con prerrogativas únicas tales como el uso de la fuerza para imponer sus interpretaciones y decisiones, que facilitan propósitos tan diversos como "investigar, acosar, castigar y proteger".[587] "Causa probable" o "razonable sospecha",[588] que –Mark Neocleous comenta– puede incluir tanto el "moverse rápidamente" como el "moverse lentamente",[589] son conceptos suficientemente vagos que los jueces aceptan como justificación para arrestar una persona, mientras que privacidad o derechos inalienables se tornan materia borrosa de interpretación por parte de los agentes policiales.

---

[586]   Clifford D. Shearing, y Richard V. Ericson, "Culture as Figurative Action", *British Journal of Sociology* 42, 4, 1991, pp. 481-506.

[587]   Herman Goldstein, *Problem-Oriented Policing*, Philadelphia, Temple University Press, 1990, p. 9.

[588]   Jeffery T. Walker (ed.), *Policing and the Law*, Upper Saddle River, NJ, Prentice Hall, 2002, 2, p. 218. "Causa probable" ha sido definida en Estados Unidos por la Suprema Corte como la situación en la cual "los hechos y las circunstancias dentro del conocimiento de los agentes y de los cuales ellos poseen información confiable son suficientes a fines de tratar a un hombre con precaución razonable en la creencia de que una ofensa está siendo o ha sido cometida". Walker cita el caso "Brinegar v. United States" (núm. 12, Supreme Court of the United States, 338, US, 160; 69 S. Ct. 1302; 93 L. Ed. 1879; 1949 US LEXIS 2084, October 18-19, 1948, Argued. June 27, 1949, Decided).

[589]   Mark Neocleous, *The Fabrication of social order: A critical theory of Police Power*, London, Pluto, 2000, p. 103.

El poder discrecional le permite a la policía desafiar mecanismos de control y tomar decisiones que corroen las mismas leyes y reglas que sus miembros deben proteger. El contraste entre el carácter proactivo del poder policial y el carácter retroactivo de la mayor parte de los controles facilita esta dinámica. En casos en los cuales la ley sea violada por agentes policiales, los responsables pueden ser llevados a juicio. Pero para entonces, el abuso, la violencia, o las muertes ya han tenido lugar. De cualquier manera, sólo un reducido número de casos llega a los tribunales cada año. La mayoría de las víctimas del abuso policial no tiene acceso a los recursos materiales y simbólicos necesarios para iniciar procesos legales, mientras que la infraestructura administrativa y judicial sólo permite procesar un número limitado de casos.

A pesar de que leyes y reglas intentan limitar el poder discrecional, oportunidades para su ejercicio surgen de aquellos "aspectos del proceso de decisión que son inespecíficos o contingentes a las circunstancias y por lo tanto [quedan librados] al juicio individual"[590] observa Brown. Manifestándose a través de decisiones y acciones individuales, la discrecionalidad policial genera la ilusión de una falta de relación entre los casos individuales y los aparatos policiales y administrativos, y entre ellos, el gobierno y el Estado. De este modo, un sistema entero basado en la discrecionalidad se preserva eventualmente sacrificando a algunos de sus agentes individuales.

Los márgenes de discrecionalidad varían de política a política.[591] El estudio del poder discrecional lleva a Aaronson (y otros) a caracterizar a los policías como "hacedores de políticas callejeros".[592] Al mostrar cómo este poder de

[590]   Michael Brown, *Working the Street. Police Discretion and the Dilemmas of Reform,* New York, Russell Sage Foundation, 1981, p. 25.
[591]   Brown, *op. cit.*, p. 25.
[592]   Aaronson *et al.*, *op, cit.*, p. 50.

hecho "aumenta cuando uno se mueve hacia abajo en la jerarquía",[593] la evidencia pone en cuestión la representación tradicional weberiana, jerárquica de las burocracias. En suma, se espera que la policía proteja a la ley. Al hacerlo, ellos ejercen discrecionalidad. Pero el ejercicio de sus prerrogativas discrecionales borronea las leyes escritas, y la aplicación de la ley en la calle por parte de la policía conlleva su suspensión. Ello expone a la ley, "no es tanto regla como es juicio y, por lo tanto, una suerte de proceso legal".[594] Los minúsculos juicios o procesos legales implicados en la aplicación discrecional de la ley a través de las prácticas policiales sugieren que, al menos en nuestras sociedades, lo policial no consiste en la mera ejecución y protección de la ley sino en su administración en formas que la ley moderna propuso erradicar. En nuestros encuentros con la policía, el imperio de la ley expone su cara kafkiana y hobbesiana.

Lo policial, un ejercicio soberano

> Pero quizás estas leyes que estamos intentando desentrañar en verdad no existen. Hay un pequeño partido que es de esta opinión y que muestra que, si alguna ley existe, ella sólo puede consistir en lo siguiente: la ley es cualquier cosa que los nobles hacen.
>
> Kafka, "El problema de nuestras leyes".

El poder soberano aparece ligado al ejercicio de la función policial. Tanto Jean Bodin como Thomas Hobbes presentan a los agentes a cargo de funciones policiales como magistrados soberanos. Bodin, considerado el primer

---

[593]   James Q. Wilson, "Dilemmas of Police Administration", *Public Administration Review,* September / October 1968, pp. 407-417.

[594]   Giorgio Agamben, *Remnants of Auschwitz. The Witness and the Archive,* New York, Zone Books, Daniel Heller-Roazen (trans.), 2002, 18.

teórico de la soberanía, la define como "el poder absoluto y perpetuo del Estado, esto es, el poder más grande de mando",[595] y al soberano como "quien, después de Dios, no reconoce a nadie más grande que a sí mismo".[596] Promulgar "leyes generales para los sujetos sin su consentimiento",[597] gobernar, procurar paz y justicia y decidir en materia de vida y muerte, constituyen para Bodin atribuciones del poder soberano. Dicho poder, sin embargo, necesita ser reconocido como legítimo tanto como legal.

Bodin anticipa que el poder soberano se halle en manos de "custodios y fideicomisarios", debido a la imposibilidad del soberano de administrar la ley en persona. Así, describe funciones policiales desempeñadas por "magistrados subordinados"[598] que mandan "en el nombre de la comunidad entera".[599] El poder de los magistrados policiales, público, se extiende a través de todos los ámbitos de la sociedad y alcanza incluso la intimidad del hogar, el que Bodin juzga como modelo de orden para la sociedad entera. De aquí que, la acción pública de los magistrados policiales parezca destinada a pulir las formas de orden vigentes en distintos ámbitos a través del ejercicio delegado del poder soberano.

Bodin denomina a los magistrados "la vida de la ley",[600] y reconoce a aquellos con funciones policiales como inves-

---

[595]   Jean Bodin, *Six Books of the Commonwealth*, Oxford; Basil Blackwell, M. J. Tooley (trans.). Disponible en línea: http://www.constitution.org/bodin/bodin.txt [consulta: 18 de diciembre de 2004].

[596]   Jean Bodin, "Concerning the Citizen", *Six Books, op. cit.*, Libro I, Capítulos VI y VII.

[597]   Jean Bodin, *On Sovereignty, Four Chapters from the Six Books of the Commonwealth*, Cambridge, New York, Oakleigh, Cambridge University Press, Julian H. Franklin (trans.), 1992, p. 23.

[598]   Jean Bodin, "That Changes of Government and Changes in Law should not be Sudden", *Six Books, op. cit.*, Libro 4, Capítulo III.

[599]   Jean Bodin, "The Magistrate", *Six Books, op. cit.*, Libro 3, Capítulo IV y V.

[600]   Jean Bodin, "The Magistrate", *Six Books, op. cit.*, Libro 3, Capítulo IV y V.

tidos con poder soberano delegado, que plantea cuestiones delicadas de obediencia, responsabilidad y discrecionalidad. El magistrado debe a la vez "obedecer a su soberano, deferir a los magistrados que son sus superiores, honrar a sus pares, mandar a quienes le están sujetos, defender a los débiles, ser firme con los fuertes, y hacer justicia para con todos".[601] La administración delegada del poder soberano sigue dos formas de directivas, "mandatos y cartas de justicia",[602] esto es, órdenes explícitas del soberano que "no dejan nada librado a la discrecionalidad del ejecutor"[603] y cartas en las que el soberano plantea sus inquietudes con respecto a cuestiones específicas, dejando al magistrado libertad para actuar.

Si bien Bodin observa que toda directiva que sea "contraria a la ley divina y natural"[604] no debiese ser obedecida, concluye que los magistrados están ligados por ley a obedecer al soberano. Si el común de la gente debe obedecer las direcciones de incluso "el más humilde de los magistrados",[605] razona, aun si ellas son injustas o erróneas, "¿cuánto más debería el príncipe soberano ser obedecido, considerando que todos los magistrados derivan de él?".[606] La respuesta es clara: la unidad y preservación de la soberanía reclaman obediencia.

Como Bodin, también Hobbes liga lo policial al poder soberano, en sus referencias a la figura de los *constables*, cuyo poder él juzga una delegación legítima de soberanía en última instancia proveniente de Dios.[607] Las funcio-

---

[601]   *Ibídem.*
[602]   *Ibídem.*
[603]   *Ibídem.*
[604]   *Ibídem.*
[605]   *Ibídem.*
[606]   *Ibídem.*
[607]   Thomas Hobbes, *Leviathan*, Oxford, Oxford University Press, 1996, Capítulo XLII.

nes policiales aparecen en Hobbes como la extensión del poder soberano necesaria para mantener el orden en la comunidad. A través de las prácticas policiales, el poder soberano se extiende en la figura de hombres armados que nos fuerzan a cumplir con la ley. "Guardias, u otros Soldados del Poder Soberano" existen "en todas las *Commonwealths*" y están a cargo de "la Ejecución de los Castigos Corporales". Las prácticas policiales previenen así nuestra resistencia al soberano y a la disolución de la comunidad.

El carácter soberano del poder de policía queda entonces claro desde temprano en la filosofía política moderna, mientras que Bodin torna a los agentes a cargo de ejercer el poder de policía en soberanos delegados. Pero es sólo con la reciente reelaboración del concepto de *soberanía* por parte de Giorgio Agamben que las consecuencias de la asociación entre policía y poder soberano se vuelven manifiestas.

Explicitando la conexión entre policía y soberanía sugerida por Bodin y Hobbes, Agamben da cuenta de "la investidura del soberano en tanto que policía".[608] El poder soberano, observa Agamben siguiendo a Carl Schmitt, emana de una decisión que sutura la crisis abierta por una situación excepcional imposible de ser subsumida dentro de los marcos legales existentes. Tanto las sugerencias de Benjamin como las de Schmitt llevan a Agamben a conceptualizar a la policía en "un área de indistinción entre violencia y derecho exactamente simétrica a la de la soberanía".[609] De este modo, la preservación del orden legal reposa en la prerrogativa soberana de suspender y recrear la ley a fin de suturar la excepción. Mantener el orden público, se infiere, requiere de una constante suspensión y redefinición de la ley. "Si el soberano, de hecho, es el que

[608] G. Agamben, "Sovereign Police", *Means Without Ends*, Minneapolis, London, University of Minnesota Press, 2000, p. 105.
[609] G. Agamben, *op. cit.*, p. 103.

marca el punto de indistinción entre violencia y derecho
a través de proclamar el estado de excepción mediante
suspender la validez de la ley, los policías operan siempre
dentro de un estado de excepción",[610] explica Agamben.
En este respecto, Agamben y Schmitt parecen coincidir.

Ahora bien, la perspectiva de Agamben acerca del
ejercicio de poder soberano por parte de los policías re-
define la escena soberana como una protagonizada por
una multiplicidad de individuos. La definición de la excepción, la suspensión de la ley y su recreación a través de
decisiones discrecionales devienen en prácticas cotidianas
de gobierno y tornan la soberanía en un ejercicio capilar.
Si concebimos a la discrecionalidad policial como a un
ejercicio soberano, nos encontraremos con el concepto
de *soberanía* empapando los puntos terminales del aparato estatal y recreando el orden legal en innumerables
encuentros entre ciudadanos y policías.

Visto como práctica soberana, lo policial nos devuelve
la imagen de un Leviatán invertido. A través de la discrecionalidad policial, el grueso del poder soberano se ejerce en
la base, no en la cúspide, del aparato estatal. Pero además,
tal como Agamben observa en su relectura de Foucault, la
decisión soberana contiene una lógica biopolítica.

Foucault acuñó el concepto de *biopolítica* para caracterizar una forma de gubernamentalidad que se origina
como desplazamiento o pasaje, desde el derecho soberano de interrumpir la vida o dejar vivir, a una modalidad
de gobierno que avanza sobre la regulación de la vida. El
soberano, explica, "ejerce su derecho sobre la vida sólo a
través de ejercer su derecho a matar, o de abstenerse de
matar".[611] En cambio, las formas biopolíticas de intervención

---

[610]   *Ibídem.*
[611]   Michel Foucault, "Right of Death and Power over Life", Paul Rabinow
(ed.), *The Foucault Reader*, 1984, p. 259.

desarrolladas por el Estado desde el siglo XIX proceden
a encauzar y administrar la vida. Planificación familiar,
educación sexual e higiene, la esterilización forzada de
enfermos mentales, y la aniquilación de grupos considerados biológicamente inferiores, como por ejemplo en las
cámaras de gas nazis. Foucault también sugiere que el poder
policial se halla ligado a la regulación de estos procesos y
es claramente biopolítico.

Agamben, en cambio, funde soberanía y biopolítica.
Mientras que Foucault ve a lo biopolítico como a un fenómeno que surge en contraste a la soberanía, Agamben traza sus
huellas hasta la fundación misma de la política occidental
en la Grecia antigua, y presenta al poder soberano y a la
biopolítica como a dimensiones de una misma forma de
poder, con raíces identificables en la *Política* de Aristóteles.
En la perspectiva de Agamben, el poder soberano siempre
supone una decisión acerca del valor de la vida. Sólo una
decisión contingente, como la que aparece detrás de la
distinción de Aristóteles entre la vida del ciudadano y la
vida del bárbaro,[612] puede delimitar aquellas formas de vida
que se definen como valiosas y en consecuencia merecen
ser protegidas por la ley, de aquellas formas de vida que son
consideradas carentes de todo valor, excluidas del ámbito
de la ley, y que en consecuencia pueden ser eliminadas sin
que tal eliminación equivalga a un homicidio.

Las prácticas soberanas tienen lugar en un "umbral"
que se extiende más allá de la ley, por fuera de ella, situación que Agamben caracteriza como anómica, en la cual
alguien es autorizado a "actuar como él crea apropiado,
o incluso a no actuar en absoluto".[613] Este es el estado de
excepción, un "espacio desprovisto de ley, una zona de
anomia en la cual todas las determinaciones legales, y

---

[612]   Aristóteles, *Politics, op. cit.*
[613]   Agamben, *op. cit.*, p. 50.

por sobre todo la distinción entre lo público y lo privado se encuentran desactivadas". Las decisiones y las acciones llevadas a cabo en el estado de excepción no pueden ser ni legales ni ilegales. En cambio, ellas constituyen "meros hechos, cuya valoración... dependerá de las circunstancias", a ser juzgados sólo una vez que la situación excepcional se extinga.

El poder soberano se revela entonces como esencialmente biopolítico, la distinción soberana acerca del estatus de la vida aparece como anterior a la ley, funda la ley, y deja toda vida definida como sin valor fuera de la ley, desprotegida y librada a una potencial destrucción sin consecuencia legal alguna. Quienquiera que tome estas decisiones, Agamben observa, tal como aquellos en ejercicio del poder de policía, se revela en ejercicio de poder soberano y contribuye a su reproducción mediante la sujeción, recreación y destrucción de (nuestras) vidas a través de su categorización ontológica.

Las prácticas policiales constituyen un terreno privilegiado de distinciones y clasificaciones biopolíticas. La redefinición de la ley a través de decisiones sobre el valor, y en consecuencia también el estatus de la vida, caracteriza las prácticas de los guardias en los campos de concentración tanto como las prácticas de los agentes policiales. Dicho ejercicio vuelve a ambas clases de agentes claves en la reproducción del poder soberano. Y, mientras que los campos de concentración parecen lejanos a la experiencia de las mayorías, Agamben muestra que el ejercicio de poder discrecional por parte de la policía también reabre el estado de excepción, y es ejercido en zonas, coordenadas de tiempo y espacio alegales, constituidas sin referencia alguna a la ley. Pero hay aun más: en última instancia, Agamben muestra que la destrucción de la vida es inherente a su administración biopolítica.

Vemos entonces que con Agamben, el poder soberano
y el biopoder, y las decisiones de interrumpir la vida, de
dejar vivir, y de dar forma y orientar la vida reconocida
como valiosa y a la que se le permite prosperar, sólo constituyen modalidades de una misma forma abarcativa de
intervención sobre la vida, tanto soberana como biopolítica.
Pero Agamben, además, continúa con la tradición clásica
de concebir a la ley como una creación soberana. En esta
tradición, soberano es quien juzga en última instancia,
definiendo tanto las posibilidades del juicio para los demás
como la transgresión de estos límites como pecado o crimen. Juzgar supone establecer diferencias y decidir entre
ellas, concluyendo acerca de la validez, bondad, dignidad
o belleza de las alternativas en juego. En las condiciones
presentes, juzgar también conlleva la categorización ontológica de seres en una jerarquía que constituye a quien
la realiza momentáneamente en soberano. Acompañando
al juicio, la posibilidad de interrumpir la vida en forma legítima caracteriza a dioses, soberanos y a las prerrogativas
rutinarias de la policía moderna, nuestro órgano soberano
a la vez más concreto y extendido, tanto como lo es su
poder discrecional.

Manteniendo el imperio de la ley...
(Pero, ¿de cuál ley?)

Dos perspectivas básicas acerca de la ley coexisten en
tensión con la noción de *soberanía* en la tradición de la
filosofía política occidental. La primera asimila la ley a la
voluntad o decisión del soberano, la presenta como cris-
talización directa de su voluntad, que en última instancia
evoca referencias a Dios como fuente de la ley en la teología
judeo-cristiana. Aun dentro de esta tradición, Hobbes, por
ejemplo, asimila las leyes a "los mandatos y prohibiciones

de quienquiera que tenga el poder soberano".[614] Sujeto a "las leyes escritas y no escritas de Dios",[615] sólo el soberano mismo puede interpretar dichos principios de modo válido, lo cual revela el carácter absoluto de su poder. En nuestra vida cotidiana, esta concepción emerge a veces en el momento del encuentro con la policía. Tal como fue sugerido antes, en el momento de dicho encuentro es sólo el agente policial quien está autorizado a interpretar tanto la letra de la ley como las leyes no escritas.

Pero existe una segunda tradición que representa a la ley como expresión de la soberanía popular surgida en oposición a la soberanía (arbitraria) del monarca. En principio, tanto la figura de John Locke como la tradición de *rule of law* o imperio de la ley pertenecen a ella. Esta tradición apela a la ley como límite del poder soberano. Emergiendo en la pelea secular de la burguesía contra el absolutismo en Europa Occidental desde la Edad Media, en lugar de representar a la ley como resultante de alguna voluntad personal, ella aparece como resultado del esfuerzo intersubjetivo de la comunidad, en muchos casos vista como reflejando principios que se imaginan naturales.

El imperio de la ley ofrece un principio de regulación de las relaciones sociales a través de normas objetivas que se aplican a todos por igual sin excepción. Sobre esta base, la imagen de un gobierno de leyes y no de hombres domina las representaciones contemporáneas de la ley en que se asientan las democracias liberales. Dicha dicotomía asimila las reglas (imparciales) del imperio de la ley al gobierno democrático y lo personal al autoritarismo. En este marco, lo policial equivale a la institución policial, y la policía a un grupo de profesionales que, al modo de

---

[614] Francis Edward Devine, "Absolute Democracy or Indefeasible Right: Hobbes Versus Locke", *The Journal of Politics*, vol. 37, 1975, p. 740.

[615] Devine, *op.cit.*, p. 746.

"autómatas"[616] tienen a cargo hacer que la ley se cumpla. En forma predominante, las narrativas entretejidas en el concepto de *imperio de la ley* nutren los estudios sobre democratización y las referencias sobre lo policial en la ciencia política, dentro de la cual la expresión *rule of law* ha devenido un equivalente metonímico de democracia. En contraste, lo discrecional aparece asociado a lo personal, arbitrario y autoritario, reviviéndose así la clásica dicotomía entre "gobierno de hombres" e imperio de la ley.

Cuestionando los aspectos míticos de dicha narrativa, Bonnie Honig[617] nota que se llega a representar la ley como "una situación de no gobierno"[618] que niega lo específico de gobernar. El intento de destilar una noción pura de ley de cualquier elemento personal inviste a la ley de personalidad y demoniza cualquier elemento discrecional y personal asociado a ella. Argumentos basados en estas representaciones, sugiere Honig, "toman algo perturbador en el interior de la ley (interpretaciones variables, falibles, aplicación, implementación, invención, tecnicismo), lo proyectan afuera... de modo tal que la ley, y el imperio de la ley quedan puros y libres de cualquier mancilla o deslegitimación".[619] Peter Fitzpatrick, por su parte, nota la resistencia de la cultura moderna a reconocer los elementos míticos en la fundación de la vida social y de la ley, resistencia que paradójicamente naturaliza "una renovada y ahora moderna mitología".[620] En estos términos, la ley

---

[616]   Herman Goldstein, *Problem-Oriented Policing*, Philadelphia, Temple University Press, 1990, p. 27.
[617]   Bonnie Honig, "Bound by Law? Alien Rights, Administrative Discretion and the Politics of Technicality: Lessons from Louis Post and the First Red Scare", Austin Sarat *et al.* (ed.), *The Limits of Law*. Disponible en línea: http://www.princeton.edu/~uchv/whatsnew/Bound%20by%20 Law.pdf.
[618]   Honig, *op. cit.*, p. 37.
[619]   Honig, *op cit.*, p. 36.
[620]   Fitzpatrick, *op. cit.*, p. 1.

reemplaza al '"imperio de Dios' como mito fundante de las democracias occidentales",[621] concluye Jane Collier. Desconociendo las formas reales de administración tanto como el rol de los agentes burocráticos, dichas narrativas contribuyen a mantenerlos fuera del debate público y a preservar su opacidad.

Discrecionalidad, prerrogativas soberanas, ley

"Dondequiera que termina la ley, comienza la tiranía".[622] Locke define la ley como un rasgo decisivo de la autoridad, y la tiranía como "el ejercicio del poder más allá del derecho" que permite a los magistrados actuar de acuerdo a "su ambición, venganza, codicia y cualquier otra pasión irregular".[623] La oposición entre gobierno de leyes / gobierno de hombres encuentra una referencia seminal en el *Segundo Tratado*. Locke llama a resistir el poder tiránico, en particular su ejercicio por parte de "magistrados subordinados", y observa: "Aquel que tenga autoridad para avanzar sobre mi persona en la calle, puede ser resistido como un ladrón en caso de que intentase entrar por la fuerza a mi casa en la ejecución de una orden judicial, incluso aunque si yo sé que él posee esa orden y autoridad legal tales que le posibilitan arrestarme en otra parte."

Ningún servidor público puede desviarse de la ley ni debe nadie obedecer órdenes ilegales. Los magistrados,

---

[621]   Jane F. Collier, "The Mythology of Modern Law", *Contemporary Sociology*, vol. 22, 5, September 1993. La visión de la ley inspirada en la teología judeo-cristiana aún mantiene vigencia en la figura del Dios cristiano, "el creador soberano –el Rey de Reyes, el Señor entre los Señores– que gobierna y mantiene el universo de acuerdo con sus leyes", observa Peter Fitzpatrick, *The Mythology of Modern Law*, Routledge, 1992, p. 19.

[622]   John Locke, *Two Treatises of Government*, Indianapolis and Cambridge, Hackett Publishing Company, 1980, p. 202.

[623]   Locke, *op. cit.*, § 199.

Locke observa, no pueden "usar fuerza injusta, aun si alegando una comisión de parte de él [el rey] a quien la ley no
autoriza", establece que nadie debe obedecer las órdenes
del monarca si ellas contradicen la ley, y que los "actos
ilegales de cualquier oficial inferior, o de otro comisionado
por él" no deben ser tolerados.

Estricto en su defensa de la ley, sin embargo, el *Segundo
Tratado* exceptúa al soberano de la ley y acepta que se
trate a príncipes y monarcas como "sagrados", no sujetos a "censura judicial o condena".[624] En particular, Locke
justifica el poder de prerrogativa, que define como poder
"actuar de manera discrecional, por el bien común, sin la
prescripción de la ley y a veces incluso en contra de ella".[625]
Del bien común como mero requisito para su ejercicio –
apunta Vivienne Brown–, se sigue que "los buenos príncipes
pueden legítimamente ejercer poder de modo arbitrario".[626]
Pero, ¿no es precisamente esto lo que hacen los monarcas
absolutos, mandar en el nombre del bien común? Si el
ejercicio del poder de prerrogativa parece natural en el
caso de Hobbes, ¿no es o debiera ser Locke, acaso, uno de
sus críticos más radicales? El ataque lockeano a la tiranía,
basado en la noción de *imperio de la ley*, y su defensa del
poder de prerrogativa, sitúan al filósofo en una situación
peculiar, por momentos mucho más cercano al imaginario
hobbesiano de lo que nos gustaría admitir.

   ¿Defensa apasionada del imperio de la ley contra el
gobierno despótico, o versión suavizada de la teoría hobbesiana de la soberanía? Ambos registros coexisten en tensión
en el argumento lockeano, tensión que una mayoría "pasa

---

[624] Locke, *op. cit.*, § 205.
[625] Locke, *op. cit.*, § 160.
[626] Vivienne Brown, "The 'Figure' of God and the Limits to Liberalism: A
Rereading of Locke's Essay and Two Treatises", *Journal of the History of
Ideas*, 60, 1, 1999, p. 94.

por alto en silencio",[627] observa Pasquale Pasquino. ¿Por qué el padre moderno del imperio de la ley defiende el poder de prerrogativa? ¿Cuál es su rol? Pasquino identifica "dos tipos y dos grados de situación extraordinaria"[628] en el argumento lockeano, que llaman a ejercer el poder discrecional, el ejercicio del poder de prerrogativa por parte del ejecutivo por razones de *salus populi*, y el "clamor al cielo" como último recurso en la reacción popular contra el abuso del poder de prerrogativa. En ambos casos, el sistema político lockeano "se mantiene abierto al caso excepcional", observa Pasquino.

Pasquino presenta el rol de la ley y del parlamento en el *Segundo Tratado* como un intento de limitar las prerrogativas del monarca. Locke, nota Pasquino, piensa en el poder de prerrogativa más que nada para lidiar con asuntos internacionales, los cuales en la medida en que no están sujetos a la ley sólo pueden ser abordados con prudencia y sabiduría. Sin embargo, el filósofo admite la necesidad de su uso también en la conducción de los asuntos domésticos.[629]

¿Cómo se traduce la solución del rompecabezas lockeano ofrecida por Pasquino al análisis de las prerrogativas y del poder discrecional implicado en el ejercicio del poder policial? Mientras que el ejercicio extralegal del poder popular pareciera capaz de compensar, en casos extraordinarios, el poder de prerrogativa, no existe "clamor al cielo" alguno para las víctimas individuales del gobierno policial a pesar de que el régimen de gobierno en cuestión resulte ser democrático. Si el ejercicio directo de la soberanía popular puede contrarrestar un ejercicio indebido del poder

---

[627]   Pasquale Pasquino, "Locke on King's Prerogative", *Political Theory*, vol. 26, núm. 2, April 1998, p. 199.
[628]   Pasquino, *op. cit.*, p. 205.
[629]   Locke, *op. cit.*, § 159.

de prerrogativa por parte de un jefe de gobierno, nadie puede ejercer este poder aisladamente al confrontar un ejercicio de prerrogativa por parte de un agente burocrático estatal de menor jerarquía. A la luz de estos problemas, la discusión del poder de prerrogativa y del imperio de la ley por parte de Pasquino se mantiene en un nivel demasiado abstracto. Su discusión no nos ofrece ninguna clave acerca de cómo balancear ley y poder discrecional en el ejercicio de formas democráticas de gobierno. Lo que sí hace es exponer, desde temprano, las limitaciones del liberalismo en el abordaje tanto de la ley como del poder discrecional.

Liberalismo, democracia, gobierno

Si el argumento de Pasquino nos recuerda y reivindica los compromisos democráticos de Locke, no da cuenta en cambio de la transmutación del legado lockeano en una invocación formal de la ley por parte del Estado liberal. Es precisamente el potencial radical en su filosofía que parece haber sido neutralizado por la interpretación hegemónica de la ley tratada como sinónimo de democracia liberal. Y es que, como nota Michel Foucault, la tradición liberal no demuestra compromiso sustantivo alguno con la ley, sino sólo una relación de tipo instrumental. El liberalismo "no deriva del pensamiento jurídico,"[630] sino que lo adopta por su efectividad como forma de regulación, como instrumento de gubernamentalidad o "tecnología liberal de gobierno", tanto como por la necesidad de debilitar principios rivales de gobierno tales como la tradición clásica de la *phrónesis*, prudencia, "sabiduría o moderación". La asociación entre liberalismo, pensamiento jurídico y democracia, sigue Foucault, tiene un carácter contingente y estratégico, ya

---

[630]   Foucault, "The Birth of Biopolitics", p. 77.

desde el siglo XIX, cuando "las democracias del Estado de derecho no eran necesariamente liberales, ni era el liberalismo necesariamente democrático o devoto de las formas de la ley". Siguiendo a Foucault, Mitchell Dean examina la "legalización del gobierno" del liberalismo.[631] No sólo el gobierno liberal, sino también su policía quedan bajo esta jerga legalizadora. "A pesar de la proliferación de códigos, constituciones y leyes", Dean observa, la contingencia de la conexión entre liberalismo y ley queda expuesta en las numerosas y constantes alianzas del liberalismo con golpes militares, regímenes autoritarios, y prácticas arbitrarias alrededor del mundo.

Tornadas en herramienta de la gubernamentalidad liberal, las representaciones legalistas de lo político niegan el poder y el rol de las reglas no escritas en el gobierno, negación que entre sus víctimas cuenta a lo político mismo. En esta dirección, Chantal Mouffe juzga la "hegemonía del discurso jurídico"[632] como un síntoma de la crisis de lo político en Occidente, y Agamben explica la decadencia actual de la política como resultado de haber sido "contaminada por la ley".[633] De modo similar, Honig expone el rechazo legalista del rol de los agentes y la negación de su rol en el gobierno. La distinción entre el gobierno de las leyes y el gobierno de los hombres exorciza discursivamente lo que el Estado liberal no puede resolver en la práctica, y oculta el problemático núcleo discrecional de los poderes policial y estatal. Subestimando el rol de las prerrogativas no escritas, excepcionales y discrecionales en el gobierno de la sociedad, el Estado liberal oculta su propia fundación externa o trascendente a la ley. Pero también elide el rol

---

[631]   Dean, *Governmentality*, p. 118.
[632]   Chantal Mouffe, *The Democratic Paradox*, London, Verso, 2000, p. 116.
[633]   Giorgio Agamben, *State of Exception*, Chicago, The University of Chicago Press, 2005, p. 88.

de las intervenciones soberanas, lo no escrito y lo excepcional en la reproducción diaria de un orden social que se proclama democrático.

Usualmente definida como "sabiduría práctica", prudencia o sentido común, la *phrónesis* consiste en la virtud de juzgar adecuadamente qué hacer en un contexto específico. Aristóteles juzga esta virtud la más importante, ya que nos habilita a gobernar bien tanto la ciudad como a nosotros mismos y requiere de balancear todas las otras virtudes, a las que presupone.

En una dirección que reconoce la necesidad de consolidar el poder popular y profundizar el carácter democrático de nuestras sociedades, ¿cómo debieran ser interpretados conceptos tales como el de "bien común" y *salus populi* por parte de los ciudadanos que tienen a su cargo el ejercicio del poder policial en una sociedad democrática, y cómo debiera ejercerse el poder discrecional en vistas a promover esos fines? Lo policial, entendido como la serie de prácticas de recreación del orden, es uno de los aspectos decisivos que requiere ser interrogado a la luz de sus posibilidades democráticas.

Ante los silencios del liberalismo, la concepción aristotélica de la ley ofrece tonalidades más sutiles y probablemente más adecuadas para iluminar el complejo nudo tejido en torno a la ley, el poder discrecional y su administración. Las influencias aristotélicas en la tradición occidental son particularmente complejas y problemáticas, y no es éste el lugar para trazar sus huellas. Baste aquí sugerir que la perspectiva aristotélica acerca de la ley puede facilitar un abordaje más productivo de cuestiones que el liberalismo deja sin resolver.

Como Locke, Aristóteles encuentra el gobierno de la ley "preferible al del cualquier individuo", aunque reconoce las limitaciones estructurales de la ley y explora posibilidades a fin de compensar por ellas. En su filosofía política, ley y juicio definen un conjunto complejo que integra la ley y el elemento discrecional a través de prácticas de gobierno justo, sabio y prudente. Sujeto a la necesaria crítica de sus presupuestos ontológicos aristocráticos, la obra aristotélica y la tradición prudencial de gobierno que le sigue, nos ofrecen un marco a la vez filosófico, ético y político para explorar las leyes no escritas y las formas de poder discrecional que puedan ser consistentes con un gobierno democrático y popular. La tarea es enorme; en lo que sigue, intento sólo identificar algunos elementos y problemas centrales de este proyecto.

Aristóteles: discrecionalidad, equidad y *phrónesis*

Los aspectos "defectuosos" de la ley, observa Aristóteles, surgen de su carácter universal, ya que "hay algunas cosas acerca de las cuales no es posible pronunciarse correctamente en términos generales".[634] El problema, sin embargo, no reside en la ley, sino en la "naturaleza del caso",[635] cuya especificidad la ley no puede anticipar. Por esta razón, la realización de la justicia requiere equidad, o *epiekeia*, que Aristóteles define como una "rectificación de la ley en la medida en que la ley es defectuosa debido a su generalidad".[636] Aristóteles alude a la equidad como a "la suerte de justicia que va más allá de la ley escrita"[637] y que permite compensar por los "defectos de los códigos legales",[638] lidiar con

---

[634] Aristóteles, *Nicomachean Ethics,* Libro V, x.
[635] *Ibídem.*
[636] *Ibídem.*
[637] *Ibídem.*
[638] Aristóteles, *Rhetoric*, Libro I, 13. Aristóteles distingue entre leyes "especiales" que poseen forma escrita y regulan "la vida de una comunidad en particular", y "leyes generales" que son universales y comprenden "todos aquellos principios no escritos que se supone son reconocidos en todas partes" (Aristóteles, *Rhetoric*, Libro I, 10, §1368b). Hay dos tipos

"las debilidades de la naturaleza humana,"[639] con el daño causado por errores, juicios incorrectos o el azar a partir de una preocupación por la justicia en un sentido profundo. La equidad posibilita entrelazar la ley, universal por naturaleza, con los casos particulares de modo tal que las reglas tanto escritas como no escritas puedan ser ajustadas a situaciones específicas, lo que la vuelve una cualidad necesaria no sólo en los procesos judiciales sino también en todas las prácticas de gobierno. A diferencia del liberalismo, la narrativa aristotélica sobre la ley no representa lo no escrito como necesariamente dañino o ligado al abuso del poder, y en cambio lo reconoce en las normas sociales fundacionales.

Mientras que la equidad permite compensar por los defectos de la ley escrita, Aristóteles identifica aun otra forma de aplicar reglas a casos particulares que no se encuentra "en sí misma gobernada por reglas", la *phrónesis*, que permite prepararnos para juzgar adecuadamente sobre lo que se necesita en cada caso y circunstancia concretos.[640] Ocupada con "los particulares",[641] la práctica de la *phrónesis* hace posible avanzar en el equilibro que Aristóteles asimila a la virtud. No es entonces la eliminación de lo personal y subjetivo, sino su inspiración en la *epieikeia* y la *phrónesis* lo que cuentan para Aristóteles.[642]

---

de ley no escrita, el primero de ellos resulta de un exceso de "virtud y vicio" que ninguna ley no escrita puede aprehender. El segundo tipo de ley no escrita expresa lo que ha sido "omitido por las leyes escritas específicas" y que son necesarias para su aplicación. Ver también Arash Abizadeh, "The passions of the wise: phronesis, rhetoric, and Aristóteles's passionate practical deliberation", *The Review of Metaphysics* 56, 2, December 2002, pp. 267-297.

[639] Aristóteles, *Rhetoric*, Libro I, 13.
[640] Aristóteles, *Nicomachean Ethics*, Libro VI, 5.
[641] C. D. C. Reeve, *Practices of Reason. Aristóteles's Nicomachean Ethics*, Oxford, Clarendon Press, 1992, p. 68.
[642] Mientras que Aristóteles considera que la *phrónesis* sólo puede resultar de la experiencia, los romanos propusieron que la adquisicion de *prudentia* también podía tener lugar a través del estudio y la imitación

¿De qué manera puede esta perspectiva iluminar los problemas que resultan del ejercicio del poder discrecional? El imperio de la ley, sugiere Aristóteles, no se opone sino que requiere de lo personal y lo discrecional, informados tanto en la equidad como en la *phrónesis*. Así, la ley aparece como guía normativa para el buen desempeño del gobierno, y contar con buenas leyes es tan importante como juzgar bien en su aplicación. La mirada aristotélica sobre la ley reconoce la necesidad del juicio subjetivo mientras que el liberalismo la niega u oculta.

Ciertamente, dicha perspectiva permitió por siglos sostener formas minoritarias y excluyentes de dominación. En este sentido, la crítica liberal de la tradición centrada en la prudencia puede haber sido no sólo instrumental. Sin embargo, una vez que sometemos esta ontología jerárquica a una crítica, tal como la propuesta por Agamben,[643] las concepciones aristotélicas de equidad y *phrónesis* ofrecen un marco productivo para el ejercicio del poder discrecional. El ejercicio del poder discrecional implicado en las prácticas policiales llama a una recuperación crítica de las contribuciones aristotélicas acerca de la aplicación de la ley. Pero, claro está, "aplicación" no es un concepto ni sencillo ni unívoco.

Umbral: aplicación

"La aplicación de una norma no se halla de ninguna manera contenida dentro de la norma y no puede ser derivada de ella; de otra manera, no habría habido

---

de las vidas de héroes y lideres políticos, a quienes aquellos a cargo del gobierno debían emular.

[643] Giorgio Agamben, *Homo Sacer. Sovereign Power and Bare Life,* Stanford, California, Stanford University Press, 1998.

necesidad de crear el impresionante edificio de las leyes de procedimiento".[644] Agamben identifica la aplicación como "una de las categorías más problemáticas en la teoría, tanto legal como no legal",[645] que plantea desafíos fundamentalmente prácticos y que, Agamben muestra, procede a través de una suerte de pequeños juicios o procesos legales. Combinar reglas universales con situaciones concretas implica juzgar (discrecionalmente), y el (re)definir y (re) ordenar un cierto estado de cosas constituye un acto de gobierno. En otras palabras, la aplicación de la ley, lejos de ser simple o unívoca, supone la realización de un verdadero –aunque sea incluso minúsculo– acto de gobierno que incluye un momento de decisión por fuera de la ley en los términos antes discutidos.

Moviéndonos hacia lo policial, aun si adoptamos la definición liberal dominante restrictiva de los policías como meros guardianes de la ley, lo que está en juego en esta serie de prácticas es una verdadera (re)creación de la ley. Esto es, ninguna ley puede ser aplicada sino mediante el ejercicio de alguna forma de juicio, juzgar reabre el terreno de lo no escrito, lo no escrito llama a lo discrecional, y el tipo de juicio implicado en el ejercicio de lo discrecional lo torna a uno, aunque sea sólo por un instante, en soberano. La ley requiere interpretación, y el poder discrecional surge de entre los intersticios de la ley a través de (actos soberanos de) interpretación y aplicación.

En suma, entonces, no existe ninguna solución para las tribulaciones del personaje de Kafka. La ley se revela elusiva y administrada al menos parcialmente fuera de todo marco legal. Mientras que el ejercicio del poder discrecional es inherentemente problemático, dicho poder empapa las prácticas de gobierno y constituye a aquellos en ejercicio

---

[644]   Agamben, *op. cit.*, p. 40.
[645]   Agamben, *State of Exception*, 39.

del poder policial como a pequeños soberanos. Ahora bien, si la discrecionalidad policial puede ser asimilada a un ejercicio del poder soberano, entonces las lecciones en materia de gobierno prudencial acumuladas a través de los siglos podrían ser extendidas a su ejercicio cotidiano. En lugar de erradicarlo, tal como promete vanamente la tradición liberal, la perspectiva aristotélica sugiere orientar su ejercicio en prácticas prudenciales,[646] lo que sólo puede ocurrir, sin embargo, cuando ellas se inspiran en la equidad y en la *phrónesis*. El contexto no parece ser otro que el de una relación crítica con las tradiciones y valores éticos de nuestra propia comunidad para la exploración de las posibilidades prácticas de esta tradición.

---

[646] Véase por ejemplo Robert Hariman (ed.), *Prudence. Classical Virtue, Postmodern Practice*, The Pennsylvania State University Press, 2003; Shawn Gallager, "The Place of Phronesis in Postmodern Hermeneutics", *Philosophy Today* 37, 1993; Ricardo Blaug, "Citizenship and Political Judgment: between Discourse Ethics and Phronesis", *Res Publica* 6, 2000; Bent Flyvbjerg, "Aristóteles, Foucault and Progressive Phronesis: Outline of an Applied Ethics for Sustainable Development", Earl R. Winkler y Jerrold R. Coombs (ed.), *Applied Ethics. A Reader*, Blackwell, 1993; Leslie Paul Thiele, "Common Sense, Judgment, and the Limits of Political Theory", *Political Theory*, Volume 28, núm. 4, August 2000; Leslie Paul Thiele, *A Question of Judgment: Practical Wisdom, Neuroscience, and Narrative*.

Capítulo 6
Liberalismo, policía, seguridad

Mark Neocleous

Vivimos, aparentemente, en tiempos inseguros. Una hojeada casual a cualquier periódico sugiere que el mundo actual es más inseguro que antes. A causa de esto, todos están siendo movilizados por la seguridad. Después de todo, ¿no es la guerra contra el terror el acto político que define nuestro tiempo? ¿Y no es la guerra contra el terror pura y simplemente una guerra por seguridad?

Esta batalla por la seguridad puede aparecer superficialmente como un resultado del desenlace de los ataques del 11 de septiembre de 2001, pero en realidad surgió bastante antes, a partir de una serie de cambios en ciertas formas del discurso intelectual. El concierto de la opinión social, política y cultural contemporánea aclama que "inseguridad" es uno de los términos más apropiados para caracterizar los tiempos en los que vivimos. Grandes pensadores de la sociología, por ejemplo, han señalado a la inseguridad entre sus consideraciones sobre la "sociedad de riesgo", la "modernidad reflexiva" y la "posmodernidad": Anthony Giddens ha relacionado la ansiedad existencial por el colapso de la seguridad ontológica con la era de la modernidad tardía. Zygmunt Bauman ha argumentado que la seguridad es sacrificada mediante el cambio que ocasiona la expansión de la autonomía individual y de la libertad. Por último, la tesis de Ulrich Beck acerca de la "sociedad de riesgo" depende estrechamente de la intrínseca conexión

trazada entre riesgo y seguridad.[647] En un interesante desarrollo en paralelo, los dirigentes políticos occidentales
han justificado su entusiasmo reformista en virtud de que
las personas están inseguras y que ellos deben lograr que
se sientan seguras nuevamente. Las cuestiones de seguridad, según entiende Tony Blair, deberían ser "las nuevas
políticas de la izquierda". Encontramos además a sus principales consejeros sugiriendo que "la social-democracia
no ofrece nada si no ofrece seguridad", y a su cierta vez
intelectual favorito, Anthony Giddens, trazando una clara
línea entre la seguridad ontológica y la "renovación de la
social-democracia" (lo que denomina la "tercera vía").[648]

Estos desarrollos aparecieron cuando se realizaban
demandas generalizadas por la expansión del concepto de
"seguridad". Las relaciones internacionales, por ejemplo,
han visto el desarrollo de un "nuevo marco" para el análisis
de la seguridad que intenta "ampliar la agenda de la seguridad, reclamando un estatus de seguridad para asuntos y

---

[647]   Anthony Giddens, *The Consequences of Modernity*, Cambridge, Polity
        Press, 1990; Anthony Giddens, *Modernity and Self-Identity: Self and
        Society in the Late Modern Age*, Cambridge, Polity Press, 1991; Zygmunt
        Bauman, *Postmodernity and its Discontents*, Cambridge, Polity Press,
        1997; Zygmunt Bauman, *Globalization: The Human Consequences*,
        Cambridge, Polity Press, 1998; Zygmunt Bauman, *In Search of Politics*,
        Cambridge, Polity Press, 1999; Ulrich Beck, *Risk Society: Towards a New
        Modernity*, Mark Ritter (trans.), London, Sage,1992; Ulrich Beck, *Ecolo-
        gical Enlightenment: Essays on the Politics of the Risk Society*, Mark Ritter
        (trans.), New Jersey, Humanities Press, 1995; Ulrich Beck, *World Risk
        Society*, Cambridge, Polity Press, 1999; Ulrich Beck, Anthony Giddens
        y Scott Lash, *Reflexive Modernization: Politics, Tradition and Aesthetics
        in the Modern Social Order*, Cambridge, Polity Press, 1994.
[648]   Anthony Giddens, *The Third Way: The Renewal of Social Democracy*,
        Cambridge, Polity Press, pp. 62-124. Tony Blair, *New Britain: My Vision of
        a Young Country*, London, Fourth Estate, 1996, p. 203; Tony Blair, "Battle
        for Britain", *The Guardian*, 29 January 1996, p. 11; Peter Mandelson y
        Roger Liddle, *The Blair Revolution: Can New Labour Deliver?*, London,
        Faber, 1996, pp. 1-7; Charles Leadbetter, *Living on Thin Air: The New
        Economy*, London, Penguin Viking, 1999, pp. 157-226.

objetos referidos a los sectores económicos, ambientales y societales, junto con aquellos asuntos de política militar que definen los estudios tradicionales de seguridad". En efecto, la cuestión de cómo debe desarrollarse, ampliarse o profundizarse el concepto de seguridad fue el debate central dentro de la teoría de las relaciones internacionales en los últimos años.[649] Incluso figuras políticas e instituciones influyentes reclamaron una expansión del concepto en una línea similar. En los años 1990, en Estados Unidos y Rusia hubo llamados a "un nuevo entendimiento acerca del significado y naturaleza de la seguridad nacional", mientras el *Informe de Desarrollo Humano* de 1994 de las Naciones Unidas alentaba "un nuevo concepto de seguridad humana" más amplio que el viejo, y una definición más estrecha focalizada en asuntos militares y territoriales. El *Informe* invitaba a movernos "de la seguridad nuclear a la seguridad humana", donde esta última incorpore temas "universales" dentro de categorías más amplias: seguridad económica, seguridad en alimentación, seguridad en salud, seguridad ambiental, seguridad personal, seguridad comunitaria y seguridad política. En forma similar, la Comisión de 1995 sobre Gobierno Global fue propuesta para ampliar la seguridad "desde sus enfoques tradicionales sobre la seguridad de los Estados" hacia "la seguridad de las personas y del planeta", y el mismo año, Boutros Boutros-Ghali, Secretario General de las Naciones Unidas, instó a una "ruptura conceptual" para ir "más allá de la seguridad territorial armada" hacia una incorporación de "la seguridad de las personas en sus hogares, trabajos y comunidades". Argumentos similares han dominado los debates dentro de la Unión Europea durante el mismo

---

[649]　Barry Buzan, Ole Wæver y Jaap de Wilde, *Security: A New Framework for Analysis*, Boulder, Lynne Rienner, 1998, p. 1.

período.[650] Incluso se sugirió que el modo de referirse a la degradación ambiental es pensar al medio ambiente no sólo como una cuestión de seguridad sino también como la cuestión *fundamental* de la seguridad.[651]

Entonces, en la actualidad la seguridad es el tema central en torno al cual se moviliza virtualmente cada acción política y se organiza la investigación en ciencias sociales. Mi visión aquí es la siguiente. No puede haber duda de que la demanda de seguridad constituye un claro caso del intento de ganar apoyo para toda suerte de campañas. Y mientras uno puede asombrarse del efecto ideológico de la "seguridad" en la reciente invasión a Irak, no hay duda de que muchas de las demandas para "segurizar" cuestiones como la pobreza y el medio ambiente provienen de un deseo genuino de hacer algo acerca de ello. En este sentido, debe reconocerse que las apelaciones a la "seguridad" suelen tener, generalmente, una atracción instintiva para la izquierda, siempre preocupada por estas mismas cuestiones. Comprar el supuesto de que la mejor manera de hacer algo acerca de estas cuestiones es considerarlas como cuestiones de (in)seguridad parece provocar objeciones a ello –argumentos *contra la seguridad*– completamente fuera de lugar.

En realidad, como voy a argumentar, es este el gran problema. Una interpelación más crítica del concepto de

---

[650]   Yeltsin citado en Jonathan Steele, "The Dream Goes Cold", *The Guardian*, 17 November 1999; Bill Clinton, Speech at the United Nations, 27 September 1993, y Boutros Boutros-Ghali, "Let's Get Together to Halt the Unravelling of Society", *International Herald Tribune*, 10 February 1995, ambos citados en Emma Rothchild, "What is Security?", *Daedalus*, vol. 124, núm. 3, 1995; United Nations Development Programme, *Human Development Report 1994*, Oxford, Oxford University Press, 1994, pp. 1-3 y 22-40; The Commission on Global Governance, *Our Global Neighbourhood*, Oxford, Oxford University Press, 1995, p. 78.

[651]   Norman Myers, *Ultimate Security: The Environmental Basis of Political Stability*, New York, W. W. Norton, 1993.

"seguridad" revela un núcleo problemático más profundo, relacionado con el hecho de que la seguridad en su más amplio (y vago) sentido ha sido históricamente la base del ejercicio estatal de los poderes de policía. Voy a referirme, por lo tanto, al vínculo existente entre seguridad y policía. En parte, esto simplemente reafirma que la demanda de seguridad no es nada más que la insistencia en la necesidad del proyecto policial (el ejercicio del poder estatal en la constante fabricación y reconstitución de la sociedad civil).[652] Pero, en un movimiento que puede parecer ligeramente paradójico, voy a hacer un análisis a través del liberalismo, discurso político que ha intentado someter los poderes de policía a un verdadero escrutinio. Esto ha sido así hasta tal punto que el ideal de libertad del liberalismo sólo existe en alguna forma de tensión con el ideal de seguridad; es común pensar que la seguridad sólo puede ser alcanzada en detrimento de cierto grado de libertad y que los liberales defienden la libertad contra las demandas "excesivas" de seguridad. Pero, en realidad, voy a sugerir que el concepto de seguridad del liberalismo da lugar a una generalizada "segurización" del discurso político. El liberalismo, en tal sentido, ofrece una *defensa* antes que una *crítica* real de los poderes policiales, reforzando desde una posición liberal la centralidad y legitimidad de la seguridad como el modo dominante de discurso político. La observación implícita será que este es un juego político peligroso, y que el concepto de seguridad –por lo tanto– tiene poco lugar en una teoría crítica genuina. Lo cual explica que los teóricos críticos nunca producen buenos reformadores policiales, ni consejeros en seguridad confiables.

---

[652] Véase Mark Neocleous, *The Fabrication of Social Order: A Critical Theory of Police Power*, London, Pluto Press, 2000, de donde fue extraído parte de este material.

Policiamiento y fabricación de alfileres

Investigación sobre la Naturaleza y Causas de la Riqueza de las Naciones (1776), de Adam Smith, ha sido comprendido siempre como un texto clave para la articulación de una visión liberal del mercado: para lograr una sociedad rica y civilizada, la libertad y la independencia deben reinar. En el desarrollo de esta visión, *La Riqueza de las Naciones* desafía el supuesto mercantilista de que un excedente en la balanza comercial es la principal fuente de las riquezas, y la creencia de los agricultores de que constituyen el único sector productivo. "Policía" es un concepto crucial para este desafío. En tal sentido, el concepto de policía es de suprema importancia en la obra de Smith. No obstante es posible ubicar un cambio significativo en el modo en que Smith utiliza el término entre las *Lecciones sobre Jurisprudencia* (1762-1764) y *La Riqueza de las Naciones.*

En las *Lecciones sobre Jurisprudencia,* Adam Smith usa el concepto de policía en los términos comunes a la ciencia policial tal como se encuentra en la Europa continental. Observando los orígenes históricos del término –aunque es tomado del francés puede en realidad remontarse a la idea griega de "policía" o *"politicks",* la cual se refiere a "la regulación de un gobierno en general"– Smith considera que la principal tarea de gobierno es "promocionar la opulencia del Estado". Esta tarea es definida como "policía", un título bajo el cual se da la discusión de una amplia variedad de temas, incluyendo la propensión al trueque, cambios e intercambios, y la división del trabajo. "Todas las regulaciones hechas en relación con el cambio, comercio, agricultura, manufacturas del país son consideradas como pertenecientes a la policía". Para Smith, la policía comprende tres aspectos: (1) la limpieza, (2a) la seguridad contra accidentes, como pueden ser incendios, (2b) la seguridad obtenida a través de patrullas y guardias, y (3) el costo de

las provisiones y el mantenimiento del mercado. Donde
(1) y (2a) son "demasiado triviales" para ser considerados
ramas de la jurisprudencia, (2b) y (3) son considerados
ambos partes de la policía. Luego, resulta claro que el
suministro de artículos de consumo de fácil acceso supe-
ra en importancia a las patrullas y guardias necesitadas
para la seguridad. En consecuencia, la sutil operación del
mercado –el abaratamiento y abastecimiento de artículos
de consumo– termina siendo el brazo más importante de
la policía.[653]

Smith piensa que el delito es un producto de las condiciones socioeconómicas de la sociedad y en particular
de la condición de la pobreza. Para Smith, la condición de
dependencia experimentada por muchos sirvientes tiene
un efecto de detrimento: si muchos están empleados por
una misma casa y las condiciones económicas la obligan a
prescindir de algunos de sus sirvientes, entonces aquellos
son arrojados a una situación en la cual están obligados
a cometer delitos. Smith advierte que, aunque París tiene muchas más regulaciones y estatutos policiales que
Londres, tiene no obstante mayor criminalidad, un hecho
que atribuye a la naturaleza del desarrollo del comercio en
ambas naciones: en París "el espíritu del gobierno feudal
no fue abolido enteramente como en Inglaterra". La mayor
proporción de delitos de París se debe a que el número de
sirvientes en Francia es más alto. La "ociosa y lujuriosa" vida
que llevan "los convierte en depravados en mente y cuerpo",
tal que cuando sus amos los consideran prescindibles son
incapaces de sustentarse a sí mismos mediante el trabajo;
la consecuencia entonces es que devienen delincuentes. En
Inglaterra, en contraste, donde la convención es ahora no

[653]   Adam Smith, *Lectures on Jurisprudence*, R. L. Meek, D. D. Raphael y P.G.
        Stein (ed.), Indianapolis, Liberty Fund, 1982, pp. 5-6, 331, 333, 398, 486.

tener más de un sirviente cada uno, es menos probable que los echen y de este modo menos gente queda a la deriva.

> Vemos lo mismo en este pueblo [Glasgow], donde cada uno rara vez tiene más de un sirviente, que no se cometen –o se cometen pocos– delitos capitales, y la gran mayoría los realizan extranjeros; mientras que en Edimburgo, donde las residencias de nobles y adinerados reúnen en conjunto un vasto número de sirvientes que frecuentemente son despedidos por sus amos, hay varios delitos cada año.

El argumento específico de Smith –el que "sea la costumbre de tener muchos criados y dependientes la gran fuente de todos los desórdenes"– en realidad permanece un poco alejado del argumento histórico general: que la expansión del delito está relacionada con el grado en que un país o ciudad ha conservado sus vestigios feudales. Aquellos que no lo tienen –es decir, aquellas naciones que tienen al comercio y la manufactura como elementos predominantes para un estado de prosperidad– experimentan menos criminalidad. En otras palabras, "el establecimiento del comercio y manufacturas" da independencia a los trabajadores y es de ese modo "la mejor policía para prevenir delitos".[654]

Teniendo en cuenta que Smith considera a las *Lecciones sobre Jurisprudencia* como una contribución al debate acerca de la promoción de la opulencia y el estado de prosperidad, la centralidad de la policía en esas condiciones significa que las *Lecciones* son –en cierto sentido– una contribución positiva para el discurso del siglo XVIII sobre la policía, en sintonía con los temas encontrados en el cameralismo europeo. Las mismas cuatro funciones de gobierno –justicia, rentas públicas, armas y policía (política)– son identificadas tanto por Smith como por los escritores de la tradición cameralista continental. Y las referencias

---

[654]   Smith, *Lectures*, pp. 332-333, 487.

de Smith a la regulación de un gobierno en general, promocionando la opulencia del Estado y el mantenimiento del mercado como tarea de "policía", indican un concepto amplio de policía, idéntico al encontrado en la tradición de las ciencias policiales a lo largo de la Europa continental.

En *La Riqueza de las Naciones*, sin embargo, el uso del concepto de policía se ha alterado dramáticamente. Ahora esto es explicado con el famoso ejemplo de la fábrica de alfileres. En *La Riqueza de las Naciones* la fábrica de alfileres aparece en el primer capítulo del Libro I y es utilizada para ilustrar el principio de la división del trabajo. En cambio, en las *Lecturas* la fábrica de alfiler aparecía bajo el título de "policía", y se destacaba su rol en la reducción del delito, colaborando para sostener un estado de prosperidad. Por otra parte, en *La Riqueza de las Naciones* la policía tiene muy pocas menciones específicas, todas las cuales poseen virtualmente connotaciones negativas, que indican los sistemas económicos en los cuales el Estado favorece la industria de cada pueblo o país. En este contexto una "policía" excesiva es parte de los tipos *incorrectos* de gobierno. La policía, de esta manera, puede preservar el precio de un artículo de consumo en el mercado por sobre el precio natural y se asocia con reglas "simples". En el contexto del gobierno europeo, la policía es considerada como una obstrucción a la libre circulación del trabajo, mientras que en el contexto del gobierno de China, Egipto, Indonesia, la antigua Grecia y la antigua Roma la policía es descrita como la severa –y a veces violenta– política de favorecimiento de la agricultura o restricción del movimiento laboral.[655] Así, la palabra "policía" en *La Riqueza de las Naciones* no

---

[655]   Adam Smith, *Inquiry into the Nature and Causes of the Wealth of Nations*, R. H. Campbell, A. S. Skinner y W. B. Todd (ed.), Indianapolis, Liberty Fund, 1979, pp. 77, 79, 80, 137, 265, 541, 729, 730; también véase 151, 679, 681.

es utilizada a modo de autodescripción, tal como sucedía en las *Lecciones sobre Jurisprudencia*. Mientras que en las *Lecciones* "policía" denota el título general bajo el cual puede organizarse la propia discusión de los asuntos económicos, en *La Riqueza de las Naciones* esto ya no es así. En el último texto, la palabra "policía" es utilizada *negativamente* para indicar sistemas de regulación estatales a los cuales se opone *La Riqueza de las Naciones*.

Aunque en las *Lecciones* Smith relaciona la tasa de criminalidad en la sociedad con el grado en que deviene propiamente comercial, habiendo abandonado las prácticas feudales, omite la importancia de conceptualizar un estado de prosperidad por fuera del concepto de policía, y así –implícitamente al menos– la prosperidad del Estado. Como en la ciencia de la policía, Smith identifica abundancia y estado de prosperidad como temas clave, considerando en qué se convertiría la "economía política" como disciplina separada o rama de la jurisprudencia, y subsume sus consideraciones centrales bajo la categoría de policía. Aunque inmediatamente reduce el núcleo problemático dejando de lado los aspectos extraeconómicos de la policía como "demasiado insignificantes y austeros para ser tratados en un sistema de jurisprudencia". Las *Lecciones*, de esta manera, pueden considerarse una contribución al conocimiento de la "opulencia del Estado".[656] En *La Riqueza de las Naciones*, en cambio, la pobreza y el trabajo son considerados a través de una nueva herramienta conceptual: la sociedad comercial autogeneradora y autorreguladora. El estado de prosperidad, por lo tanto, es repensado como una condición de lo social más que de dicho estado en sí. Tal que el cuerpo soberano se exime de "la obligación de administrar la industria privada, y de dirigirla hacia los usos más adecuados para el interés de la sociedad". El hombre

---

[656] Smith, *Lectures*, pp. 5 y 398.

de Estado que busca directamente el deseo de ganancia privada hacia fines socialmente útiles "no se cargaría a sí mismo de una mayor atención innecesaria, pero supone una autoridad en la cual ciertamente se puede confiar". Desde que toda persona "deviene en cierta medida un comerciante", el "esfuerzo natural de cada individuo para mejorar su propia condición" es suficientemente "capaz de conducir a la sociedad hacia la riqueza y la prosperidad". El bienestar social proviene de la persecución del interés privado, en tanto este interés es guiado por una "mano invisible".[657] Parte de la contribución de Smith a la destrucción del mito de la soberanía fue liberar al pensamiento político de la visión de la policía como el principal mecanismo de poder del "legislador". La cuestión del cuerpo soberano está reducida a la seguridad interna y externa y a proveer formas de trabajos públicos e instituciones que ningún interés individual puede suministrar.

Precisamente debido a que esta transformación tuvo lugar en la obra de Adam Smith es que ha sido materia de especulaciones. La distancia que toma Smith respecto del concepto de policía en tiempos de *La Riqueza de las Naciones* puede bien haber sido el resultado de un gran acercamiento con aquellas doctrinas incorporadas durante su estadía en Europa continental, entre que dictó sus *Lecciones sobre Jurisprudencia* y que escribió *La Riqueza de las Naciones*. Smith dejó Glasgow en enero de 1764, pasando unos dieciocho meses en Toulouse y otros pocos meses en Génova y después en París, antes de retornar a Escocia vía Londres. Durante ese período, en Francia tuvo lugar un debate acerca de la liberalización del comercio de granos, con algunos apoyando un "sistema de libertad

---

[657]   Smith, *Wealth of Nations*, pp. 37, 456, 540, 687-688; *The Theory of Moral Sentiments*, D. D. Raphael y A.L. Macfie (ed.), Indianapolis, Liberty Fund, 1982, pp. 184-185.

natural" y otros un "sistema de policía". En una declaración
de mayo de 1763 y en un edicto posterior en julio de 1764,
el gobierno de Luis XV rompió con la tradición provisionista
en Francia. El rey renunciaba a la vieja policía y con ella a
las premisas sobre las cuales se había basado la provisión
del grano, proclamando en su lugar una era de la libertad
en la cual el grano estaría libre de los mecanismos políticos a los que estaban acostumbrados hasta entonces. Esto
habilita el comercio a cualquiera que quisiera participar,
derogando leyes que exigían a los comerciantes registrar
sus transacciones, permitiendo transacciones fuera del
mercado y aboliendo los impuestos sobre el tráfico de
granos. El rey hizo en sus declaraciones una gran contribución al proceso de liberalización –"absolutismo al servicio
del liberalismo", en palabras de Kaplan–, que había sido
reclamado por influyentes escritores.

En su *Ensayo sobre la policía general de granos* (1753),
por ejemplo, Claude-Jacques Herbert golpeó el corazón
de la noción de policía al proclamar que interviniendo
en la provisión de granos la policía había simplemente
conducido a precios altos o ayudado a agotar las fuentes
de suministro. Como tal falló en asegurar la felicidad del
pueblo: "Cuanto más queríamos perfeccionar esa Policía
(de granos) más nos alejamos del camino correcto".[658] Otros
escritores en los años 1750 también ayudaron a formar
ideas más liberales sobre la policía, intentando repensar
las condiciones de prosperidad. Entre ellos los más desta-
cados fueron Quesnay y Turgot. Aunque los fisiócratas se
convertirían más tarde en una de las principales fuentes de
Smith, no obstante ayudaron a desarrollar la crítica liberal
de la policía identificando el derecho a la propiedad con la
libertad total; este fue el período en el cual se generalizó el

---

[658] Steven Kaplan, *Bread, Politics and Political Economy in the Reign of
Louis XV*, The Hague, Martinus Nijhoff, 1976, pp. 90-163.

término *laissez faire*. El grano era un artículo de consumo como cualquier otro, argumentaban, y como tal debería dejarse al libre comercio como una parte del más amplio sistema de libertad.

Cuando Smith viajaba a lo largo de Francia, habría encontrado un debate, entonces vigente, que puede explicarse –simplificando– como el inicio de una batalla por la "policía" o la "libertad" del comercio de granos. Subrayando los argumentos, para ambos surge la suposición de que la policía conduciría mejor al orden; Turgot, por su parte, trayendo a ambos –libertad y orden– al mercado francés. Smith era ciertamente conciente de algunos de esos debates. La idea principal del terreno jurisprudencial al comienzo de las *Lecciones* parecería haber sido tomada de las secciones sobre policía de *Las Instituciones Políticas* de Bielfield (1760) y en más de una ocasión cita el *Ensayo* de Herbert. De todos modos, a pesar de que los edictos reales acompañaban el debate sobre la liberalización del comercio de granos, y la "policía estacionalmente indiferente" practicada en Francia, el hecho es que cuando Smith estuvo de viaje allí el comercio de granos estaba iniciando una crisis estacional que ocupó la mayor parte de la década (desde 1765 hasta 1775) y que implicó por entonces una intensificación de los mecanismos policiales. De ese modo, en el contexto de un debate acerca de la naturaleza de la libertad y de la policía, Smith enfrentó la intervención de la policía más poderosa. No es desacertado sugerir que esto condujo a Smith a los peligros de *policiar* prosperidad más allá de la mera protección de la seguridad interna y de la prevención del delito.

Ahora, considerando el prestigio de Smith como economista político, puede parecer que la espinosa ciencia de la policía fue desplazada por la economía política, como parte de un cambio global de la policía a la economía política. Pero en realidad Smith era absolutamente austero en el uso del término "economía política", en parte porque escritores contrarios lo habían utilizado, como Sir James Stewart en su *Investigación sobre los Principios de la Economía Política*, pero además porque Smith consideraba a la economía política como una sola parte de las extensas investigaciones a las que estaba abocado. Smith define a la economía política en la introducción al Libro IV de *La Riqueza de las Naciones*:

> La economía política, considerada como una rama de la ciencia del estadista o del legislador, se propone dos objetos distintos: en primer lugar, suministrar un abundante ingreso o subsistencia para el pueblo, o más precisamente, permitirles proveerse a sí mismos de ingresos o medios de subsistencia; en segundo lugar, proveer al Estado o República de rentas suficientes para los servicios públicos. Propone entonces enriquecer al mismo tiempo al soberano y al pueblo.[659]

El hecho de que Smith defina la economía política como una rama de la ciencia del estadista o del legislador, nos recuerda que *La Riqueza de las Naciones* surgió como aquella parte de las *Lecciones* que trataba con las cuestiones subordinadas de "policía, impuestos y armas", y nos remonta a los orígenes de la economía política en el intento de promover el poder y la riqueza del Estado. De esta manera, a pesar de las diferencias entre *La Riqueza de las Naciones* y los textos tempranos de Smith, la primera puede considerarse como el final lógico de los argumentos de los siglos XVII y XVIII acerca de que sólo el hombre de Estado o el soberano podían reconocer y defender el bien común de la nación, un bien común definido en términos de riqueza. En este sentido, en lugar de suprimir enteramente la noción de policía, en cuanto sugiere la idea del cambio "desde la policía a la economía política", la obra de Smith puede ser

---

[659]   Smith, *Wealth of Nations*, p. 428.

considerada en cierto sentido como una versión propia del "gran sistema de policía pública", una contribución "al perfeccionamiento de la policía".[660] Por mucho que Smith se enfrentara a las tendencias absolutistas de la ciencia de policía, nunca se opuso a la nueva comprensión de la policía. Y la base de esta nueva comprensión no es tanto la economía política sino una renovación de los ideales *liberales*. Aunque necesitemos ser cuidadosos frente al uso del término "liberalismo", en el sentido del siglo XVIII, no obstante es claro que Smith veía su proyecto como un argumento para el *gobierno liberal* más que para la "economía política". Smith distingue el sistema de libertad natural del mercantilismo de Colbert, por ejemplo, argumentando que "en lugar de permitir que cada hombre persiga el propio interés a su manera, según el plan liberal de igualdad, libertad y justicia, Colbert concedió extraordinarios privilegios a ciertas ramas de la industria, mientras que a otras les ponía extraordinarias restricciones". Y sobre asuntos tan diversos como las colonias, los bancos, el comercio de maíz, las profesiones, las exportaciones, las recompensas al trabajo, los vicios sociales de los individuos, Smith deja en claro que los criterios liberales debían ser los favorecidos.[661] Esos argumentos liberales son los que eventualmente dan lugar a una visión del perfeccionamiento de la policía. Tal visión –una nueva visión del orden, en efecto– debía encontrarse en una serie de nociones acerca del Estado de derecho y de la cuestión de la seguridad.

---

[660] Las frases son de *Theory of Moral Sentiments*, pp. 185-6.

[661] Smith, *Wealth of Nations*, p. 664. Sobre los bancos véase pp. 312-314, 329; sobre el comercio del míz pp. 538-539, sobre la recompensa liberal al trabajo pp. 91, 98, 99, 565; sobre el liberalismo en lo social pp. 794-6; sobre las profesiones liberales pp. 119, 12, 126, 143, 796, 866; sobre otros diversos usos sobre los cuales Smith puntualiza la superioridad de los acuerdos liberales véase pp. 53, 123, 163, 349, 402, 509, 516, 522, 525, 576, 619, 671, 771, 796, 803, 864.

Ley y orden

Es bien sabido que el liberalismo promueve la oposición entre el Estado de policía y el Estado de derecho. Mientras el Estado de policía aparece esencialmente "estatista", dejando –más o menos– libre acción al uso arbitrario de los poderes ejecutivos, el Estado de derecho parece ser el modo liberal de gobernar: el único Estado posible para una sociedad de ciudadanos verdaderamente libres e independientes. Los pensadores más importantes a partir de los cuales se genera la tradición liberal, desafiaron así los principios de policía y *Polizeistaat* en nombre de una sociedad civil independiente con derechos específicos para sus miembros. En la clásica defensa kantiana de la Ilustración, como la emergencia del hombre desde su propia inmadurez, el valor de la prudencia, por ejemplo, el énfasis en el uso del propio entendimiento y la capacidad de trabajar el camino hacia afuera de la inmadurez, no solamente requieren dejar lo público en un estado de libertad individual, sino además que el valor del uso del entendimiento propio sea defendido por un sistema de leyes. Esto sería un "Estado civil" bajo el dominio del Derecho, bajo el cual las personas viven como sujetos en igualdad ante la ley y libres para perseguir su libertad y felicidad como la base para el autodesarrollo.

Kant propuso un eudemonismo más consistente con el Estado de derecho que un sistema de policía: "El hombre tiene diferentes visiones sobre el fin empírico de la felicidad y lo que ella significa, de tal forma que en lo que concierne a la felicidad no podrá ser obtenida bajo ningún principio común. [...] El soberano [que] quiere hacer feliz al pueblo como mejor le parece [...] deviene un déspota". El poder soberano debe contenerse, garantizando simplemente la igual libertad de todos ante la ley y protegiendo la seguridad, tal que "cada uno sea libre de buscar su felicidad en

la forma que considere más conveniente". Esto necesariamente limita el rol de la policía. No es que "la policía no
tenga un beneficio positivo", sino que "su principal tarea
es prevenir la violencia, a partir de la cual los ciudadanos
entran en miedo mutuo, para que cada uno pueda seguir su
vocación en paz y seguridad".[662] Nótese el término utilizado
aquí: "paz y seguridad".

Kant basa su visión en distintos escritores. Wilhelm
von Humboldt, por ejemplo, que distingue entre la policía
como el Estado que provee seguridad y la policía como el
Estado que ofrece "bienestar positivo". "Un Estado, luego,
tiene uno o dos fines en vista; diseñar y promover felicidad o simplemente prevenir el mal [...] Si restringe su
incumbencia al segundo de estos aspectos, apunta simplemente a la seguridad, y yo opondría este término de
seguridad a cualquier otro fin posible de agencia estatal,
e incluyo esto último bajo el título general de Bienestar
Positivo". Por "bienestar positivo" Humboldt entiende la
polizeistaat, subsistencia vigilada gestionando la ley de la
pobreza y el valor de la cultura, industria y comercio, regulación del mercado financiero y control de la importación
y exportación, e intento de remediar o prevenir desastres
naturales. "Todas estas instituciones", para Humboldt, "tienen consecuencias nocivas, y son irreconciliables con un
verdadero sistema político". En lo que respecta a la policía,
"debemos analizar el hecho de que aquellas regulaciones
no vinculadas a la seguridad, pero dirigidas al bienestar
positivo del ciudadano, son comúnmente clasificadas bajo

---

[662] Immanuel Kant, *Critique of Pure Reason* (1781), Norman Kemp Smith
(trans.), London, Macmillan, 1933, prefacio a la segunda edición, p. 27;
"An Answer to the Question: 'What is Enlightenment?'" (1784), "On the
Common Saying: 'This May be True in Theory, but it does not Apply in
Practice'" (1793), y "The Metaphysics of Morals" (1797), todos en *Political
Writings*, H. B. Nisbet (trans.), Cambridge, Cambridge University Press,
1991, pp. 54-55, 73-75, 80-83.

este rótulo [leyes de policía] en tanto no encuadran con el sistema de clasificación que he adoptado". En esta visión, las leyes de policía deben ser concebidas bajo la forma más limitada: "Ellos restringen acciones cuyas consecuencias inmediatas ponen en peligro los derechos de los demás; o imponen limitaciones en aquello que usualmente conduce finalmente a transgredir la ley; o al final pueden especificar lo que es necesario para la preservación o ejercicio del poder del Estado en sí mismo".[663]

El énfasis del Estado de derecho por sobre el Estado de policía fue también un tema común en América del Norte, porque adoptó ciertas ideas de Europa para luego devolverlas reelaboradas como principios centrales de una buena política. Algunos de los fundadores europeos jugaron usando la noción de "policía" como parte de un arsenal teórico de la visión americana de la buena sociedad. Inmediatamente después de convertirse en gobernador de Virginia en 1779, por ejemplo, Jefferson propuso al *College of William and Mary*, un lugar en Derecho y Política como medio de alcanzar su visión del buen entrenamiento para ciudadanos republicanos, indicativo de la relación entre derecho y policía en el pensamiento de Jefferson, lo que implica una construcción de Estado para realizar no sólo una sociedad liberal capitalista, sino también el bienestar general y la felicidad del pueblo. Es también indicativo del hecho de que desde aproximadamente la época de la revolución, los americanos tuvieron un conjunto de opciones alternativas referidas a la mejor política abierta para ellos; es en ese momento que el lenguaje de policía entra en el discurso político americano. Sin ninguna sorpresa lo hizo con sus viejas nociones europeas intactas: "policía" fue tomado como referencia a las regulaciones generales

[663]   Wilhelm von Humboldt, *The Limits of State Action* (1792), J. W. Burrow (ed.), Indianapolis, Liberty Fund, 1993, pp. 16-17, 86.

coextensivas con el "gobierno", la gestión del orden de los bienes comunales y la felicidad colectiva. Pero en su lugar otra visión triunfó, aquella de Madison y Hamilton, para quienes la cuestión principal era visión más limitada de la seguridad; como tal, proponen una visión del Estado que privilegia derechos sobre política y de esta forma limitan estrictamente el rol de policía dentro del marco del Estado de derecho. La insistencia en *El Federalista* sobre la *reverencia* hacia la ley apareció para cambiar la ley dentro del poder soberano. "En Norteamérica la ley es el rey", según anotaba Thomas Paine.[664] Esta idea de ley se convirtió en un componente central de la autocomprensión de la constitución de los Estados Unidos: aquel gobierno sería "un gobierno de leyes y no de hombres". De esta manera la ley se transformó en el discurso paradigmático para explicar la vida en Norteamérica. Lo cual tuvo un importante efecto en el concepto de policía, para el discurso de la policía, confrontando un discurso enfrentado a la ley que se encontraba en un lenguaje de consenso e independencia.

Todo esto no quiere decir que el constitucionalismo liberal que rodea el Estado de derecho haya triunfado inmediatamente; la teoría y la práctica de los poderes de policía en el viejo sentido del término continuaron aún bien entrado el siglo XIX, operando en consonancia con las más recientes suposiciones y prácticas liberales. Pero el mito del constitucionalismo liberal ciertamente triunfó. Este mito involucraba un enfrentamiento entre *Rechtstaat* y *Polizeistaat*, el Estado de derecho contra el Estado de policía. Parte de la solución del liberalismo al problema del orden social fue la gestión de la ley: orden devino imperio

---

[664] Thomas Paine, *Common Sense* (1776), en *Rights of Man, Common Sense and Other Political Writings*, Mark Philp (ed.), Oxford, Oxford University Press, 1995, p. 34; James Madison, Alexander Hamilton y John Jay, *The Federalist Papers* (1787-1788), núm. 49, Harmondsworth, Penguin, 1987, p. 314.

de la ley. En este nuevo constitucionalismo liberal, el bien ordenado Estado de policía debió ser reemplazado por un Estado de seguridad fundado en un sistema de derechos, en el cual el Estado de derecho defendía al ciudadano de la excesiva interferencia del Estado o del poder de policía. Como el liberalismo llegó a ver el orden sólo a través del cristal de la ley, la policía tenía que ser vista a través de esa misma lente. Nunca más hubo una fuerza de carácter prácticamente universal con poderes ilimitados para perseguir la felicidad común, la policía fue reconceptualizada como una fuerza más limitada con poderes claramente especificados y orientados a la prevención del delito y a la seguridad interna. Concomitantemente, la actividad económica llegó a ser vista como un aspecto esencialmente "privado" y segregado de la gestión pública. En otros términos, la visión liberal buscó separar la más amplia tarea del bienestar y la administración de la "policía", reduciendo la última a la más limitada tarea de protección de la ley y el orden a través de la prevención y detección del delito. Para los últimos años del siglo XVIII esto había transformado el cameralismo y la ciencia de policía, la cual gradualmente se encontró agobiada por la economía política y la jurisprudencia liberales. Los limitados aspectos de ley-y-orden de la policía habrían de ser separados del más amplio concepto de *Polizeiwissenschaft*: la policía debía "especializarse" y separarse de su vinculación histórica con el bien general.

Luego tenemos lo que aparece como una transición conceptual simultánea –de la policía a la economía política, del Estado de policía al Estado de derecho– lo que ha sugerido desplazar el paradigma de la policía. Por una parte, están la economía política y el Estado de derecho, enraizados en el lenguaje de los derechos y del gobierno limitado y centrados en una sociedad civil independiente entendida de acuerdo con las leyes naturales de la política económica. Por otra parte, el paradigma de policía centrado en la dominación política de la sociedad civil vía gestión de la población a través de los mecanismos de policía y de la identificación ideológica de la sociedad civil con el Estado. Mientras que para los teóricos de la policía las bases de la soberanía eran la relación "vertical" entre regulador y regulado, soberano y sujetos, rico y pobre, tratando con la política implícita en la identificación del Estado con la sociedad civil, en cambio para el liberalismo la base de la soberanía es más "horizontal" que vertical, y descansa sobre una sociedad civil en la cual cada individuo expresa su natural propensión al trueque, cambio e intercambio. Nunca más una vinculación con la fabricación del orden social desde arriba por el Estado, puesto que a fines del siglo XVIII el liberalismo reclamaba haber destronado la *raison d'etat* en favor de cultivar una sociedad civil autónoma. Esto creó una miopía teórica en lo concerniente al Estado, de la cual el liberalismo nunca se recuperó del todo, una miopía capturada claramente en el recurso de Smith a la "mano invisible", lo que es un síntoma del más costoso error político: que la sociedad civil y el orden comercial pueden existir sin ser fabricados por el Estado.[665] Esta conclusión aparente de la cuestión del Estado y de su poder constitutivo sobre la sociedad civil impuso la clausura teórica liberal sobre la idea de policía. Ayudando al análisis del cambio político desde un intervensionismo político racional hacia un "no-intervensionismo", la cuestión del orden fue traspuesta desde el terreno de la policía al terreno del comercio. Lejos de ser la antítesis de la policía, posteriormente, el liberalismo involucró una revisión

---

[665] El hecho de que 200 años después los liberales todavía celebren el cuento de Smith sobre la mano oculta, no sólo como la primera descripción de un proceso de autoordenamiento, sino también como la primera descripción científica, nos da una gran idea acerca de lo poco que el liberalismo fue avanzando durante dos siglos.

general del concepto de policía en los nuevos términos
liberales de fines del siglo XVIII.

Al hacer esto el liberalismo enfrentó la mayor dificultad,
conectada con el hecho de que la noción de policía tenía
connotaciones positivas y negativas. "Positivas" en el sentido de que implicaba bienestar general, salud y prosperidad,
y de esta manera la *presencia de orden*; negativa en el sentido de que implica espiar, censurar, la gestión excesiva del
comercio y así la *ausencia de libertad*. Lo positivo y negativo
parecieron ir mano a mano. Este orden arrastra una carencia
de libertad. Para transformar la idea de policía, por ende,
el liberalismo requiere de una recodificación radical de la
política del orden. Y el concepto de seguridad es central
para esta recodificación. ¿Por qué? Porque aun a pesar de
todas las críticas del poder de policía, todas las supuestas
confrontaciones con el absolutismo y todos los desafíos del
mundo histórico a la razón de Estado, la "seguridad" en sí
misma no podría ser abandonada nunca. A los liberales,
por este motivo, les agrada la seguridad del mundo.

Me gusta tu palabra... "seguridad"

En el verano de 1945, antes de que Hiroshima recibiera
la servil lección del poder militar de Estados Unidos, Joseph
E. Johnson, Jefe de Asuntos Internacionales de Seguridad
del Departamento de Estado norteamericano, comentó
que "el nombre abstracto 'seguridad' adquirió un significado muy concreto para nosotros". Ha habido, pensaba, un
cambio significativo en la actitud hacia la seguridad, el cual
puede ser testimoniado por el hecho de que se hizo imposible "leer un periódico, hojear una revista o ir a cenar" sin
ser consciente de las extensas discusiones que este concepto
acarrea. Unos pocos meses después, en el otoño de aquel
año, un conjunto de líderes civiles y militares de diferentes

partes de los Estados Unidos testificaron ante un comité
del Senado sobre la unificación de los servicios militares,
mientras dieciocho meses antes las conversaciones sobre el
mismo tema apenas habían usado el término "seguridad",
para 1945 estaba en boca de todos en conjunción con el
concepto de nación: "seguridad nacional". Kames Forestal,
Secretario de la Armada y el más poderoso defensor del
concepto, comentó que la "seguridad nacional" puede ser
garantizada solamente con un amplio y abarcativo frente,
y agrega que "estoy usando la palabra 'seguridad' aquí
consistente y continuamente más que 'defensa'". La idea
pareció tan nueva que un senador comentó: "Me gustan
sus palabras: 'seguridad nacional'".[666]

El Consejo de Seguridad Nacional de los Estados
Unidos y la Agencia Central de Inteligencia que emergieron
de todo esto fueron de esta manera productos de debates,
no sobre "defensa" (vista como una cuestión estrictamente
militar), o aun "interés nacional" (visto como un concepto demasiado débil para formar la base del ejercicio de
poder del Estado), sino sobre "seguridad nacional" (así
incorporado en el Acta de Seguridad Nacional de 1947).
Las implicaciones de este desarrollo sobre el concepto de
seguridad fueron masivas, no sólo a causa de la expansión
global de los Estados Unidos, engendrando y fundando una
generación de académicos guiados hacia los estudios de
área –estudios de seguridad y más generalmente relaciones
internacionales–, sino también porque pareció colocar al
Estado en el corazón de la cuestión de seguridad: fue el
Estado el que tuvo que ser asegurado y la seguridad del
Estado la que debió ser priorizada. La "seguridad nacional"
de este modo consolidaba una tradición en el discurso

---

[666]   Para este desarrollo y su impacto véase Mark Neocleous, "Against Se-
         curity", *Radical Philosophy*, 100, 2000, pp. 7-15, de donde fue tomado
         el siguiente párrafo.

político, una tradición en la cual la seguridad del Estado es fundamental.

En este sentido, la seguridad es fácilmente leída como un tópico ideológico estatista, reforzando demandas por el estado de orden y estabilidad y canalizando así demandas de libertad. Dicho estatismo podría luego ser visto como una cuestión vinculada a la tradición cameralista del policiamiento, para la cual las instituciones policiales atraviesan todo el cuerpo social y político. Esto estaría en oposición con el ideal liberal: un ideal de poderes policiales limitados y legalmente regulados y un ideal de seguridad individual en equilibrio con libertad. Pero tal visión no nos brinda el cuadro completo.

La palabra inglesa *security* proviene del latín *securitas-securus*. El latín *securitas-securus* a su vez deriva de *sine cura*. *Sine,* que significa 'sin,' y *cura,* que significa 'problema,' 'solicitud,' 'cuidado,' 'ansiedad,' 'atención,' 'dolor,' 'pesar,' 'tutela,' referido a personas y cosas. Ambas en conjunto significan *sine cura*: 'estar sin cuidado,' 'libre de cuidados.' *Securitas* se define consecuentemente como 'libertad desde la preocupación y el peligro,' o visto desde un ángulo ligeramente diferente, 'a salvo y seguro.'[667] Esto último parece darnos la supuesta dimensión "positiva" de la seguridad; es pertinente notar que el *Diccionario Oxford de la Lengua Inglesa* brinda algunos ejemplos acerca de cómo la seguridad fue originalmente pensada como un estado *negativo*: "Nuestra vanagloria, nuestros vicios, avaricias, seguridad (1564); "ellos [...] fueron trazados sin seguridad" (1575). Aquí "la seguridad es el principal enemigo de los mortales", como declaró Hécate en el *Macbeth* de Shakespeare (III, v, 32). En términos de sus orígenes, luego, la seguridad se

---

[667]   Michael Dillon, *Politics of Security: Towards a Political Philosophy of Continental Thought*, London, Routledge, 1996, pp. 16 y 125.

refiere a individuos y fue concebida como descuido, peligro y en algunos casos como ausencia de confianza.

Para el desarrollo de la idea hubo dos contribuciones de crucial importancia. Por un lado, la seguridad desarrolló una dimensión política positiva bajo el nombre *Securitas Publica*, que se construye sobre la idea de necesidad contenida en el concepto original de *raison d'etat,* y seguida por los principios materializados en la Paz de Westphalia. Esto fue eventualmente transformado por la idea de seguridad de Estado y luego por la idea de seguridad nacional. Por otra parte, aunque en el siglo XVIII "seguridad" había desplegado este intenso significado político centrado en el Estado, la segunda mitad de ese siglo fue también un período de innovación conceptual en el que la noción adquirió un perfil semántico liberal. Este fue determinado por la búsqueda del liberalismo de un concepto liberal de orden y policía. El resultado de esta búsqueda revela que mientras la libertad y la seguridad pueden aparecer superficialmente como conceptos opuestos, son en realidad mucho más familiares que lo que se piensa.

Smith, por ejemplo, comenta el establecimiento de "libertad y seguridad" al mismo tiempo que "orden y buen gobierno"; este es un punto que repite continuamente.[668] Más aun, define "la libertad de cada individuo" como fundada en parte sobre "el sentido que él tiene sobre su propia seguridad", agregando que "la administración de justicia depende" de esta seguridad. Y describe como "justa" la tasa pagada por Irlanda y Norteamérica al Estado británico. Smith comenta que esto no es pagado por la libertad otorgada por el Estado Británico, sino más bien por "cada seguridad que ellos poseen para su libertad".[669] Nótese la connotación de los comentarios de Smith y sus órdenes de

---

[668]   Smith, *Lectures*, pp. 405, 412 y 540.
[669]   Smith, *Lectures*, pp. 722-723 y 944.

prioridad. Él no dice que una cierta libertad debe ser resignada con el fin de alcanzar seguridad. Más bien, libertad y seguridad deben ir a la par, o bien la seguridad será en cierta medida absorbida por la libertad, noción ontológica y políticamente prioritaria para el compromiso liberal.

Aproximadamente el mismo punto es reiterado por casi todos los pensadores liberales. Montesquieu, por ejemplo, declara que "la libertad política consiste en la seguridad o, al menos, en la opinión que uno tiene de su seguridad personal", mientras que Bentham sugiere que "una idea clara de libertad nos llevará a observarla como una rama de la seguridad".[670] Ahora, brevemente, algunos otros ejemplos: "Si la población es conectada con la riqueza nacional, la libertad y la seguridad personal es el gran fundamento de ambos" (Ferguson); "el diseño y el fin del gobierno es la libertad y la seguridad" (Paine); "el pueblo, sin libertad política, no tendría seguridad para la continuación de las mismas leyes" (Priestly); "la pérdida de seguridad" es "la pérdida de libertad" (Paley); "llamaría seguridad, si la expresión no parece muy abrupta para ser clara, a la segurización de la libertad legal" (Humboldt).[671]

---

[670] Smith, *Lectures*, pp. 405, 412, 540, 722-723, 944; Montesquieu, *The Spirit of the Laws* (1748), Anne Cohler, Basia Miller y Harold Stone (trans.), Cambridge, Cambridge University Press, 1989, Pt. 2, Libro 12, Capítulo 2; también Pt. 2, Libro 11, Capítulo 6; Jeremy Bentham, *Principles of the Civil Code*, en *The Works of Jeremy Bentham, Volume I*, Edinburgh, William Tait, 1843, pp. 302, 307; también véase Bentham, *An Introduction to the Principles of Morals and Legislation* (1789), en *A Fragment on Government and An Introduction to the Principles of Morals and Legislation*, Oxford, Blackwell, 1960, p. 147.

[671] Adam Ferguson, *An Essay on the History of Civil Society* (1767), Edinburgh, Edinburgh University Press, 1966; Paine, *Common Sense*, p. 7; Joseph Priestly, "An Essay on the First Principles of Government" (1771), en *Political Writings*, Cambridge, Cambridge University Press, 1993, p. 32; William Paley, *The Principles of Moral and Political Philosophy*, London, R. Faulder, 1785, pp. 444-445; y Wilhelm von Humboldt, *The Limits of State Action* (1792), Indianapolis, Liberty Fund, 1993, p. 84.

Así, cuando en *El Utilitarismo* (1861) John Stuart Mill describe la seguridad –más que la libertad– como "el más vital de todos los intereses", está reestableciendo algo que luego habría de convertirse en un lugar común. Nuestro interés, según comenta, oscila enormemente de persona en persona dependiendo de sus caracteres y deseos; motivo por el cual debemos respetar la libertad. "Pero no hay posibilidad del ser humano sin seguridad; de ella dependemos para toda nuestra inmunidad del mal y para el completo valor de todo y cada bien [...] ya que nada sino la gratificación del instante puede ser peor para nosotros, si nosotros podemos ser privados de alguna cosa en el próximo instante por quien sea momentáneamente más fuerte que nosotros mismos". Y Mill continúa agregando los más obvios puntos políticos, que son indispensables para las condiciones de existencia de cierta maquinaria política.[672] Tal planteo es reiterado en *Consideraciones acerca del Gobierno Representativo*, publicado el mismo año, donde el gran defensor de la libertad comenta que las "primeras necesidades de la sociedad" son "la seguridad de las personas y la propiedad".[673] Así debería decirse que uno de los logros del liberalismo, tal como se desarrolló a finales del siglo XVIII y en el siglo XIX, fue tratar la seguridad y la libertad no como cierta clase de límites opuestos uno al otro, sino como *aproximadamente sinónimos*.

Esta identificación de libertad con seguridad debe ser entendida como parte de la articulación de una cierta visión de la seguridad: "libertad" indicada como un rango de actividades que ocurren fuera del dominio político. Marcado contraste con el cual lo anterior podría mencionarse como un enfoque centrado en el Estado, donde

---

[672] En *Utilitarianism, On Liberty and Considerations on representative Government*, London, Dent and Sons, 1972, p. 50.
[673] *Representative Government*, en *Utilitarianism, op. cit.*, p. 355.

la seguridad se torna el criterio decisivo de la libertad e
involucra la seguridad de un desarrollo no perturbado
de los procesos de vida para la sociedad en su conjunto;
la libertad, esto es, de la propiedad privada. El gobierno
existe "para la seguridad de la propiedad", nos dice Smith,
al presentarnos una tríada de conceptos que corren tan
cercanamente uno del otro, que aparecen casi confundidos:
"libertad, seguridad, propiedad".[674] La misma tríada puede
encontrarse en diversos lugares en los últimos años del siglo
XVIII, como en los *Comentarios sobre las Leyes de Inglaterra*
(1769), de Blackstone, sobre la declaración francesa de
que los derechos del hombre son "libertad, propiedad y
seguridad". "Seguridad", en otras palabras, se torna la base
de la mentalidad burguesa liberal. La recodificación que
hace el liberalismo radical acerca de la política del orden
en el siglo XVIII ubicó la política en un rango de "medidas
de seguridad", consistentes con los principios liberales. El
concepto de seguridad deviene la garantía ideológica de
la independiente y autointeresada búsqueda de propiedad
en la sociedad burguesa, la garantía del egoísmo de la sociedad civil. De esta manera, la seguridad se transforma en
el concepto supremo de la sociedad burguesa.[675]

El hecho de que la seguridad sea el concepto supremo
de la sociedad burguesa no debería sorprendernos, porque
la sociedad burguesa, por supuesto, está fundada en la
inseguridad. El *Diccionario Oxford de la Lengua Inglesa*
organiza la entrada para "Seguridad" bajo tres secciones,
cada una altamente reveladora. Las primeras dos secciones indican que "seguridad" funciona como sustantivo
y verbo. "Seguridad" se refiere a una condición (de estar

[674] Smith, *Wealth of Nations*, pp. 710, 944; también véase pp. 456, 910.
[675] Karl Marx, "On the Jewish Question", en Karl Marx, *Early Writings*, Rodney
Livingstone y Gregor Benton (trans.), Harmondsworth, Penguin, 1975,
p. 230.

seguro o protegido), un estado (de libertad desde el cuidado o la duda), o una cualidad (de estar seguramente fijo).
Pero también se refiere a un significado de estar seguro
y así a un proceso (de construir seguridad, de asegurar
algo). El tercer significado es financiero –en el sentido de
"seguridad-unión"–, indicando que tanto la "seguridad"
como el "capital" son términos clave para la economía y
el derecho burgueses. El hecho de que "seguridad" sea
un sustantivo y un verbo revela que cuando se habla de la
condición de seguridad, uno debe dirigirse al sustantivo y
al activo proceso de segurización. La seguridad no es sólo
un nombre que denota algo, sino también un principio
de formación. Sobre esta base, el proyecto de seguridad
–esto es, el proyecto de policía– debe ser pensado no como
una institución o un conjunto de instituciones sino como
un proceso, un principio de formación. Y ese proceso es
indispensable a causa de la inseguridad inherente al sistema de propiedad privada. El mercado descansa sobre
la inseguridad de los actores económicos, se funda en la
inseguridad de una clase de pobreza siempre al filo de
caer en un estado de indigencia y a convertirse en plebe,
y que finalmente deviene insegura por la generación de
enemigos políticos.

Toda la seguridad se define en relación con la inseguridad. No sólo cualquier llamado a la seguridad debe
involucrar una especificación del miedo que engendra
(como en Hobbes), sino que además este miedo (inseguridad) demanda contramedidas (seguridad) para neutralizar, eliminar o constreñir a la persona, grupo, objeto o
condición que engendra el miedo. Por lo tanto, *segurizar*
es lo que se hace sobre una condición que es inevitablemente insegura. Esto es así porque sólo sobre la base de
algo formado por la inseguridad es que la seguridad puede
segurizar. Es lo que James Derian describe como la paradoja
de la seguridad: en la seguridad encontramos inseguridad;

cualquier argumento para la seguridad contiene un fuerte
componente de inseguridad: "Originado en la contingencia
de la vida y en la certeza de la mortalidad, la historia de la
seguridad se lee como una denegación, un resentimiento,
y finalmente una trascendencia de esta paradoja".[676] Pero
esta podría simplemente ser señalada como la paradoja
del liberalismo. Conducido políticamente por el deseo de
una libertad abstracta y económicamente por el deseo de
estar del lado de la acumulación de capital, el liberalismo
reconoce la inseguridad fundamental en el corazón del
verdadero sistema que busca establecer. En respuesta a tal
inseguridad, el liberalismo es de esta manera finalmente
conducido por el mismo ideal que animó a sus oponentes
absolutistas o autoritarios, el ideal de seguridad fuera del
cual sucumbe al proyecto de policía.

Así la historia de la policía como un proyecto de seguridad es una historia del miedo de la propiedad privada
hacia su "otro" más radical: el comunismo. La propiedad
privada es inherentemente insegura porque la sociedad
civil genera sus propios enemigos (la burguesía produce sus
propios sepultureros). El proyecto de policía, sin embargo,
involucra nada menos que el aseguramiento del sistema
social –la fabricación de la *seguridad social*–, objetivo que
consiste menos en la seguridad del ciudadano individual
en los tiempos que lo necesita, y mucho más en la seguridad de las formas existentes de dominación social. Es
por esta razón que la seguridad como idea es uno de los
mecanismos ideológicos principales del funcionamiento
de la sociedad burguesa, uno de los fetiches fundamentales
de nuestros tiempos.

---

[676]   James Der Derian, *Antidiplomacy: Spies, Terror, Speed, and War*, Oxford,
        Blackwell, 1992, p. 75.

Capítulo 7
Policía, política y filosofía. Apuntes para una crítica de la razón policial[677]

Gregorio Kaminsky

Escenarios

La violencia colectiva prevaleciente en los Estados occidentales ha alcanzado tanto o mayor protagonismo que el que suelen tener las condiciones de pobreza y trabajo, las cuestiones de educación y salud o, de modo primordial, la alimentación y la indigencia. Hambre, miseria, guerras... tanto como el deterioro del medio ambiente y el cambio climático, conducen hacia estados límite de la naturaleza / sociedad que demandan una diversificada producción global-biopolítica de conocimientos, que contribuya a disipar un estado de inminencia de desastres.

En el mismo sentido, se aúnan los pormenores de la violencia social urbana, y el comentario de la opinión pública y el sistema mediático mundializado se configuran con similares formatos catástrofe a los problemas del aire, la tierra, el agua, las hambrunas, las pandemias... Sin embargo, en el estudio de los dispositivos asociados a la violencia urbana, y en especial los relacionados con la seguridad ciudadana, existen aspectos que parecen posponer la necesidad y relegar la importancia, desde política hasta epistémica, de los procesos de conocimiento que están vinculados.

---

[677] Una versión previa de este texto fue publicada en la revista *Pensamiento de los Confines* (núm. 25, noviembre de 2009).

Mientras el orden global manifiesta una sensación de generalizada orfandad de la existencia social y sus amenazas consuetudinarias, y en un contexto más específico pero estrechamente implicado con la violencia y la seguridad, se mantiene un conocimiento restringido de los dispositivos policiales, tal vez porque se trate de saberes residentes en un horizonte cognoscitivo no distanciado, en el espacio de lo próximo y en el tiempo de lo inmediato. No obstante, cuando estallan sus imágenes con discursos similares a las tragedias naturales o bélicas, y prolifera una catarata de voces preocupadas por las inseguridades mundanas, más las aparatosas justificaciones deontológicas de agresión extrajurídica, preguntamos: ¿a quiénes parece importar el estudio de la policía, sin que ello sea tomado como una reflexión de lo innecesario o un regodeo casi especulativo?

En los años recientes se han difundido en los ámbitos académico-intelectuales valiosos estudios sobre la seguridad ciudadana, con diversas ópticas y focos de atención, muchos de ellos consistentes en amalgamas teóricas, superposiciones o intenciones interdisciplinarias, diversidad ideológica y perspectivas políticas polémicas. Aun así, continúan siendo escasos los trabajos que aportan profundidad al análisis de la problemática policial, incluso considerados innecesarios, y hasta impertinentes en el contexto filosófico.

Ante la omnisciencia del fundamento mítico del Estado capitalista, sus modelos establecidos de representación y sus lógicas de mercado, en el mundo realmente existente de los frágiles económicos y los débiles socioculturales, se descalifica el valor heurístico de la policía, siempre atendido como ente subsidiario de acciones subalternas.

Existen, además, otros obstáculos que inciden en la construcción de lo policial como objeto formal y campo conceptual de problematización: su presunto carácter restringido parece no permitir mucho más que supuestos saberes fabricados con generalizaciones, investidos por una epistemología degradada y con habladurías del sinsentido.

Los motivos o las presunciones que justifican la limitación de este estado sociopolítico de cosas conceptuales, su desamparo productivo intelectual y procuración displicente de conocimientos, son vagarosos y diversos, y todavía remiten a la volatilidad socioanalítica del rol policial, habitante de una ciudadanía indecidible, figura furtiva del funcionario en estado de máxima presencia y permanente evanescencia, su calidad de actor irreflexivo o iletrado, siempre en tiempos de otra clase de urgencias.

Tanto como las alarmas procedentes del medio ambiente, las violencias sociales urbanas se multiplican de modo exponencial y se advierte que la policía, que aparentemente no estaba destinada más que a la gestión de lo inmediato, el mantenimiento de lo circunscripto y la contabilidad del orden social, ha devenido un recurso mayor de la política de los Estados, y su entidad ha prevalecido en los dispositivos de control y reproducción social.

Aunque muchas veces se insiste en una discusión en términos de juridicismos contenciosos y sociologismos generalizantes, de retóricas del lugar común y discursos con tonos moralizantes, en el terreno de los estudios policiales es, por ejemplo, auspiciosa la contribución de la demografía, la geografía urbana y de otras disciplinas de la planificación social. La historiografía, por fortuna, ha admitido sus omisiones al respecto y se dispuso a cubrir esas vacancias intelectuales. Aun así, tanto en sede académica como en el uso público, persiste ante lo policial un trato conceptual degradado, con metodologías y recursos instrumentales tendencialmente simplificadores.

La caracterización del dispositivo policial por medio de su presunta pura práctica operacionalista, su decisionismo intempestivo y su banalidad moral, está ampliamente desmentida en la obra de pocos pero relevantes autores.

Precisamente, es esa misma falta de eminencia sociopolítica
y visibilidad teórica lo que le proporciona interés e importancia hermenéutica. La aparente pura instrumentalidad del
acto policial parece configurar su saber no más que como
una baja metafísica de la medida. De lo instrumental a lo
conceptual, ante la presunta lógica aplicacionista del acto
policial, son concluyentes las palabras de Paolo Napoli:

> Más allá de su dudosa y poco noble genealogía jurídica, más
> allá también de su eficacia inestable, mantienen enunciados
> deónticos. De hecho, ellas estiran la esfera del deber, en la
> cual se integran las figuras clásicas de la obligación, del
> entredicho, del permiso, de la facultad, de la libertad, es
> decir, las situaciones subjetivas concernidas por la modu-
> lación lógica de la norma jurídica. No hay, pues, ninguna
> razón plausible para negar a estos enunciados la cualidad
> de derecho, porque su validez está fuera de discusión. Se
> trata de reconocer en los dispositivos policiales la posibilidad
> de ampliar el campo semántico de la norma más allá del
> esquema obligación-violación-sanción, que reduce toda
> forma de desviación a la categoría general de ilicitud. El
> vínculo constitutivo reivindicado por las medidas de policía
> consiste en forjar actitudes, en engendrar automatismos, e
> implantar los mecanismos internos de los comportamientos
> individuales y colectivos.[678]

Tránsitos

Una hermenéutica (de lo) policial no se decodifica
desde el espíritu de la ley sino, antes bien, retraduce el
biopoder productivo de un, digamos, *espíritu de reglamento*,
con alcances aceptables para el ejercicio continuado de un

---

[678]   Napoli, Paolo, "Policía y sociedad. La mediación simbólica del derecho",
ver capítulo en este mismo volumen.

tipo (weberiano) de dominación legal-legítima y, sería (lo) deseable, social-carismática.

El presupuesto jurídico-político de la existencia policial y sus prácticas, presupone no mucho más que la lógica de un Estado mínimo de derecho nacional-trasnacional. En efecto, el primado aplicacionista (de lo) policial se deduce de un Estado (mínimo) de derecho (mínimo) que reposa en cierto ideal axiológico de equidad, fundado en un orden de igualdad abstracta, basado en legalismos consuetudinarios, no sin cierto fingimiento cultural protector.

El acto de servicio policial parece inscribirse en una dogmática (de lo) elemental y una lógica performativa de corte decisionista. Dependencia conducente de lo sublime político hacia un estado de minoría argumental, el policía, hacedor de lo continuado, demiurgo de la acción es (debe ser) un intérprete fáctico de la ley. Legalidad que no llega a ser sino la de un promulgador de facto de la normatividad realmente existente; su acción es su discurso, y el discurso de su ley se encuentra en permanente estado *gadget*.

El saber de policía, entendido fundamentalmente como práctico-aplicado, es denegado como conocimiento en tanto que tal, y se le requieren normas flexibles basadas en la eficacia, con procedimientos tiesos aunque amoldados a las contingencias de la interacción social. Sus fuentes, presuntamente deductivas, no parecen descender tanto del reino de lo cognoscitivo y de una soberanía de lo estatizado; sus prácticas inductivas ascienden de una razón que tiene su sede, su *topos*, en los suelos urbanos de la socialización indócil. Mientras que, habitualmente, los modelos plenamente autoritarios o dictatoriales suelen militarizar su forma y contenido, el rictus de solemnidad y toga judicial, no impiden al policía –incluso lo propician– aplicar lo reglamentario. Para bien o mal, dice David Bayley, la policía "se mantiene ajena a la imaginería heroica que rodea a la historia militar".[679]

La militarización de lo policial en sus diversos aspectos (*policing*), tal como plantea Jean-Paul Brodeur, es un tema de máxima gravedad que ha tomado una mayor urgencia debido a la emergencia del terrorismo de masas que no se encuadra ni en la categoría legal de crimen ni encaja en la categoría política de guerra como agresión perpetrada por un enemigo del Estado, aun cuando los discursos (políticos, militares, académicos, periodísticos...) abusan metafóricamente de ambos conceptos en relación con estas cuestiones.[680]

El policía, artífice y contrabandista de la legitimidad en el territorio de lo legal, es un recolector mundano de saberes anatomopolíticos: valores, mitos, creencias, opiniones, humores, lenguajes populares o sofisticados, de los *quiénes, cuándo, dónde y cómo* correspondientes a sus territorios vernáculos. Portador de un perfil de puro hacedor inmediato, indigente o carente de reflexión, es como un prosista vulgar del texto brutal del código capitalista.

Consentir un arte del despojo, facilitar una danza de la intrusión y auspiciar una estética de la impunidad no son anomalías de la axiomática policial, sino que habitan su razón. Hélène L'Huillet recuerda a Egon Bittner, quien atribuye a la policía una calidad de comodín adaptable a las funcionalidades ciudadanas, siempre resuelto a actuar ante *"algo-que-no-debería-estar-a-punto-de-producirse-y-por-lo-cual-sería-mejor-que-alguien-hiciera-algo-enseguida"*.[681]

[679] Cfr. Bayley, David, *Patterns of Policing*, New Brunswick, Rutgers Univ. Press, 1985.
[680] Cfr. Brodeur, J.-P., *Les visages de la police: pratiques et perceptions*, Montreal, Presses Univ. de Montréal, 2003.
[681] Bittner, E., "Florence Nightingale à la poursuite de Willie Sutton. Regard théorique sur la police", en *Déviance et société*, septiembre de 2001, vol. 25, núm. 3.

El acto policial configura el devenir real de la legalidad
–el código y sus jurisprudencias– con las variadas fórmulas
de un conocimiento práctico, directo, táctil, sensible... No
se trata de un mero acto de aplicación mecánica, sino que
se trata de la ley propiamente dicha, en *estado de ejecución*. Policial es el Estado puesto en su extremo, policial
es la extremidad de lo estatal ejecutado, el orden (de lo)
público en estado de inserción social. La lógica policial, su
razón práctica, se parece a una máquina pública fabricada
por múltiples engranajes sociales, al modo prototípico de
personaje estatal de los *tiempos modernos*.

Lazos

Una codiciosa taxonomía de grandes y pequeñas urbes
y otros megaemplazamientos territoriales, ya no divide los
barrios y municipios en populares, elegantes, indigentes,
modernos, tradicionales, etc., porque la inteligencia (de
lo) actual los ordena en *seguros o inseguros*. Lo cerrado
se ofrece como el imaginario relevo de lo protegido pero
clausurado, se recusa el espacio abierto porque, se dice,
expone al ciudadano a una violencia virtual continuada, a
los riesgos de su propia sociabilidad impugnada.

Respecto de la integración y la heterogeneidad social,
se dice y se escribe hasta el agotamiento que la banalidad
criminalizadora de la pobreza, de la exclusión social, de
la inmigración... y otras calamidades de la naturaleza social, opera procedimientos que estigmatizan todo tipo de
marginalidades, dispara su imagen degradada, la consigna
peyorativa, y entumece la palabra proferida: cuanto más
pobre, más incivilizado, más pigmentado, más inmigrante,
más iletrado... y peor delito, peor castigo.

Las poblaciones que promueven el endurecimiento
de normas mediante la exaltación de actividades judiciales

sumarias y pudriciones penitenciarias, inspiran una dra-
maturgia declamada como *cero tolerancia* ante el desnudo
exhibicionismo individualista de una *mano propia*. El
clamor por mayor equipamiento y represión constituye
una avanzada por mayores vigilancias, y la derogación
del monopolio del poder de fuego estatal aparece como
la regresión a los brazos armados de la sociedad civil, una
economía de contraviolencia moral-militar. Su propósito
explícito es la reduplicación de los modos de control, pero
los objetivos de (su) orden no disimulan su pasión por la
humillación.

Endurecer y no tolerar es antagonizar sujetos hasta las
mínimas escalas relacionales, es consentir actos a fuerza
de anonadar subjetividades, brutalizar la mirada del *Otro*,
sin auspiciar el respiro sino una existencia cada vez más
aterrorizada, enterrada. Esto no es, claro, una novedad de
estos días posthumanos; Hobbes conoció sus fundamentos modernos: "Pues los hombres que se encuentran tan
descuidadamente gobernados... están aún en guerra, y
su estado no es la paz, sino sólo un cese de las armas por
miedo recíproco; y viven como si estuviesen continuamente
en el recinto de batalla."[682]

Se concede que los sentimientos masivos de desprotección movilizan las peores formas convivenciales y, tras
los acalorados debates que suscitan un estado generalizado
de inocuidad en la administración de justicia, la seguridad
y la policía, se reaviva una voluntad de ejecución, un deseo
atávico de exterminio. Y, entre esos trazos morales, hay
sectores civiles que autolegislan un derecho al castigo y
reclaman el uso de medios que no preservan vidas ni bienes,
con la finalidad de... preservar vidas y bienes.

Primado del ente civil policializado, de la ciudadanía como inquisición ontológica, triunfo (de lo)

---

[682]   Thomas Hobbes, *Leviatán*, Buenos Aires, Losada, 2003, p. 171.

bárbaro-civilizado y del cruzado neoliberal-medieval, astucia del mercader del cadalso, alabanza del justiciero y apoteosis del verdugo cívico, siempre dispuestos a mayores ofertas de la existencia social con mejores demandas extorsivas de la existencia individual, la secesión de la pura vida sin más.

Ejecuciones

"El acto de matar a otra persona se llama asesinato: es con alevosía cuando el agresor aprovecha la indefensión y el desvalimiento de la víctima para terminar de un modo seguro con su vida. La acción nefasta puede acontecer en forma súbita, inesperada, por sorpresa o puede ocurrir mediante acechanza, trampa, emboscada. Incluso puede realizarse con ensañamiento, disfrutando del dolor del agredido."[683]

Acerca de la capacidad letal del trabajo policial, escribe el oficial David Klinger: "Por mi propia experiencia [...], estaba fuertemente consciente de que los disparos policiales pueden tener un dramático impacto en los oficiales que apuntan el gatillo [...], síntomas de un tipo de stress post-traumático, comúnmente denominado *trauma post-disparo*". Trauma, una enfermedad mental cuya etiología procede de una postura disociada de la sociedad americana, *esquizofrénica,* la denomina Klinger; una nación clamorosa de protección gubernamental ante los actos criminales pero, al mismo tiempo, rebelde ante los contratiempos que esas actividades proteccionistas introducen en la vida.

Michael Lipsky plantea cuestiones puntuales –también existenciales– de la labor policial cotidiana:

---

[683] Marcelo Percia, "Kadish por la muerte de una civilización", *Revista Nombres*, Buenos Aires, 2009.

Debido a la naturaleza de sus tareas, los trabajadores experimentan su situación laboral en términos individuales. Un aspecto importante, en el que la burocracia al "nivel de la calle", los burócratas "del llano" (*street-level bureaucrats*) responden como individuos, es el stress bajo el cual a menudo trabajan. Esto es muy obvio en el caso crítico del policía, cuyo comportamiento frecuentemente puede ser explicado sólo por su sentimiento de necesidad de evitar el peligro. Ellos trabajan constantemente bajo la amenaza de violencia que puede provenir de cualquier dirección, en cualquier momento.[684]

Loca o injustificada ambivalencia ante una violencia indeseada; no obstante, el disparo policial constituye la necesidad de un servicio social indispensable, el "último dramático modo de intrusión" pública en su batalla contra los "muchachos malos que nos amenazan".[685]

Pánicos

Más que pensada, la inseguridad es desigualmente sentida; es el sentimiento de miedo tenido como individual, pero siempre vivido en estado colectivo, exacerbado por las presencias virtuales / reales, morbosas, en un acto psico / social de encuentro estatal / judicial al que la ley denomina "crimen" y tipifica como "delictivo".

El *GRAC* (Grupo de Investigación sobre Criminalidad)[686] ha establecido criterios diferenciales respecto del temor a escala social, y discernido ciertas cualidades de los "nive-

---

[684]   Lipsky, Michael, *Street-level bureaucracy*, New York, Russell Sage Found., 1980, p. 31.

[685]   Klinger, David, *Into the Kill Zone*, San Francisco, Jossey-Bass, 2004, pp. 7-8 (trad. Gregorio Kaminsky).

[686]   Christiane Luis-Guerin, "La peur du crime: mythes et realités", *Revue Internationale de Criminologie et de Police Technique*, Montreal, diciembre de 1993, p. 69.

les de inquietud de una persona". Su estudio propone una distinción de carácter operativo que separa situaciones específicas de miedo ("miedo concreto") y otras más vagas o inespecíficas ("miedo difuso"), a cuyo grado más potenciado y desestructurante definimos aquí como *sentimiento pánico*.

Este sentimiento, con formato personal ante el contenido masivamente desestructurante y eminentemente emocional, es de carácter colectivo, y consiste en una manifestación de terror subjetivizado que no atiende a la imputación de falsedad porque no participa de la monarquía de lo verdadero. La verdad, incluso la percepción social y la credulidad popular, cuentan poco cuando el orden cognoscitivo es el de una razón escandida con retazos de realidades ambiguas, incluso opuestas e indeterminables.[687]

El gradiente (de lo) verdadero no tiene mucha importancia, lo que cuenta es que ese lugar sea ocupado por un estado de "verosimilitud" sustentable que promueva la movilización de los espíritus alarmados y la paralización de los cuerpos sometidos. Cuando el temor circula con desenfreno se produce una expansión a escala imaginaria que se autopotencia y resiste todo análisis sereno o ecuánime. Un registro informacional alarmista de la actividad delictiva se ampara de un desarme del estatuto crítico (de lo) colectivo-imaginario, favorece una reflexión sesgada y limitada, y auspicia una subjetividad social grosera, incluso brutal y hasta primitiva.

El *devenir pánico* es como un estado expansivo de enfermedad, una propagación infecto-contagiosa, que acontece y se retroalimenta con experiencias propias y ajenas, en especial las del entorno más cercano. Es un

---

[687] Brillon, Y., "La peur du crime et les tendences répressives du public envers les criminels", *Revue Internationale de Criminologie et de Police Technique*, Montreal, diciembre de 1993.

sentimiento que se alimenta de la crítica a la benignidad
de las leyes, el repudio al desempeño garantista de la justicia y los procedimientos penales, del mismo modo que
aplaude el desenfreno por la custodia comunicacional y
el armamentismo social.

Escenarios

La ecuación policial se sostiene con un cuerpo social
en un ambiente político, en el espacio / tiempo de una
población. No es sencillo discutir las virtudes y defectos
de las policías comunitarias, sus valores y sus roles; es problemático el debate acerca de las policías de "proximidad",
cuando no es lo policial específico, sino lo comunitario
mismo –que no es una evidencia caída del cielo– lo que
está puesto en interpelación.

La ponderación del ámbito comunitario en la esfera de
acción policial, el privilegio de la práctica policial en estado
de proximidad, ha quedado al menos desmentido porque
es la constitución actual de lo comunitario y sus modos de
articulación, su "aproximación", lo que está planteado como
el verdadero problema. Así, al modo interactivo del ejercicio
del actor, a su despliegue operativo territorial, se superpone
ahora el problema de sus montajes, los escenarios policiales
de actuación. Lo público policial es enhebrado con débiles
hilvanes de una territorialidad dada / donada y, aun con
registros precarios de una seguridad realmente existente,
se abraza a las banderas, con formato ideal-discursivo, de
la verdad / legalidad.

La singularidad de lo policial se constituye tanto por
la elucidación del lazo instituyente como por el núcleo
expuesto de desenlaces destituyentes, lazo deshecho y
rehecho (desecho), entrelazado por lo establecido y lo

porvenir. Lazos, a pesar de ellos mismos, de seres asociativos no del todo desatados.

Mientras tanto, nada nuevo hay bajo el sol de la máquina policial, la institución parece apegada a su rol decadente y bravucón de ostentación, al patrullaje de un avejentado protagonismo, el desgastado estereotipo del ritual del anacronismo urbano social, más la gimnasia hierática de su obsolescencia. Calavera en mano, su dramática no se escribe como comedia y, aunque no está exenta de tragedias, se le agrega la ironía y también un poco del ridículo. Entre artificio y decorado, cual corifeo uniformado, reaparece en escena la figura clásica, expuesta bajo sus estereotipos habituales, lejana *phrónesis* de usos de lenguaje argumentado, profiriendo enunciados fabricados en su argot de parloteo justiciero y tic procedimental. Añoranza del detective y la patrulla de tiempos idos, y según pasan los días, son otros los *films* que retratan el circuito y el recinto (de lo) comunitario de los actuales dispositivos de seguridad.

El policía, recio lugarteniente de la intrusión, primer agente de la incursión, luego de la evacuación y después del eventual traslado, protagonista de lo inestable y una enredada teleología penitenciaria, incita y es incitado al montaje de la repetición y al letargo de la permanencia. A este instructor del orden (de lo) conocido se lo nota agotado, porque se van desmantelando las escenas urbanas a las que estuvo habituado, y porque se vaciaron las ficciones de lo policial en tanto que próximo, que hasta no hace mucho se supo denominar *sociedad del espectáculo*.

El estado de alerta de la desconfianza y la recurrente inducción al pánico sugieren –no sin insistencias– a la ciudadanía transitar por el perímetro de lo custodiado ante la incierta inminencia del atentado, y se desaconseja –no sin paranoia– circular por el *boulevard* de la *polis*. El *pathos* occidental es hoy un gran *set*, un automatismo ambulatorio constituye el *logos* de la plaza pública, el sacrificio del ser en el curso peripatético de la vida mundana misma; sin territorios seguros, ni comunidades amables, ni cuerpos transitados, y con un Ágora sin dioses, sin Partenón y sin Acrópolis.

La lacra se aburre e insiste en el afán del desperdicio, ante la falta de novedades de lo humano despreciable, el discurso literario policial parece prescripto. La novela negra se disfraza con caricaturas en teleteatros de terror banal, y el testimonio del periodismo se asemeja a una crónica burda de cotilleo gris. La vida trashumante del paseante solitario, figura proverbial del *flâneur* baudelaireano, desapareció de la ciudad moderna; ya no se encaminan sus sueños, también han devenido simulacro las escenas de la vida (de lo) policial. Regodeo vivo de lo muerto expuesto, espectáculo de las sociedades vaciadas de su propio espectáculo, escenarios eviscerados de escenario, y atrapados en su propio territorio, (des)territorialidad policial que montan una *mise en scène* de viejo, descreído, simulacro. El simulacro del espectáculo policial ha quedado fuera de la sociedad del espectáculo, por rancio, aburrido y obsoleto; la escena del dispositivo policial, sus escenarios, han quedado fuera de sociedad.

Pantallas

Al mismo tiempo, la policía dispone de su propio pensador, su adalid, su profeta: el pastor visual que alienta la indignación moral y el anonadamiento estético, el *manager* de la propagación mediática, el financista del *imago* comercial en formato escándalo. Para estos escribientes de los *media*, que suelen gozar de tanta impunidad como la que atacan, el *rating* vital de la información policial adopta una actitud tortuosa y fiscalizadora; el espacio público que

regentean estos tribunos de la *doxa* popular se traduce en
un *ring side* de la sobrevivencia urbana.

La comunicación, de esto se trata, se expresa en anéc-
dotas seriales que auspician más... "la estructura de los
miedos de la clase media y los valores de los noticiarios de
los medios de comunicación, que en la frecuencia estadística de tales eventos".[688] Estadísticas: la indecidible tasa de
criminalidad se invierte en un jocoso *average* de numero-
logía sistemática, inspirada en una suerte de antropología
visual lombrosiana: un tipo de sujeto predatorio, portador
inherente de culpabilidad judicial, religiosa y moral.

Una frenología (de) uniforme: nada es refutable cuando
existe una víctima poseída por la cualidad de lo vulnerable: un niño, una anciana, un enfermo, el precario, el
vulnerable, el desvalido... Bajo el paraguas de la alarma, y
de una suerte de malditos diluvios sociales disolutivos, se
autojustifica el énfasis en el repudio sectario, el desprecio
a todo lo que huele a duros (¿líquidos?) antagonismos de
clase, enfrentamientos raciales, intolerancias culturales...
cual triunfo de la voluntad de truculencia, esbozada por
video-rostros investidos de dolor, con modelos visuales que
ilustran el oscuro dominio de lo tremebundo.

Estos autoproclamados adalides de lo bondadoso y
de la eterna inocencia, ante el gremio de los ciudadanos
indignados y el vituperio del interno hostil, insisten en la
repetida criminalización del *Otro*, al solaz del enemigo
(casi) siempre próximo, del ajeno-propio, careciente hasta
del derecho a la existencia social. Las notas policiales se
catalogan por alguna novedosa curiosidad delictiva, y se
invisten a la usanza de una dama indigna vestida de rojo
sangre; auditorio complaciente de la algarabía pública,
semiólogos de la nostalgia afectados de hemorragia verbal,

---

[688]   Garland, David, *La cultura del control*, Barcelona, Gedisa, 2005, p. 283.

gustosos del escándalo inflamado por el bermellón de las noticias tamaño catástrofe.

La elocuencia de una fenomenología (de lo) policial audiovisual se espolvorea con autismo y psicopatía, solipsismo y paranoia, edulcorada con algún pasaje sublime de Chandler o Hammet, no sin estridencia y hecatombe, y hasta musicalizada con Wagner o Stravinsky. El arrabal está en el centro del mundo, o mejor dicho: el centro del mundo pernocta en el arrabal. El *reality* de lo real-policial es, hoy, como una invitación a una *crítica de la audiencia (policial) pura.*

Cuerpos...

Policial es un ejercicio de la ley en estado de *delivery*.

Policial es una identidad simbólica con formato de conglomerado piramidal, estereotipo sedentario de organización polimorfa activada para la emergencia.

Policial es uno de los modos condensados de proximidad psicosocial del poder como soberanía, si fuera posible con los intentos normativos que custodian los principios de su sostenimiento, más las mañas y juegos colaterales de (su) gobernabilidad. Si así no se pudiera o no alcanzara la eficacia del *statu quo* social, la calma procurada de una *pax* de circo romano, entonces el *ser policial* se debe trasmutar en saber capilar (de lo) territorial, desde su mapeo y zonificación hasta las tecnologías del secreteo y soterramiento. Y si, más aun, esto no bastara, entonces ahora sí será (como lo conocemos) el turno del gobierno de la violencia represiva, puntual o al estilo *razzia*, ordenada o autonomizada, episódica o continuada, razonable o visceral, dosificada y científica, o brutal y a mansalva...

Policial es un imperio bifronte, un cuerpo disociado: por una parte, es una máquina de gobierno, andamiaje del estado en la sociedad, penetración del sí lugar estatal en el no lugar social y, por el otro, *policial* es un ejercicio instituido de la violencia, dispositivo productivo de subjetivación, un proconsulado de la sociedad en el Estado, el sí lugar social en el no lugar estatal.

Policial es, además, una práctica social diferenciada, especializada en bajezas; una política ejercida en los bordes, casi en el *afuera* de la política, en los sumideros de la vida cívica. "Si la intervención de la policía es de último recurso, si su acción es la de una 'coerción no negociable' en una situación ella misma no negociable, es porque ella es quien se ocupa de lo más bajo. La definición de la policía como facultad del uso de la fuerza como último recurso cuando todas las otras soluciones se han mostrado ineficaces, es efectivamente peyorativa, amplia e imprecisa: lo bajo es, pues, lo humillante."[689]

Policial es el gobierno de la existencia social en el estado límite de la fuerza física y simbólica, su pretenso modo anticipatorio. En el medio de las zonas oscuras y cenagosas del acto social llamado delito, es un rostro belicoso que conoce de alarmas y alertas, con jergas discursivas y envuelto en anonadamientos con velos de opacidad. "Que la policía tiene necesidad del desorden debe entenderse en *stricto sensu*: un 'gran cana' (*flic*) es alguien que ha pasado por la prueba del desorden."[690]

Policial es una sumisión de positividad fáctica, misión no solamente política: la conducción del desorden tolerado, aceptado, incluso buscado, hasta querido..., examen de lo urbano en la prueba callejera, traducción ritual de lo instituido y de la práctica (de lo) excepcional, tarea de moderación en la inestabilidad y habitualidad de lo establecido.

---

[689] L'Huillet, Hélène, *Basse politique, haute police*, París, Fayard, 2001, p. 110.
[690] L'Huillet, Hélène, *op. cit.*, p. 142.

Policial es el aparato que constituye el *management* de lo político en estado larvario, gestión de la inmediatez vociferada cotidiana, un ente de repetición operativa y de estrategias reactivas; máquina de los mecanismos de control –entre acción y ficción–, ambigua singularidad de procesos heterónomos que, al mismo tiempo, ofrece márgenes de soberanía autonomizante. "La policía es la auxiliar de esta política. Sólo ella puede serlo precisamente porque ella no es un útil ni una simple técnica, sino que corresponde a la emergencia del principio de la voluntad en los fundamentos de la política. Por lo que es legítimo hablar de su autonomía."[691]

Policial también es un estilo, un *physique du rôle*, una apariencia hablante, una técnica y hasta una estética de gestión, que puede (¿debe?) ser corrupta mediante su captura administrativa como contabilidad, como *caja de seguridad*. Neo-lenguaje "estilo *911*, post *11/9*", retén auricular, espacio-tiempo vehicular, posible consocio del proxeneta y probable guardaespaldas reticulador del *dealer*.

Policial es como un saber en estado de unidimensionalidad y, al mismo tiempo, una hermenéutica de la más baja razón instrumental, de la ética de lo vergonzoso y la estética de lo inimputable. *Policial* puede ser, justamente, un saber de lo injusto especializado en bajezas, una *crítica de la razón como acción impura*.

...y almas

Guardián, funcionario, misionero, burócrata..., policial es un ritual de obediencia pública, un modo de ejercicio de la soberanía en estado algo más que práctico: carnal; uno de los tantos rostros esquivos de un pastorado secular y uno de otros

---

[691]   L'Huillet, Hélène, *op. cit.*, p. 94.

tantos vientres del dios mortal. Enorgullecida y vergonzante identidad corporativa habilitada como trascendencia misional, representa un funcionariado teológico de una política de la vida consuetudinaria, vivida, sufrida, transpirada...

Ni militar, ni juez, ni sacerdote, o un poco de cada uno; agrimensor del tugurio y el lupanar, el policía es el político intempestivo que debe, a cada rato y repetidamente, tomar medidas. La *medida policial* es el modo de su discurso, el gesto recurrido del cuantificador de la calificación social, (in)vestido y (uni)formado en los bordes del Estado y en las defecciones de la moral.

No obstante, y aun denostada como lo es, el tomar medidas implica una política sustantiva y permanente, el esfuerzo perseverante en lo social infinitesimal, la vía regia de acceso, penetración, de lo preindividual: "Éstas, más allá del caso específico, devienen las formas habituales de gestión de lo existente, la práctica normalizada frente a los acontecimientos. Entre lo particular y lo general, entre el momento y la duración, entre el detalle y el plan, se abre el campo epistemológico de la medida de policía."[692]

Calidad y cantidad: así como existe un espíritu de reglamento, existe también una cultura de la medida. Cultura policial es la de quienes disponen, en la insistencia, una marca estigmática de sentido: la del ser encontrado, que se encuentra dispuesto y a disposición, al cuidado de seres y costumbres, quien prescribe y proscribe conductas. Cristos seculares y/o ángeles diabólicos, caminantes de lo alto en lo bajo acoplados en una máquina de fuga consuetudinaria y, como dispositivo público: un alma cuyos saberes y discursos no (se) agotan (en) la institución corporal policial.

En cuerpo y alma, el policía es el receptor privado de la antipatía pública, cual personaje estatal maldito ante el ciudadano privado; un actor público denegado, de quien se

---

[692] Napoli, Paolo, *op. cit.* En este mismo volumen.

rechaza el embozamiento sistemático de sus prácticas y su
tendencia a la enemistad. Se repudia su poder de despliegue
territorial, la impunidad de sus intereses y el sabido compromiso con la misma producción de inseguridad. Pero también,
es menester reiterarlo, es el personaje a quien se convoca,
se auspicia y procura su reforzamiento. Es el ingeniero o
diseñador del armazón político de la interioridad (de lo)
realmente existente y del modo armamentista asequible a
la convivencia, condición pública de posibilidad del estatuto
(de lo) privado. Aunque no se lo note, la labor policial exige
una refinada práctica sociopolítica: "Se descubre entonces la
verdadera ontología histórica de la policía: su capacidad de
adaptación reactiva a las urgencias de la realidad, según la
técnica típicamente médica del antídoto, del remedio contra
el estado de morbilidad (tanto concreto como figurado)."[693]

Previsiones

El alma colectiva se conmueve, hoy, más con *mots
d'ordre* que con escándalos armados. La idoneidad del
poder policial se compone de preferencia, y cada vez más,
de menos actos efectivos y más signos ostensibles, menos
uso y más ostentación de la fuerza, menos disparos y más
política simbólica. La exhibición de su fortaleza expresiva infunde una moción de temor mayor que la misma
portación del arma de fuego. El niño juega al policía, el
vecindario lo tiene a mano, no es el producto de un acto
protésico sino de su postración: "La policía, en tanto que
'resto' de la racionalidad política, es también el residuo del
desencantamiento; por lo tanto no es sorprendente que ella
produzca encanto, y posea un lugar en lo imaginario."[694]

---

[693]   Napoli, Paolo, *op. cit.* En este mismo volumen.
[694]   L'Huillet, Hélène, *op. cit.*, p. 331.

El sujeto / supuesto / saber policial se amplifica menos con un caudal de fuego que con una fuerza de *intimidación*; promesa de una acción, advertencia o admonición normativizada, interpelación personalizada, preanuncio de uso potencial y legalizado de los medios coercitivos. Sus juegos de anticipación configuran una sabiduría, no previenen sino que prevén, emprendedores (manipuladores) del pensamiento trascendental de la *urgencia* social.

La *razón policial* se fortalece mediante un *panoptismo del intelecto*, cuando creemos ser mirados y conocidos sin ser, efectiva o necesariamente, vistos ni pensados. El conocimiento (de lo) policial se fortalece con el fetiche fenoménico del *saber hacer creer que se sabe*. Su omnipresencia es sinónimo (de lo) invisible, anticipación a lo imprevisible, una omnipotencia virtual de la creencia social en acto.

A la retórica vaciada de la prevención se anteponen las lógicas consistentes de la previsión: la subjetividad provista con la óptica paranoica de la sospecha anima un tipo de actitud legitimadora de dominación; no una *pre*-visión pasiva sino una mirada cuyo registro es exigencia, condición de todo preparativo de la experiencia regularizada.

Cuerpo poblado, la policía no es una divina pro-videncia sino una corporación de criaturas pre-visoras, máquina de gobierno y ejercicio inductivo de la violencia, práctica del límite discursivo de lo político limitado. Equipada de una potestad anticipada, pre-visión del acontecimiento en acto en estado propedéutico, la *razón* (de lo) policial es, especialmente, una *crítica de la apariencia pura*.

Sospechas

La fórmula policial-cartesiana sería: desconfío, luego soy un ser social.

Más que el religioso, el correlato subjetivo presente / ausente de la actuación policial instituye, en el control de lo establecido, un sofocamiento de la diferencia, una *nomenklatura* de la identidad: la suya es una *antropología fáctica de la sospecha*. "La sospecha gobierna, al parecer, la búsqueda policial de la verdad [...] es una dinámica que anima tanto la acción como el pensamiento; en este sentido, es el 'alma' de la policía."[695]

La industria subjetiva –imaginaria y biopolítica– de la sospecha se especializa en un saber práctico circulatorio, que utiliza las herramientas de la desconfianza; es una configuración existencial sin la cual el jurídico-político no sería más que un discurso de la esterilidad.

La decisión sin sospecha es como una acción sin convicción, imprecisa, vacía, indefinida. El decisionismo policial es la mezcla, el híbrido, de una razón práctica aplicada y una mecánica del impulso puro. La sospecha pública es nada sin decisión policial, es como una gimnástica de simulación política, fundada en una racionalización legalista de lo real, desconocimiento o desestimación del acontecimiento, y paradigma para una razón (paranoica, uniforme) de Estado.

Tal vez sea posible argumentar, a lo Castoriadis, un modo *policiante* de subjetividad imaginaria de la sociedad; a lo Foucault, una anatomopolítica de lo previsible y, a lo Legendre, una dogmática de la *otredad* de lo sospechoso. Tal vez sea relevante formular, pero no como negatividad, una *crítica de la razón policial* como ontología (im)positiva.

Literatura

Los cuentos de Franz Kafka son, entre otras grandes cosas, semblanzas de la razón policial. Agentes de la discreción

---

[695]   L'Huillet, Hélène, *op. cit.*, p. 240-241.

y, a la vez, protagonistas discrecionales, dice Guillermina
Seri que "las imágenes extraídas de la historia kafkiana nos
acechan en la figura de la policía", y que "nuestras vidas no
están tan lejos de los personajes de Kafka como nos gusta
imaginar, más aún porque la policía encarna el monopolio
estatal de los medios de la violencia."[696]

Los cuentos de Franz Kafka retratan la marca de la
extrañeza (de lo) viviente, sugieren una torsión de la existencia humana como desvarío racionalmente correcto. Más
que de un saber (de lo) absurdo, su escritura se sostiene en
un orden cierto aunque sin misericordias: una sociedad de
perplejos y estupefactos, de miserables y condenados, el
universo entre los ingenuos y genuflexos, en cierto modo
un inventario del mundo informado de lo policial.

Los cuentos de Franz Kafka son literatura de una
humanidad abyecta, del resto animal de lo humano, residuo moral de la bajeza, apariencia de lo repugnante y
aroma de lo nauseabundo. Sus portavoces ostentan una
mirada (de) uniforme, testaferros invocantes de la Ley
sin ley, biopolíticos de lo inmundo realmente existente;
portaestandartes de la sin razón, íconos patronales del
desprecio.

Las figuras kafkianas del guardia, el vigía, el funcionario, el recaudador, el burócrata... no son las del militar
o el carcelero porque no se encuentran, como el policía,
en los pliegues y bordes del territorio (de lo) humano,
sino en sus atavismos, en sus intersticios; son personajes trashumantes de las vísceras sociales. Ciudadanías
nomádicas, son figuras en que lo policial es su encarnación, su modalidad ejemplarizadora. Veamos, a modo
de ilustración, el semblante (de lo) policial en tres de sus
conocidos cuentos.

---

[696] Seri, Guillermina, *Discrecionalidad policial y ley no escrita: gobernando en el estado de excepción*, en este volumen.

Ante la Ley

Ante la Ley, frente al guardián, accede un forastero. Un campesino ha arribado a la urbe, desea conocer, quiere habitar la *Ley* y pide por ella. El guardián / policía no se lo niega pero le impone un tiempo de espera. Las puertas de la *Ley* están entreabiertas y de la misma emana una luz resplandeciente que expulsa cierto poder de respeto iluminado. El campesino se subordina al tiempo de espera exigido, una moción recóndita moviliza su vida concesiva. Marioneta de la credulidad, el forastero sabe que el gobierno de la ciudad administra la corrupción y ofrece la dádiva que el guardián / policía acepta. Pero, sin resultados, el hombre seguirá sentado en donde está y, con el transcurso del tiempo, se siente cada vez con menos fuerzas. Una larga espera va apagando su esperanza que, como toda esperanza, es el miedo implícito a que ocurra lo que teme. Es sabido que la *Ley* debe ser custodiada y que los guardias / policías, ellos mismos custodiados, son quienes la vigilan. Llega el momento de la confesión: el guardián / policía admite que su saber de la *Ley* es tan sólo parcial, que él mismo es su relleno. La *Ley*, efectivamente, tiene una entrada aunque no se sabe a qué, sus puertas instituyen la alternativa de un adentro / afuera, pero realmente, ¿existe un adentro del que alguien pueda sentirse afuera? Las luces, ¿son del sol o el foco del interrogatorio al que está sometido? Ante la *Ley*, frente a ella, el campesino resigna su cuerpo laborioso de la tierra y cancela el sentido de su propia humana naturaleza. En la república de la abyección, anteponiéndose a la *Ley*, de espaldas a ella, el solitario guardia / policía reivindica el honor de su miserabilidad, impone su honra e invoca la palabra del orden que apunta al destino humillante. El mundo puede comprobar cómo el saber se repliega en la creencia de un poder abusador, de una vida abominada que ha devenido sustancia zoo-biopolítica (de lo) singular.

La cuestión de Las Leyes

Por lo general, el pueblo no conoce las leyes, ni siquiera sabe a ciencia cierta de su existencia, la eminencia de la *Ley* es un misterio. Falsas o engañosas, es verdad que las leyes promueven, por su sola existencia, algunas seguridades y otros consuelos, pero al pueblo le resulta mortificante ser regido por el grupúsculo –noble o aristocrático– que se atribuye haberlas descifrado desde sus orígenes. No se trata, admiten, de un grupo de bandidos y no se le conocen afanes de perjuicio, pero esos personajes exigen colaboración y fuerzan la asistencia, la cuestión es protegerla cumpliendo sus mandamientos. Ante la *Ley*, el pueblo está presente, pero fuera de ella. "Vivimos al filo de esta cuchilla", se rumorea. Mediante las artes tradicionales de un gobierno de burócratas, los guardianes / policías sostienen –literalmente– las leyes en sus manos, y si es necesario, obligan a obedecerlas. Los hombres ilustrados del pueblo conocen este tipo de arbitrariedades a las que toleran, aunque no por pura cobardía. En cuestión de leyes, y ante el temor de que los vigilantes / policías gatillen, prefieren pontificar ante el pueblo: "Debemos odiarnos a nosotros mismos, por no ser dignos aún de tener ley". Proponen al pueblo el discurso de una acción del ser social, con o sin acción, con o sin ser.

La denegación

El lugar en donde vive la multitud está ubicado demasiado lejos de la frontera y la capital del Estado reside, se dice, más allá de ella. Salvo a los funcionarios mayores, no llegan noticias de allí. Los que realizan tareas públicas menores conocen algunas novedades sólo de oídas, ellos son algo así como funcionarios del despliegue, guardianes / policías populares que a veces reciben órdenes de ir y golpear, son vigilantes armados al resguardo de los

comportamientos del vulgo. Una desatención les costaría
el trabajo y un exilio a la nada. Se dice que estos policías
son gente extraña que "habla un dialecto incomprensible,
y algo parecido a una malignidad latente los hace insopor-
tables". No es ardua su tarea de vigilancia sino más bien
aburrida, lánguida, incluso inútil o innecesaria porque el
comportamiento del vulgo es inalterable. Se comenta que
"en el fondo, hubiera bastado un soldado", un sólo policía
es suficiente para el orden de todo el pueblo. El mayor de
los funcionarios uniformados es un coronel recaudador,
ningún decreto lo autoriza a ello pero no es un tirano, y
su tarea sería imposible sin el respaldo de los guardias /
policías, aunque no para su protección porque ella es innecesaria. Del coronel emana, se promulga y proclama la
Ley, y ellos son sus ojos, están a sus espaldas, nada existe
tras de sí, ni una bandera ni un blasón, ni siquiera una
puerta. Las peticiones del populacho no son reclamos
sino súplicas que, desde siempre, mantienen un mismo
ritual: primero la rogatoria, luego una prolongada demora
para, finalmente, recibir el rechazo. Es la negativa lo que el
gentío espera y anhela, una sistemática no aceptación de
lo que piden, aunque nunca reclaman. No conocen otro
modo que el ruego y su rechazo, los guardianes / policías
persuaden a todo el mundo de que "en los asuntos importantes siempre se puede estar seguro de la negativa", y eso
no debe conllevar revueltas ni presuponer escándalos, ni
siquiera intranquilidad. Aun cuando el pueblo no está feliz
ni conforme, son incapaces de defender cualquier idea ni
sospechar su trascendencia, marchar y actuar en función
de ella. La labor específica (de lo) policial no consiste en
nada corporal ni algo material, es una fuerza espiritual,
individual. "Al policía [...] lo siento en mi interior como
todo el mundo", dice un hombre de la multitud que no
procura ser un ciudadano.

Saberes

Ante cierto estado de unanimismo politológico y una incipiente voluntad de saber historiográfico, asistimos ahora a una suerte de indigencia epistémica en la deconstrucción del objeto (de lo) policial.[697] No acontecen, al momento, razones suficientes que agenden alcances políticos, ni saberes que delimiten la inscripción policial de la seguridad. En sede académica, existen aún pocos debates que establezcan su *episteme* y deconstruyan la problematización de su *doxa*. Un recorrido por la historia del pensamiento occidental, ¿admitiría el suministro conceptual para una filosofía (de lo) policial?

El transcurso de una programática teórica (de lo) policial, que no debería prescindir de un examen de los dioses atenienses ni de los militares espartanos, de la *pax* ni los circos romanos, tampoco puede omitir un tránsito por los páramos medievales y sus pensadores del paraíso (eclesiales, blasfemos, nobles, bizarros, bastardos). El canon Hobbes, *of course*; y el Rousseau *bien sür*. La Alemania de Von Clausewitz..., la Inglaterra de Bentham... y, mucho antes, la Francia de Etiénne de la Boetié...

¿Ya ha sido trazado, o es posible trazar, el envés de la historia de la filosofía, una enciclopedia relativa a contrapelo del espíritu absoluto? Estudiar lo "no obstante", lo "a pesar de todo" de lo humano y esbozar un repertorio de los saberes de su olvido, saber (de lo) olvidado, del que formarían parte unos apuntes para una razón policial.

---

[697] Cfr. la importancia consignada, con Foucault, al *Traité de la Police* de Nicolas Delamare (1705-1738), *Eléments généraux de police* de Johann H. Gottlob von Justi (1769), y *Code de la Police* de Duchesne (1767).

1.

Walter Benjamín la expone como presencia espectral de lo civilizado. "En contraste con el derecho, que reconoce que la *decisión* tomada en un lugar y en un tiempo, que se refiere a una categoría que justifica el recurso crítico, la institución policial, por su parte, no se funda en nada sustancial [...] Pero en las democracias, su existencia [...] ilustra la máxima degeneración de la violencia."[698]

Antonio Gramsci inscribe, entre Estado y sociedad, a la policía como un saltimbanqui de la hegemonía y el consenso. El policía dosifica la potestad hegemónica requerida para el mantenimiento del orden político entendido como estado de consentimiento social.

Jacques Lacan asegura que la policía es la forma moderna de una antigua ceremonia, entre la venganza *(la vindicta)* y la reivindicación *(rei vindicatio).*[699]

Jacques Derrida afirma que el concepto de seguridad se inscribe en toda la historia de la metafísica occidental, "como una serie de sustituciones del centro para el centro [...] en una perpetua búsqueda del significado trascendental".[700] El personaje conceptual de esta búsqueda es el policía.

Agrega Paolo Napoli: "Tal vez se advierta a través de la policía que la esencia del derecho bien puede ser tomada dentro del golpe de la excepción, sin olvidar no obstante que, sobre otro plano, la historia de la policía pone en valor el carácter imperceptible de lo normal."[701]

---

[698] Benjamín, Walter, *Para una crítica de la violencia y otros ensayos,* Madrid, Taurus, 1991, p. 32.

[699] Lacan, Jacques, "D'un discours qui ne serait pas du semblant", *Séminaire 1966-1967,* cfr. en Hélène L'Huillet (2002). (Trad.: "De un discurso que no fuese semblante").

[700] Derrida, Jacques, *La escritura y la diferencia,* P. Peñalver (trad.), Barcelona, Anthropos, 1989.

[701] Napoli, Paolo, *op. cit.,* trad. Gregorio Kaminsky en este mismo volumen.

Giorgio Agamben dice que "*la policía*, contrariamente a la opinión común que ve en ella una función puramente administrativa de ejecución del derecho, es tal vez el lugar donde se manifiesta más nítidamente la proximidad si no el intercambio constitutivo entre la violencia y el derecho que caracteriza a la imagen del soberano."[702] O bien: "Lo que mi investigación sobre la economía me ha mostrado, es que el verdadero arcano, el verdadero misterio, no es la soberanía, no es el estado, no es la ley, es el gobierno. No es Dios, es el ángel. No es el rey, es el funcionario, el ministro, no es el legislador, es *la policía.*"[703]

2.

Omnes et singulatim, con la policía aún se piensa mediante una cierta gnoseología de la vacuidad: la del "todo que tiene que ver con todo"; deletéreo todo conceptual que codifica un nebuloso todo real. Se esquiva la metafísica de lo esencial aunque, ignorada, se la arrastra por medio de una inflación discursiva con retórica holística.

Incluso, David Garland pide totalidad para pensar lo policial: "Quisiera reflexionar acerca del campo como un todo [...], conformado por una multiplicidad de diversas agencias, prácticas y discursos, que se caracteriza por una variedad de políticas [...], en lugar de buscar una esencia común al campo en su totalidad [...], los análisis esencialistas con su poderosa simplicidad [...], tienden a ser una guía poco útil en la realidad social."[704]

En efecto, el estudio del gobierno de lo policial no parece aún sostener un fundamento en el ser social, en el

---

[702] Agamben, Giorgio, *Moyens sans fins*, París, Rivages, 1991, p. 115, trad. Gregorio Kaminsky.
[703] Agamben, Giorgio, Conferencia en la Universidad de Buenos Aires, 2005, trad. Gregorio Kaminsky.
[704] Garland, David, *La cultura del control*, Barcelona, Gedisa, 2005, p. 275.

examen de las tecnologías de gubernamentalidad aún se desestima el hecho policial, por su estado nominal pero, ante la Ley, siguen indecidibles las máquinas policiales totalizadoras de inseguridad. El devenir policial de la seguridad, ante el que no aparece vocación pensante, no trasunta al momento sino casos vernáculos de pereza conceptual.

3.

El cometido policial, dijimos, no es el establecimiento del orden sino su manifestación, el resguardo de lo instituido existente, su mantenimiento y respaldo, en todo caso su restablecimiento. La policía es la instancia de ubicuidad por excelencia determinada a *poner a cada uno en su lugar*, el *topos*, ante quienes merodean o directamente han caído *fuera* de la ley. Transporte legítimo de la legalidad hacia los que se sospecha que traspusieron los muros, aquellos que se encuentran afuera de un adentro del orden establecido, los desordenados y desubicados respecto de las tipologías canónicas individual-familiaristas.[705]

Como brazo retórico aplicado de la justicia, difunde cierto tufillo a *deontología de la rectitud*. Se pretende, aunque no lo consiga, persuasiva / disuasiva: "La policía en tanto tal no proscribe ni prescribe (este sería más bien el espíritu del derecho). Ella reglamenta no la cosa misma, sino el uso de la cosa. En este sentido, ella parece referirse implícitamente al modelo de la domesticidad."[706]

Frecuentar el suelo de lo social le habilita a incursionar otros suelos y muchos subsuelos, mundos secretos inconfesables / inconfesados, una labor de anatomista político del detalle, un disecador en la ciudad de los humanos. La policía es experta en minimalismo moral y especialista en micropolíticas de lo ínfimo.

---

[705]   Donzelot, Jacques, *La policía de las familias*, Pretextos, Valencia, 1979.
[706]   L'Huillet, Hélène, *op. cit.*, p. 158.

4.

Hélène L'Huillet ha señalado que una interrogación filosófica de la policía "puede parecer sorprendente" porque,
hasta el momento, los estudios –teóricos o empíricos– están
circunscriptos "en lo que ella hace pero no lo que ella es."[707]
Es sabido el valor foucaultiano que se orienta al análisis
del *cómo* de su ejercicio, siempre y cuando no se abandone
el *qué* policial de sus fundamentos. "Si la obra de Michel
Foucault es aquí convocada, no es por lo que él dice de la
policía, sino más bien por lo que avanza en lo concerniente
a la relación del sujeto consigo mismo en las relaciones de
poder. El individuo moderno es un individuo *policializado*
(*policé*)."[708]
No se trata de retornar a los "grandes relatos" ni abjurar
de las perspectivas (micro-macro) sociohistóricas; ante
los agujeros negros reduccionistas del saber, es menester
perfeccionar las preguntas.[709]
Ni añoranza de lo trascendente, ni nostalgia fenome-
nológica, ni retórica dialéctica, sino avanzar en los estudios
(sociales, políticos, demográficos y, actualmente, históricos...) del espacio / tiempo policial (*dónde, cuándo*) y sus
modos de institucionalización y ejercicio (*cómo*), que nos
conduce necesariamente a las preguntas por sus sentidos
más elementales, hacia una genealogía del *qué*, el *porqué*,
el *para qué*...

---

[707]   L'Huillet, Hélène; *op. cit.*, p. 9.
[708]   L'Huillet, Hélène; *op. cit.*, p. 243.
[709]   En la cuestión del saber (de lo) *policial* como acontecimiento no puramente histórico-social, es fructífera una diseminación *(ex)centrada*,
fuera de los ejes París-Londres-Roma-Duke-Río-Buenos Aires... La
riqueza productiva del pensamiento *Foucault* respecto de la seguridad
y la población trasciende fronteras políticas y conceptuales, y experimenta el proceso de (des)territorialización de una razón (in)quieta,
circunstanciada y situada.

Visto más de cerca, éste es también un señalamiento crítico hacia la *corporación Foucault* que sostiene respecto a ciertas cuestiones filosóficas las hostilidades propias de las ciencias sociales. Pero, y a pesar de cierta dogmática académica de los *foucaultismos* antidogmáticos, es lo que también piensa y dice el propio profesor Foucault: "No estoy buscando una alternativa, [...] lo que quiero hacer no es la historia de las soluciones, y esa es la razón por la cual no acepto la palabra alternativa. Mi punto de vista es que no todo es malo, pero que todo es peligroso".[710] Que todo es peligroso: mientras que "la policía hace del peligro el objeto propio de su reflexión".[711] Entonces, en tanto estudio de la peligrosidad (de lo) real, ¿parece una temeridad proponer una *crítica de la razón policial?*

Filosofía (de lo) policial

Ante la ambivalencia fundante (de lo) sustancial, ante el ser kafkiano de ceño fruncido pero rostridad demasiado humana, abyecto pero al mismo tiempo ostentoso, ¿es posible una proximidad filosófica, es una temeridad académica examinar el carácter ontológico de una razón policial?

Circular

La condición de posibilidad productiva del dispositivo policial es su circulación. "La noción de circulación permite deducir la originalidad de la concepción policial del

---

[710]   Rabinow, P. y Dreyfus H., *The Foucault Reader*, New York, Pantheon, 1984, p. 343.
[711]   L'Huillet, Hélène, *op. cit.*, p. 182.

orden".[712] La producción de la ley transita por su aplicación mediante un acto -material y simbólico- de circulación. Si el orden de la *Ley* es pretensión (de lo) inmutable, es porque la norma recién adopta vida cuando "desciende" hacia el territorio de lo social-móvil, movilizado en la territorialidad de las mutaciones sociales. El principio del orden policial se define por lo que es y por lo que no es: negatividad productiva de su derrotero circulatorio. La práctica específica policial, regular / reguladora, consiste precisamente en el registro y gestión, interpelación de lo social en ese estado circulatorio. Policial es una subjetividad en tránsito, musculatura movilizante en estado movilizado, en espacios territoriales y en tiempos biopolíticos, su (des)orden circulatorio produce, distribuye y consume, una tentación por definir un pensamiento-móvil como el móvil del pensamiento: una *crítica circulatoria de la racionalidad policial.*

Singular

Ente de gobierno y ser social, residente de estado e inmigrante del (in)cumplimiento político, sujeto-objeto de discurso de los medios escritos y visuales, de las iniciativas educativas y de la peligrosidad inherente, un perspectivista de la proximidad.

Usurpador (de lo) público del registro (de lo) privado, guardián-funcionario (de lo) legal-arbitrario, deambulante (de lo) reglamentario y procedimental, gobernador de los cuerpos civiles en nombre del espíritu uniformado, pastor-recaudador, nómade-sedentario, bárbaro-civilizado, discreto-discrecional, espectacular-obsoleto, solemne-ridículo, prudente-extemporáneo,

---

[712]   L'Huillet, Hélène, *op. cit.,* p. 148.

venerado-vilipendiado, protagonista-corifeo, temerario-
temeroso. Disparador-disparado.

Habitante de espacio / tiempos claros y distintos, en
días de transparencia y noches de opacidad, del secreteo
canónico, en la banalidad del misterio. Portador de saberes clasificatorios, del pensamiento en acto proto/tecno/
paleo/bio/político... Alter-ante el Otro, alternante del Otro,
oriundo de lo alter-nativo, un Otro-Sí mismo.[713]

Libertad-necesidad

Nos previene Napoli: "Se debería enfocar a la policía
como una tentativa para responder de una manera circunstanciada problemas prácticos, evitando proyectarla
en una dimensión metafísica y todopoderosa construida
por la literatura eudemonista del siglo XVII."[714]

Es cierto, luego de cuatro siglos de sangre derramada
la escritura debe ser otra pero, y cuando existen sobradas
condiciones de existencia material, un saber de la razón policial debería acompañar los alcances filosóficos –al menos
virtuales– que nos constituyen como sujetos de libertad /
necesidad. Reconstruir (lo) policial e inscribirse en el debate
de las lógicas de su causalidad, su (in)determinación y de
las políticas de (in)diferenciación. Esto es, nos parece, ni
más ni menos, que el esfuerzo por preservar lo que tiene
de noble el corazón mismo del pensamiento occidental.

---

[713] Nuestro modo de ser, en tanto existentes, es comunitario: y esto no significa que somos "sociales", sino que ya somos otro, ya estamos atravesados
por el otro, que nuestra supuesta "mismidad" ya está contaminada de
alteridad, de diferencia, de monstruosidad (en tanto el otro es lo no-
familiar, lo Unheimliches). Mónica Cragnolini, 2009, mimeo.

[714] Napoli, Paolo, *Policía y sociedad, La mediación simbólica del derecho*,
trad. Gregorio Kaminsky en este mismo volumen.

Así como pensar lo policial requiere no soslayar los fundamentos ontológicos y éticos, también exige suscribir un objeto lógico-epistemológico que despeje conocimientos disciplinarios por demás establecidos, incrustados en el orden del derecho y en el cuerpo de las ciencias sociales. "Mirar individuos desde una posición cercana es un *proceso inductivo* que se mueve desde el sujeto particular bajo observación a su inclusión en una categoría de individuos o a una conclusión general [...] A pesar de que no es ciencia, ellos (la policía) juegan un rol que es no obstante similar a la generalización científica [...] La vigilancia deductiva no está limitada a la vigilancia política."[715]

En tanto campo problemático de estudios, demanda una actualización continuada en cuestiones de método de los dispositivos instrumentales práctico-concretos, orientados en una pragmática del saber (de lo) policial. Existe una requisitoria por abrir perspectivas, no para poner la (idea de) seguridad en tensión con (el espíritu de) la libertad, sino para trazar un horizonte filosófico de búsqueda. La seguridad no como antítesis de la libertad, sino como su costado activo, modos de expresión de lo necesario y determinado.

Sabemos por Spinoza que la libertad es un fin o ideal que los humanos –seres de lo necesario– nunca alcanzamos, pero al que siempre aspiramos. Libertad y necesidad se autoimplican y codeterminan, sus nexos son inescindibles cuando la residencia del mundo de lo humano adopta las contingencias de la producción colectiva.

Las vicisitudes del mundo actual exigen una fuerza filosófica que desbarate el encierro en el que los valores de la libertad parecen haber caído: un vaciadero de sentido y un sumidero moral, de entrada promiscua y salida

---

[715] Brodeur, Jean-Paul y Leman-Langlois, Stéphane, *op. cit.*, pp. 192-193, trad. Gregorio Kaminsky.

individualista, relato burlesco de una seguridad bizarra y políticas policiales de bajo calibre.

La filosofía de la modernidad, de derecha a izquierda, ha finalmente comprendido que tampoco es posible argumentar una idea de libertad sin establecer raíces (rizomas) en indicios de seguridad y que, más precisamente, debe emprender el (re)descubrimiento de lo policial entre las determinaciones diferenciales de la libertad. Una causalidad diferenciada-diferencial, una genealogía de la subjetividad social, bajo el modo de una coartada en las restricciones de lo necesario histórico y, en los márgenes ya no de una pura libertad de pensamiento, en la voluntad política y el deseo (de lo) colectivo.

Contingencia

Ni divino, ni natural, ni extraño, ni familiar, lo contingente es del orden variable de lo humano propiamente dicho. El ser (de lo) contingente humano no se nutre de otra cosa que del conjunto económico-social, y coexiste entre las lógicas de lo autónomo / libre y lo dependiente / necesario. Tal como la libertad, la contingencia repudia lo causal invariante y, tal como la necesidad, la contingencia repudia la libre arbitrariedad.

La contingencia constituye la necesidad (de lo) libre y, al mismo tiempo, convoca la libertad de lo necesario. Libertad en los márgenes de la necesidad, necesidad en los márgenes de la libertad. Las contingencias de lo policial deben preservar la virtud de lo libre (ético, jurídico...) y, simultáneamente, resguardar la obediencia que toma lo necesario. Esta es su gloria y también es su horror.

Ante una variada oferta, L'Huillet prefiere la contingencia filosófica hegeliana: para que haya una policía en el Estado, es necesario que el principio del libre arbitrio sea

respetado, y así no se creerá que el objeto (de lo) policial
debe pertenecer a la esfera de la contingencia de la cual,
efectivamente, proviene. Mientras que Paolo Napoli admite
ese gesto, no con palabras iluministas sino con las de un
historiador filosófico a la italiana: "Tal vez se debería, y sin
sonrojarse, hacer justicia con Hegel: la historia de la policía
demuestra que el fracaso de lo contingente se puede revelar
como la fortuna del porvenir."[716]

Dolor

No obstante, desprovistos de los eudemonismos de la
modernidad, y habiendo trasuntado los tortuosos siglos
XX, sabemos en carne propia que en la policía habita "la
potencia de lo contingente, de la apertura permanente
de todos los posibles, y de la certidumbre que todo, y no
importa qué, siempre puede, y no importa cuándo, llegar.
Esta contingencia no es neutra, sino cualitativamente determinada: lo peor siempre puede llegar."[717]

La contingencia es la determinación diferenciadora
(de lo) histórico-social; contingente es la *razón biopolítica
del dispositivo policial*, y policial es una *crítica de la razón
contingente*.

Disparos policiales, disparadores filosóficos

Spinoza conduce el saber del azar humano de la sus-
tancia-mundo hacia un orden de la inmanencia absoluta
de lo determinado: una ontología (de lo) policial como

---

[716] Paolo Napoli, *Policía y sociedad. La mediación simbólica del derecho*,
trad. de Gregorio Kaminsky en este mismo volumen.

[717] L'Huillet, Hélène, *op. cit.*, p. 182.

fuerza pública que se esfuerza en ser perseverante. En el *conatus* de su potencia político-vital, del dispositivo radical, el sujeto procura la libertad existente al modo limitado y ambivalente de la alegría / tristeza de lo humano, transindividual, lo denomina Etienne Balibar.[718]

Y, nunca lo olvidemos, sabemos también de la existencia de policías de lo ontológico que la historia de la filosofía –teórica, práctica– testimonia y padeció. Ontológico-policial, policial-ontológico, genuinos problemas de vida y muerte.

Razón Policial, una pregunta por la cosa juzgada, una estética naturalizante del artificio político y una ética sin bien ni mal, aplicada de la moralidad mundana. Precisamente, es necesaria la apuesta por una *etnología de nosotros mismos*, que no debiera encubrir las determinaciones de una *escatología colectiva de lo demasiado humano*.

"La violencia del Estado, encarnada en su policía, es en efecto comparable a una mirada, a un ojo. Este ojo da miedo, pero encanta. Es, en principio, por el ojo que la policía parece adquirir su saber, y es por su mirada que ella mantiene el orden y asegura la seguridad".[719] El ojo del policía, que pulsa armas y que asegura objetivos. Mirada, es su mirada (de) uniforme.

---

[718] "Llamo libre –dice el holandés– al hombre en cuanto se guía por la razón; porque en cuanto así lo hace, es determinado a obrar por causas que pueden ser adecuadamente comprendidas por su sola naturaleza, aunque éstas le determinen necesariamente a obrar." *Tratado político*, Prop. II, par. 11.

[719] L'Huillet, Hélène, *op. cit.*, p. 222.

www.ingramcontent.com/pod-product-compliance
Lightning Source LLC
Chambersburg PA
CBHW020331270326
41926CB00007B/129

* 9 7 8 9 8 7 1 3 5 4 7 8 8 *